사회복지실천기술론

Skills and Techniques of Social Work Practice

사회복지실천기술론

김영미·조은유·김한규·김미진·이미희·전미경·이수진 공저

dm 동문사

머리말

사회복지실천은 어려움 속에 있는 사람들과 함께하며, 그들의 삶을 회복하고 변화시키는 전문적인 활동이다. 단순한 지원을 넘어, 과학적인 이론과 세심한 기술을 바탕으로 한 실천은 오늘날 사회복지사의 가장 중요한 역할 중 하나다.

최근 사회는 빠르게 변하고 있다. 초고령사회 진입, 가족 형태의 변화, 정신건강 문제, 지역사회의 돌봄 공백 등 다양한 사회문제가 동시에 나타나고 있다. 이러한 변화 속에서 사회복지사는 더 정교하고 통합적인 실천역량을 요구받고 있다.

이 교재는 이러한 현장의 흐름에 맞춰 실천기술을 체계적으로 배우고 익힐 수 있도록 구성된 교재이다. 실천기술의 기초부터 대상별 개입, 자기관리, 평가까지 실천 전 과정을 담았다. 특히 실천 현장에 한 걸음 더 가까이 다가가고자 하는 성인학습자의 학습 흐름과 눈높이에 맞추어, 단순한 이론 전달을 넘어 실제 적용으로 자연스럽게 이어질 수 있도록 구성하였다. 현장 실천에 밀착된 사례와 활동 중심 내용을 포함하여, 다양한 교육 상황에서도 활용할 수 있도록 구성하였다.

전체는 13장으로 구성되어 있다.

1장에서는 사회복지실천의 전문적 기반과 사회복지사의 역할을 다루며, 실천 전반을 이해하기 위한 기초를 제공한다.

2장에서는 관계 형성, 의사소통, 면접, 상담, 관찰 기술 등 실천의 기본기를 익힌다.

3장과 4장에서는 단기개입모델과 개별 접근모델을, 5장에서는 임파워먼트와 해결중심모델 등 역량강화 중심의 실천모델을 다룬다.

6장에서 9장까지는 개인, 가족, 집단, 지역사회 등 대상에 맞춘 실천기술을 실제 사례와 함께 구성하였다.

10장에서는 사회복지사로서 자신을 돌보는 자기관리기술을, 11장에서는 복합적인 문제를 가진 사람들을 돕기 위한 사례관리기술을 소개한다.

12장에서는 실천기술을 문서화하고 관리하는 '기록'의 실제를 다루었고, 13장에서는 기술의 성과를 점검하고 발전 방향을 모색하는 '평가' 과정을 중심으로 구성하였다.

이 교재는 실천기술을 단순한 절차나 도구로 나열하는 데 그치지 않는다. 사회복지실천은 결국 기술보다 사람이며, 그 기술을 사용하는 이의 마음과 자세에서 시작된다는 믿음을 담았다. 실천은 타인을 돕는 일이기 이전에, 인간에 대한 깊은 이해와 따뜻한 시선을 품는 일이다.

그래서 이 책은 기술 하나하나를 설명하면서도, 그 이면에 있는 가치와 철학, 그리고 실천가로서의 태도를 함께 성찰할 수 있도록 구성하였다. 각 장은 단순한 지식 전달을 넘어, 실천기술을 익히며 자신만의 언어와 태도를 찾아가는 여정이 되도록 설계되었다.

실천은 기술이 아니라 태도에서 시작된다.

이 문장이 이 책을 관통하는 가장 중요한 메시지이다. 누군가의 삶에 조심스럽게 다가가는 그 첫걸음이, 지식이 아닌 존중과 공감에서 비롯되기를 바란다.

이 교재가 사회복지실천을 준비하는 이들에게 단단한 출발점이자 따뜻한 동반자가 되기를 바란다. 그리고 다양한 교육 현장에서의 피드백과 경험이 쌓이면서, 이 책도 함께 성장하고 현장과 호흡하는 살아 있는 교재로 이어지기를 기대한다.

끝으로 본서의 출간을 위해 애써주신 동문사 출판사에 깊은 감사를 전한다. 사회복지실천기술 교육의 의미를 함께 고민하고, 정성을 다해 출판을 완성해준 관계자 여러분의 노고에 감사의 마음을 전한다.

2025년 7월

『사회복지실천기술론』 집필진 일동

차 례

CONTENTS

PART 03 사회복지대상별 실천기술

차 례

PART 04 사회복지실천가의 전문성

PART 01

사회복지실천기술의 개념과 과정

CHAPTER 01

사회복지실천의 전문적 기반과 사회복지사의 역할

1. 사회복지실천의 요소
2. 사회복지실천의 전문적 기반
3. 사회복지실천기술론
4. 사회복지사의 역할

학습목표

1. 사회복지실천의 개념과 기본 요소를 이해하고 설명할 수 있다.
2. 사회복지실천의 전문적 기반과 과학적·예술적 기반의 의미를 구분하여 이해할 수 있다.
3. 사회복지실천기술의 개념, 특징 및 종류를 설명할 수 있다.
4. 사회복지사의 다양한 역할을 이해하고 실천 현장에 적용할 수 있다.

1. 사회복지실천의 요소

1) 사회복지실천의 세 가지 요소

사회복지실천이 전문성을 갖추기 위해서는 단순한 선의나 도움의 의지가 아니라, 명확한 이론적 기반과 숙련된 기술, 그리고 윤리적 가치에 입각한 접근이 필요하다. 이러한 사회복지실천의 전문성을 구성하는 핵심 요소는 실천지식(practice knowledge), 개입기술(intervention skills), 가치(values)이다. 이 세 요소는 독립적인 것이 아니라 유기적으로 상호작용하며, 실천 전 과정에서 통합적으로 적용되어야 한다.

(1) 실천지식(Practice Knowledge)

실천지식은 사회복지사가 클라이언트의 문제를 이해하고, 이를 해결하기 위한 개입의 방향성을 설정하는 데 필수적인 이론적 · 경험적 기반이다. 이는 다음의 세 가지 차원으로 구성된다.

첫째, 이론적 지식은 인간의 행동과 발달, 그를 둘러싼 사회환경에 대한 이해를 기반으로 한다. 인간행동과 사회환경 이론, 발달단계 이론, 사회체계이론 등은 클라이언트의 상황과 행동을 해석하고 설명하는 데 중요한 역할을 한다.

둘째, 문제 관련 지식은 빈곤, 학대, 중독, 가족갈등 등 특정한 사회문제와 관련된 전문적 이해를 의미한다. 클라이언트가 처한 문제의 특성과 맥락을 정확히 이해하고, 그에 맞는 개입방식을 선택하기 위해서는 해당 문제에 대한 심층적인 지식이 요구된다.

셋째, 정책 및 제도에 대한 지식은 사회복지 서비스 전달체계, 관련 법률, 지역사회 자원 등에 대한 이해를 포함한다. 이러한 지식은 클라이언트가 필요로 하는 서비스를 연결하고, 제도적으로 보호받을 수 있도록 지원하는 데 필수적이다.

결국, 실천지식은 “왜 이 문제에 개입해야 하는가”, “어떤 이론과 정보를 토대로 접근할 것인가”에 대한 근거를 제공하며, 실천의 타당성과 전문성을 뒷받침한다.

(2) 개입기술(Intervention Skills)

개입기술은 사회복지사가 클라이언트와 직접적으로 상호작용하며 문제해결을 유도하기 위해 사용하는 구체적인 방법과 기법을 의미한다. 이는 실천의 실제 과정을 구성하며, 클라이언트와의 관계 형성에서부터 문제 해결, 종결에 이르기까지 다양한 단계에서 활용된다.

첫째, 관계형성 기술은 효과적인 실천의 출발점으로서, 클라이언트와의 신뢰관계를 구축하는 데 사용된다. 경청, 공감, 지지적 반응, 진솔한 피드백 등은 클라이언트가 자신의 문제를 안전하게 표현하고, 변화의 과정을 수용할 수 있도록 돕는다.

둘째, 사정 및 계획 수립 기술은 클라이언트의 강점과 욕구, 문제의 원인과 영향을 체계적으로 분석하고, 이에 기반하여 개입의 목표와 전략을 수립하는 기술이다. 이는 개입의 효과성을 높이기 위한 기초 단계로, 다양한 사정 도구와 면접 기법이 활용된다.

셋째, 개입 및 종결 기술은 실제 문제 해결을 위한 구체적인 전략과 활동, 그리고 서비스 제공의 마무리를 의미한다. 위기개입, 개별상담, 집단 프로그램 운영, 자원 연계 등 다양한 실천방법이 포함되며, 개입 후에는 효과를 평가하고 종결과정을 통해 자립을 돕는다.

이처럼 개입기술은 “어떻게 클라이언트의 문제에 접근하고, 구체적으로 실천할 것인가”에 대한 실행 전략을 제공하며, 사회복지실천의 전문성을 실현하는 핵심 요소이다.

(3) 가치(Values)

사회복지실천에서 ‘가치’는 단지 선택의 문제가 아니라 실천 전 과정에 내재된 윤리적·철학적 기준이다. 사회복지사는 실천현장에서 직면하는 복잡한 상황 속에서도 인간의 존엄성과 사회정의의 원칙을 중심에 두고 판단하고 행동해야 한다.

첫째, 인간존엄성과 가치 존중은 모든 인간이 고유한 존재로서 존중받아야 하며, 어떤 상황에서도 차별받지 않아야 한다는 기본 전제를 의미한다.

둘째, 자기결정권의 존중은 클라이언트가 자신의 삶에 대한 선택과 결정을 주체적으로 할 수 있도록 지원하는 것으로, 클라이언트를 수동적 대상이 아닌 능동적 파트너로 인식하는 관점을 반영한다.

셋째, 사회정의 실현은 사회적 불평등과 구조적 억압을 인식하고, 이를 해소하기 위한 실천을 지향하는 가치이다. 사회복지사는 이를 위해 옹호, 정책 참여, 권리 옹호 등의 활동에 적극적으로 참여해야 한다.

넷째, 개인과 사회의 책임 균형은 문제의 원인을 개인의 특성뿐 아니라 사회적 조건 속에서 이해하고, 이에 대한 공동 책임을 강조한다.

다섯째, 문화적 다양성과 권리 보장은 다양한 문화, 신념, 정체성을 지닌 클라이언트가 차별 없이 존중받고, 동등하게 사회복지서비스를 이용할 수 있어야 함을 의미한다.

이러한 가치들은 사회복지사가 실천 현장에서 윤리적 딜레마에 직면했을 때 판단의 기준이 되며, 클라이언트 중심의 실천을 가능하게 하는 토대가 된다.

이 세 요소는 사회복지실천의 기초이자 핵심으로, 각각이 독립적으로 존재하는 것이 아니라 상호보완적으로 작용해야 한다. 실천지식이 이론적 방향을 제공하고, 개입기술이 그 지식을 행동으로 전환하며, 가치는 그 실천을 윤리적으로 이끈다. 따라서 효과적이고 전문적인 사회복지실천을 위해서는 이 세 요소가 통합적으로 작동해야 함을 명확히 인식할 필요가 있다.

2) 사회복지실천지식

사회복지실천은 단지 감정적인 도움이나 현장 경험에 의존하는 것이 아니라, 다양한 수준의 이론적·실천적 지식 위에서 이루어진다. 사회복지실천에 활용되는 지식은 추상성과 구체성의 정도에 따라 서로 다른 층위로 구성되어 있으며, 일반적으로 패러다임, 관점(=시각), 이론, 모델, 실천지혜의 순서로 구분된다. 이러한 구분은 사회복지사가 실천 장면에서 문제를 인식하고, 이해하고, 개입 방향을 결정하는 데 있어 기준을 제공한다.

(1) 패러다임(Paradigm)

패러다임은 사회복지실천지식 중 가장 추상적인 개념으로, 특정 시대나 사회가 지니는 세계관을 반영하는 인식의 틀이다. 이는 사회복지실천이 어떤 존재관, 인간관, 문제관에 기반하고 있는지를 결정하며, 실천의 전반적인 방향을 좌우한다.

예를 들어, 과거에는 클라이언트의 문제를 질병이나 장애처럼 보는 의료적 패러다임이 주를 이루었으나, 이후 개인과 환경 간의 상호작용을 강조하는 생태체계 패러다임, 클라이언트를 서비스 소비자로 간주하고 자기결정권을 중시하는 소비자 중심 패러다임 등으로 변화해 왔다.

패러다임은 실천지식의 가장 상위 개념으로, 사회복지사가 문제를 어떻게 이해하고 접근할 것인지를 포괄적으로 형성한다.

(2) 관점(시각, Perspective)

관점 또는 시각은 패러다임보다 한 단계 더 구체화된 개념으로, 사회복지사가 어떤 사회적 문제나 집단에 대해 갖는 기본적인 사고방식과 해석틀을 의미한다. 이는 실천에서의 가치관, 관심 영역, 실천의 우선순위 등을 규정하는 개념적 준거틀이다.

사회복지실천에는 다양한 관점이 존재하며, 대표적으로 보수주의적 관점과 급진주의적 관점이 있으며, 실천의 초점을 문제 중심으로 보는 병리적 관점과 클라이언트의 강점과 자원을 강조하는 강점 관점도 포함된다. 관점은 실천현장에서 어떤 문제를 중심에 두고, 어떤 방식으로 접근할 것인지에 대한 방향성을 제시한다.

(3) 이론(Theory)

이론은 특정한 현상을 설명하거나 예측하기 위해 개념과 가설, 명제를 체계화한 지식체계이다. 관점이나 패러다임보다 훨씬 더 구체적이며, 실천에 있어 문제의 원인, 인간 행동의 이해, 변화 과정 등을 설명하는 데 활용된다.

예를 들어, 정신분석이론은 무의식과 초기 경험의 중요성을 강조하며, 행동주의 이론은 자극과 반응의 연계를 통해 인간 행동을 이해하고 수정할 수 있다고 본다. 이러한 이론들은 사회복지사가 클라이언트의 행동과 문제를 어떻게 분석할 것인지에 대한 근거를 제공한다.

그러나 이론은 실천현장에서의 구체적인 개입절차나 기술까지는 명확히 제시하지 않기 때문에, 실천적 적용을 위해서는 이론을 구조화한 모델이 필요하다.

(4) 모델(Model)

모델은 이론을 기반으로 하여 구체적인 실천 방법과 절차를 구조화한 실천지식이다. 이는 실천 상황에서 사회복지사가 실제로 어떻게 개입할 것인지를 안내하는 실천 도구로, 실천의 일관성과 체계성을 확보하는 데 기여한다.

예를 들어, 행동주의 이론에서 파생된 행동수정모델, 다양한 이론을 절충하여 구성된 과제중심모델 등이 있다. 모델은 단일 이론에서 도출될 수도 있고, 복수의 이론이 통합되어 만들어질 수도 있다.

모델은 실천현장에서 사용할 수 있는 구체적인 개입 전략과 기술을 포함하고 있으며, 사회복지사가 이론적 기반 위에서 실천을 실행 가능하게 하는 매개체 역할을 한다.

(5) 실천지혜(Practice Wisdom)

실천지혜는 사회복지사가 현장에서의 경험을 통해 직관적으로 또는 암묵적으로 축적한 지식이다. 이는 특정한 이론이나 모델에 기반을 두고 있지 않으며, 반복적 경험을 통해 얻은 '몸으로 익힌 지식'이라고 할 수 있다.

예를 들어, 사회복지사가 오랜 시간 상담을 진행하면서 특정 상황에서 어떤 표현이나 언어가 클라이언트에게 긍정적으로 작용하는지를 경험적으로 습득하게 되는 경우가 이에 해당한다.

실천지혜는 명문화되기 어렵고 과학적 검증의 한계를 지니지만, 실제 실천에서는 매우 유용하게 작용한다. 일부 학자들은 실천지혜의 객관성과 일반화 가능성에 대해 의문을 제기하지만, 사회복지 실천의 역동성과 복잡성을 반영한다는 점에서 그 중요성은 간과할 수 없다.

2. 사회복지실천의 전문적 기반

사회복지실천은 흔히 과학(Science)과 예술(Art)의 결합으로 표현된다. 이는 사회복지사가 단순한 기술적 조력자가 아니라, 이론적 지식과 감성적 직관을 함께 활용하는 전문인임을 의미한다. 즉, 효과적인 실천을 위해서는 과학적 분석 능력과 인간 중심의 공감 능력이 동시에 요구된다.

과학적 기반은 인간행동과 사회환경, 발달이론, 사회체계이론 등 이론적 틀과 경험적 연구를 바탕으로 클라이언트의 문제를 이해하고 개입 방향을 설정하는 데 기여한다. 반면, 예술적 요소는 공감, 직관, 창의성을 바탕으로 신뢰관계를 형성하고 개별적 상황에 유연하게 대응할 수 있게 한다.

이처럼 과학성과 예술성은 서로 보완적으로 작용하며, 두 요소가 조화롭게 통합될 때 클라이언트 중심의 전문적 실천이 가능해진다.

1) 사회복지실천의 과학적 기반(과학성)

(1) 사회복지실천의 과학적 기반의 의미

사회복지실천의 과학적 기반은 사회복지사가 이론과 경험적 지식을 토대로 클라이언트의 문제를 이해하고 개입방안을 수립하는 과정에서 필수적인 요소이다. 이는 실천이 단순한 직관이나 감정에 의존하지 않고, 관찰과 연구, 평가 등을 통해 검증된 지식을 활용하여 이루어져야 함을 뜻한다. 사회복지사는 다양한 사회현상과 문제를 분석하고, 이와 관련된 정책과 프로그램을 이해하며, 인간행동과 사회환경에 대한 종합적인 지식을 바탕으로 실천을 수행해야 한다. 이러한 접근은 개입의 타당성과 효과성을 높이고, 실천을 보다 전문적인 영역으로 정립하는 데 기여한다.

(2) 사회복지실천의 과학적 기반의 예

사회복지실천에 적용되는 과학적 기반은 다음과 같이 다양한 지식과 방법에서 찾아볼 수 있다.

- 인간행동과 사회환경에 대한 지식을 바탕으로, 클라이언트의 성장과정, 성격 형성, 심리적 반응 등을 이해하고 개입 방향을 설정한다. 예를 들어, 발달심리학을 활용하여 아동의 발달단계에 맞춘 상담을 진행한다.
- 사회적 문제와 현상에 관한 이론을 통해 빈곤, 학대, 중독, 범죄 등 복합적인 사회문제를 구조적으로 이해하고, 이를 설명하는 데 필요한 사회학적 이론이나 정책적 분석을 활용한다.
- 사회복지 정책과 프로그램에 대한 지식을 기반으로, 대상자에게 적절한 자원을 연계하거나 제도의 사각지대를 파악하여 개선을 제안한다. 예를 들어, 기초생활보장제도의 급여 기준을 이해하고 클라이언트에게 필요한 급여 항목을 안내한다.

- 조사연구 및 평가 방법을 통해 실천의 효과를 검증하고, 프로그램의 타당성과 개선 방향을 도출한다. 예를 들어, 집단 프로그램 실시 전후의 변화를 파악하기 위해 사전·사후 평가도구를 사용한다.
- 경험적 자료 수집과 분석을 통해 지역사회 내 특정 집단의 욕구를 파악하고, 그에 적합한 서비스 기획과 개입전략을 수립할 수 있다. 예를 들어, 독거노인 대상 욕구조사를 실시하고 분석하여 노인맞춤형 프로그램을 개발한다.

이처럼 사회복지실천의 과학적 기반은 실천의 전 과정에 걸쳐 적용되며, 전문성과 효과성을 확보하는 핵심 요소로 작용한다.

2) 사회복지실천의 예술적 기반

(1) 사회복지실천의 예술적 기반의 의미

사회복지실천의 예술적 기반은 사회복지사가 실천 과정에서 발휘하는 직관적, 감성적, 창의적 능력을 의미한다. 이는 이론적 지식이나 기술적 방법만으로는 설명되기 어려운, 사회복지사의 인간적인 성품과 전문적인 감각에 의해 작동하는 요소로 볼 수 있다. 예술성이란 단순히 감각적인 표현이나 예술 활동을 뜻하는 것이 아니라, 클라이언트와의 관계 형성, 상황 판단, 문제 해결 과정에서 사회복지사가 상황에 맞게 섬세하고 유연하게 반응할 수 있는 능력을 포함한다.

이러한 예술적 기반은 사회복지실천이 기계적인 절차에 그치지 않고, 클라이언트의 삶의 맥락을 깊이 이해하고 개별적인 상황에 맞춘 개입을 가능하게 한다. 특히 인간의 감정, 경험, 고통에 민감하게 반응하며, 신뢰와 존중에 기반한 관계를 형성하는 데 중요한 역할을 한다. 이처럼 예술적 기반은 사회복지사의 성격적 특성과 전문적인 직관이 통합되어 나타나는 실천의 중요한 차원이다.

(2) 사회복지실천의 예술적 기반의 예

사회복지실천에서 예술적 기반은 다음과 같은 사회복지사의 능력과 태도에서 구체적으로 나타난다.

- **감정이입적 의사소통 능력**: 클라이언트의 감정과 상황을 진심으로 이해하고, 그것을 언어와 행동으로 따뜻하게 반영할 수 있는 능력
- **진실성과 신뢰를 주는 태도**: 형식적인 접근이 아닌 진정성 있는 태도로 클라이언트를 대하며, 신뢰를 쌓는 능력
- **창의성과 유연성**: 문제 해결 과정에서 획일적인 방식이 아닌, 클라이언트의 특수한 상황에 맞는 새로운 접근을 시도할 수 있는 능력
- **건강한 판단력과 직관**: 복잡한 사례 속에서 핵심을 파악하고, 적절한 개입 시점과 방법을 판단하는 능력
- **희망적 기대와 긍정의 에너지**: 클라이언트가 자신의 문제를 극복할 수 있도록 희망을 전달하고 동기를 유발하는 태도
- **전문가로서의 가치관과 윤리의식**: 인간 존엄성과 평등, 사회적 정의에 대한 믿음을 실천으로 연결하는 윤리적 감수성
- **전문적인 스타일과 사회적 관심**: 상담 장면에서 사회복지사로서의 태도와 말투, 분위기를 전문적으로 유지하면서도 클라이언트의 사회적 배경에 관심을 기울이는 자세

이와 같이 사회복지실천의 예술성은 지식과 기술의 틀을 넘어, 사람을 사람답게 대하고 관계를 중심으로 실천을 구성하는 데 있어 중요한 기초가 된다.

표 1-1 사회복지실천의 과학적 기반과 예술적 기반

과학적 기반	예술적 기반
• 효과적인 개입을 위해서 사회현상, 사회적 조건과 문제 사회정책과 프로그램, 사회복지 전문직, 다양한 실천이론과 관련된 지식에 바탕을 두고 이를 적용, 활용하는 것 • 객관적 관찰, 실험적 조사, 개입기술 훈련, 경험적 사실의 수집, 이론적 설명, 클라이언트의 만족도 설문조사. 집단 성원의 욕구파악을 위한 사정도구 활용 등	• 사회복지사의 개인적 특성이나 예술적 혹은 직관적 능력을 활용하는 것 • 감정이입적인 의사소통능력, 진실성, 동정과 용기, 전문적인 관계, 창의성, 희망적 기대와 에너지, 판단, 개인적인 가치, 전문가 스타일, 직관적 능력, 건전하고 건강한 판단력, 클라이언트의 특수한 상황에 맞게 융통적으로 판단하고 적용하는 능력, 사회적 관심, 사회복지 전문가로서 가지는 가치관 등

3. 사회복지실천기술론

1) 사회복지실천 기술의 개념

사회복지실천 기술(social work practice skills)은 사회복지사가 이론적 지식과 가치, 그리고 경험을 바탕으로 클라이언트와 효과적으로 상호작용하며, 문제를 사정하고 개입과 평가를 수행하는 데 필요한 구체적이고 전문적인 수행 능력을 의미한다.

사전적 의미에서 '기술(skill)'은 어떤 목적을 달성하기 위해 특정 자원이나 행동을 능숙하게 활용하는 능력 또는 과업을 효과적으로 수행하는 방법을 말한다. 이를 사회복지 실천 현장에 적용하면, 사회복지사가 클라이언트의 복지 증진과 문제 해결을 위해 체계적으로 사용하는 전문적 도구로 이해할 수 있다.

따라서 사회복지실천 기술은 단순한 행동이나 활동 수준이 아니라, 사회복지사의 전문성, 개입 역량, 윤리적 가치관이 통합되어 나타나는 실천적 행동 양식이다.

주요 사회복지실천 기술에는 다음과 같은 것들이 포함된다.

- **면접 기술**: 클라이언트와 신뢰 관계를 형성하고 의사소통하는 능력
- **집단 지도 기술**: 집단활동을 조직하고 운영하는 능력
- **의사소통 기술**: 명확하고 효과적으로 정보를 전달하는 능력
- **사정 기술**: 클라이언트의 욕구와 문제를 체계적으로 분석하는 능력
- **평가 기술**: 개입 결과를 분석하고 개선 방향을 제시하는 능력

이처럼 사회복지실천 기술은 클라이언트의 문제 해결과 삶의 질 향상을 위해 사회복지사가 현장에서 반드시 갖추어야 할 핵심적인 전문 역량이라 할 수 있다.

2) 사회복지실천 기술의 특징

사회복지실천 기술은 사회복지의 지식과 가치를 조화롭게 통합하여 구체적인 행동으로 옮기는 중요한 실천 요소이다. 이 기술은 클라이언트의 욕구에 민감하게 반응하며, 궁극적으로 클라이언트의 사회적 기능과 생활의 질을 향상시키는 것을 목표로 한다.

또한, 사회복지실천 기술은 반드시 사회복지의 핵심 가치와 이론적 지식을 기반으로 해야 한다. 이를 통해 클라이언트와 관련된 복잡하고 다양한 상황에서 긍정적인 변화를 이끌어내는 데 활용된다.

사회복지실천 기술은 단순히 타고나는 능력이 아니라, 체계적인 개발과 학습이 가능한 역량이다. 사회복지사는 현장에서 상황에 따라 다양한 실천 기술을 적절하게 선택하고 활용할 수 있어야 하며, 이를 위해 상황 판단력과 융통성 있는 대응 능력이 요구된다.

더 나아가, 사회복지실천 기술은 특정 이론이나 방법에만 한정되지 않고, 여러 이론과 다양한 방법론을 상황과 문제에 맞게 적절히 조합하여 사용하는 유연성을 지녀야 한다. 이는 복잡한 클라이언트의 문제에 효과적으로

대처하기 위한 필수적인 조건이다.

따라서 사회복지사는 다양한 실천기술을 폭넓게 이해하고, 각 상황에 맞는 최적의 기술을 선택하여 적용하는 전문성을 갖추어야 한다.

3) 사회복지실천 기술의 종류

사회복지실천 기술은 클라이언트와의 상호작용과 문제 해결을 위해 다양한 영역에서 활용되는 구체적인 능력들로 구성된다. 주요 기술은 다음과 같다.

첫째, 경청 기술이다. 이는 이해와 목적을 가지고 상대방의 말을 집중하여 듣는 능력으로, 클라이언트가 자신의 이야기를 충분히 표현할 수 있도록 돕는다. 경청은 신뢰 형성의 기초가 된다.

둘째, 사정 기술이다. 클라이언트의 문제와 상황을 정확히 파악하기 위해 관련 정보를 이끌어내고, 필요한 사실을 체계적으로 수집하는 과정이다. 이를 통해 적절한 개입 계획을 세울 수 있다.

셋째, 원조관계 형성 및 유지 기술이다. 사회복지사는 클라이언트와 전문적이고 신뢰할 수 있는 관계를 맺고 지속적으로 유지함으로써 효과적인 지원을 제공할 수 있다.

넷째, 관찰 및 해석 기술이다. 언어적 표현뿐 아니라 비언어적 행동까지 주의 깊게 관찰하고 그 의미를 해석하여 클라이언트의 내면 상태를 이해하는 능력이다.

다섯째, 참여 촉진 기술이다. 클라이언트가 자신의 문제를 스스로 해결할 수 있도록 자율성과 자기 신뢰를 높여주는 개입 방법이다. 클라이언트 중심의 실천에서 매우 중요하다.

여섯째, 민감한 정서 다루기 기술이다. 클라이언트가 경험하는 감정적인 문제들을 위협적이지 않고 지지적인 분위기에서 논의할 수 있도록 하는 능력이다.

일곱째, 조사 및 연구 해석 기술이다. 사회복지사는 현장에서 필요한 정보를 수집하거나 기존의 연구 결과 및 전문 문헌을 분석하여 실천에 적용할 수 있어야 한다.

4. 사회복지사의 역할

1) 조력자 / 조성자(Enabler)

사회복지사에게 가장 기본적이며 핵심적인 역할 중 하나는 조력자, 즉 조성자로서의 역할이다. 조력자란 클라이언트가 스스로 자신의 문제를 인식하고 해결할 수 있도록 돕는 사람을 의미한다. 이는 단순히 문제 해결 방법을 지시하는 것이 아니라, 클라이언트의 자기결정 능력과 자율성을 강화하는 전 과정을 포함한다. 이러한 역할은 주로 개인, 집단, 가족을 대상으로 한 상담 과정에서 두드러지게 나타난다.

조력자의 역할은 클라이언트가 자신의 욕구와 문제를 명확하게 인식하고, 가능한 해결 방안을 스스로 탐색하며, 그 해결 과정에 적극적으로 참여하도록 능력을 키우는 데 초점을 둔다. 사회복지사는 클라이언트가 내면에 숨겨진 잠재력과 외부의 유용한 자원을 인식하고 활용할 수 있도록 지원하는 중재자 역할을 수행한다.

조력자로서 사회복지사가 갖추어야 할 주요 기술은 다음과 같다.

첫째, 희망 전달 기술이다. 절망과 좌절에 빠진 클라이언트에게 미래에 대한 긍정적인 전망을 제공함으로써 변화의 동기를 이끌어내는 능력이다.

둘째, 저항과 양가감정 완화 기술이다. 변화에 대한 두려움이나 갈등은 상담 과정에서 흔히 나타나므로, 이를 수용하고 조절할 수 있어야 한다.

셋째, 감정 관리 기술로, 클라이언트가 자신의 감정을 인식하고 조절하도록 돕는 능력이다.

또한, 클라이언트의 강점과 사회적 자원을 발굴하여 효과적으로 연결·지원하는 능력, 그리고 무엇보다도 신뢰를 바탕으로 한 전문적 관계 형성 기술이 필수적이다.

사례를 통해 조력자의 역할을 살펴보면 다음과 같다.

예를 들어, 자아존중감이 낮은 청소년과 상담할 때는 청소년이 자신의 가치와 강점을 인식하고 자신감을 회복할 수 있도록 정서적 지지와 자기표현의 기회를 제공한다. 부부 갈등을 겪는 부부 상담에서는 서로의 의사소통 방식을 분석하고, 부부가 상대방의 감정을 이해할 수 있도록 돕는 통찰력을 길러준다.

이처럼 조력자로서의 사회복지사는 클라이언트 중심의 변화 과정을 촉진하며, 클라이언트가 자신의 삶의 주체가 될 수 있도록 실질적이고 지속적인 지원을 제공한다. 이러한 역할은 모든 사회복지실천의 기초가 되며, 전문성과 인본주의적 가치가 조화를 이루는 중요한 지점이다.

2) 중개자(Broker)

중개자는 사회복지사가 클라이언트를 지역사회 내 다양한 자원과 서비스에 효과적으로 연결해 주는 역할을 의미한다. 현대 사회는 복잡하고 다양한 욕구를 가진 클라이언트들이 많지만, 이들이 스스로 필요한 자원을 찾고 이용하기는 쉽지 않다. 중개자는 이러한 상황에서 클라이언트가 필요한 서비스를 적절하게 이용할 수 있도록 돕는 전략적 연결자의 기능을 수행한다.

중개자의 역할은 특히 사례관리(case management) 과정에서 매우 중요하다. 사회복지사는 지역사회의 공공기관, 민간단체, 복지시설 등 다양한 자원을 폭넓게 이해하고, 클라이언트의 개별 욕구와 상황에 맞는 자원을 정확히 파악하여 적절히 연결해 주어야 한다.

중개자로서 갖추어야 할 주요 역량은 다음과 같다. 첫째, 지역사회 자원과 서비스에 대한 폭넓고 구체적인 정보와 지식을 보유하는 것이다. 둘째, 클라이언트의 욕구를 정확히 사정하여 가장 적합한 자원을 선별하는 판단력과 조정 능력을 갖추어야 한다. 셋째, 클라이언트가 연계된 서비스를 실제로 원활하게 이용할 수 있도록 사후 점검과 필요시 추가적인 조정, 옹호(advocacy) 기능도 수행해야 한다.

현장에서는 다음과 같은 사례로 중개자 역할이 구체화된다. 예를 들어, 가정폭력 피해자에게는 긴급보호가 가능한 여성쉼터를 연결하고, 법률 및 심리 지원 서비스도 함께 안내한다. 홀로 거주하는 노인에게는 말벗 자원봉사자와 도시락 배달 서비스를 연계하여 정서적 고립을 해소하고 생활 편의를 지원한다. 또 학교폭력 가해 학생에게는 분노조절 프로그램을 소개하고, 중증 장애인의 경우 장기 거주가 가능한 주거시설이나 그룹홈 정보를 제공한다.

이처럼 중개자의 역할은 단순한 정보 전달을 넘어, 클라이언트가 필요한 자원을 적시에 효과적으로 활용할 수 있도록 돕는 복지지원의 핵심 연결고리이다. 특히 사회적 약자일수록 중개자의 역할은 더욱 중요하며, 이를 통해 클라이언트의 삶의 질을 실질적으로 향상시키고, 지역사회 내 복지자원의 효율적 활용과 순기능적 흐름을 촉진한다.

3) 옹호자(Advocator)

옹호자는 사회복지사가 클라이언트의 권리와 이익을 적극적으로 대변하고 보호하기 위해 개입하는 중요한 역할이다. 특히 클라이언트가 사회 구조적 불이익이나 제도적 차별, 서비스 배제 등으로 인해 스스로 자신의 권리를 주장하기 어려운 상황에서 옹호자의 역할은 필수적이다.

사회복지사는 옹호자로서 클라이언트가 필요한 자원과 서비스를 확보할 수 있도록 지원하며, 때로는 기존 제도의 문제점을 지적하고 개선을 촉구하는 활동까지 수행한다. 이처럼 옹호자 역할은 개인의 권리 보호를 넘어서 사회 전반의 정책과 제도를 변화시키려는 사회복지의 기본 이념인 사회정의(social justice)를 실현하는 데 기여한다.

옹호자가 갖추어야 할 역량은 다음과 같다. 첫째, 사회제도와 정책에 대한 깊은 이해와 더불어 클라이언트의 처지와 욕구를 정확히 파악하고 논리적으로 설득할 수 있는 커뮤니케이션 능력이 필요하다. 둘째, 공공기관이나 제도권 내에서 변화를 이끌어내기 위한 전략적 사고력과 협상 능력이 요구된다. 셋째, 법률, 인권, 복지제도 등에 대한 기본 지식을 바탕으로 클라이언트의 권리가 침해되지 않도록 정보제공과 권익 보호를 수행해야 한다.

실제 현장에서는 옹호자 역할이 다음과 같은 사례로 드러난다. 예를 들어, 신도시 개발로 철거 위기에 처한 세입자들의 주거권 보호를 위해 사회복지사는 정책적 개입과 공청회 참여, 언론 홍보 등을 통해 사회적 인식 개선과 제도 변화를 촉구한다. 또한 미등록 이주노동자의 자녀가 정규 교육을 받을 수 있도록 관계 기관에 청원하거나 법 개정을 요구하는 활동, 장애학생의 교육권 보장을 위해 학교 내 편의시설 설치를 요구하는 일도 옹호자의 대표적인 역할이다.

옹호 활동은 때로 갈등을 유발하거나 기존 시스템과 충돌할 수 있으나, 사회복지사는 전문성과 윤리성을 바탕으로 클라이언트에게 정의로운 결과를 이끌어내야 한다. 옹호자는 단순히 클라이언트의 목소리를 전달하는 데 그치지 않고, 사회 전체가 약자와 소외계층의 권리를 존중하는 방향으로 발전하도록 이끄는 사회복지 실천자의 중요한 모습이다.

4) 교사 / 교육자(Teacher)

교사 또는 교육자로서의 사회복지사는 클라이언트가 자신의 문제를 인식하고 해결할 수 있는 능력을 키우며, 사회에 효과적으로 적응하기 위한 기술과 지식을 습득하도록 돕는 역할을 수행한다. 사회복지사는 클라이언트가 보다 나은 삶을 살아갈 수 있도록 필요한 정보를 제공하고, 실질적인 기술을 가르치며, 학습 과정을 촉진하는 교육적 접근을 통해 지원한다.

이 역할을 수행하기 위해 사회복지사는 해당 분야에 대한 전문 지식과 더불어, 클라이언트의 상황과 수준에 맞추어 내용을 명확하고 이해하기 쉽게 전달할 수 있는 의사소통 능력과 교육적 기술을 갖추어야 한다. 또한, 클라이언트가 학습한 내용을 실제 생활에 적용하도록 동기를 부여하고, 반복적인 학습과 피드백을 통해 행동 변화가 일어날 수 있도록 지속적으로 지도하는 노력이 필요하다.

교사 또는 교육자로서의 역할은 클라이언트가 단순히 정보를 습득하는 데 그치지 않고, 새로운 행동을 배우고 실천할 수 있도록 돕는 실천기술로서 기능한다. 이를 통해 사회복지사는 클라이언트의 자기효능감 향상과 사회적 기능 강화를 이끌어내며, 궁극적으로 자립과 긍정적 삶의 변화를 지원한다.

구체적인 사례를 살펴보면 다음과 같다. 지역사회복지관에서 새터민(탈북민)을 대상으로 생활적응 훈련 프로그램을 운영하여 새로운 환경에 잘 적응할 수 있도록 돕는다. 청소년 자녀를 둔 부모에게 의사소통 기술을 교육하여 부모와 자녀 간의 갈등을 줄이고 상호 이해를 높이는 역할도 수행한다. 실업자를 대상으로 취업훈련 프로그램을 진행해 재취업 역량을 강화하도록 지원하며, 분노 조절이 어려운 클라이언트에게는 감정 조절 기술을 훈련시켜 일상생활의 문제 상황에 건강하게 대처할 수 있도록 교육한다. 또한, 십대 부모를 위한 양육기술훈련 프로그램을 통해 영유아 자녀에 대한 양육 역량을 키우는 데 기여한다.

이와 같이 교사 또는 교육자로서의 사회복지사 역할은 클라이언트의 능력 개발과 자립을 위한 핵심적 접근이며, 클라이언트의 삶을 안정적이고 긍정적인 방향으로 변화시키는 데 중요한 실천적 구성요소라 할 수 있다.

5) 중재자(Mediator)

중재자는 사회복지사가 개인 간, 집단 간, 또는 기관 간에 발생하는 갈등과 의견 차이를 조정하고 합의에 이를 수 있도록 돕는 역할을 말한다. 이 역할은 갈등 당사자들 사이에서 대화와 협상, 조정을 통해 상호 이해와 협력을 촉진하는 데 중점을 둔다. 사회복지사는 중재자로서 어느 한쪽의 편을 들지 않고 공정하고 중립적인 입장을 견지해야 하며, 모든 당사자가 수용 가능한 현실적이고 건설적인 해결책을 제시할 수 있는 역량을 갖추어야 한다.

중재자 역할은 갈등 상황에 민감하게 반응하고, 갈등의 원인과 본질을 정확히 파악하며, 당사자 간 원활한 의사소통을 지원하는 전문적인 기술을 요구한다. 이 역할은 개인 간 갈등뿐 아니라 기관 내 구성원 간, 또는 서비스 제공자와 이용자 간의 갈등 상황에서도 중요한 기능을 한다.

중재자로서 사회복지사가 수행하는 구체적인 사례를 보면, 요양시설에서 생활하는 노인과 돌봄 서비스를 제공하는 직원 간의 갈등 상황에서 사회복지사가 중립적인 입장에서 양측의 입장을 이해시키고 만족스러운 해결을 도출하는 역할을 수행할 수 있다. 또한, 이혼 위기에 놓인 부부간 감정적 거리와 갈등의 원인을 중재하여 서로의 의사를 조율하고 상호 수용 가능한 합의에 이를 수 있도록 지원하는 활동도 중재자의 대표적인 역할이다. 아울러 지역사회 내 주민 간 갈등이나 기관 간 협력 문제에서도 제3자 역할로 개입하여 원활한 관계 형성과 협력을 이끌어내는 데 기여한다.

중재자 역할은 갈등 상황을 예방하고, 갈등이 확대되어 더 큰 문제로 발전하는 것을 방지하는 데 중요한 전문적 기능이다. 이를 통해 사회복지사는 클라이언트와 지역사회가 조화롭게 공존할 수 있는 관계를 형성하며, 안정적이고 지속적인 서비스 제공 환경을 구축하는 데 필수적인 역할을 담당한다.

6) 훈련가(Trainer)

훈련가는 사회복지사가 기관이나 조직 내에서 동료 사회복지사, 실무자, 자원봉사자 등을 대상으로 교육과 훈련을 실시하는 역할을 말한다. 이 역할은 사회복지사가 보유한 전문 지식과 실천 기술을 바탕으로 타인의 직무 수행 능력을 향상시키고, 조직 내 인적 자원의 전문성 강화를 지원하는 기능을 수행한다.

훈련가는 직원 세미나, 워크숍, 실무 교육, 슈퍼비전 등 다양한 교육 방법을 활용하여 조직 구성원의 역량 개발과 서비스 질 향상에 기여한다. 이때 훈련가는 단순히 정보를 전달하는 전달자가 아니라, 참여자의 적극적인 학습 참여를 유도하고 실천적 기술을 습득하도록 돕는 교육자로서의 지도력과 교육적 태도를 갖추어야 한다.

구체적인 예를 들면, 신규 자원봉사자들을 대상으로 지역사회복지 기관의 철학과 서비스 내용을 소개하는 오리엔테이션과 세미나를 실시하여 이들의 서비스 역량을 강화할 수 있다. 또한 사회복지기관 종사자들을 위한 워크숍에서는 면접기법, 위기개입과 같은 실천 기술을 체계적으로 훈련시키는 역할도 수행한다. 더불어 실습생이나 신입 사회복지사에게 슈퍼비전을 제공함으로써 현장 적응력과 전문성을 높이도록 돕는 것도 훈련가의 중요한 역할이다.

훈련가의 역할은 단순한 지식 전달을 넘어서 참여자의 자율성과 학습 동기를 증진시키며, 학습한 내용을 현장에 적용할 수 있도록 역량을 배양하는 데 목적이 있다. 이를 통해 사회복지사는 조직 내 전문성 향상과 서비스 품질 제고라는 중대한 과제를 실현하게 된다.

7) 협상가(Negotiator)

협상가는 사회복지사가 갈등 상황에 놓인 개인이나 집단을 대신하여 적극적으로 개입하여 화해와 합의를 이끌어내는 역할을 의미한다. 협상가는 중립적인 입장에서 갈등 당사자 모두의 이해를 조정하는 중재자(mediator)와 달리, 특정 클라이언트의 이익과 권리를 보호하기 위해 그 입장에서 협상을 진행한다.

사회복지사는 협상가로서 클라이언트의 입장을 정확히 파악하고, 이를 효과적으로 대변하며, 갈등 상황에서 최선의 결과를 도출할 수 있도록 조정하는 역할을 수행한다. 협상 과정에서는 당사자 간의 이해관계를 조율하고, 타협점을 모색하며, 감정 조절을 지원하는 등 다양한 협상 기술이 필요하다. 이때 사회복지사는 설득력과 논리적 사고 능력, 갈등 해결 역량을 발휘하여 협상의 성공을 이끌어야 한다.

구체적인 사례를 보면, 돌봄 서비스를 이용하는 노인과 제공 인력 사이에 갈등이 발생했을 때, 사회복지사는 노인의 입장에서 불편한 점을 적극적으로 제기하고, 서비스 조정 방안을 마련하여 문제 해결을 돕는다. 또한 아동보호기관에서는 아동 학대 피해를 방지하기 위해 부모와 협상을 진행하면서 아동의 안전을 최우선으로 고려한 방안을 제시하는 역할을 맡는다. 더 나아가 시설 생활 장애인의 처우 개선을 위해 운영자와 협의하여 클라이언트의 권리가 존중받을 수 있도록 협상하기도 한다.

협상가 역할은 클라이언트 중심의 전문적 개입으로 갈등 해결과 권익 증진을 목표로 한다. 따라서 사회복지사는 윤리적 책임을 다하며, 협상 기술과 실천 역량을 종합적으로 활용하는 중요한 역할을 수행한다.

8) 조정자(Coordinator)

조정자는 클라이언트가 여러 기관이나 다양한 서비스 체계를 동시에 이용할 때, 서비스의 중복 제공이나 누락, 비효율적인 자원 활용을 방지하고 전체 서비스를 효과적으로 조율·통합하는 역할을 담당한다. 특히 여러 기관에서 개별적으로 운영되는 서비스가 산발적으로 제공될 경우, 이를 체계적으로 조직하고 일관성 있게 연결하는 기능이 중요하다.

이 역할은 사례관리(case management)에서 핵심적인 기능으로 자리 잡고 있다. 사회복지사는 클라이언트가 필요로 하는 다양한 서비스를 정확히 파악하고, 관련 기관과 협력하여 효율적이고 통합된 서비스 제공 체계를 구축해야 한다. 이를 위해 클라이언트 중심의 정보 종합, 자원 연계, 기관 간 협력 조정 등의 전문적 실천 기술이 활용된다.

구체적인 예를 들면, 경제적 어려움과 정신건강 문제, 자녀 돌봄 등 복합적인 어려움을 겪는 한부모 가정에 대해 복지, 보건, 교육 서비스를 통합적으로 연결하고 조율하는 역할을 수행한다. 또한 독거노인에게는 주거, 건강, 식생활, 여가 활동 등 여러 영역의 서비스를 계획적으로 연계하여 맞춤형 돌봄을 제공한다. 다문화가정 아동의 경우 교육, 언어 지원, 심리정서적 지원을 위해 학교, 지역복지관, 이주민센터 등의 자원을 조정하여 통합적인 지원이 이루어지도록 한다.

조정자로서 사회복지사는 단순히 서비스를 연결하는 데 그치지 않고, 서비스 간 충돌이나 중복을 예방하며 전체 과정이 원활하게 진행되도록 관리하는 중요한 역할을 수행한다. 이를 통해 클라이언트가 혼란 없이 필요한 지원을 적시에 받을 수 있도록 돕고, 궁극적으로 클라이언트 중심의 통합적 복지 실현에 기여한다.

9) 집단 촉진자(Group Facilitator)

집단 촉진자는 사회복지사가 다양한 집단활동에서 지도자 또는 진행자의 역할을 수행하며, 집단 내 상호작용을 활성화하고 집단 목표가 효과적으로 달성될 수 있도록 돕는 역할을 의미한다. 치료집단, 자조집단, 교육집단, 성장집단 등 다양한 형태의 집단에서 참여자들이 서로 소통하고 지지하며 변화와 성장을 경험할 수 있는 환경을 조성하는 것이 핵심이다.

집단 촉진자는 집단 구성원 간에 신뢰와 개방적인 분위기를 형성하며, 집단 내 갈등이 발생할 경우 이를 조율하는 역할을 수행한다. 또한, 구성원 각자가 집단 안에서 자신의 역할과 위치를 인식하고 적극적으로 참여하도록 유도하는 능력이 요구된다. 아울러 집단의 진행 상황을 지속적으로 관찰하면서 필요에 따라 집단의 방향이나 목표를 조정하는 유연한 대처 능력도 중요하다.

구체적인 예를 들면, 알코올 중독 회복 프로그램 집단을 운영할 때 구성원들이 자신의 경험을 자유롭게 공유하고 상호 지지할 수 있도록 대화를 이끄는 역할이 있다. 청소년 사회성 향상 집단에서는 게임이나 토론 등을 활용해 자연스럽게 협동과 의사소통 기술을 배우도록 유도한다. 또한 노인을 대상으로 한 생애 회고 집단에서는 참여자들이 자신의 삶을 돌아보고 타인과 공감대를 형성할 수 있도록 따뜻한 분위기를 조성한다. 한부모 가정 부모교육 집단에서는 양육 스트레스를 나누고 정보 교환이 활발하게 이루어질 수 있도록 촉진한다.

이처럼 집단 촉진자는 단순히 프로그램을 진행하는 데 그치지 않고, 참여자 간 상호작용을 통해 긍정적인 변화를 이끌어내는 전문적 역할을 수행한다. 이는 집단복지 실천에서 매우 중요한 위치를 차지하는 역할이다.

학습문제

[서술형]

01 사회복지실천에 필요한 지식과 기술의 관계를 설명하고, 현장에서 어떻게 활용되는지 간단히 서술하시오.

02 사회복지사의 실무역량 중 중요하다고 생각하는 역량 한 가지를 제시하고, 그 이유를 간단히 서술하시오.

[선택형]

01 실천지식의 구성수준을 추상성에서 구체성의 방향으로 순서대로 나열한 것은?

① 패러다임 - 관점 - 이론 - 모델 - 실천지혜
② 패러다임 - 관점 - 이론 - 모델 - 실천지혜
③ 관점 - 패러다임 - 이론 - 모델 - 실천지혜
④ 실천지혜 - 모델 - 이론 - 관점 - 패러다임
⑤ 실천지혜 - 이론 - 모델 - 관점 - 패러다임

02 사회복지실천의 과학적 기반을 구성하는 요소는 무엇인가?

ㄱ. 사회정책과 프로그램에 관한 지식
ㄴ. 사회복지실천 지식
ㄷ. 사회적 조건과 문제에 관한 지식
ㄹ. 전문적인 관계

① ㄱ, ㄴ, ㄷ
② ㄱ, ㄷ, ㄹ
③ ㄴ, ㄹ
④ ㄹ
⑤ ㄱ, ㄴ, ㄷ, ㄹ

03 사회복지사의 역할에 대한 예로 옳은 것은?

① 교사 - 가정폭력 피해자와 가족 구성원에게 쉼터를 연결해 줌
② 조력자 - 돌봄 서비스를 받고 있는 노인과 직원 간 갈등 해결을 위해 노인의 입장에서 해결하려고 함
③ 훈련가 - 자아존중감이 낮은 청소년과 상담을 함
④ 중재자 - 새터민을 위해 지역사회복지관에서 생활적응 훈련프로그램을 실시함
⑤ 옹호자 - 신도시 건설에 따라 철거를 당하게 된 세입자들의 권리 확보를 위해 활동함

서술형 모범답안

01 사회복지실천에서 지식은 문제를 이해하고 분석하는 기반이 되며, 기술은 그 지식을 실제로 적용하는 수단이다. 예를 들어, 노인의 우울 문제를 다룰 때 노화이론과 노년기 심리적 특성에 대한 지식을 바탕으로 노인의 정서 상태를 이해하고, 경청과 공감, 지지적 의사소통 기술을 활용하여 신뢰관계를 형성하고 효과적인 상담을 진행할 수 있다.

02 윤리적 판단력은 사회복지사의 핵심 실무역량이다. 다양한 가치 충돌 상황에서 클라이언트의 권리를 보호하고, 전문성과 신뢰를 유지하기 위해 중요하기 때문이다.

선택형 정답

01 ① **02** ① **03** ⑤

CHAPTER 02

사회복지실천기술의 기초기술

1. 관계형성기술
2. 의사소통기술: 면접 및 개입
3. 상담 및 관찰기술

학습목표

1. 사회복지실천기술에서의 관계형성이론, 실천에서 관계의 원리 및 관계형성의 기술, 변화를 방해하는 관계를 어떻게 다룰지를 설명할 수 있다.
2. 사회복지실천기술에서 사용하는 직접적인 의사소통기술과 필요한 요소들에 대해 설명할 수 있다.
3. 사회복지현장에서의 상담면접 기법과 관련하여 사회복지실천 대상과의 관계를 관찰하고 이해하며, 구체적으로 표현할 수 있다.

1. 관계형성기술

1) 사회복지실천 대상과의 관계 이해

(1) 관계의 개념

사회복지실천에서의 '관계'란, 클라이언트와 사회복지사 간 또는 사회자원과의 연결을 가능하게 하는 통로로서, 클라이언트가 자신을 둘러싼 환경에서 잘 적응할 수 있도록 개인의 능력과 지역사회 자원을 적절히 활용하도록 돕는 역할을 한다.

또한 이러한 관계는 사회복지사와 클라이언트 간의 감정과 태도가 상호작용하는 역동적인 과정으로, 클라이언트가 자신과 환경 사이에서 균형을 이루고 긍정적인 변화를 이루는 데 기여한다.

이처럼 두 사람 사이의 상호작용으로 형성되는 '관계'는 사회복지실천에서 오랜 시간 중요하게 인식되어 왔으며, 클라이언트와 신뢰롭고 협력적인 관계를 발전시키는 것은 효과적인 실천을 위한 핵심 요소라 할 수 있다.

(2) 전문적 관계의 기본 요소

전문적 관계는 클라이언트의 입장에서 출발해야 하며, 사회복지사는 관계의 전반적인 과정에 대한 전문적 책임을 지게 된다. 이러한 전문적 책임을 위해 사회복지실천에서 가장 많이 논의되는 관계의 구성요소는 다음과 같다(Johnson & Yanca, 2007).

- 타인에 관한 관심: 사회복지사는 창조자가 되기보다는 하나의 과정을 따라가는 매개자가 되어야 하며, 도움을 받는 것을 상대화 시키는 것이 아니라 주체로서 존중하고, 그들의 이익을 위해 봉사하며, 그들이 가능한 한 자유로울 수 있도록 도와야 한다(양옥경 외, 2011).
- 헌신과 의무: 사회복지사의 의무는 관계를 맺을 때 필수적인 절차상의 조건을 최대한 준수하는 것을 말한다. 즉 예약된 장소와 시간을 지키는 것과 클라이언트의 문제에 대해 초점을 유지하는 것, 또한 성장과 변화를 가져오는 관계를 제공할 것 등이 요구된다.
- 이해: 사회복지사는 클라이언트 위에 군림하는 것이 아니라 클라이언트 입장에 서 보고나 그보다 한 단계 밑에 설 때, 그의 처지를 충분히 파악하고 이해할 수 있게 된다. 이해는 '아래에(under) 선다(stand)'는 말이다.

- **진실성과 일치성**: 사회복지사가 클라이언트와의 관계를 맺을 때 모든 것을 클라이언트에 초점을 두고 정직한 개방성과 일관성을 유지하면서 원조활동을 전개하는 것을 의미한다. 또한 방어적이지 않은 태도를 지니며, 책임 있고 대화의 내용과 행동이 항상 일치하며 전문가로서의 가치체계와 자아에 부합해야 함을 의미한다.
- **공감과 분명한 의사소통**: 사회복지사는 클라이언트에게 관심을 가지고 그의 처지를 이해하고자 하며, 적극적 경청과 의사소통을 통해 클라이언트에게 보내는 메시지를 클라이언트가 충분히 이해할 수 있도록 분명히 전달할 수 있어야 한다.
- **권위와 권한**: 권위(authority)는 클라이언트와 기관에 의해 사회복지사에게 위임된 권한(power)으로 정의된다.
- **자기를 관찰하는 능력**: 사회복지사는 자신의 욕구에 대한 인식, 자신의 내면에서 작용하는 여러 성격 유형들을 처리할 수 있는 능력, 사실을 정확하게 인식하고 솔직한 관계를 형성하기 위해 자신의 능력과 한계를 극복하는 능력을 길러야 한다(Compton & Galaway, 1994).
- **민감성**: 클라이언트가 무엇을 느끼고 생각하는지 민감하게 파악하는 것을 의미한다.
- **존경심과 보살핌**: 사회복지사는 관계형성 과정에서 클라이언트의 독자성과 존엄성을 수용하고 이를 전달하며, 결과적으로 클라이언트의 자기결정의 권리를 지지하고 격려할 수 있어야 한다(엄명용 외, 2011).
- **인간적 자질**: 사회복지사는 상담을 하는 사람의 인간적인 자질로서 클라이언트의 고통을 존중하는 마음, 자신과 다른 인생 경험이나 행동양식, 가치관에 대한 포용성, 장기 목표를 가지고 일할 수 있는 끈기, 클라이언트가 스스로 결정하고 행동할 수 있도록 수동적 자세를 취할 수 있는 것 등을 들고 있다(김기석 역, 1978: 57).

2) 관계형성이론

인간관계에서 특별히 강조될 수 있는 주요 관계형성을 살펴보면 다음과 같다.

(1) 의사소통

의사소통은 개인의 태도, 사고, 감정, 사상 등을 타인에게 전달하고, 동시에 타인의 메시지를 수용하는 과정을 의미하며, 이는 상호 이해를 매개로 인간관계를 형성하는 핵심적 수단이다. 의사소통의 본질적인 목적은 자신의 내면을 정확하고 명확하게 전달함과 동시에, 타인이 표현하는 감정과 의미를 온전히 이해하는 데 있다. 이처럼 효과적인 의사소통은 진정성 있는 관계형성과 원활한 상호작용의 기초가 된다.

(2) 대인동기

대인동기란, 인간관계를 지향하게 하고 사회적 행동을 일으키는 동기적 요인이며, 개인이 형성하고 있는 인간관계의 특성을 파악하는 열쇠이다.

(3) 감성지능

샐러베이(Salovey), 가드너(Gardner), 골먼(Goleman) 등은 인간의 능력을 평가하는 기존의 지능(IQ)이라는 개념을 벗어나 언어능력, 논리 · 수리 능력, 공간능력, 음악능력, 신체감각 능력, 대인관계 능력, 자기성찰 능력 등과 같은 보다 다양한 영역을 포함시키고자 하였다.

(4) 피드백 주고받기

피드백은 체계가 자신의 기능을 점검하고 균형을 유지하기 위해 필수적인 과정으로, 새로운 행동을 유도하거나 기존의 행동을 조절하여 체계가 본래의 목적에 부합하도록 이끄는 역할을 한다.

이는 타인의 행동, 사고, 표현 등에 대해 건설적인 의견을 제시함으로써, 개인이 자신이 타인에게 어떻게 인식되고 어떤 영향을 미치는지를 인식하게 하는 것을 의미한다. 즉, 피드백은 개인이 미처 자각하지 못했던 자신의 객관적인 모습을 통찰하도록 돕는 수단이며, 자기 인식과 성장의 중요한 기반이 된다.

3) 사회복지실천에서 관계의 원리

사회복지실천 현장에서 사회복지사와 클라이언트 간의 관계의 질이 문제해결에 매우 큰 영향을 미치게 된다. 따라서 사회복지사는 자신을 효과적으로 활용하기 위해서는 인간행동에 대한 폭넓은 이해는 물론 관계를 잘 형성하기 위해서 실천기술을 습득해야 한다. 비에스텍(Biestek, 1957)에 의하면, 사회복지사의 도움을 받으러 오는 클라이언트는 7가지 기본적인 욕구를 가지고 있으며, 이 욕구는 사회복지에 의해서 사회복지실천 과정에서 충족되기를 바란다. 그 내용들은 다음과 같다.

(1) 개별화의 원리

개별화(individualization)는 클라이언트 각자가 지닌 고유한 자질과 특성을 존중하고 이해하며, 그에 맞는 원리와 방법을 적용하여 보다 나은 적응을 돕는 사회복지 실천의 핵심 가치 중 하나이다. 인간은 보편적인 특성을 공유하면서도, 성격, 기질, 선천적 재능, 환경적 조건, 가치관, 의지적 행동, 삶의 경험, 반응양식 등에서 각기 독자적인 모습을 지닌 존재이다. 이러한 다양성을 존중하는 개별화 실천을 위해 사회복지사는 몇 가지 전문적인 역량을 갖추어야 한다.

우선, 선입견과 편견에서 자유로운 시각, 인간 행동에 대한 이해와 지식, 주의 깊은 경청과 관찰 능력, 클라이언트와 조화를 이루려는 실천적 태도,

복잡하고 미묘한 감정을 포착하고 공감하는 감수성, 그리고 전문가로서의 균형 잡힌 관점 유지가 요구된다.

(2) 의도적인 감정 표현

사회복지사는 감정의 흐름을 억제하거나 조정하려 하지 않고, 치료적 목적에 부합한다고 판단되는 경우 감정이 자유롭게 표출될 수 있도록 격려하며 적극적으로 경청해야 한다. 클라이언트의 감정 표현은 단순한 배출을 위한 것이 아니라, 자신이 타인에게 어떻게 비치는지에 대한 인식을 바탕으로 수용받고자 하는 욕구, 개인으로서 존중받고자 하는 열망, 사회복지서비스를 통해 문제 해결에 참여하려는 의지를 포함하는 다층적 목적과 직결되어 있다.

(3) 통제된 정서적 관여

사회복지사는 개방성과 수용성을 유지하며, 클라이언트의 상황에 과도하게 감정적으로 휘말리지 않고 절제된 공감의 태도로 임해야 한다.

통제된 정서적 관여는 클라이언트의 감정에 공감하면서도, 사회복지사가 자신의 감정을 과도하게 개입시키지 않도록 감정적 경계를 유지하는 것을 뜻한다. 이는 관계 형성 과정에서 클라이언트의 정서에 반응하되, 자신의 선입견이나 주관이 개입되어 클라이언트의 경험을 왜곡하지 않도록 하는 전문적 태도이다.

(4) 수용의 원리

수용이란 클라이언트의 인간으로서의 존엄성과 고유한 가치를 인식하고, 그들의 긍정적·부정적 특성, 감정, 태도, 행동을 있는 그대로 받아들이는 실천의 핵심 원리이다.

사회복지사는 클라이언트가 스스로를 있는 그대로 바라볼 수 있도록 안정감을 제공하고, 이를 바탕으로 보다 현실적이고 효과적인 방식으로 문제를 다루도록 돕는다. 또한, 클라이언트가 부적응적인 방어기제를 벗어나 자기 자신에 대한 통찰을 가질 수 있도록 지지해야 한다.

(5) 비심판적 태도

비심판적 태도는 클라이언트가 유죄인가 무죄인가 또는 문제나 욕구의 원인에 대한 클라이언트의 책임 정도나 잘못의 여부를 따져서는 안 된다는 것을 의미하며, 클라이언트의 태도, 가치 기준, 행동에 관한 평가적인 판단을 한다는 확신에 기초를 두고 있다. 즉 사고와 감정의 두 가지 요소를 포함하는 이러한 사회복지사의 태도는 클라이언트에게 전달된다.

(6) 클라이언트 자기결정의 원리

클라이언트가 외부의 강요나 압력 없이 자신의 삶에 관한 선택을 스스로 내릴 권리와 책임을 지닌 존재임을 전제로 한다. 사회복지사는 클라이언트가 지역사회 자원을 충분히 이해하고 활용할 수 있도록 정보를 제공하며, 의사결정 과정에 능동적으로 참여할 수 있도록 협력적 관계를 형성해야 한다. 인간은 누구나 자신의 삶을 주체적으로 설계하고 결정할 자율성과 역량을 갖고 있으며, 사회복지서비스를 이용한다고 해서 이러한 기본 권리가 제한되어서는 안 된다.

(7) 비밀보장의 원리

비밀보장은 사회복지사가 전문적 관계에서 알게 된 클라이언트의 사적인 정보를 제3자에게 누설하지 않고 보호하는 윤리적 의무를 말한다. 이는 기관 내에서조차 적용되며, 클라이언트가 신뢰를 바탕으로 자신의 문제를 진솔하게 이야기할 수 있는 환경을 조성하는 데 필수적이다. 사회복지사는 비밀보장의 법적·전문적 한계를 사전에 명확히 설명하고, 클라이언트의 권리를 존중하는 범위 내에서 정보를 관리해야 한다. 비밀보장은 단순히 정보를 보호하는 데 그치지 않고, 클라이언트의 권리와 자율성을 보장하는 수단으로 기능한다.

4) 관계형성기술

(1) 변화를 방해하는 관계

사회복지사와 클라이언트의 관계는 변화의 중요한 도구이다. 따라서 양자 간 관계에서의 문제점은 변화를 방해할 뿐 아니라 관계를 단절하여 도중에 사회복지 개입을 중단시키기도 한다. 일반적으로 변화를 방해하는 관계에는 다음과 같은 요소들이 있다.

① 클라이언트의 불신
살아온 과정에서 격려와 인정을 받지 못했던 사람은 사회복지사를 신뢰하고 의지하는 것이 어렵기 때문에 비난, 거부, 상처를 미리 예상하여 방어적 태도를 보이게 된다. 이런 상황에서는 클라이언트의 자기노출은 어려워지고 더 이상 변화를 기대할 수 없다.

② 전이
클라이언트가 어린 시절 가졌던 누군가에 대한 바람, 원망, 사랑, 두려움 등의 무의식적인 감정들을 사회복지사에게 보이는 것이다.

③ 사회복지사의 역전이
역전이는 사회복지사가 클라이언트를 마치 자신의 과거 어떤 인물인 것처럼 느끼고 무의식적으로 그렇게 반응하는 것이다.

(2) 변화를 방해하는 관계 다루기

변화를 방해하는 관계를 다루는 방법을 헵워스와 라슨(Hepworth & Larsen, 1986)은 저항 다루기, 긍정적 재해석, 문제를 성장의 기회로 재규정, 직면으로 보았다. 여기에 전이와 역전이 다루기를 추가해서 다섯 가지 방법으로 설명된다.

① 저항 다루기

사회복지실천에서 저항은 변화에 대한 무의식적 혹은 의식적 방해 요인을 의미하며, 이는 사회복지사와 클라이언트 간의 관계에서 개입의 진전을 저해하는 행동이나 태도로 나타난다. 대부분의 경우 클라이언트는 자신의 저항을 자각하지 못하며, 사회복지사만이 이를 민감하게 포착하게 된다.

예컨대, 이전 면담에서 특정 주제(예 할머니와 관련된 이야기)로 인해 정서적으로 불안정해졌던 클라이언트가 다음 면담에서는 말수가 현저히 줄어드는 경우, 사회복지사는 "지난번 면담에서 불안한 모습을 보이셨는데, 오늘은 그에 대해 어떤 감정을 느끼고 계신가요?"와 같은 개입을 통해 저항을 조심스럽게 탐색한다. 이러한 기법은 단순히 저항을 해결하는 데 그치지 않고, 클라이언트가 부정적 감정을 안전하게 표현하고, 대인관계 내에서 감정을 효과적으로 다루는 경험을 제공하는 데에도 의의가 있다.

저항은 다양한 형태로 나타날 수 있으며, 침묵, 핵심을 회피하는 이야기, 무력감의 표현, 문제 축소, 마술적 해결 기대, 혹은 간접적인 저항 행동 등이 그 대표적 유형이다.

② 긍정적 재해석

긍정적 재해석은 클라이언트의 부정적 정서나 비적응적 행동에 새로운 의미를 부여함으로써 그것을 긍정적인 맥락에서 바라보게 하는 기법이다. 이는 재명명(relabeling)과 유사하며, 사회복지사가 클라이언트의 감정과 행동을 새로운 시각으로 조명하여 자기 인식의 변화를 유도하고, 자기 존중감을 회복하도록 돕는 데 활용된다.

③ 문제의 성장 기회로의 재규정

문제 상황을 성장과 발달의 기회로 재정의하는 것은, 클라이언트가 직면한 현실을 지나치게 부정적으로만 인식하지 않도록 하고, 이를 개인의 내적 자원을 개발할 수 있는 도전의 계기로 받아들이도록 유도하는 전략이다. 이러한 접근은 특히 불안과 두려움에 사로잡힌 클라이언트에게 상황을 다각적으로 해석하는 인지적 유연성을 제공하며, "문제는 곧 변화의 기회"라는 낙관적 관점을 심어주는 효과가 있다.

④ 직면

직면(confrontation)은 클라이언트의 비합리적이거나 상충된 감정, 사고, 행동 양식 등을 직접적으로 인식하도록 돕는 개입기법이다. 이는 변화를 방해하는 내적 요인을 자각시키고 성찰을 유도하기 위한 목적으로 사용된다.

예를 들어, "아버지를 자상하다고 말씀하시면서도, 자녀에게는 그와 같은 아버지상이 되지 않으려 한다고 하셨는데, 그 부분에 대해 어떻게 생각하십니까?"라는 질문은 클라이언트 스스로가 내면에 존재하는 모순된 감정을 깨닫고 통합할 수 있도록 돕는다. 직면은 클라이언트의 자기 이해를 심화시키는 데 효과적인 방법이지만, 신중하고 조심스럽게 사용되어야 한다.

⑤ 전이와 역전이 다루기

정신역동적 접근에서 전이(transference)는 과거의 중요 인물에 대한 감정이나 태도가 현재의 치료자에게 전이되는 무의식적 현상이며, 이를 적절히 활용하면 과거의 갈등 상황을 현재의 관계 속에서 재현하고 해석함으로써 치료적으로 전환시킬 수 있다.

사회복지사는 클라이언트가 사회복지사에게 느끼는 감정이 과거의 어떤 인물과 유사한 감정에서 비롯되었는지를 탐색하도록 도우며, 이를 통해 클라이언트는 무의식적으로 반복되는 대인관계 패턴을 자각할 수 있게 된다.

이 과정에서 사회복지사는 클라이언트에게 과거의 인물과는 다른, 통제 가능하고 신뢰할 수 있는 존재로 경험되며, 이전의 갈등 상황을 보다 건강하게 재구성하고 해소할 수 있는 안전한 장을 제공해야 한다. 역전이(countertransference) 역시 면밀히 관찰하고 조절되어야 하며, 이를 통해 사회복지사는 자신의 감정이 개입되지 않도록 하면서도, 클라이언트와의 관계 속에서 생겨나는 역동을 치료적으로 활용할 수 있다.

2. 의사소통기술: 면접 및 개입

1) 의사소통에 대한 이해

의사소통기술은 사회복지실천의 모든 단계와 모든 형태의 사회복지실천에서 필요한 것으로 사회복지 원조과정의 기초적인 구성요소이며 사회복지사의 주요 도구이다. 따라서 사회복지사로서 면접을 효과적으로 이끌기 위해 의사소통기술의 습득은 필수적이다.

2) 의사소통에 필요한 기술

(1) 경청기술

경청은 단순히 상대방의 말을 듣는 것을 넘어, 그들의 비언어적 제스처와 신체적 자세를 세심하게 관찰하고, 그들이 자신의 생각과 감정을 충분히 표현할 수 있도록 지지하며, 전달하려는 핵심 내용을 기억하고 이해하는 복합적인 과정을 의미한다.

특히 면접 상황에서는 클라이언트의 진술과 질문에 대한 반응을 주의 깊게 청취하는 것이 상담의 질을 결정짓는 핵심 요소가 된다. 그러나 실무 경험이 부족한 초보 사회복지사의 경우, 클라이언트의 이야기를 진심으로 듣기보다 '무엇을 질문할 것인가'와 '어떻게 말할 것인가'에 지나치게 몰두하는 경향이 있다. 이로 인해 경청의 본질이 흐려지고, 면접의 상호작용적 깊이가 저해될 수 있다.

사회복지사의 적극적 경청은 클라이언트로 하여금 자신이 실로 어떻게 느끼고 생각하는지 정확히 인식하는 데 도움을 줄 수 있다. 클라이언트가 혼란스럽고 어려울 때, 감정이입적 듣기를 통해 자신들이 말했던 것을 다시 한 번 재음미하게 된다면, 클라이언트는 자신의 감정과 생각을 더욱 객관적인 측면에서 검토할 수 있게 된다. 이러한 적극적 경청기술에는 다음과 같은 것들이 있다.

① 짧은 즉각적 반응(minimal prompts)

짧은 언어적 반응이란 '음', '그리고', '그래서', '아', '알겠다', '와!'와 같은 사회복지사의 반응을 말한다. 이러한 짧은 즉각적 반응으로 사회복지사가 주의 깊게 듣고 있다는 것을 전달해주면 클라이언트가 계속 이야기할 수 있도록 고무할 수 있다. 짧은 즉각적 반응은 고개를 끄덕여 주는 것과 같은 것이다.

표 2-1 짧은 즉각적 반응 사례 및 설명

기술	사례	설명
짧은 즉각적 반응	클라이언트: "최근에 일이 너무 힘들었어요." 사회복지사: "음, 그렇군요."	간단한 언어적 반응으로 클라이언트가 계속 이야기하도록 격려

② 강조반응(accent responses)

강조반응은 다른 사람이 방금 말한 것을 반복하는 것이다. 강조반응은 질문하는 듯한 억양으로 또는 강조하여 반복한다. 이 반응의 목적은 의미를 분명하게 하고 이슈나 상황을 좀 더 자세히 설명하도록 하기 위함이다.

표 2-2 강조반응 사례 및 설명

기술	사례	설명
강조반응	1) 클라이언트: "저는 항상 혼자라는 느낌이 들어요." 사회복지사: "항상 혼자라는 느낌이라고요?" 2) 클라이언트: "우리 가족은 내가 기뻐서 소리 내며 환호하는 모습을 부끄러워해요." 사회복지사: "부끄러워한다고요?"(강조반응) 클라이언트: "가족들은 남들 앞에서 감정을 드러내는 그런 나를 부끄러워해요."	말한 내용을 반복하며 자세한 설명 유도

③ 환언(paraphrasing)

환언은 다른 사람이 말한 것을 사회복지사 자신의 언어로 바꾸어 다시 말해주는 것이다. 들었던 내용을 다시 반복해주는 기술은 클라이언트가 이야기한 것을 분명하게 하는 데 도움을 주며, 클라이언트가 계속해서 자신의 의견을 표현하도록 고무시키는 데 필요하다. 환언은 앵무새처럼 똑같이 똑같이 말을 반복하는 것이 아니고, 클라이언트가 한 말을 사회복지사의 말로 다시 한번 반복해주면서 그 의미를 분명히 하고 정당화하는 것이다.

표 2-3 환언 사례 및 설명

기술	사례	설명
환언	1) 클라이언트: "아무도 내 말을 제대로 이해하지 못해요." 사회복지사: "즉, 주변 사람들이 당신의 진짜 감정을 알아차리지 못한다고 느끼시는군요." 2) 클라이언트: "어머니의 마음을 상하게 해드려서 죄송스러웠습니다. 몸도 약하시고, 어머니가 오랫동안 함께하기를 바라고 있거든요." 사회복지사: "어머니와의 관계가 향상되기를 바라지만 가끔은 함께하는 것이 힘들어 보이는군요."	클라이언트 말을 다른 말로 바꾸어 재진술해 의미 명확화

④ 감정의 반영(reflection)

반영은 환언과 비슷하지만 반영에는 들은 내용을 환언하는 것뿐만 아니라 다른 사람의 감정이나 비언어적 의사소통을 다시 한번 재음미해 주는 것을 포함하고 있다. 반영은 말하고 있는 개인의 감정을 분명하게 파악하고 그것을 다시 그 사람에게 전달하는 것을 말한다. 반영은 말 속에 내포되어 있는 감정과 태도를 표면적으로 이끌어내어서 마치 거울처럼 당사자에게 보여주는 것이다. 클라이언트가 표현한 감정에 대해 반응하는 기술은 클라이언트가 자신의 감정을 더 표현하도록 고무시키며, 클라이언트가 자신의 감정에 대해 더 잘 알고 운용해 나가도록 돕는다.

표 2-4 감정의 반응 사례 및 설명

기술	사례	설명
감정의 반영	1) 클라이언트: "그 소식을 듣고 정말 속상했어요." 사회복지사: "그 소식 때문에 마음이 무척 아프셨겠네요." 2) 클라이언트: "명퇴 후 활동이 활발한 사람 등을 만나면 우울하고 화가 납니다." 사회복지사: "그런 사람들에 대해 열등감을 느끼시나 보군요."	클라이언트 감정을 파악해 다시 돌려주어 감정 탐색 도움

⑤ 명료화(clarification)

명료화는 클라이언트의 말 중에서 모호한 점을 클라이언트가 확실히 알도록 해주는 것이며 클라이언트로 하여금 자기가 한 말을 요약하거나 예를 들거나 새롭게 표현해주면서 이야기의 의미를 보다 분명하게 한다.

표 2-5 명료화 사례 및 설명

기술	사례	설명
명료화	1) 클라이언트: "요즘 좀 힘들어요." 사회복지사: "어떤 부분에서 특히 어려움을 느끼시는지 구체적으로 말씀해 주실 수 있나요?" 2) 사회복지사: "미안하지만 지금 말씀하신 부분이 이해가 잘 안 되는데 구체적으로 무엇인가요?"	모호한 표현을 구체적으로 명확하게 만드는 질문

⑥ 요약하기(summarizing)

면접의 중간중간, 이야기된 내용을 요약하고 강조할 필요가 있다. 요약을 통해 면접 동안 진전된 사항을 파악할 수 있고, 중요 이슈나 요점을 다시 한번 생각할 수 있는 기회를 가질 수 있다.

표 2-6 요약하기 사례 및 설명

기술	사례	설명
요약하기	사회복지사: "오늘 이야기한 내용을 정리해 보면, 직장 문제와 가족갈등으로 많이 힘들어하시고, 앞으로 해결책을 함께 찾아보자는 말씀 맞으시죠?"	면담 내용 요약으로 중요한 점을 재확인

⑦ 대응(직면: confrontation)

또 다른 해석이나 시각을 고려하도록 유도하기 위해 사용하는 기술이다. 상황이 달라 보일 수 있음을 부드럽게 제시하는 방식이다. 적극적 청취를 하는 데 있어 대응이란 공격적이거나, 적대적이거나 화를 내는 것을 말하지 않는다. 클라이언트가 말한 내용에 불일치한 점을 찾아내는 것이다. 대응은 조심해서 사용해야 한다. 클라이언트에게 사실을 드러내라고 대응해서 이야기하는 것은 적절하지 않다. 관계 형성이 잘 된 후에 이를 시행해야 할 것이다.

표 2-7 대응 사례 및 설명

기술	사례	설명
대응(직면)	클라이언트: "저는 모든 게 다 괜찮아요." 사회복지사: "말씀은 괜찮다고 하시지만, 표정이 많이 긴장되어 보입니다. 무언가 숨기고 계신 건 아닌가요?" ▶ 비효과적인 표현: "ㅇㅇ씨는 책임감이 없어 보이는군요" ▶ 효과적인 표현: "ㅇㅇ씨는 제 생각에 저의 도움을 요청했지만 제 제안을 받아들이기 꺼리는 것 같군요."	표정과 말의 불일치를 부드럽게 지적하여 새로운 시각 유도

(2) 질문기술

질문은 '언제', '어디서', '누가', '무엇을', '왜', '어떻게'의 육하원칙에 따라 하게 되며 질문을 하는 것은 이에 대한 답을 얻기 위한 것이며 사회복지사가 클라이언트가 말하는 내용이나 생각, 감정에 귀를 기울이고 있고 이들이 중요함을 질문을 통하여 표현할 수 있다. 질문하기는 반영적 고찰을 자극하는 한 방법이 된다.

① 개방질문

면담 초기에는 개방질문을 많이 사용하는 것이 좋다. 하지만 개방질문은 자신의 생각이나 감정을 언어로 표현하는 데 익숙하지 않은 클라이언트들에게는 오히려 위협이 되거나 불안함을 야기할 수 있다.

② 폐쇄질문

폐쇄질문은 '예, 아니요'로 답할 수 있거나 혹은 이름, 주소, 연령 등과 같은 아주 간략한 답을 할 수 있는 질문이다.

- 장점
  - 시간이 제약된 상황에서 사실이나 자세한 정보를 얻고자 할 때
  - 위기상황에서 신속하게 정보를 얻고자 할 때
  - 사회복지사가 클라이언트에 대한 구체적인 정보를 필요로 할 때
  - 클라이언트가 당황하거나 정신이 혼미하여 말에 초점이 없을 경우
- 단점
  - 쉽게 지치고 문제를 다양하게 탐색해 볼 기회가 줄어듦
  - 질문에 대해서 클라이언트가 매우 제한된 범위 내에서 응답
  - 클라이언트가 심문 당하는 느낌을 받을 수 있으므로 조심해서 사용해야 함

③ '무엇' 질문하기

과거보다는 현재에 초점을 두면서 필요한 경우에 대해서 과거에 관한 질문을 할 수 있다는 점에서 매우 큰 이점이 있다. 면담 시간이 충분

하지 않을 때는 '무엇' 질문기법을 통해 과거를 탐색해 볼 수 있는 시간이 적기 때문에 이 기법은 유용하지 못할 수 있다.

(3) 해석기술

클라이언트들이 전에는 인식하지 못했던 생각, 느낌, 행동 간의 관계를 이해하게 되면 클라이언트가 이전과의 사고방식과는 다른 사고의 전환을 가져올 수 있다. 이 점을 촉진시키는 사회복지사의 행위가 바로 해석이다. 해석이란 다양한 클라이언트의 행동들 사이의 의미, 관계에 대한 설명이나 가정을 하는 것이다. 해석의 목적은 다음과 같다.

- 클라이언트의 함축적 메시지와 행동 사이의 관계를 파악하기 위해
- 클라이언트가 다른 견해를 가지고 자신의 행동을 검토해 보도록 하기 위해
- 클라이언트가 자기 패배적 또는 비효과적 행동을 더욱 기능적 행동으로 대치하도록 동기화시키기 위해

(4) 정보제공 기술

정보제공(information giving)은 클라이언트가 특정 문제, 상황, 사건, 혹은 관련 인물에 대해 보다 명확한 이해를 가질 수 있도록 사실적이고 객관적인 자료를 제공하는 기술이다. 이 기법의 목적은 단순한 정보 전달을 넘어, 클라이언트의 인식 확장과 문제 해결 능력 향상을 도모하는 데 있다.

첫째, 클라이언트가 당면한 문제에 대한 가능한 대안들을 탐색할 수 있도록 돕는 역할을 한다.

둘째, 특정 계획이나 선택에 대한 결과 예측과 평가 과정에 필요한 근거를 제공한다.

셋째, 클라이언트가 지니고 있는 잘못된 통념이나 비합리적 신념을 교정한다.

넷째, 현재 회피하고 있는 문제나 이슈에 대한 통찰을 촉진하여 적극적인 문제 인식을 유도한다.

정보제공은 클라이언트의 자기결정권을 존중하는 전제하에 이루어져야 하며, 단순한 지식 전달이 아닌 변화를 위한 기초자료 제공이라는 맥락에서 접근되어야 한다.

(5) 조언 기술

조언(advice giving)은 사회복지사가 클라이언트에게 특정한 선택이나 행동을 추천하거나 제안하는 진술 행위로, 실천 과정에서 신중하고 제한적으로 사용되어야 할 개입기술이다.

사회복지사의 조언은 단순한 지시가 아닌, 정보에 기반한 대안 제시이며, 클라이언트가 자율적으로 사고하고 결정할 수 있도록 돕는 촉진적 역할을 수행해야 한다.

조언 제공 시에는 반드시 정확하고 신뢰할 수 있는 정보를 바탕으로 하고, 제안된 선택지의 잠재적 결과에 대해 충분히 설명함으로써, 클라이언트의 비판적 사고와 자기결정을 유도하는 방식으로 이루어져야 한다. 그러나 사회복지사가 직접적이고 단정적인 조언을 반복하거나 지나치게 주도적인 태도를 보일 경우, 클라이언트의 자율성과 책임감을 약화시키고, 조언에 대한 심리적 의존을 초래할 수 있다. 또한 조언이 부정적인 결과를 낳을 경우, 그 책임이 사회복지사에게 전가될 우려도 있으므로, 조언은 철저한 판단과 윤리적 고려하에 신중하게 사용되어야 한다.

3. 상담 및 관찰기술

1) 상담과 면접기술

상담은 본질적으로 지속적인 면접 과정을 통해 이루어지며, 이로 인해 '상담'이라는 개념 속에는 자연스럽게 '면접'의 의미가 내포된다. 따라서 상담과 면접은 상황에 따라 상호 교차적으로 사용될 수 있으며, 사회복지실천 현장에서 적용되는 면접기술은 곧 상담기술로 간주될 수 있다. 이러한 관점에서 볼 때, 상담 면접기술은 사회복지실천에서 핵심적인 전문 역량으로 자리 잡고 있으며, 사회복지사는 상담자로서의 정체성을 효과적으로 수행하기 위해 상담에 대한 기본 개념은 물론, 관련 면접기술을 충분히 숙지하고 활용할 수 있어야 한다.

(1) 상담의 의미

상담이란 용어는 라틴어의 counselere란 말로서 '고려하다', '반성하다', '숙고하다', '조언을 받다'는 뜻을 지니고 있다. 사회복지실천에 많은 영향을 끼친 인본주의 이론의 창시자인 로저스(Rogers, 1942)는 상담을 '훈련받은 상담자와 도움을 받고자 하는 클라이언트의 상호작용의 과정'으로 상담자는 클라이언트의 감정을 수용하고 명료화하는 등의 노력을 통해 클라이언트 스스로가 자신을 이해하고 발전적인 수준으로 나아가도록 도와주는 역할을 한다고 정의하였다.

(2) 면담의 기본기술

사회복지실천에서 개인, 집단, 가족을 대상으로 공통적으로 활용되는 상담 면접기술들을 일반기술과 기본기술로 나누어 설명하고 있는데, 일반기술은 본 장에서 다루는 의사소통기술과 관찰기술들과 중복되어 여기서는 상담 면접의 기본기술에 대해 살펴보고자 한다(이영호, 2008).

① 면담과 준비기술

사회복지사가 상담 면접에 임하기 전 사회복지의 태도와 준비사항을 제시하였다(Confronter, 2000). 구체적으로 살펴보면 다음과 같다.

- **사전 검토**: 클라이언트의 기본적 배경을 검토하는 것이며, 이전 기록과 기관의 정보를 검토하는 것이다. 여기에서 클라이언트에 대한 편견이나 선입견을 갖는 것에 대해서는 주의가 필요하다.
- **사전 탐색**: 접수나 초기 면접 담당자와 클라이언트의 의뢰자에게서 클라이언트와 그의 상황에 대한 질문을 통해 정보를 수집하는 것이며, 클라이언트가 같은 기관의 다른 사회복지사로부터 서비스를 제공받았다면 이전에 서비스를 제공했던 동료 사회복지사로부터 수집한 정보도 이에 해당한다.
- **사전 협의**: 슈퍼바이저나 동료에게 조언을 구하는 것을 의미한다.

  예 우울증을 보이는 여자 청소년을 첫 면접할 예정인 사회복지사는 우울증 증상 및 잠재적인 자살 가능성을 파악하기 위한 질문목록을 슈퍼바이저, 동료와 협의해 볼 수 있다.

- **사전 정리**: 첫 면접을 위해 체계적인 물리적 준비를 의미한다.

  예 약속시간을 확인하는 것과 면담실의 충분한 시간 확보, 비밀보장이 될 수 있는 공간 확보, 면접실의 사전예약 및 가구 배치 등 준비를 하고, 아동의 발달연령을 고려하고 사회문화적 배경에 맞는 그림책과 장난감 등을 비치할 수 있다.

- **사전 공감**: 클라이언트가 초기 면접에 참여하기 전이지만 클라이언트가 겪을 수 있는 느낌이나 현재의 문제 및 상황에 민감하게 반응할 수 있도록 사전 공감을 실천해 보는 것이다.
- **사전 자기 탐색**: 자기인식 및 전문적인 자질 향상과 매우 관련이 깊은 사전 자기 탐색은 자기분석의 한 형태로서, 타인과의 상호작용에서 어떻게 영향을 주고받는지를 파악하는 것이다.

- **철저한 자기관리**: 사회복지사의 개인 사정이 전문가로서의 의무와 서비스 전달에 방해가 되지 않도록 하기 위한 것이다.

  예 집안 문제나 개인 문제로 상담 면접에 집중하기 어렵거나 클라이언트와의 면담에 있어서도 집안 문제가 자꾸 떠오르면 사회복지사는 적절한 조치를 취하여야 한다.

- **사전계획**: 사회복지사가 상담 면접 전에 면접의 목적과 목표를 검토하고, 면접에서 논의할 주요 과제를 임시적으로 설정하는 것을 의미한다.

② 면담의 방법

- **반영적 접근법**: 직관적, 감정적으로 정보를 수집하는 방법은 체계적이지 못하지만 직관적이고 공감적인 방법으로 내면세계를 상상할 수 있다.
- **점검목록 접근법**: 면담 점검표 작성 시 고려해야 하는 이슈나 과제를 기록한다.

③ 면담의 장소

상담 면접의 장소에 대한 문제는 크게 두 가지 부분이 혼합되어 있다.
첫째, 물리적인 공간의 의미이다.
둘째, 상담 면접이 이루어지는 현장에 대한 부분이다. 상담 면접이 이루어지는 공간은 주변 분위기가 조용하고, 실내 가구 배치가 편안하며, 단정한 느낌을 주는 곳이면 어디든지 가능하다. 또 사람의 이목을 끌지 않고 클라이언트가 편안하게 다닐 수 있는 장소를 선택하는 것이 중요하다. 특히 우리나라에서는 현재 사회복지 기관, 교정시설, 정신보건센터, 건강가정지원센터, 국가가 운영하는 청소년 상담센터 및 개인 사설 상담소에서도 주로 이루고 있다.

④ 시작과 맞이하기 기술

- **첫 면담에 대한 불안 수용**: 사회복지 실천 과정에서의 첫 면접은 사회복지사와 클라이언트 모두에게 심리적 긴장과 복합적인 감정을

유발할 수 있다. 특히 클라이언트 입장에서는 타인에게 도움을 요청해야 한다는 상황 자체가 자존감에 영향을 미치며, 이로 인해 양가감정 도움에 대한 기대와 동시에 불확실성에 대한 두려움이 공존할 수 있다. 더불어 자신의 문제 상황을 어디서부터 어떻게 설명해야 할지 몰라 당황하거나, 감정적으로 혼란을 겪는 경우도 적지 않다. 이는 곧 '문제 해결에 대한 희망'과 '실질적인 도움이 가능할까'에 대한 의문이 교차하는 상황으로, 초기 면접의 중요성을 부각시킨다.

- **신뢰감 있는 첫인상**: 클라이언트가 사회복지사에게 느끼는 첫인상은 관계 형성의 출발점이자 핵심 요소로 기능한다. 대부분의 클라이언트는 상담 장면에서 사회복지사가 일정 수준 이상의 전문성과 따뜻함을 지니고 있을 것이라는 기대를 갖고 있다. 이러한 기대가 실제로 충족될 경우, 클라이언트는 상담 상황에 보다 쉽게 몰입하고 면접 장면에 적응하게 된다. 따라서 사회복지사는 신뢰감 있고 안정된 첫인상을 전달하기 위해 외적 태도, 언어적 표현, 비언어적 소통까지 면밀히 관리할 필요가 있다.
- **비공식적인 대화로 시작**: 클라이언트를 따뜻하게 맞이하는 방법 가운데 하나는 날씨 혹은 기관에 찾아오는 과정에서의 어려움과 같은 주제를 택하여 비공식적인 대화로 시작하는 것이다. 이러한 비공식적인 대화를 얼마나 오랜 시간 동안 할 것인가는 사회복지사의 경험과 직관력에 달려 있다.
- **전문적 관계 속에서 존중**: 클라이언트는 종종 긍정적인 평가 경험의 결핍이나 낮은 자존감으로 인해 스스로를 부정적으로 인식한다. 이에 사회복지사는 단순한 개인적 친분을 넘어서, 전문적이고 목표지향적인 관계 속에서 클라이언트를 진심으로 존중하는 태도를 견지해야 한다. 이 관계는 사회복지사의 욕구 충족이 아닌, 클라이언트의 복지와 성장을 중심으로 형성되어야 하며, 그 안에서 클라이언트는 새로운 대인관계를 경험하게 된다. 사회복지사는 클라이언트의

외현적 행동만이 아니라 잠재적 가능성과 내면의 자원을 인식하고 존중함으로써, 진정한 변화의 촉매가 되어야 한다.

⑤ 면담의 시작

면담의 초기 단계는 단순한 '접수'의 의미를 넘어, 치료적 관계 형성의 서막으로 기능한다. 이 단계에서 사회복지사는 다음과 같은 핵심 과업들을 수행해야 한다(Confronter, 2000; 김인숙 · 김용석 역, 2002 재인용).

- **자기소개 및 기관 소속 설명하기**: 면접을 주도하는 사회복지사로서 처음으로 해야 할 일은 자신의 역할과 소속 기관의 정체성(성명, 소속, 직위 등)을 간략하게 소개한다. 클라이언트 가운데는 가끔 사회복지사의 출신학교와 학력, 자격증 소지 여부를 문의하는 경우가 있는데 이는 사회복지사가 전문가로서 자격을 갖추었는지, 신뢰할 수 있는 사람인지를 확인하고자 하는 의도가 있다.
- **클라이언트 및 동반인 소개 요청하기**: 사회복지사의 소개가 끝난 후 클라이언트가 편안하게 자신의 존재를 표현할 수 있도록 유도하며, 함께 동행한 이가 있을 경우 그 소개도 요청한다. 경우에 따라서 클라이언트와 동행한 분의 호칭에 대해 확인할 필요가 있다.

☑ **예시**

- "제가 아버님 또는 선생님이라고 불러도 될까요?"
- "중학생인 것 같은데 내가 'ㅇㅇ야'라고 이름을 불러도 괜찮을까?"

- **첫 면담의 목적 명확화**: 첫 만남이 어떤 방향성과 목표를 가지고 있는지를 설명함으로써, 클라이언트가 면담의 틀을 이해할 수 있도록 한다. 목적 설명은 직접적이고 분명하면서도 유연하게 진행되어야 한다.

☑ **예시**

사회복지사: "저희 기관을 방문해 주셔서 감사드립니다. 먼저 저희 기관을 방문하게 된 계기를 설명해 주시면 기관 내에서 제공되는 서비스에 대해 상세히 안내드리도록 하겠습니다."

- **클라이언트 역할 설명하기(안내):** 사회복지사는 첫 면접에서 클라이언트의 불안감을 감소시키도록 노력해야 하며 참여자로서 클라이언트가 어떠한 책임과 권리를 가지는지도 안내한다.
- **기관의 행정절차 및 윤리적 요소 다루기:** 비밀보장, 기록 처리, 면담 시간 등에 관한 윤리적 · 행정적 기준을 사전에 안내한다.

> ☑ **예시**
> - "저희 기관은 가족에게 상담을 제공해 주는 기관입니다."
> - "저희 기관은 ㅇㅇ님의 거주지와도 가까운 곳에 위치하고 있습니다."

- **피드백 요청하기:** 면접 진행 중 클라이언트가 느끼는 감정이나 불편함, 기대 등에 대한 피드백을 요청하여 상호작용의 개방성을 높인다. 또한 수혜기간, 전달방법, 기관의 서비스 수혜자격과 요건, 후속조치 등에 관해 클라이언트가 이해할 수 수준으로 상세히 설명하고 이해했는지 여부에 대해 피드백(feedback) 받을 필요는 있다.

⑥ 면담 관련 고려 사항

- 악수하기
  - 면담의 시작과 마지막을 공식적으로 전달한다.
  - 개인의 특성, 관계, 문화적 영향에 따라 다양하다.
  - 공식적인 신체접촉, 직관력의 활용 기회이다.

  이때 주의할 점은 따뜻한 말과 함께 악수가 필요하며, 위압하여 강제로 악수하지 않도록 한다.
- 신체적 접촉
  - 비언어적 의사소통 가운데 강력한 영향력을 보일 수 있으며, 신체접촉의 방법과 횟수는 사람에 따라 다르게 받아들여진다.
  - 상황에 맞는 대처가 필요하며, 직관력과 민감성 훈련이 필요하며, 인간적인 반응과 전문적인 반응 사이의 구별이 필요하다.
  - 공감은 하되 적절하고 편안함을 느낄 수 있는 방법으로 반응하며, 클라이언트의 감정을 표현하도록 격려한다.

- 학대받은 적이 있는 사람과의 신체 접촉 시 개인에 따라 불편하게 느낄 가능성이 있으며, 이전에 받은 학대의 기억을 떠올리게 하는 위기가 된다.

2) 관심집중(주의집중) 및 관찰기술

(1) 관심집중(Focus on Attention)

관심집중은 클라이언트가 이야기하는 내용을 적극적으로 경청하고, 중요한 부분에 주의를 기울이는 것을 의미한다. 이를 통해 클라이언트가 자신의 감정과 문제를 더 명확하게 표현할 수 있도록 돕고, 상담의 목표를 효과적으로 달성할 수 있으며 관심집중은 비판이나 판단 없이 수용하는 태도와 함께 클라이언트의 핵심 메시지와 감정을 파악하는 데 중요한 역할을 한다.

관심집중은 상담자가 신체적으로 스스로를 내담자에게 향해야 한다. 사회복지사가 경청할 준비가 되어 있고 경청할 의지와 능력이 있다는 사실을 클라이언트에게 전달하는 방법을 가리킨다. 기초적인 적극적 경청기술인 관심집중은 내담자를 돕기 위한 면담에 신체적, 심리적인 몰입을 전달한다.

예: "나는 완전한 관심집중을 당신에게 하고 있어요."
예: 내담자가 자신의 어려움을 이야기할 때, "그렇군요, 정말 힘든 상황이셨겠어요." 또는 "그 감정을 느끼셨을 때 어떤 생각이 드셨나요?"라고 말하며 내담자의 말을 받아들이고, 그들의 감정을 인정하는 것이다.
예: 내담자가 특정 사건에 대해 이야기할 때, "그 사건이 일어난 후 어떤 변화가 있었나요?"라고 질문하여 내담자가 자신의 경험을 더 깊이 탐색할 수 있도록 돕는 것도 관심집중의 방법이다.

(2) 관찰기술(Observation Techniques)

사회복지사가 개발해야 할 가장 중요한 기술 중 하나가 관찰기술이며, 이는 일종의 비언어적 행동(목소리의 변화, 거친 행동 등)으로 내담자에게 명백히

무슨 일이 일어나고 있는지 관심을 기울이는 것이다. 또한 비언어적 행동을 이해함으로 인해 현재 상황을 사정하는 데 있어 필요로 하는 정보를 많이 수집할 수 있다.

관찰기술은 클라이언트의 비언어적 신호, 행동 패턴, 감정 상태 등을 세심하게 관찰하여, 말로 표현되지 않는 정보를 파악하는 데 도움을 준다. 이를 통해 상담자는 클라이언트의 내면 상태를 더 깊이 이해하고, 적절한 개입 방안을 마련할 수 있다.

구체적으로는 다음과 같은 관찰기술이 포함된다.

- 표정, 몸짓, 자세 등 비언어적 표현 관찰
- 말의 속도, 강약, 목소리 톤 등 언어적 표현 분석
- 행동의 일관성 및 변화 추적 및 환경과의 상호작용 관찰

이와 같은 관찰은 상담 과정에서 클라이언트의 진짜 감정이나 문제의 핵심을 파악하는 데 매우 유용하며, 신뢰 관계 형성에도 긍정적인 영향을 미친다.

상담 시 관찰기술은 클라이언트의 비언어적 신호와 행동을 세심하게 파악하는 데 매우 중요한 역할을 하며, 몇 가지 관찰기술의 예시는 다음과 같다.

- **비언어적 신호 관찰**: 표정, 눈맞춤, 몸짓, 자세 등을 통해 감정 상태를 파악한다.
  - 예 긴장하거나 불안한 표정, 피하는 눈맞춤, 움츠린 자세 등은 내면의 감정을 반영할 수 있다.
- **행동 패턴 관찰**: 반복되는 행동이나 습관, 말하는 방식 등을 통해 클라이언트의 성격이나 문제의 원인을 유추할 수 있다.
  - 예 자주 손을 만지거나 발을 떠는 행동은 불안감을 나타낼 수 있다.
- **환경과의 상호작용 관찰**: 상담 공간 내에서의 행동이나 주변 환경과의 상호작용을 통해 클라이언트의 상태를 파악한다.
  - 예 책상 위에 흩어진 물건이나 방의 정돈 상태도 감정 상태를 반영할 수 있다.

- **언어와 말투 분석**: 말의 속도, 강약, 어휘 선택 등을 관찰하여 내면의 감정을 이해한다.

  예 말이 느리거나 단조로우면 우울이나 무기력을 시사할 수 있다.

이러한 관찰기술을 통해 상담자는 클라이언트의 내면 상태를 더 깊이 이해하고, 적절한 상담 전략을 세울 수 있다.

학습문제

[서술형]

01 사람들과 대화를 나눌 때 집중을 방해하는 요인이나 자신도 모르게 작용하는 바람직하지 못한 비언어적 행동이 있다면 무엇인지 서술하시오.

02 클라이언트와의 접촉에서 사회복지사와 접촉하는 것을 거부하는 사람도 있게 마련이므로 항상 주의가 필요하다. 클라이언트와의 접촉에 대해 어떻게 느끼는지 자신의 생각을 서술하시오.

[선택형]

01 면접의 기술에서 적극적 경청을 위한 유의사항이 아닌 것은?

① 충분히 오랫동안 적극적으로 경청한다.
② 적극적 경청 이후 해결책을 제시한다.
③ 사회복지사가 잘못 이해할 수도 있다.
④ 사회복지사 자신의 비언어적 의사표현에 주의해야 한다.
⑤ 적극적 경청은 동의하는 것과 같다.

02 면접기술에서 다음은 무엇을 설명하는 것인가?

> 클라이언트가 표현을 분명하게 하도록 격려하거나 사회복지사가 정확하게 이해하고 있는지 확인하는 기법이다.

① 직면　② 요약하기　③ 명료화
④ 반영하기　⑤ 지지하기

03 상담 면접의 기본기술에서 '시작과 맞이하기 기술'에 해당되지 않는 것은?

① 첫 상담 면접에 대한 불안 수용
② 비공식적인 대화로 시작
③ 전문적 관계 속에서 존중
④ 클라이언트 자신 및 동행인에 대한 소개를 요청하기
⑤ 신뢰감 있는 첫인상

서술형 모범답안

01 눈 맞춤 부족 또는 과도한 눈 맞춤은 대화의 집중도를 떨어뜨릴 수 있고, 고개 숙이기 또는 피하기는 상대방을 향하지 않거나 고개를 숙이는 행동은 관심이 없거나 피하려는 태도를 나타낼 수 있다. 불필요한 손동작 또는 불안한 행동, 무관심 또는 부정적 표정, 무표정하거나 짜증 난 표정은 상대방에게 관심이 없거나 부정적인 감정을 전달할 수 있다. 또한, 휴대폰 사용 또는 산만한 행동은 대화 중에 상대방에게 무관심하다는 인상을 줄 수 있다.

02 항상 신중하고 배려하는 태도를 유지하는 것이 중요하다고 생각된다. 어떤 사람들은 사회복지사와의 접촉을 불편하게 느끼거나 거부할 수도 있기 때문에 클라이언트의 감정을 존중하는 것이 우선이며, 클라이언트가 편안함을 느끼도록 신뢰를 쌓는 것이 중요하다. 클라이언트의 의사를 존중하면서 자연스럽게 소통하는 것이 바람직하다고 생각되며, 이렇게 함으로써, 더 효과적이고 긍정적인 도움을 제공할 수 있다고 믿는다.

선택형 정답

01 ⑤ **02** ③ **03** ④

PART

02

사회복지실천모델과 개입기술

03 CHAPTER

실천 중심의 단기개입모델

1. 문제해결모델
2. 과제중심모델
3. 위기개입모델

학습목표

1. 문제해결, 과제중심, 위기개입모델의 철학과 기본 가정을 이해한다.
2. 각 모델의 개념과 핵심 요소를 설명할 수 있다.
3. 각 모델의 개입과정과 실천기법을 이해하고 사례에 적용할 수 있다.
4. 문제 상황에 맞는 적절한 실천모델을 선택하고 활용할 수 있다.

1. 문제해결모델

문제해결모델은 사회복지실천에서 클라이언트가 당면한 문제들에 효과적으로 파악하고 해결해 나가도록 돕는 데 초점을 맞춘 대표적인 접근 방식인데, 이 모델은 클라이언트의 자기 결정과 역량 강화를 중요하게 여기며, 문제해결과정을 통해 클라이언트가 미래의 어려움에도 스스로 대처할 수 있는 능력을 기르도록 돕는다.

1) 문제해결모델의 이론적 기초

문제해결모델은 치료보다는 현재 클라이언트가 직면한 문제에 효과적으로 대처할 수 있는 능력, 즉 문제해결능력과 대처능력의 향상을 목적으로 하는 실천모델이다. 이 모델은 전통적인 진단주의학파의 체계적 사정기법과 기능주의학파의 클라이언트 중심적 접근을 절충하여, 1959년 미국 시카고대학교의 헬렌 펄만(Helen Harris Perlman)이 제시했다. 펄만은 사회복지실천이 클라이언트의 문제해결과정을 지원하는 데 집중해야 한다고 보았으며, 이는 당시 사회복지 분야의 주요 논쟁이었던 진단주의와 기능주의의 간극을 좁히는 중요한 시도로 평가받는다.

펄만은 특히 미국의 철학자이자 교육학자인 존 듀이(John Dewey)의 영향을 깊이 받아, 문제해결과정을 과학적 사고와 반성적 사고(reflective thinking)의 과정으로 해석했다. 듀이는 인간이 문제 상황에 직면했을 때 합리적이고 비판적인 사고를 통해 문제를 이해하고 해결 방안을 모색한다고 보았으며, 이러한 관점은 문제해결모델에서 클라이언트를 단순히 도움을 받는 수동적 존재가 아니라, 스스로 사고하고 문제를 정의하며, 해결 방안을 선택하고 실행하는 주체적인 존재로 간주하는 기반이 된다. 이러한 인간관은 인간의 자율성과 성장 가능성, 그리고 환경과의 능동적인 상호작용을 중시하는 사회복지실천의 기본 가치와도 깊이 일치한다.

문제해결모델은 심리사회모델의 진단적 요소를 수용하면서도, 실천과정에서 체계적이고 목표지향적인 개입을 강조한다. 이는 클라이언트의 현재 기능 수준과 보유 자원, 그리고 당면한 문제 상황을 현실적으로 고려하여 개입하는 실용주의적 성격이 강함을 의미한다. 사회복지사는 클라이언트와의 협력적 관계 속에서 구체적인 목표를 설정하고, 단기간 내에 해결 가능한 문제에 초점을 두며, 이 과정을 통해 클라이언트의 자기효능감과 주체성을 강화하는 데 주력한다.

이후 1970년대에는 콤튼과 갤러웨이(Compton & Galaway)에 의해 생태체계적 관점이 문제해결모델에 통합되면서 그 이론적 폭이 더욱 확장되었다. 이들은 클라이언트의 문제가 단순히 개인의 내면적 요인이나 행동에서 비롯되는 것이 아니라, 클라이언트와 환경 간의 복잡한 상호작용, 특히 자원 부족이나 사회 구조적 제약이 문제에 어떤 영향을 미치는지를 함께 고려해야 한다고 강조했다. 이러한 관점의 확장은 문제해결모델을 보다 현실적이고 통합적인 실천모델로 발전시키는 중요한 기반이 되었으며, 사회복지사가 클라이언트의 문제를 개인적인 차원뿐만 아니라 환경적인 차원에서도 이해하고 개입할 수 있는 틀을 제공한다.

또한, 문제해결모델은 이후 사회복지실천에서 발전한 여러 단기 개입 모델들의 이론적 기초를 제공했다. 과제중심모델(Task-Centered Model), 위기개입모델(Crisis Intervention Model), 단기치료모델(Brief Therapy), 생활모델(Life Model) 등이 문제해결모델의 핵심 원칙인 '문제에 대한 초점', '목표 지향성', '단기 개입' 등의 영향을 받아 개발되었다. 이처럼 문제해결모델은 사회복지실천 이론의 발전 과정에서 중심적인 위치를 차지하고 있으며, 현재에도 다양한 클라이언트 상황에 적용 가능한 유연하고 실용적인 실천모델로 널리 활용되고 있다.

2) 문제해결모델의 구성요소

문제해결모델은 클라이언트의 문제해결과정을 체계적으로 지원하기 위해 특정 구성요소들을 정의하고, 각 요소가 상호작용하며 개입의 효과를 높이도록 설계되었다. 펄만(Perlman)의 문제해결모델은 당시 사회복지실천의 양대 산맥이었던 진단주의와 기능주의의 대립적 이론을 절충한 통합적이고 실천 중심적인 접근 모델이라는 점에서 큰 의의를 지닌다.

기능주의학파는 클라이언트의 현재 상황과 '지금 여기(now and here)'를 중시하며, 인간이 가진 기능의 회복 가능성과 변화 능력을 강조했다. 또한 사회복지기관의 역할과 기능을 통해 클라이언트의 사회적 기능 향상에 초점을 맞추고, 원조 과정을 실천의 핵심으로 보았다. 이는 클라이언트의 잠재력과 성장에 대한 믿음을 기반으로 한다.

반면, 진단주의학파는 인간의 심리 내면 세계의 역동성과 무의식적인 사고를 중시했다. 클라이언트의 정서적 문제와 감정 상태를 중요하게 여기며, 심층적인 진단적 사정을 통해 클라이언트의 문제 동기, 대처 능력, 활용 가능한 자원 등을 파악하고 개입 계획을 수립하는 데 초점을 두었다. 이는 문제의 원인을 깊이 있게 탐색하여 근본적인 해결을 모색하는 접근 방식이다.

펄만은 이러한 양대 학파의 장점을 통합하여, 클라이언트의 문제를 해결하기 위한 실천 중심의 모델을 고안했다. 그녀는 문제해결모델의 핵심 구성요소로 사람(Person), 문제(Problem), 장소(Place), 과정(Process)의 4가지 요소(4P)를 제시했다. 이러한 펄만의 4P는 문제해결모델의 구조적 기반이 되었으며, 이후 사회복지사의 전문성을 강조하는 '전문가(Professional person)'와 문제해결에 필요한 자원 및 기회를 제공하는 '제공(Provision)'이 추가되어 6P 모델로 확장되었다. 이는 사회복지실천의 복합성과 다양한 측면을 포괄하려는 노력의 결과이다. 각 구성요소의 의미와 역할은 다음과 같다.

(1) Person(사람)

'사람'은 문제를 겪고 있으며, 이를 해결하고자 사회복지 서비스를 찾는 클라이언트를 의미한다. 문제해결모델에서는 클라이언트를 문제해결과정의 능동적인 주체로 간주하는 것이 핵심이다. 클라이언트가 자신의 문제를 명확히 인식하고, 변화에 대한 동기를 가지며, 문제해결에 필요한 역량(예 의사결정 능력, 실행력)을 갖도록 지원하는 것이 사회복지사의 중요한 역할이다. 사회복지사는 클라이언트의 강점과 잠재력을 발견하고 이를 활용하도록 격려함으로써, 수동적인 수혜자가 아닌 주도적인 문제해결자로 성장하도록 돕는다.

(2) Problem(문제)

'문제'는 클라이언트가 현재 경험하고 있으며, 변화 또는 해결을 원한다고 인식하는 현실적이고 구체적인 어려움이나 장애를 의미한다. 이는 심리적, 사회적, 경제적, 관계적 요인 등 다양한 영역에서 발생할 수 있다. 문제해결모델에서는 문제의 본질을 클라이언트와 사회복지사가 함께 탐색하고, 모호한 문제를 명확하고 실현 가능한 개입 목표로 전환하는 과정을 중요하게 여긴다. 문제에 대한 객관적인 정의와 클라이언트의 주관적인 경험을 통합하여 문제를 이해하는 것이 효과적인 개입의 출발점이 된다.

(3) Place(장소)

'장소'는 클라이언트가 문제해결을 위해 도움을 요청하는 사회복지기관이나 지역사회 조직 등의 물리적, 제도적 공간을 뜻한다. 하지만 단순히 물리적인 공간을 넘어, 클라이언트와 사회복지사 간의 전문적인 상호작용이 이루어지는 '관계적 장(field)'으로 이해되어야 한다. 이 장소는 서비스 제공의 제도적 기반이 되며, 기관의 정책, 가치, 자원 등이 클라이언트에게 제공될 서비스의 질과 방향을 결정하는 데 영향을 미친다. '장소'는 서비스를 제공하는 기관의 책임성과 클라이언트의 권리 보장이라는 측면에서도 중요한 의미를 갖는다.

(4) Process(과정)

'과정'은 사회복지사와 클라이언트가 협력하여 문제를 탐색하고 해결해 나가는 문제해결의 실천 단계적 흐름을 의미한다. 이 과정은 초기 접촉 및 관계 형성, 문제 사정, 목표 설정, 계획 수립, 개입 실행, 평가, 그리고 종결 및 사후관리에 이르기까지 일련의 체계적인 단계로 구성된다. 하지만 이 과정은 선형적으로만 진행되는 것이 아니라, 클라이언트의 변화와 상황에 따라 순환적이며 융통성 있게 전개될 수 있다. '과정'은 클라이언트가 단순히 결과를 얻는 것을 넘어, 문제해결능력을 학습하고 내면화하는 경험 그 자체를 포함한다.

(5) Professional person(전문가)

'전문가'는 전문적 지식, 실천 기술, 그리고 엄격한 윤리적 기준을 바탕으로 클라이언트의 문제해결을 지원하는 사회복지사를 말한다. 사회복지사는 단순히 조언을 제공하는 것을 넘어, 전문적인 사정 및 개입 기술을 통해 클라이언트의 문제를 효과적으로 분석하고 다룰 수 있도록 안내하며, 상호존중과 신뢰를 기반으로 한 관계를 유지하는 데 주력한다. 이 구성요소는 사회복지실천의 전문성과 책임성을 강조하며, 클라이언트의 복지를 최우선으로 하는 윤리적 실천의 중요성을 부각한다. 전문적 지식, 실천 기술, 윤리적 기준을 바탕으로 클라이언트의 문제해결을 지원하는 사회복지사를 말한다. 사회복지사는 단순한 조력자 역할을 넘어, 전문적인 사정 및 개입 기술을 통해 클라이언트의 문제를 효과적으로 다룰 수 있도록 안내하며, 신뢰 기반의 관계를 유지한다.

(6) Provision(제공)

'제공'은 클라이언트의 문제해결을 위한 자원(resource), 기회(opportunity), 서비스(service) 등 구체적인 지원을 의미한다. 사회복지사는 지역사회 내외의 다양한 공식 및 비공식 자원(예 경제적 지원, 의료 서비스, 교육 프로그램, 사회적 지지망)을 탐색하고, 클라이언트가 이를 적절히 활용할 수 있도록 연계하거나 직접 제공하는 역할을 수행한다. 이 요소는 클라이언트의 문제를 해결하는 데 필요한 외적 자원의 중요성을 강조하며, 클라이언트의 자립 능력 향상과 삶의 질 개선을 위한 핵심적인 요소가 된다.

이처럼 문제해결모델은 클라이언트의 능동적인 참여를 강조하면서, 사회복지사의 전문적 개입과 다양한 자원 연계를 통해 클라이언트의 문제해결 능력을 향상시키는 데 그 목적이 있다. 모델의 각 구성요소는 원조 과정에서 유기적으로 상호작용하며, 실천의 실제 장면에 효과적으로 적용될 수 있도록 설계되어 있다. 이는 클라이언트가 현재의 어려움을 극복하고, 나아가 스스로의 삶을 주도적으로 이끌어갈 수 있는 역량을 개발하는 데 기여한다.

3) 문제해결모델의 실천 목표와 과정

(1) 실천 목표

문제해결모델의 주요 목표는 클라이언트의 문제해결능력과 대처능력을 향상시키는 것이다. 사회복지사는 클라이언트가 심리적 안정과 건강한 자아기능을 회복하도록 돕고, 문제 상황에 효과적으로 대응할 수 있도록 지원한다. 주요 실천 목표는 다음과 같다.

① 클라이언트가 외부 도움 없이 스스로 문제를 해결할 수 있도록 돕는다
이는 클라이언트의 자기 결정권과 자율성을 최대한 존중하며, 장기적으로는 사회복지사의 개입 없이도 스스로 삶의 문제를 해결할 수 있는 역량을 길러주는 것을 의미한다. 사회복지사는 문제해결의 주체가 클라이언트 자신임을 명확히 하고, 그들의 잠재력을 최대한 발휘하도록 촉진한다.

② 정서적 지지와 자아기능 강화를 통해 문제해결을 지원한다
클라이언트가 문제에 직면했을 때 경험하는 불안, 좌절, 무력감 등의 부정적 정서를 경청하고 공감하며 지지한다. 동시에 현실 검증 능력, 판단력, 충동 통제력 등 자아의 다양한 기능을 강화하여 클라이언트가 문제 상황을 객관적으로 인식하고 합리적으로 대처할 수 있도록 돕는다.

③ 클라이언트의 성장과 적응 능력을 강화하여 삶의 대처력을 높인다

문제해결과정을 통해 클라이언트가 새로운 기술과 지식을 습득하고, 긍정적인 자기 인식을 형성하며, 변화에 대한 유연성을 기르도록 돕는다. 이는 클라이언트가 현재 문제뿐만 아니라 미래에 발생할 수 있는 다양한 삶의 과제에 대해서도 효과적으로 대처할 수 있는 전반적인 적응력을 향상시키는 데 기여한다.

④ 사회복지사는 현실에 기반한 관계를 유지하고, 전이 현상을 최소화한다

사회복지사와 클라이언트의 관계는 문제해결을 위한 도구적이고 협력적인 관계여야 한다. 사회복지사는 클라이언트의 과거 경험에서 비롯된 비현실적인 감정이나 기대를 사회복지사에게 투사하는 전이(transference) 현상이 개입을 방해하지 않도록 주의하며, 현재의 문제해결에 초점을 맞춘 전문적 관계를 유지한다.

⑤ 상담 초기 계약을 통해 역할과 책임을 명확히 설정한다

개입 초기 단계에서 클라이언트와 사회복지사의 역할, 책임, 목표, 개입 기간, 비밀 보장 등 서비스 전반에 대한 명확한 합의(계약)를 이룬다. 이는 클라이언트의 참여를 촉진하고, 개입 과정의 투명성을 높이며, 불필요한 오해를 방지하여 효과적인 문제해결을 위한 기반을 마련한다.

(2) 실천 과정

문제해결모델의 실천 과정은 클라이언트가 문제해결의 주체로서 능동적으로 참여하도록 돕는 과정으로, 클라이언트의 능력 향상과 자원 접근성을 높이는 데 중점을 둔다. 사회복지사는 클라이언트가 심리적 안정감을 회복하고 자아기능을 강화할 수 있도록 정서적 지지를 제공하며, 클라이언트가 스스로 문제를 인식하고 평가하며 해결할 수 있는 능력을 개발하도록 돕는다. 이 과정에서는 클라이언트의 동기를 고취시키고 참여를 유도하는 것이 중요하며, 클라이언트의 대처 능력과 적응력을 강화하기 위한 반복적 훈련

이 병행될 수 있다. 또한 다양한 외부 자원과의 연계를 통해 사회적 지지망을 확장하고 문제해결에 필요한 기회를 제공한다. 실천 과정 전반에 걸쳐 클라이언트의 자기결정권이 존중되며, 초기 사정을 토대로 한 지속적인 평가가 이루어진다.

문제해결모델의 실천은 단선적인 순서가 아닌 유연하고 순환적인 특징을 가진다. 이는 실제 삶의 문제가 항상 예측 가능한 방식으로 진행되지 않음을 반영한다. 따라서 필요시 어느 단계에서든 이전 단계로 돌아가거나 앞 단계로 나아갈 수 있도록 설계되어 있다. 이를 통해 클라이언트는 자신의 문제를 보다 효과적으로 이해하고, 해결할 수 있는 주체로 성장하게 된다.

① 쥬릴라와 골드프리드의 문제해결과정

쥬릴라와 골드프리드(D'Zurilla & Goldfried, 1971)는 문제해결과정을 보다 구체적인 단계로 세분화하여 제시했는데, 이는 문제해결모델의 실제 적용에 중요한 지침이 된다.

- **문제 인식 단계**(Problem Orientation): 이 단계는 클라이언트가 자신의 삶에서 문제가 발생했음을 인지하고, 그 문제에 대해 긍정적이고 건설적인 태도를 형성하는 것을 포함한다. 클라이언트는 인생 사건이나 환경적 변화 등으로 인해 불편함이나 어려움을 느낄 때, 문제의 성격(무엇이 문제인가), 문제의 통제 가능성(내가 통제할 수 있는 부분은 무엇인가), 그리고 문제해결을 위해 필요한 시간과 노력 등을 평가하여 문제해결의 전반적인 방향을 설정한다. 사회복지사는 클라이언트가 문제를 회피하거나 부정하지 않고, 문제해결에 대한 동기를 가질 수 있도록 지지하고 격려한다.
- **문제 규정 및 형성 단계**(Problem Definition and Formulation): 이 단계에서는 인식된 문제를 명확하고 구체적으로 정의하는 데 초점을 맞춘다. 클라이언트와 사회복지사는 함께 문제의 본질, 문제 발생의 배경, 관련 요인, 그리고 클라이언트에게 미치는 영향 등을 심층적으로 탐색

한다. 모호한 진술을 구체적인 용어로 바꾸고, 해결 가능한 형태로 문제를 재구성한다. 또한, 문제해결을 통해 달성하고자 하는 구체적이고 현실적인 목표를 설정하고, 목표 달성 시 필요한 자원, 예상되는 비용, 잠재적 장애물 등을 분석하여 문제를 명확히 규정한다. 이 과정에서 클라이언트의 주관적인 경험과 사회복지사의 객관적인 사정 능력이 결합되어 문제에 대한 포괄적인 이해를 도모한다.

- 해결 방안 모색 단계(Generation of Alternatives): 문제와 목표가 명확히 설정되면, 이제는 목표 달성을 위한 다양한 가능한 해결 방안들을 폭넓게 탐색하고 창의적으로 제시하는 단계이다. 이 단계에서는 비판적 판단을 유보하고, 가능한 한 많은 대안을 브레인스토밍하는 것이 중요하다. 클라이언트의 과거 경험, 강점, 외부 자원, 그리고 사회복지사의 전문적 지식을 활용하여 현실적이고 혁신적인 해결책들을 모색한다. 양보다는 질에 초점을 맞추기보다는, 다양한 관점에서 접근하여 폭넓은 선택지를 확보하는 데 중점을 둔다.
- 의사 결정 단계(Decision Making): 모색된 다양한 해결 방안들 중에서 가장 적절하고 효과적인 것을 선택하는 단계이다. 클라이언트와 사회복지사는 각 대안의 잠재적 장점과 단점, 실현 가능성, 예상되는 결과(긍정적/부정적 효과, 소요 시간, 감정적 영향, 자원 소모 등)를 신중하게 평가하고 비교한다. 클라이언트의 가치, 선호도, 그리고 현실적인 제약 조건 등을 고려하여 최적의 해결책을 선택하도록 돕는다. 이 과정에서 클라이언트의 자기 결정권이 최대한 존중되어야 한다.
- 실행 및 검증 단계(Implementation and Verification): 선택한 해결책을 실제 상황에 적용하고, 그 결과를 모니터링하며 평가하는 단계이다. 클라이언트는 수립된 계획에 따라 구체적인 행동을 실행에 옮기고, 사회복지사는 필요한 지지와 격려, 그리고 추가적인 자원을 제공한다. 실행 과정에서 예상치 못한 어려움이나 새로운 문제가 발생할 경우, 사회복지사와 클라이언트는 함께 이를 논의하고 대처 방안을 모색

한다. 실행 후에는 목표 달성 여부와 문제해결의 효과성을 면밀히 검증한다. 만약 결과가 기대에 못 미치거나 새로운 문제가 발생하면, 이전 단계(예 문제 규정, 대안 모색)로 돌아가 대안을 수정하거나 새로운 해결 과정을 시작하는 등 유연하게 접근한다. 이는 문제해결과정이 순환적임을 보여주는 핵심적인 부분이다.

이러한 실천 목표와 체계적인 과정은 클라이언트가 단순히 문제를 해결하는 것을 넘어, 문제해결의 주체로서 성장하고 삶에 대한 통제감을 회복하도록 돕는 데 중요한 역할을 한다.

표 3-1 쥬릴라와 골드프리드(D'Zurilla & Goldfried)의 문제해결과정

단계	주요 내용	핵심 활동 및 예시 질문
1. 문제 인식 단계	문제의 존재를 지각하고 문제 상황을 인식함	"현재 가장 힘들게 느끼는 점은 무엇인가요?"
2. 문제 규정과 형성 단계	문제의 원인, 상황, 범위 등을 명확히 규정하고 구조화함	"이 문제가 언제부터, 어떻게 시작되었나요?"
3. 해결방안 모색 단계	가능한 다양한 해결책을 브레인스토밍 방식으로 탐색	"해결을 위해 어떤 방법들을 생각해 보셨나요?"
4. 의사결정단계	대안들 중 실행 가능하고 효과적인 방안을 선택	"각 방법의 장단점은 무엇이라고 생각하시나요?"
5. 실행과 검증 단계	선택한 방안을 실행하고 그 결과를 평가하며 필요시 수정	"각 방법의 장단점은 무엇이라고 생각하시나요?"

② 콤튼과 갤러웨이의 문제해결과정

콤튼과 갤러웨이(Compton & Galaway, 1989)는 문제해결과정을 단순히 일직선적인 과업의 연속이 아니라, 나선형의 순환적 과정으로 이루어진다고 보았다. 이는 실천 현장에서 클라이언트의 상황이 끊임없이 변화하고 새로운 정보가 유입됨에 따라, 유연하게 이전 단계로 돌아가거나 다음 단계로 나아갈 수 있음을 강조한다. 이들은 문제해결모델의 실천 과정을 접촉(Contact), 계약(Contract), 행동(Action)의 세 단계로 구분하

며, 각 단계는 유기적으로 연결되어 있으며 상황에 따라 유연하게 반복될 수 있다고 설명한다.

- **접촉단계**(Contact Stage): 이 단계는 사회복지사와 잠재적 클라이언트 간의 첫 만남이자 관계 형성의 시작점이다. 사회복지사는 클라이언트가 서비스를 요청하게 된 배경과 현재의 어려움을 경청하며, 클라이언트의 욕구와 기관의 기능 및 자원이 부합하는지 판단한다. 이때 클라이언트가 중요하다고 여기는 문제를 중심으로 공동의 문제 규명이 이루어지는데, 이는 사회복지사가 클라이언트의 주관적인 경험을 존중하면서도 전문적인 관점에서 문제를 객관화하는 과정이다. 특히, 복잡하고 압도적인 문제를 부분화(partialization)하여 작고 통제 가능한 단위로 나누는 것이 중요하다. 이는 클라이언트의 불안을 감소시키고, 문제해결에 대한 동기를 강화하며, 현실적인 개입의 시작점을 마련하는 데 기여한다. 만약 기관의 서비스가 적합하지 않다고 판단될 경우, 사회복지사는 클라이언트를 적절한 타 기관으로 전달 또는 의뢰하는 결정을 내리기도 한다. 이 단계는 클라이언트가 개입 과정에 대한 신뢰를 형성하고, 자신의 문제를 해결할 수 있다는 희망을 갖도록 돕는 데 필수적이다.
- **계약단계**(Contract Stage): 접촉단계를 통해 문제에 대한 이해가 형성되면, 클라이언트와 사회복지사는 함께 문제를 명확히 정의하고, 현실적이고 달성 가능한 구체적인 목표를 설정하며, 이를 달성하기 위한 개입 계획을 수립한다. 이 과정은 상호 협의와 합의를 기반으로 이루어지며, 목표는 측정 가능하고 시간적 제약이 있는 형태로 구체화되는 것이 바람직하다. 사회복지사는 클라이언트의 내적 강점과 외부 자원(가족, 지역사회 자원 등)을 체계적으로 검토하여 개입 방향을 정하고, 클라이언트의 자기 결정권을 최대한 존중하면서도 사회복지사의 전문성과 기관의 기능 및 정책을 고려하여 개입 수단과 방법을 결정한다. 계약은 구두로 이루어질 수도 있고, 서면으로 명확히

작성될 수도 있는데, 이는 클라이언트와 사회복지사 양측의 역할과 책임을 명확히 하고, 개입 과정의 투명성과 책임성을 높이는 중요한 과정이다.

- 행동단계(Action Stage): 계약된 목표를 바탕으로 구체적인 개입 활동과 서비스 실행이 이루어지는 단계이다. 이 단계에서는 목표 달성을 위해 필요한 자원과 방법이 구체화되며, 클라이언트는 계획된 행동을 실행에 옮긴다. 사회복지사는 이 과정에서 다양한 개입 역할을 수행하는데, 예를 들어 클라이언트의 변화를 촉진하는 조력자, 필요한 정보를 제공하는 교육자, 외부 자원과 연결하는 자원 연결자, 클라이언트의 권익을 옹호하는 옹호자 등이 될 수 있다. 사회복지사는 클라이언트가 자율적으로 문제를 해결할 수 있도록 지지하고, 필요한 기술을 습득하도록 돕는다. 이 단계는 문제해결을 위한 실제적인 변화가 일어나는 핵심적인 부분이며, 종결까지 이어지는 지속적인 과정이다. 실행 과정에서는 예상치 못한 상황이나 새로운 정보가 발생할 수 있으므로, 계획에 대한 유연한 조정과 지속적인 평가가 함께 이루어져야 한다. 이는 나선형 순환 과정의 특징을 가장 잘 보여주는 단계로, 필요에 따라 이전 단계로 돌아가 문제를 재정의하거나 목표를 수정할 수 있다.

콤튼과 갤러웨이의 문제해결모델은 개인, 집단, 환경 간의 상호작용에서 발생하는 생활 문제(life problems)를 중심으로 다룬다. 이는 클라이언트의 문제를 단순히 개인의 결함으로 보지 않고, 개인을 둘러싼 다양한 체계(가족, 학교, 직장, 지역사회 등)와의 관계 속에서 이해하려는 생태체계적 관점을 적극적으로 반영한 것이다. 이러한 관점은 클라이언트 체계를 넓게 설정함으로써 모델의 적용 범위가 넓고, 다양한 상황에 유연하게 적용될 수 있는 실천 모델로서의 강점을 제공한다.

표 3-2 콤튼과 갤러웨이(Compton & Galaway)의 문제해결과정

단계	주요 내용	사회복지사의 역할
접촉단계	클라이언트와의 첫 만남을 통해 라포 형성 및 문제 상황 파악	신뢰 형성, 문제에 대한 초기 정보 수집, 초기 평가 수행
계약단계	개입목표 설정 및 계획 수립, 사회복지사 클라이언트 간 협약 체결	개입방향 논의, 실천 목표 설정, 구체적 실천계획 수립
행동단계	계획된 개입 실행 및 점검, 목표 달성을 위한 행동 실천	개입 수행, 경과 모니터링, 필요시 계획 수정 및 지원 제공

4) 문제해결모델의 실천 기법

문제해결모델은 클라이언트가 현실에서 직면한 문제를 스스로 인식하고, 적절한 해결 방안을 탐색하여 실행에 옮길 수 있도록 돕는 과정 중심의 실천 모델이다. 이 모델에서 사회복지사는 클라이언트의 문제해결능력을 촉진하기 위해 다양한 기법을 활용하는데, 이는 클라이언트의 자기효능감을 높이고 적극적인 참여를 유도하는 데 중점을 둔다. 핵심적인 실천 기법으로는 현재 문제에 초점 두기, 문제해결에 대한 신념 부여하기, 문제와 관련된 사람 파악하기, 문제의 재구조화 등이 있다.

(1) 현재 문제에 초점 두기

문제해결모델에서 중요한 첫 단계는 클라이언트가 현재 직면하고 있는 구체적인 문제에 주의를 집중하도록 돕는 것이다. 많은 클라이언트들은 과거의 상처나 실망감에 갇혀 있거나, 혹은 다가올 미래에 대한 막연한 불안감에 사로잡혀 현재의 실제 문제를 정확히 인식하지 못하는 경우가 있다. 이러한 상태에서는 문제의 본질을 파악하거나 적절한 개입 방향을 정하는 데 어려움이 발생할 수 있으며, 클라이언트가 문제의 복잡성에 압도되어 무력감을 느낄 수도 있다.

이에 따라 사회복지사는 클라이언트가 지금 당면하고 있는 문제의 핵심

을 분명히 인식할 수 있도록 돕는다. 구체적이고 개방적인 질문을 통해 클라이언트의 관심을 현재의 어려움에 집중시키고, 해당 문제가 발생한 배경과 최근 변화된 상황을 함께 살펴본다. 이를 통해 현재 삶에서 가장 시급하거나 우선순위가 높은 문제를 명확히 규명하고 선별하는 과정이 이루어진다. 예를 들어 다음과 같은 질문을 활용할 수 있다.

- "요즘 가장 힘들게 느껴지는 상황은 어떤 것인가?"
- "그 문제가 특히 최근에 더 심각해졌다고 느끼는 이유는 무엇인가?"
- "이 문제로 인해 당신의 일상생활에서 가장 큰 영향을 받는 부분은 무엇인가?"

이러한 질문들은 클라이언트의 현재 문제를 구체적으로 언어화하도록 돕고, 상담의 초점을 명확히 설정하는 데 기여한다. 현재 문제를 정확히 규명하는 것은 개입의 방향성을 결정하고, 실천 계획을 수립하는 데 필수적인 전제 조건이며, 이를 통해 사회복지사는 보다 효과적인 개입 전략을 마련할 수 있다. 또한, 문제를 구체화하고 작게 쪼개는 부분화(partialization) 기법을 활용하여 클라이언트가 문제에 압도되지 않고 해결 가능한 단위로 인식하도록 돕는다.

(2) 문제해결에 대한 신념 부여하기

문제가 반복적으로 발생하거나 실패 경험이 누적된 클라이언트는 스스로 문제를 해결할 수 없다는 무력감이나 낮은 자기효능감에 빠지기 쉽다. 이때 사회복지사는 클라이언트가 자신의 역량을 믿고 문제해결과정에 적극적으로 참여할 수 있도록 신념과 희망을 부여하는 것이 매우 중요하다. 사회복지사는 클라이언트가 과거에 성공적으로 문제를 해결했던 경험을 상기시키거나, 클라이언트가 가진 강점과 자원(예 끈기, 회복력, 특정 기술, 지지적인 관계)을 함께 찾아보며 자기효능감(Self-efficacy)을 회복하도록 돕는다.

사회복지사는 클라이언트가 혼자가 아니라는 점을 강조하고, 당면한 문제는 충분히 해결 가능한 것이라는 메시지를 일관되게 전달함으로써 희망과 가능성을 심어준다. 이는 단순히 격려를 넘어, 클라이언트가 자신의 내면에 잠재된 힘을 인식하고 활용하도록 돕는 과정이다. 이러한 신념 부여는 클라이언트가 문제해결과정에 대한 긍정적인 기대를 형성하고, 필요한 노력을 기울일 수 있는 강력한 동기를 제공한다.

(3) 문제와 관련된 사람 파악하기

대부분의 문제는 개인 내부의 요인뿐만 아니라 주변의 인간관계나 사회적 환경과도 밀접하게 연관되어 있다. 문제해결모델은 클라이언트의 문제를 생태체계적 관점에서 이해하므로, 사회복지사는 클라이언트가 당면한 문제에 영향을 미치거나 해결에 도움을 줄 수 있는 인물들을 함께 탐색한다. 이때 가족 구성원, 친구, 직장 동료, 학교 관계자, 지역사회 자원(예 이웃, 종교 단체 구성원), 전문가(예 의사, 교사, 상담사) 등을 포함하여 문제와 관련된 인간관계를 전반적으로 파악한다.

이 과정에서 관계도(Genogram)나 생태도(Ecomap)와 같은 시각적 도구를 활용하면 클라이언트가 자신의 사회적 지지망과 스트레스원, 그리고 다양한 관계의 특성(친밀도, 갈등 여부, 자원 흐름 등)을 구조적으로 이해하도록 돕는 데 매우 효과적이다. 이를 통해 사회복지사는 문제의 원인을 보다 입체적으로 이해하고, 해결 과정에서 활용 가능한 잠재적 자원(사회적 지지, 정보, 실질적 도움 등)을 구체화하여 개입 계획에 반영할 수 있다. 이는 클라이언트가 고립감을 느끼지 않고, 다양한 관계 속에서 문제해결의 실마리를 찾도록 돕는 중요한 기법이다.

(4) 문제의 재구조화

클라이언트는 문제를 고정된 방식으로 해석하거나, 상황을 지나치게 부정적으로 바라보는 경향을 보이기도 한다. 이러한 인지적 왜곡은 문제해결을 위한 동기를 저하시키고, 새로운 대안을 탐색하는 것을 방해할 수 있다. 이때 사회복지사는 클라이언트가 문제를 새로운 시각으로 바라볼 수 있도록 사고의 전환을 유도하는 '재구조화(Reframing)' 기법을 활용한다.

재구조화는 클라이언트의 언급을 재해석하거나, 문제 상황에 대한 대안적인 관점을 제시하면서, 기존의 부정적인 인식을 보다 유연하고 긍정적인 관점으로 바꾸도록 돕는 것이다. 예를 들어, 반복된 실패 경험을 '좌절'이 아닌 '용기를 내어 시도한 과정'이나 '새로운 학습의 기회'로 재구성하거나, 자신의 단점이라고 여겨졌던 특성(예 고집이 세다)을 특정 상황에서는 강점(예 끈기 있고 주도적이다)으로 해석할 수 있도록 안내한다. 이러한 재구조화는 클라이언트가 문제를 해결 불가능한 장애물로 인식하기보다는, 극복 가능한 도전이나 새로운 기회로 받아들이게 하고, 자기 자신과 상황에 대한 인식을 변화시킴으로써 문제해결에 대한 접근 방식을 보다 유연하고 적극적으로 전환하도록 돕는다. 이는 클라이언트의 관점을 확장하고, 문제해결에 대한 새로운 가능성을 열어주는 강력한 인지적 개입 기법이다.

(5) 추가적인 실천 기법

문제해결모델에서는 위에서 언급된 핵심 기법들 외에도 클라이언트의 문제해결과정을 촉진하기 위해 다음과 같은 다양한 기법들을 유연하게 활용한다.

- **브레인스토밍**(Brainstorming): 문제해결을 위한 다양한 대안을 자유롭게 떠올리도록 격려하는 기법이다. 비판을 유보하고 양적인 측면에 집중하여, 클라이언트가 생각하지 못했던 창의적인 해결책을 발견하도록 돕는다.
- **의사결정 기술 훈련**(Decision-Making Skills Training): 클라이언트가 제시된 대안들의 장단점을 체계적으로 평가하고, 자신의 가치와 목표에 부합하는 최적의 해결책을 선택할 수 있도록 돕는 기술이다. 이는 합리적인

선택을 통해 문제해결의 성공 가능성을 높인다.

- **과제 부여**(Task Assignment): 회기 사이에 클라이언트가 문제해결을 위해 구체적인 행동이나 활동을 수행하도록 과제를 부여하는 기법이다. 이는 클라이언트의 참여를 촉진하고, 학습한 기술을 실제 상황에 적용하며, 문제해결의 진전을 가시화하는 데 효과적이다.
- **기술 훈련**(Skills Training): 클라이언트가 문제해결에 필요한 특정 기술(예 의사소통 기술, 갈등 해결 기술, 스트레스 관리 기술)이 부족할 경우, 역할극, 시범, 피드백 등을 통해 해당 기술을 학습하고 연습하도록 돕는다.
- **자원 연계**(Resource Linkage): 클라이언트의 문제해결에 필요한 외부 자원(예 경제적 지원, 의료 서비스, 교육 프로그램, 법률 자문)을 파악하고, 클라이언트가 해당 자원에 접근하고 활용할 수 있도록 돕는 기법이다. 이는 클라이언트의 사회적 기능 향상과 삶의 질 개선에 직접적으로 기여한다.

이처럼 문제해결모델은 다양한 실천 기법들을 활용하여 클라이언트가 자신의 문제를 주체적으로 해결하고, 삶의 적응력을 향상시키도록 지원하는 포괄적인 접근 방식이다. 사회복지사는 클라이언트의 개별적인 특성과 문제 상황에 따라 이러한 기법들을 적절히 선택하고 통합하여 적용하는 전문성을 발휘해야 한다.

2. 과제중심모델

1) 과제중심모델의 이론적 기초

과제중심모델(Task-Centered Model)은 1960년대 후반 미국에서 등장한 사회복지실천 모델이다. 당시 사회복지실천 현장에서는 전통적인 정신역동이론 중심의 장기 개입이 효과성과 효율성 측면에서 한계를 보이기 시작했으며,

클라이언트의 구체적인 문제해결에 대한 요구가 점차 증가했다. 특히 사회복지기관들은 제한된 시간과 자원 내에서 단기간에 측정 가능한 결과를 도출할 수 있는 실천 모델의 필요성을 절감하게 되었다. 이러한 시대적 요구에 부응하여, 기능주의 이론과 행동주의 이론의 영향을 받은 실천가들과 연구자들은 단기적 개입, 문제해결 중심 접근, 그리고 구체적이고 실천 가능한 과제 수행에 기초한 새로운 모델을 개발하게 되었다. 그 결과 과제중심모델이 등장하게 되었으며, 이는 펄만의 문제해결모델의 핵심 요소와 학습이론에 기반한 행동 기법, 인지행동적 이론과 방법, 가족구조적 접근 등을 통합하여 형성되었다.

과제중심모델의 개발자인 레이드(William J. Reid)와 앱스타인(Laura Epstein)은 이 모델을 특정 심층 이론에 기반하기보다는, 실천 현장에서의 효과성과 클라이언트와의 협력적 실천 과정에 초점을 맞춘 모델로 발전시켰다. 이는 모델의 실용주의적 성격을 잘 보여주며, 복잡한 이론적 배경보다는 실제적인 문제해결에 중점을 두는 접근 방식이다. 이러한 특징 덕분에 과제중심모델은 이후 다양한 실천 현장과 대상에게 적용되며 널리 확산되었다.

과제중심모델은 문제를 중심으로 구체적인 과제를 설정하고 단기간에 해결하고자 하는 실천 모델로서, 다음과 같은 철학적 기초를 바탕으로 한다.

- **실용주의적 접근**(Pragmatic Approach): 과제중심모델은 이론 중심의 개입보다는 실제적인 문제해결과 행동 변화에 중점을 둔다. 클라이언트가 당면한 문제에 대한 근본적인 원인 분석보다는, 현재의 문제를 해결하기 위한 구체적이고 실현 가능한 행동(과제)을 수행함으로써 변화를 이끌어내는 데 초점을 맞춘다. 이는 개입의 효율성을 높이고, 클라이언트가 단기간 내에 가시적인 성과를 경험하도록 돕는다.
- **자기 결정권의 존중**(Respect for Self-determination): 클라이언트는 자신의 삶과 문제해결의 주체로서 개입 과정에 능동적으로 참여한다. 사회복지사는 클라이언트의 자기 결정권을 최대한 존중하며, 클라이언트가 자신의 문제를 정의하고, 해결 목표를 설정하며, 과제를 선택하고 수행하는 전 과

정에서 주도적인 역할을 하도록 지지한다. 사회복지사는 조력자이자 촉진자의 역할을 수행하며, 클라이언트의 역량을 강화하는 데 집중한다.

- 협력적 관계 형성(Collaborative Relationship): 사회복지사와 클라이언트는 대등한 협력자로서 상호 신뢰와 책임을 바탕으로 문제를 정의하고 해결해 나간다. 이는 일방적인 지시나 진단-처방 관계가 아니라, 함께 문제를 분석하고 해결 방안을 모색하는 동반자적 관계를 의미한다. 이러한 협력적 관계는 클라이언트의 참여와 동기를 강화하고, 과제 수행에 대한 책임감을 높이는 데 필수적이다.
- 시간 제한성과 구조화(Time-Limited and Structured): 과제중심모델은 제한된 시간(보통 8~12회기) 내에 실현 가능한 목표를 설정하여 개입의 효율성을 높인다. 명확한 시작과 끝이 있는 구조화된 개입은 클라이언트와 사회복지사 모두에게 집중력을 부여하고, 불필요한 장기 개입으로 인한 비효율성을 줄인다. 각 회기마다 목표와 과제를 명확히 설정하고 진행 상황을 점검하는 등 체계적인 구조를 통해 개입의 효과를 극대화한다.
- 책임 공유와 참여 강조(Emphasis on Shared Responsibility and Participation): 과제중심모델은 문제해결에 대한 책임이 클라이언트와 사회복지사 모두에게 있음을 강조한다. 클라이언트는 자신의 문제를 해결하기 위한 과제를 적극적으로 수행할 책임이 있으며, 사회복지사는 클라이언트가 과제를 성공적으로 수행할 수 있도록 필요한 지지, 자원, 기술을 제공할 책임이 있다. 이러한 책임 공유와 적극적인 참여는 클라이언트의 동기를 강화하고, 과제 수행을 통한 실제적인 변화를 실현함으로써 과제중심모델이 현실적이고 실천적인 사회복지 개입 모델로 자리 잡는 데 중요한 기반이 되었다.

이처럼 과제중심모델은 효율성과 효과성을 중시하며, 클라이언트의 능동적인 참여와 실질적인 행동 변화를 통해 문제해결을 도모하는 현대 사회복지실천의 중요한 접근 방식 중 하나이다.

2) 과제중심모델의 특징

(1) 시간제한적 단기개입

과제중심 개입은 1960년대에 시작된 단기개입의 영향으로 형성된 모델이다. 약 2~3개월 동안 8회 전후의 면접으로 이루어지는데, 클라이언트의 과거보다는 현재에 초점을 맞추며, 오래된 내면의 문제들도 현재 상황을 변화하거나 과거 경험과 결핍이 현재의 생활에 미치는 영향을 최소화하는 데에 초점을 맞춘다. 따라서 단기치료의 속성은 다음과 같다.

① 신속하게 개입한다.
② 과정은 시간제한적이다.
③ 문제는 초기에 규명한다.
④ 선택된 초점을 전 과정에 걸쳐 유지한다.
⑤ 문제해결은 체계적으로 진행된다.
⑥ 목표가 비교적 구체적이다.
⑦ 면접은 초점화되며, 현재 중심적이다.
⑧ 면접방식은 직접적이고 활동적이다.
⑨ 초기에 빠른 사정을 한다.
⑩ 실천에는 융통성이 있다.
⑪ 감정의 표출이 허용된다.
⑫ 긍정적인 치료관계는 치료효과에 영향을 준다.

(2) 클라이언트가 인식한 문제 중심

사회복지사와 클라이언트가 표면적으로 계약한 문제해결에 개입의 초점을 두며, 전문가의 관점이 아니라 클라이언트가 관심이 있고 명확하게 문제라고 인식하는 문제에 초점을 둔다.

(3) 과제 중심의 개입

변화는 기본적으로 클라이언트가 면담이 진행되는 회기 내부와 외부에서 행한 문제해결 활동, 즉 과제를 통해 달성된다. 클라이언트의 문제해결 활동은 본인이 수행에 동의한 과제를 중심으로 조직된다. 사회복지사는 클라이언트가 과제를 효과적으로 수행할 수 있도록 돕는 역할을 한다.

(4) 경험적 기초

이론보다 조사에 근거한 경험적 자료가 모델을 형성하는 기초가 되었다. 즉 이론적 연구보다는 실제적인 경험, 개입 등을 통해서 발견된 사실들을 일반화하여 모델로 형성하였다.

(5) 협력적 관계

사회복지사는 클라이언트가 제한된 시간 내에 가능한 건설적으로 자신의 문제를 완화시킬 수 있는 활동을 할 수 있도록 돕는다. 클라이언트와의 관계는 보호가 아닌 협력적인 노력을 강조하며 클라이언트를 광범위하게 참여시킨다.

(6) 클라이언트의 자기결정권 강조

과제중심모델은 클라이언트의 자기결정권을 존중하며, 구체적인 방법으로 실천한다. 초점이 되는 표적문제를 설정하는 과정에서 사회복지사는 클라이언트의 원함과 우선순위를 우선 반영하며, 서로 개입 방향을 명확히 알고 동의하는 가운데 개입을 진행한다. 과제를 설정하고 수행하는 과정에서도 자기결정권을 최대한 고려한다.

(7) 구조화된 개입

과제중심모델에서 강조하는 구조화된 접근은 다섯 단계로 이루어진다. ① 시작하기, ② 표적문제 규정, ③ 계약하기, ④ 실행, ⑤ 종결단계를 포함한다. 보통 개입은 위의 순서대로 이루어지지만, 단계가 겹치거나 필요에 따라 이전 단계로 돌아가는 등 개입의 틀을 유연하게 변형하여 적용할 수 있다.

(8) 클라이언트의 환경에 대한 개입 강조

과제중심모델은 문제해결과정에서 클라이언트의 환경에 대한 개입을 강조한다. 대부분의 문제는 자원이나 기술의 부족과 관련되어 있으므로, 문제해결에 필요한 자원을 탐색하고 활용하는 노력이 중요하다. 사회복지사는 문제의 사회적 맥락을 충분히 고려하고, 가족, 친구, 이웃, 지역사회 기관 등 관련 참여자들을 개입 과정에 적극적으로 포함시킨다. 또한 다른 기관과의 협력이나 자원 연계, 교섭 등 환경 차원의 과제 수행을 통해 문제해결을 지원한다.

(9) 개입의 책임성 강조

과제중심모델에서는 개입과정을 객관적으로 기록하고, 진행 상황을 면접마다 점검하고 과제수행을 점검하기 위해 행동주의 기법들, 구조화된 표기법, 도표, 그래프, 혹은 간결한 서술을 사용하며, 일반적으로 단일사례평가로 개입과정을 평가한다.

(10) 가치적 요소

과제중심모델에서 중요한 가치는 클라이언트의 표현된 욕구를 강조하는 것인데, 자신이 문제가 무엇인지, 성공적인 해결책이 무엇인지를 가장 잘 알고 있다고 가정하기 때문이다. 그리고 현재와 미래에 대하여 더 많은 관심을 표명한다.

(11) 다양한 접근방법을 사용하는 절충적 모델

과제중심모델은 특정 이론이나 단일한 접근 방법에 의존하지 않고, 다양한 이론과 기법을 융통성 있게 통합하여 활용하는 절충적 실천모델이다. 이 모델은 계획적이고 구조화된 과정을 통해 클라이언트의 문제를 구체적인 과업 수행을 통해 해결하는 것을 목표로 하며, 문제의 성격과 클라이언트의 특성에 따라 인지적 접근, 행동적 접근, 가족구조적 접근 등 다양한 실천기법을 상황에 맞게 적용한다. 이러한 유연한 접근은 클라이언트의 요구와 개입 맥락에 효과적으로 대응할 수 있도록 하며, 실천의 효과성과 현실 적용 가능성을 높이는 데 기여한다. 과제중심모델은 이처럼 다양한 이론을 실천적 목적에 따라 통합적으로 활용함으로써, 클라이언트의 문제해결을 위한 실용적이고 효율적인 방법을 제공한다.

3) 과제중심모델의 주요 개념

(1) 표적문제

① 표적문제의 개념

표적문제(Target Problem)란 클라이언트가 현재 경험하고 있는 다양한 문제들 중에서 사회복지사와 클라이언트가 협력하여 개입의 초점으로 삼기로 합의한 핵심 문제를 말한다. 이는 클라이언트가 변화를 간절히 원하고, 동시에 사회복지사의 전문적 판단에 의해 개입을 통해 실제로 변화가 가능하다고 여겨지는 문제로 선정된다. 과제중심모델은 시간 제한적인 단기 개입 모델이므로, 일반적으로 2~3개의 표적문제를 설정하며, 이는 개입의 효과성과 효율성을 높이기 위해 우선순위를 기준으로 신중하게 제한된다. 표적문제는 개입의 방향을 명확히 하고, 클라이언트와 사회복지사 모두가 집중할 수 있는 구체적인 목표를 제시하는 역할을 한다.

② 표적문제의 특징

과제중심모델에서 표적문제는 다음과 같은 중요한 특징을 가진다.

- **클라이언트가 문제로 인정하고 변화를 희망하는 사안이다**: 표적문제는 반드시 클라이언트가 자신의 삶에서 어려움으로 인식하고, 적극적으로 해결하고자 하는 의지를 가진 문제여야 한다. 사회복지사가 중요하다고 판단하는 문제라도 클라이언트가 동의하지 않으면 표적문제가 될 수 없다. 이는 클라이언트의 자기 결정권을 존중하고, 개입에 대한 내적 동기를 확보하는 데 필수적이다.
- **구체적이며 행동 중심적으로 정의된다**: 추상적이거나 모호한 문제보다는, 누가(Who), 무엇을(What), 언제(When), 어디서(Where), 어떻게(How) 변화시킬 것인지 명확하게 파악할 수 있는 형태로 정의되어야 한다. 예를 들어, "우울하다"는 추상적인 문제 대신 "아침에 침대에서 일어나기 어렵다" 또는 "친구들과의 약속을 자주 취소한다"와 같이 구체적인 행동으로 표현될 때 효과적인 개입이 가능하다.
- **노력과 행동을 통해 해결 가능한 문제이다**: 표적문제는 클라이언트의 노력과 사회복지사의 개입을 통해 실제로 변화를 이끌어낼 수 있는 현실적인 문제여야 한다. 통제 불가능한 외부 환경이나 클라이언트의 능력 범위를 넘어서는 문제는 표적문제로 적합하지 않다.
- **다양한 영역에서 비롯될 수 있다**: 표적문제는 인간관계 갈등(예 가족과의 잦은 다툼), 역할 수행의 어려움(예 직장에서 업무 마감 기한 준수 어려움), 재정적 문제(예 부채 관리의 어려움), 환경적 요인(예 주거 환경의 불안정), 정서적 어려움(예 과도한 불안감) 등 클라이언트의 삶의 다양한 영역에서 발생할 수 있다.

③ 표적문제 선정 및 주의사항

과제중심모델에서 표적문제는 개입의 방향과 목표를 설정하는 핵심 요소이다. 따라서 표적문제를 어떻게 선정하느냐에 따라 개입의 성공 여부가 크게 좌우될 수 있다. 표적문제를 선정할 때에는 클라이언트의 주관적인 경험과 인식을 최대한 존중하면서도, 사회복지사의 전문적 판단을 반영해야 한다. 클라이언트가 중요하게 생각하고, 실제로 변화 가능성이 있으며, 제한된 기간 안에 접근 가능한 문제를 우선 선정해야 한다.

표적문제는 하나의 목표를 가질 수 있도록 구체적이고 명확한 문장으로 표현되어야 하며, 주어와 서술어를 포함한 행동 중심 진술로 정리하는 것이 바람직하다. 또한 다음과 같은 점에 유의해야 한다.

- **클라이언트의 관심과 동기가 높은 문제를 우선 선택한다**: 클라이언트가 해결하고자 하는 의지가 강한 문제일수록 과제 수행에 대한 참여도가 높아지고 성공 가능성이 커진다.
- **변화 가능성이 현실적으로 있는 문제부터 개입한다**: 너무 크거나 복잡하여 단기간에 해결하기 어려운 문제보다는, 클라이언트의 노력과 사회복지사의 지원으로 변화를 기대할 수 있는 문제를 우선적으로 다룬다. 이는 클라이언트에게 성공 경험을 제공하여 자기효능감을 높이는 데 중요하다.
- **사회복지사와 클라이언트 간 협의를 통한 합의가 필요하다**: 표적문제는 사회복지사가 일방적으로 결정하는 것이 아니라, 클라이언트와의 충분한 논의와 상호 합의를 통해 선정되어야 한다. 이러한 협력적 과정은 클라이언트의 책임감을 강화한다.
- **추상적인 문제보다는 행동 수준에서 표현 가능한 문제로 진술한다**: 예를 들어, “자신감이 없다”는 추상적인 문제 대신 “회의에서 자신의 의견을 한 번도 발표하지 못한다”와 같이 구체적인 행동으로 문제를 진술해야 개입 방향이 명확해진다.
- **문제의 심각성과 시급성을 고려한다**: 클라이언트의 안전이나 기본적인 삶의 유지를 위협하는 문제는 다른 문제보다 우선적으로 다루어야 한다.
- **기관의 기능과 자원을 고려한다**: 사회복지기관이 제공할 수 있는

서비스의 범위와 사회복지사의 전문성을 벗어나는 문제는 다른 전문기관으로 의뢰하는 것이 바람직하다.

표적문제의 명확한 설정은 과제중심모델의 성공적인 개입을 위한 필수적인 단계이며, 이는 이후 과제 개발과 수행의 기반이 된다.

(2) 과제

① 과제의 개념

과제(Task)는 클라이언트가 직면한 표적문제를 해결하기 위해, 사회복지사와 클라이언트가 공동으로 계획하고 합의한 후 수행하는 구체적인 문제해결 활동을 말한다. 이는 단순히 사회복지사가 클라이언트에게 지시하는 일방적인 명령이 아니라, 클라이언트의 자기 결정권과 능동적인 참여를 바탕으로 한 상호 협력적인 실천 과정의 핵심 요소이다. 과제는 개입 목표를 실현하기 위한 가장 직접적이고 핵심적인 수단이며, 클라이언트가 실제 삶에서 변화를 경험하고 문제해결능력을 향상시키도록 돕는 구체적인 행동 단위를 의미한다. 과제는 회기 내에서 논의되고 계획되지만, 대부분의 경우 클라이언트가 다음 회기까지 회기 외(between-session)에서 수행하도록 설계된다.

② 과제의 특징

과제는 단기 개입이라는 시간적 제한 안에서 구체적인 행동을 유도하고, 표적문제의 완화 및 개선을 위한 상위 목표 달성을 위한 실질적 수단으로 구성된다. 따라서 과제는 개입의 방향을 설정하고, 클라이언트의 실제적인 변화를 만들어내기 위한 핵심적인 실천 도구로 작용한다. 과제의 내용, 형식, 그리고 수행 방법 등은 사회복지사와 클라이언트가 함께 논의하고 계획하여, 클라이언트의 동의를 거쳐 최종 확정한다. 이 과정은 클라이언트의 자발성과 동기를 이끌어내는 핵심 단계로, 클라이언트 중심의 참여적 실천을 가능하게 한다. 과제를 수립하기 위해서는 먼저 표적문제를 명확하게 정의해야 하며, 그 후 사회복지사와 클라이언트가 함께 여러 대안 과제를 검토하고, 실현 가능성과 효과성을 고려하여 구체적인 행동 계획을 수립한다. 이때, 클라이언트의 능력과 상황을 고려한 전략적 접근이 중요하며, 과제는 단기적이고 실현 가능한 수준으로 설계되어야 한다. 이는 클라이언트의 성공 경험을 통해 자기효능감을 높이고 지속적인 변화를 유도하는 데 필수적이다.

③ 과제의 목적과 중요성

과제는 다음과 같은 중요한 목적과 의미를 가진다.

- **문제해결의 구체화**: 추상적인 문제나 목표를 구체적이고 실행 가능한 행동으로 전환하여, 클라이언트가 무엇을 해야 할지 명확히 인식하도록 돕는다.
- **클라이언트의 능동적 참여 촉진**: 클라이언트가 스스로 과제를 선택하고 수행함으로써 문제해결과정의 주체로서 능동적으로 참여하게 된다. 이는 수동적인 자세에서 벗어나 책임감을 가지고 변화를 이끌어내는 데 기여한다.
- **자기효능감 증진**: 과제를 성공적으로 수행하는 경험은 클라이언트의 자기효능감(Self-efficacy)을 높이고, '나도 할 수 있다'는 긍정적인 자기 인식을 형성하게 한다. 이는 다음 과제 수행의 동기가 되며, 전반적인 삶의 대처 능력을 향상시킨다.
- **개입의 효율성 증대**: 제한된 시간 내에 문제해결을 목표로 하는 과제중심모델에서 과제는 개입의 효율성을 극대화하는 핵심 도구이다. 회기 간에도 클라이언트가 지속적으로 문제해결을 위한 노력을 기울이게 함으로써 단기간에 가시적인 성과를 도출할 수 있도록 돕는다.
- **변화의 일반화**: 과제 수행을 통해 습득한 새로운 행동이나 기술은 클라이언트의 일상생활에 통합되어 변화가 지속되고 일반화되는 데 기여한다.

④ 과제의 유형

과제는 클라이언트와 사회복지사가 함께 수행하기로 약속한 문제해결 활동으로, 그 유형은 클라이언트의 상황과 개입의 목적에 따라 다양하게 구분된다. 일반적으로 과제는 크게 일반적 과제(General Task)와 조작적 과제(Operational Task)로 나뉘며, 필요에 따라 그 외의 보조적 과제들이 활용되기도 한다. 이러한 과제 유형의 구분은 개입 과정에서 활동을 보다 체계적으로 계획하고 조율하기 위한 기준일 뿐, 각 유형이 고유의 효과나 결과를 반드시 담보하는 것은 아니다. 따라서 사회복지사는 클라이언트의 변화 단계와 특성에 맞추어 적절한 과제를 선택하고 조정하는 것이 중요하다.

- 일반적 과제(General Task): 일반적 과제는 클라이언트의 행동 변화에 앞서, 자기 인식과 이해를 돕는 활동으로 구성된다. 이는 문제를 정확히 인식하고 자신의 감정과 행동을 성찰하게 하며, 변화에 대한 동기를 강화하는 데 목적이 있다. 예를 들어, 감정일기 쓰기, 스트레스 상황 기록하기, 자기 강점 목록 작성, 관련 정보 찾아보기 등이 일반적 과제에 포함된다. 이러한 과제는 주로 초기 상담 과정이나 사전 준비 단계에서 클라이언트가 문제에 대한 통찰을 얻고 변화를 위한 내적 준비를 하도록 돕는 데 사용된다. 이는 클라이언트의 인지적, 정서적 변화를 촉진하는 데 중점을 둔다.
- 조작적 과제(Operational Task): 조작적 과제는 클라이언트가 실질적인 행동 변화를 시도하거나 문제해결을 위한 구체적인 조치를 취하는 활동이다. 이는 일반적 과제를 통해 형성된 통찰과 동기를 바탕으로 실제적인 변화로 이어지도록 돕는다. 예를 들어, 기관에 방문하여 서류를 제출하거나, 특정 지지체계(가족, 친구)와의 대화를 시도하거나, 새로운 기술을 연습하는 행동들이 이에 해당한다. 조작적 과제는 명확하고 측정 가능하며, 클라이언트가 다음 회기까지 수행할 수 있는 현실적인 수준으로 설정되어야 한다. 주로 중간 단계 이후에 활용되

며, 클라이언트의 적극적인 실천과 외부 환경과의 상호작용이 요구된다.

표 3-3 일반적 과제와 조작적 과제

유형	개념 설명	예시
일반적 과제	클라이언트의 문제에 대해 간접적이고 포괄적인 접근을 가능하게 하는 활동으로, 문제에 대한 인식, 자기이해, 감정 조절 등의 기초를 마련하는 데 활용된다.	• 하루 일과를 정리한 감정 일기 작성 • 스트레스를 받을 때의 반응 패턴 기록 • 지난 한 주 동안 자신이 기뻤던 일 목록 만들기
조작적 과제	클라이언트의 직접적인 행동 변화를 이끌기 위해 구체적인 실행 단계를 포함하는 활동이다. 실질적 문제해결에 필요한 행동이 중심이 된다.	• 복지관 방문하여 신청서 작성 • 가족과의 갈등을 조정하기 위해 정해진 시간에 대화 시도 • 취업을 위해 구직 사이트에 이력서 등록

- 다른 유형의 과제: 과제는 클라이언트의 문제해결을 지원하기 위해 사회복지 실천 현장에서 다양하게 활용되며, 그 유형 또한 구체적 상황과 목적에 따라 세분화될 수 있다. 이러한 과제 유형의 분류는 절대적인 기준이 아닌, 실천과정에서 보다 체계적인 계획 수립과 개입 진행을 돕기 위한 실천적 도구로 이해할 수 있다. 일부 과제는 병행되어 수행되거나 실천 중 우연히 실행되며, 때로는 생략되기도 한다. 아래는 일반적 과제를 기반으로 한 다양한 과제 유형의 예이다.

표 3-4 다양한 과제 유형의 예

유형	설명	예시
유일 과제	한 번만 수행하면 되는 활동	복지관 방문 일정 예약하기
반복 과제	정기적 또는 지속적으로 수행하는 활동	매일 자녀와 포옹하기
단일 과제	여러 단계를 포함하지만 하나의 주요 활동으로 구성된 과제	자활사업 신청을 위한 서류 준비와 제출
복합 과제	관련 있는 여러 활동으로 구성된 과제	자활사업 참여 상담받기 + 돌봄 자원 탐색
개인 과제	한 명의 클라이언트가 수행하는 과제	전담 공무원과 면담 약속 잡기

상호 과제	두 사람 이상이 각각 역할을 분담해 수행하는 과제	아내는 잔소리를 줄이고, 남편은 감정을 표현하도록 실천하기
공유 과제	두 사람 이상이 함께 동일한 활동을 수행하는 과제	부부가 함께 부부상담 참여하기
인지적 과제	사고와 감정에 주목하는 내면적 활동 중심 과제	감정기록일지 작성하기(예 분노를 느꼈던 상황과 감정 기록하기)

(3) 과제계획 시 사회복지사가 고려해야 할 사항

과제계획은 클라이언트의 표적문제를 해결하기 위한 핵심 단계로, 사회복지사는 과제를 계획하고 설정하는 과정에서 여러 가지 요소를 종합적으로 고려해야 한다.

첫째, 클라이언트가 문제해결에 대해 어느 정도 동기화되어 있는지를 파악하는 것이 중요하다. 클라이언트가 변화에 대한 의지가 부족하거나 과제 수행에 대한 자신감이 낮은 경우, 사회복지사는 클라이언트가 자신의 문제를 해결할 수 있다는 희망과 기대감을 가질 수 있도록 돕는 역할을 수행해야 한다.

둘째, 계획된 과제가 실제로 실현 가능한 수준인지를 충분히 검토해야 한다. 클라이언트가 아무리 문제를 해결하고자 하는 의지가 강하더라도, 실제로 그 과제를 수행할 수 있는 환경적·신체적·심리적 조건이 갖추어져 있지 않다면 효과를 기대하기 어렵다. 따라서 사회복지사는 클라이언트의 객관적인 능력과 현재 상황을 평가하고, 필요하다면 과제를 보다 구체적이고 단순화된 방식으로 조정하여 클라이언트가 성공 경험을 가질 수 있도록 설계해야 한다.

셋째, 수립된 과제가 도덕적·사회적으로 바람직한 것인지도 반드시 점검해야 한다. 과제가 클라이언트 자신이나 타인에게 해를 끼치거나 부정적인 결과를 초래할 가능성이 있다면, 그 과제는 적절하지 않으며 수정이 필요하다. 과제는 문제해결을 위한 과정인 동시에 클라이언트의 삶에 긍정적 변화를 가져와야 하므로, 그 내용과 방향이 윤리적 기준에 부합해야 한다.

넷째, 사회복지사는 과제 수행 과정에서의 융통성을 유지할 필요가 있다. 클라이언트가 설정된 과제를 반복해서 시도했음에도 불구하고 효과가 나타나지 않거나 실현이 어렵다면, 과제를 유연하게 조정하거나 대안을 모색하는 것이 바람직하다. 상황의 변화나 클라이언트의 정서적·환경적 변화에 따라 과제도 적절히 수정되어야 하며, 이를 통해 클라이언트의 부담을 줄이고 지속적인 참여를 유도할 수 있다.

결론적으로, 과제계획은 클라이언트의 동기, 실행 가능성, 바람직성, 그리고 변화에 대한 융통성을 함께 고려하는 전문적이고 협력적인 과정이며, 이를 통해 클라이언트의 문제해결 역량을 실질적으로 강화할 수 있다.

4) 과제중심모델의 실천 목표와 과정

(1) 실천 목표

과제중심모델의 목표는, 클라이언트가 문제해결에 필요한 자원이나 기술이 부족하여 어려움을 겪는다는 전제에서 출발한다. 이 모델은 클라이언트가 스스로 해결 가능한 구체적인 문제에 집중하고, 자기결정권을 바탕으로 실행 가능한 과업을 설정하여 이를 수행하도록 돕는다. 사회복지사는 클라이언트가 과제를 효과적으로 수행할 수 있도록 지원하고 인도하며, 클라이언트가 문제해결을 통해 성공 경험을 축적함으로써 앞으로의 문제에 보다 능동적으로 대처할 수 있는 역량을 키우는 데 중점을 둔다.

(2) 실천 과정

① 시작단계

과제중심 개입은 클라이언트가 자발적으로 기관을 찾거나 다른 기관의 의뢰를 통해 시작된다.

- **자발적 의뢰:** 바로 문제규정 단계로 넘어감
- **타기관 의뢰:** 클라이언트와 의뢰기관의 문제 및 목표 인식이 일치하는지를 확인하고, 불일치 시 조정 및 협상이 필요하다.
- 사회복지사는 클라이언트에게 제공 가능한 자원(정서적, 물질적 자원 등)을 확인하고 활용방안을 모색한다.

② 1단계: 문제 규정하기

문제 규정 단계는 과제중심모델의 개입 과정에서 초점을 명확히 설정하는 핵심 과정이다. 이 단계에서는 클라이언트가 직접 인식하고 동의한 문제들 중에서, 사회복지사의 전문적 판단에 따라 개입의 초점이 될 표적문제(Target Problem)를 선정한다.

표적문제는 지나치게 광범위하거나 추상적인 것이 아닌, 구체적이고 변화 가능성 있는 문제로 설정해야 하며, 일반적으로 최대 세 가지 이내로 제한하여 집중적인 개입이 가능하도록 한다. 대표적인 표적문제의 예로는 대인관계 갈등, 우울·불안과 같은 정서적 어려움, 공식기관과의 갈등, 역할 수행의 곤란, 자원 부족 등이 있다.

문제의 우선순위를 설정하기 위해서는 다음과 같은 질문이 도움이 된다.

- 현재 가장 시급하게 개입이 필요한 문제는 무엇인가?
- 클라이언트가 가장 해결을 원하고 있는 문제는 무엇인가?
- 외부 기관이나 사회적으로 해결이 요구되는 문제가 있는가?

이러한 절차를 통해 명확하게 규정된 표적문제는 이후의 개입 계획과 과제 설정의 기초가 되며, 클라이언트와 사회복지사 간의 협력을 통해 효과적인 실천이 가능하도록 돕는다.

③ 2단계: 계약하기

계약은 문제해결을 위한 구체적 실천 동의서로서, 클라이언트의 자기결정권과 참여의지를 반영한다. 계약 내용은 표적문제, 목표, 클라이언트와 사회복지사의 과제, 개입 기간 및 면접 일정, 참여자, 장소 등을 포함한다.

④ 3단계: 실행하기

실행단계는 과제중심모델에서 클라이언트가 설정된 과제를 실제로 수행하며 문제해결을 시도하는 핵심 과정이다. 이 단계에서는 과제의 진행 상황을 지속적으로 점검하고, 필요시 과제를 수정하거나 조정한다. 문제해결을 위한 주요 방법으로는 첫째, 재정지원 · 아동보육 · 구직 등의 자원 제공, 둘째, 대인관계나 의사소통 등의 사회기술 습득, 셋째, 과제수행 그 자체를 통한 행동 변화가 있다. 이를 통해 클라이언트는 문제해결능력을 높이고 자기효능감을 향상시킬 수 있다.

사회복지사는 정서적 지지, 지도, 타기관 연계, 자원 연계, 사회기술훈련 등의 역할을 수행하며 클라이언트의 과제수행을 적극 지원한다.

과제수행이 반복적으로 이루어지지 않는 경우(예 3회 이상 실패), 기술 부족, 지지체계 미비, 심리적 저항 등 장애요인을 분석하고 과제를 수정하거나 대체한다.

진행 상황은 단일 사례연구, 표나 그래프 등을 활용해 시각적으로 점검하고 기록함으로써 개입의 효과성과 책임성을 높인다.

⑤ 4단계: 종결하기

과제중심모델에서 종결은 단순히 서비스를 종료하는 행위가 아니라, 개입 성과를 점검하고 클라이언트의 기술 습득과 향후 적용 가능성을 강화하는 중요한 과정이다. 따라서 개입 초기부터 종결 시점을 명확히 계획하고, 정해진 회기 내에 종결하는 것이 원칙이다.

종결 시에는 클라이언트와 사회복지사가 함께 표적문제의 변화, 목표달성 여부, 문제해결 기술의 습득과 활용 가능성 등을 종합적으로 검토한다. 이 과정은 클라이언트의 변화와 성취를 긍정적으로 조망하고, 이를 강조함으로써 자기효능감을 높이는 데 초점을 둔다. 특히 클라이언트가 습득한 기술이 향후 유사한 문제 상황에서도 적용될 수 있도록 자기주도적 대처능력 강화를 위한 격려와 점검이 필요하다.

또한 종결단계에서는 아직 해결되지 않은 문제나 향후 발생 가능한 상황에 대해 추가적인 논의를 진행하며, 필요한 경우 사후지도(follow-up)계획을 함께 수립한다. 마지막으로 클라이언트로부터 개입 전반에 대한 피드백을 수렴하고, 사회복지사 역시 자신의 실천과정을 성찰하고 평가함으로써 이후 개입의 질을 향상시키는 기회로 삼는다.

표 3-5 레이드와 앱스타인(Reid & Epstein)의 과제중심모델의 개입과정

단계	주요 내용	사회복지사의 역할 및 과업
시작단계	• 클라이언트와의 초기 만남 • 신뢰 형성 및 관계 구축	• 라포 형성 • 면접의 목적 설명 • 참여 동기 유도
1단계 문제 규명하기	• 클라이언트가 직면한 문제 탐색 • 해결 가능한 문제 선택	• 구체적이고 현실적인 문제 사정 • 문제의 우선순위 결정 • 클라이언트의 관점 존중
2단계 계약하기	• 개입 목표 설정 • 구체적인 과제 도출 • 개입계획 수립	• 목표 및 하위 과제 설정 • 수행 기간 설정 • 구두 또는 서면 계약 체결
3단계 실행하기	• 설정된 과제 수행 • 과제 수행 점검 및 피드백	• 클라이언트의 과제 수행 격려 • 수행 과정 점검 및 조정 • 문제 발생 시 대안 제시
4단계 종결하기	• 개입성과 평가 • 과제 완료 확인 • 재발 방지 계획 수립	• 성과 피드백 제공 • 클라이언트의 자립 역량 강화 • 종결 후 필요시 사후서비스 안내

5) 과제중심모델의 실천 기법

과제중심모델은 클라이언트의 문제해결을 위해 '과제(Task)'를 핵심 전략으로 활용하는 실천모델로, 이 과제를 효과적으로 수행하기 위해 다양한 개입기법을 활용한다. 이 모델의 중심적이고 독특한 특징은 문제해결의 수단으로서 구체적이고 실천 가능한 과제의 수행에 중점을 둔다는 점이다.

과제를 수행하는 과정에서 사회복지사는 클라이언트의 변화와 성장을 지원하기 위해 직접적 행동변화 기법과 간접적 행동변화 기법을 적절히 사용한다. 직접적 행동변화 기법에는 클라이언트의 행동을 직접 변화시키기 위

한 인식 증진, 격려, 지시등이 포함되며, 간접적 행동변화 기법은 클라이언트의 환경이나 상황을 조정하여 간접적으로 행동에 영향을 미치기 위한 의사소통 기술, 탐색, 구조화, 상황 분석 등의 기법을 활용한다.

(1) 직접적 행동변화 기법

직접적 행동변화 기법은 클라이언트의 인식과 행동에 직접적인 영향을 주어 변화와 과제 수행을 촉진하는 데 목적이 있다. 이러한 기법은 면접 과정에서 사회복지사가 클라이언트에게 명확하고 구체적인 방식으로 개입함으로써 과제 수행을 도울 수 있다.

① 인식증진(Enhancing Insight)

클라이언트가 자신의 문제를 새로운 시각에서 인식하도록 돕는 기법으로, 문제의 원인과 결과, 그리고 행동의 영향을 명확하게 이해하도록 유도한다. 이는 문제해결에 대한 동기를 높이고, 과제 수행의 중요성을 스스로 자각하게 하는 데 기여한다.

② 격려(Encouragement)

클라이언트의 긍정적인 행동 변화나 시도를 지지하고 인정해주는 말이나 행동을 통해 자신감과 자기효능감을 증진시킨다. 격려는 클라이언트가 과제 수행 중 겪는 좌절이나 불안감을 완화시키고, 지속적인 참여를 유도하는 데 효과적이다.

③ 지시(Instruction)

클라이언트가 과제를 효과적으로 수행할 수 있도록 구체적인 행동지침이나 방법을 제공한다. 지시는 클라이언트가 어떻게 과제를 수행해야 할지 혼란스러워할 때 명확한 방향을 제시하여 실천을 도와준다.

(2) 간접적 행동변화 기법

간접적 행동변화 기법은 클라이언트의 사고, 감정, 환경에 영향을 주어

행동 변화를 유도하는 방식이다. 이 기법은 클라이언트 스스로가 해결책을 탐색하고 구조화된 과정을 통해 문제에 접근할 수 있도록 돕는다.

① 의사소통기법(Communication Skills)

클라이언트와의 면접에서 열린 질문, 반영, 요약, 재진술 등을 통해 의사소통의 질을 높이며, 신뢰와 공감의 관계를 형성한다. 효과적인 의사소통은 클라이언트의 감정 표현과 문제 인식을 촉진하고, 과제 계획 및 수행을 위한 협력을 가능하게 한다.

② 탐색(Exploration)

클라이언트의 문제와 관련된 감정, 행동, 생각, 배경 등을 심층적으로 파악하기 위한 과정으로, 문제의 본질과 영향을 다각도로 이해하는 데 사용된다. 탐색은 표적문제 설정 및 적절한 과제 도출의 기초 자료가 되며, 문제해결 방향을 구체화하는 데 도움을 준다.

③ 구조화(Structuring)

면접의 흐름을 논리적이고 체계적으로 정리하여 클라이언트가 개입 과정에서 혼란을 줄이고, 집중할 수 있도록 돕는다. 구조화는 목표 설정, 과제 수립, 시간 관리 등을 명확하게 하고, 클라이언트가 현실적인 기대 속에서 과제를 수행할 수 있도록 하는 데 효과적이다.

3. 위기개입모델

1) 위기개입모델의 이론적 기초

위기개입모델(Crisis Intervention Model)은 개인이 갑작스럽고 충격적인 사건이나 환경 변화로 인해 일상적인 삶의 균형이 무너졌을 때, 이에 신속하게 개입하여 정서적 안정을 도모하고 기능 회복을 돕기 위한 단기개입모델이다.

이 모델은 린더만(Lindemann)의 슬픔 반응에 관한 연구와 캐플란(Caplan)의 예방정신의학 이론을 기초로 1950~1960년대에 급속히 발전하였다. 초기에는 상실과 애도에 따른 심리적 반응에 주목하였으나, 오늘날에는 자연재해, 사고, 폭력, 관계 단절, 생활사건 등 다양한 위기상황에 적용되고 있다.

위기개입모델은 '위기는 인간 누구에게나 일어날 수 있는 정상적인 삶의 과정 중 하나'라는 기본 가정에서 출발한다. 사람은 예기치 못한 사건이나 극심한 스트레스에 직면할 경우 일시적으로 감정적 불안정, 사고의 혼란, 기능 저하, 사회적 단절을 경험하게 된다. 이러한 위기 상태는 빠르게 적절한 개입이 이루어질 경우 새로운 성장의 기회가 될 수 있으므로, 단기 개입과 신속한 회복을 핵심으로 한다.

문제해결모델과 유사하게 클라이언트의 기능 회복을 추구하지만, 문제해결모델이 일상적 문제에 대한 구조적 해결과 기능 강화에 초점을 둔다면, 위기개입모델은 기존의 대처방식으로 해결이 어려운 급성 위기상황에 즉각 개입하여 단기간 내에 정서적 안정을 회복시키고, 일상생활의 기능을 복원하는 데 목적이 있다. 이러한 점에서 위기개입모델은 긴급성, 단기성, 실용성을 갖춘 개입 모델로서 오늘날 다양한 사회복지 실천 현장에서 폭넓게 활용되고 있다.

2) 위기모델의 주요 개념

(1) 위기에 대한 다양한 정의

'위기(Crisis)'란 개인이 평소 지니고 있던 자원과 대처 능력만으로는 감당하기 어려운 사건이나 상황을 지각하거나 경험함으로써 나타나는 심리적·정서적 불균형 상태를 의미한다. 이는 개인의 일상적인 삶의 안정 상태에 급격한 변화를 초래하며, 기존의 문제해결 방식으로는 대응이 어려운 혼란과 기능 저하를 수반하게 된다.

위기의 정의는 다양한 학자들에 의해 제시되어 왔다. 카플란(Kaplan, 1964)은 위기를 인지적·정서적 전복을 동반하는 삶의 전환점으로 정의하고, 이러한 전환점은 적응적으로 해결될 수도, 부정적으로 해결될 수도 있다고 보았다. 골란(Golan, 1978)은 위기를 개인의 기존 문제해결능력으로는 감당하기 어려운 상황에서 기능이 저하된 상태로 보았으며, 적절한 개입을 통해 자기 성장과 긍정적 변화의 기회로 전환될 수 있다고 강조하였다. 나라얀과 조슬린(Narayan & Joslin, 1980)은 위기를 건강과 관련된 위협이나 문제를 지각했을 때 나타나는 반응이라고 하였다. 오르늄과 모르독(Onum & Mordock, 1991)은 위기를 개인의 삶의 방향을 변화시킬 수 있는 결정적 전환점으로 보았으며, 월리와 오웬스(Worley & Owens, 1997)는 위기를 스트레스 사건이나 안녕감에 대한 위협에서 비롯되는 전환점으로 정의하였다. 제임스와 길릴랜드(James & Gilliland, 2001)는 위기를 사건 자체보다 개인의 주관적 인식과 반응에 따라 결과가 달라지는 심리적 반응 상태라고 설명하였다.

이처럼 위기는 단순한 사건 그 자체보다 개인이 사건을 어떻게 인식하고 반응하느냐에 따라 위기 경험의 양상과 결과가 달라진다. 일반적으로 위기는 4~6주 정도의 제한된 시간 동안 지속되며, 자연스럽게 회복되는 경우도 있으나, 적절한 개입이 없을 경우 기능 저하나 심리적 고착 상태로 이어질 수 있는 위험도 존재한다. 반면, 위기가 적절하게 다루어진다면 개인은 그 경험을 통해 자기 성찰과 성장, 새로운 대처기술의 습득, 기능 수준의 향상이라는 긍정적 결과를 얻을 수 있다. 즉, 위기는 위험인 동시에 기회이기도 하다. 존슨과 얀카(Johnson & Yanca, 2004)는 위기에 처한 클라이언트를 다룰 때, 그들이 본래 정상적으로 기능하고 있었던 개인이라는 전제를 가지고 접근해야 하며, 치료라기보다 회복에 초점을 맞추어야 한다고 강조하였다.

사회복지실천에서 위기는 누구에게나 일어날 수 있는 보편적 경험으로 이해되며, 사회복지사는 위기상황에 처한 클라이언트가 위기 이전의 기능 수준을 회복하고 일상으로 복귀할 수 있도록 지지적이고 회복 중심의 개입을 제공해야 한다.

(2) 위기의 유형

위기는 다양한 원인에 의해 발생하며, 그 발생 배경이나 특성에 따라 여러 유형으로 구분될 수 있다. 일반적으로 위기를 유발하는 요인에 따라 상황적 위기, 발달적 위기, 실존적 위기, 환경적 위기로 분류할 수 있다(Gilliland & James, 2001; 전남련 외, 2012; 김혜영 외, 2020).

① 상황적 위기

상황적 위기는 예기치 못한 사건이나 사고로 인해 발생하는 급작스러운 위기상황을 의미한다. 개인이 통제하거나 예측하기 어려운 사건으로, 갑작스럽게 일상에 큰 영향을 미치는 위기를 말한다. 예를 들어, 교통사고, 심각한 질병 진단, 배우자와의 이혼, 실직, 강도, 자연재해 등은 심리적 충격과 삶의 균형을 무너뜨리는 계기가 될 수 있다.

② 발달적 위기

발달적 위기는 인간의 생애주기에서 자연스럽게 나타나는 변화와 전환기에 수반되는 불안이나 갈등으로 인해 발생한다. 출생, 사춘기, 결혼, 자녀 출산, 은퇴, 노화 등은 예측 가능한 변화이지만, 이러한 전환이 개인에게 심리적 부담이나 정체성의 혼란을 야기할 수 있다. 예를 들어, 자녀 출산 후 부모로서의 역할 적응에 어려움을 겪거나, 노년기에 들어서며 삶의 의미를 재정립하는 과정에서 위기를 경험할 수 있다.

③ 실존적 위기

실존적 위기는 삶의 목적, 자율성, 책임, 자유 등의 근본적인 가치나 존재의 의미에 대한 내적 갈등에서 비롯된다. 이러한 위기는 외부 사건보다 개인의 내면에서 일어나는 정서적 동요나 공허감, 자기 부정에서 나타나는 경우가 많다. 예를 들어, 자신의 삶이 무가치하다고 느끼거나, 사회적 역할에 대한 회의감, 진정한 자아에 대한 의문 등은 실존적 위기의 예라 할 수 있다.

④ 환경적 위기

환경적 위기는 자연재해나 사회적 재난 등 외부 환경의 급격한 변화로 인해 발생하는 위기이다. 이는 특정 개인이 아닌, 공동체 전체에 영향을 미치는 경우가 많으며, 예를 들어 지진, 태풍, 산불과 같은 자연재해, 감염병 확산, 환경오염, 전쟁, 경제 위기, 난민 사태 등이 이에 해당된다. 이러한 위기는 사회 전반의 구조를 흔들 수 있으며, 개인에게는 갑작스러운 생존 위협이나 삶의 불안정을 초래한다.

이와 같이 위기의 유형은 그 발생 원인과 특성에 따라 다양하게 구분되며, 위기개입을 수행하는 사회복지사는 각각의 유형에 따른 특징과 개입 접근법을 이해하고 적절한 원조를 제공할 수 있어야 한다.

(3) 골란의 위기의 구성요소

골란(Golan, 1978)은 위기의 발생과 전개는 일정한 흐름을 가진다고 보고, 위기가 진행되는 과정을 다섯 가지 주요 구성요소로 구분하였다. 이 요소들은 위기의 이해와 개입 방향 설정에 있어 중요한 이론적 틀을 제공한다(김혜란 외, 2022 재인용).

① 위험사건

위기의 출발점은 개인의 정서적 또는 생활상의 균형을 무너뜨리는 사건, 즉 '위험사건'이다. 이는 예측 가능한 사건(예 은퇴)일 수도 있고, 예상치 못한 갑작스러운 사건(예 가족의 사망, 사고)일 수도 있다. 위험사건은 단일 사건일 수도 있으나, 여러 사건이 축적되어 누적된 형태로 나타나기도 한다. 예를 들어 배우자의 죽음, 실직, 이혼, 장애 진단과 같은 사건들이 이에 해당하며, 반복되는 일상적 갈등이 지속되어 위기로 이어지는 경우도 있다.

② 취약상태

위험사건을 경험한 개인은 기존의 안정성을 상실한 상태, 즉 '취약상태'에 들어선다. 이 시기에는 긴장감이 증가하며, 개인은 평소 사용하던 문제해결방식(방어기제, 대처전략 등)을 통해 균형을 회복하려 노력한다. 하지만 이러한 방식이 효과적이지 못할 경우, 심리적 긴장은 점차 심화되고, 위기상황에 대한 대처능력은 더욱 떨어지게 된다.

③ 촉발요인

촉발요인은 취약한 상태에 있던 개인이 실제 위기상황으로 진입하게 만드는 마지막 계기이다. 어떤 경우에는 위험사건 자체가 곧 촉발요인이 되기도 하지만, 때로는 별개의 사소한 사건이 도화선 역할을 하여 위기를 현실화시키기도 한다. 예컨대 이혼 후 일상을 유지하던 개인이 경미한 교통사고를 경험한 뒤 감정이 폭발하는 사례가 이에 해당된다. 촉발요인은 자살 충동, 무력감, 타인에게 도움을 구하려는 시도 등으로 나타날 수 있다.

④ 실제 위기상황

실제 위기상태에 들어서면, 개인은 신체적·정서적으로 다양한 불균형 증상을 경험한다. 예를 들어 식욕 감소, 불면, 불안, 집중력 저하, 사고능력 약화 등이 나타날 수 있으며, 위기를 유발한 사건에 대한 과도한 집착도 보인다. 개인은 자신의 기존 대처전략이 한계에 도달했음을 인식하고 외부의 지원을 적극적으로 수용할 준비가 되어 있는 상태다. 이 시기는 일반적으로 4~6주 정도 지속되며, 개입의 적기가 된다. 또한 위기상황은 과거에 해결되지 않았던 갈등을 재활성화하여 현재의 문제를 더 악화시킬 수 있으므로, 위기개입 시 과거의 요인까지 고려하는 것이 필요하다.

⑤ 재통합

위기상황을 성공적으로 넘긴 개인은 문제 상황에 대한 인식이 명확해지고, 관련된 감정을 수용하며, 새로운 방식의 대처전략을 개발하게 된다. 이로 인해 성취감과 자존감이 높아지며, 향후 유사한 위기상황에도 보다 효과적으로 대응할 수 있게 된다. 반면, 위기를 충분히 극복하지 못한 경우에는 개인의 전반적인 기능이 약화될 수 있으며, 장기적인 부적응 상태로 이어질 가능성도 존재한다.

이와 같이 골란(Golan, 1978)이 제시한 위기의 구성요소는 위기의 시작부터 회복에 이르는 전 과정을 단계별로 이해할 수 있도록 돕는 이론적 틀로서, 사회복지사의 위기개입 실천에 중요한 근거를 제공한다.

(4) 위기개입 원칙

위기개입이란 개인이나 가족이 위협적인 상황에 직면하여 기존의 심리적 균형을 유지할 수 없을 때, 즉각적으로 개입하여 단기간 내에 안정과 기능을 회복하도록 돕는 단기적 원조활동이다. 위기상황은 대개 시간적으로 제한된 상태이므로 빠르고 집중적인 개입이 요구된다. 위기개입은 예방적이며, 치료보다는 균형 회복과 자립 촉진에 목적을 둔다.

① 신속한 개입

위기상황은 시간이 핵심이다. 가능한 빠른 시점에 개입을 시작해야 하며, 일반적으로 4~6주 이내의 단기 개입을 원칙으로 한다.

② 제한된 목표 설정

위기개입은 단기적이며 구체적인 목표에 초점을 둔다. 최소 목표는 위기의 악화를 방지하고, 클라이언트가 기존의 기능 수준으로 회복하는 것이다.

③ 초점화된 문제해결

위기를 유발한 핵심 문제를 명확히 규명하고, 클라이언트가 현실을 인식하고 직면하도록 도우며, 해결 가능한 대안을 함께 탐색한다.

④ 희망과 기대의 강화

클라이언트가 위기상황에서 느끼는 절망감과 무력감을 완화하고, 변화 가능성과 회복에 대한 긍정적 기대를 가질 수 있도록 격려한다.

⑤ 행동 중심의 접근

위기상황에 효과적으로 대응할 수 있도록 실행 가능한 행동계획을 세우고, 클라이언트가 직접적인 행동을 통해 대처하도록 지원한다.

⑥ 사회적 지지 제공

지역사회 내의 자원과 네트워크를 활용하여 정서적·물질적 지지를 제공하고, 클라이언트가 고립되지 않도록 지원체계를 연결해준다.

⑦ 자아상 회복

위기로 인해 손상된 자존감을 회복할 수 있도록 신뢰관계를 구축하고, 클라이언트가 긍정적인 자기 인식을 회복하도록 돕는다.

⑧ 자립 촉진

클라이언트가 문제를 스스로 해결할 수 있는 능력과 자신감을 갖도록 하며, 위기 이후에도 지속적으로 자립적인 삶을 영위할 수 있도록 지원한다.

3) 위기개입모델의 실천 목표와 과정

(1) 라포포트(Rapoport)의 실천 목표

위기개입의 실천목표는 클라이언트가 현재의 위기를 극복하고 일상생활로의 복귀는 물론, 향후 유사한 상황에 보다 효과적으로 대처할 수 있도록 지원하는 데 그 목적이 있다. 라포포트(Rapoport)는 이를 다음과 같이 정리하였다.

① 위기로 인해 나타나는 심리적·신체적 증상을 완화한다.

② 위기 이전의 기능 수준을 회복하도록 한다.

③ 위기 발생의 원인이 되는 내부적 또는 외부적 요인을 파악하고 이해한다.

④ 클라이언트 또는 가족이 사용할 수 있는 지역사회 자원이나 치료적 서비스 등을 안내하고 연결한다.

⑤ 현재의 위기상황을 과거의 경험이나 갈등과 연결하여 심층적인 이해를 도모한다.

⑥ 위기상황을 넘어서기 위해 새롭고 효과적인 대처 방식이나 적응 반응을 모색하고 발전시킬 수 있도록 한다.

(2) 위기개입의 실천과정

위기상황에 효과적으로 대응하기 위해 다양한 위기개입모델이 개발되었으며, 대부분의 모델은 위기상황을 사정 → 계획 → 개입 → 종결의 단계로 구조화하고 있다. 다음은 대표적인 학자들의 위기개입과정을 정리한 것이다.

① 아길레라와 메식의 위기개입과정

아길레라와 메식(Aguilera & Messick)은 문제해결 중심의 이론에 기반하여 위기개입을 네 단계로 설명하였다.

- **사정단계**: 클라이언트의 정서적 고통을 완화함과 동시에 위기의 본질과 배경을 파악한다. 클라이언트가 인식한 위기의 의미, 선행 사건, 지지 자원, 과거의 대처방식, 자·타해 위험 등을 종합적으로 평가한다.
- **계획단계**: 사정 결과를 바탕으로 개입 목표를 설정하고 구체적인 실천계획을 수립한다. 기능 손상과 회복 가능성 평가, 감정 표현 촉진, 대처기제 개발, 사회적 지지망 활용, 현실적 목표 설정 등을 포함한다.
- **개입단계**: 설정한 계획에 따라 클라이언트가 구체적인 행동 변화를 일으킬 수 있도록 지원한다. 감정 표현을 지지하고, 효과적인 대처

전략을 개발하며, 사회적 활동 재개 등을 도모한다.

- 위기대비 계획단계: 향후 유사한 위기상황에서 적절히 대처할 수 있도록 사후 대처기술을 정리하고 반복학습을 돕는다. 클라이언트가 도움을 요청할 수 있다는 점을 분명히 하여 혼자 해결해야 한다는 부담을 덜어준다.

표 3-6 아길레라와 메식(Aguilera & Messick)의 위기개입과정

단계	주요 내용	사회복지사의 역할 및 과업
사정단계	위기의 본질 및 클라이언트 상태 파악	• 위기와 선행사건 이해 • 클라이언트의 인식 파악 • 지지체계 분석 • 기존 대처기술 평가
계획단계	개입 전략 수립	• 기능 손상과 회복 가능성 평가 • 감정 인식 및 표현 지원 • 대처기제 개발 지원 • 사회적 지지망 활용 • 현실적인 목표 설정
개입단계	실제 개입 수행	• 감정표현 지지 • 문제해결 기술 촉진 • 사회적 활동 재개 지원 • 행동 변화 유도
위기대비 계획단계	향후 위기 예방 및 사후 지도	• 위기 대응 기술 정리 및 내면화 • 미래 위기 대응 전략 마련 • 사후지지 가능성 안내 • 문제해결에 대한 자기효능감 강화

② 골란의 위기개입과정

위기개입모델은 단기간에 집중적으로 클라이언트의 기능 회복을 돕는 실천모델로, 골란(Golan)은 이 과정을 초기 단계-중간 단계-종결 단계의 세 단계로 구분하여 제시하였다. 각 단계는 위기상황에 놓인 클라이언트의 감정적 안정과 문제해결, 자율성 회복을 위한 중요한 실천 구조를 제공한다.

1. 초기단계: 관계 형성과 위기 사정

초기단계는 사회복지사와 클라이언트가 처음으로 만나 신뢰관계를 형성하고 위기 상황에 대한 이해를 바탕으로 개입의 기초를 마련하는 시기이다.

- **감정적 안정 지원**: 위기상황에서 흔히 나타나는 충격, 분노, 혼란, 불안 등의 감정을 수용하고, 클라이언트가 감정을 표현하도록 돕는다.
- **위기 사정**: 위기의 원인과 성격, 클라이언트의 현재 기능 수준, 위험 요소(자·타해 가능성 포함), 기존의 대처 전략과 실패 요인을 파악한다.
- **개입 목표 설정**: 위기 해결을 위한 단기적이고 구체적인 목표를 함께 수립하고, 클라이언트의 동의를 얻는다.
- **신뢰 형성**: 클라이언트의 감정과 이야기를 경청하고, 비난이나 평가 없이 수용적인 태도를 유지함으로써 관계 형성에 집중한다.
- **개입 계약**: 사회복지사와 클라이언트가 개입의 범위, 역할, 만남의 횟수 등에 대해 구체적으로 합의한다.

2. 중간단계: 개입 실행과 기능 회복

중간단계는 클라이언트가 실질적으로 위기를 극복하고 자율성을 회복해 나가는 핵심 단계이다.

- **문제해결 중심의 개입**: 위기상황과 관련된 구체적인 문제에 대해 실질적인 대안을 마련하고, 실행 가능한 행동계획을 수립한다.
- **자원 연결**: 필요시 지역사회 자원(의료, 주거, 재정, 법률 등)과 연계하여 클라이언트가 위기를 극복할 수 있도록 지원한다.
- **과제 부여와 실행 점검**: 클라이언트에게 작은 성공 경험을 유도하는 실천적 과제를 제시하고, 성취 과정을 함께 검토하며 자존감을 강화한다.
- **역할 전환**: 사회복지사의 개입 비중은 점차 줄이고, 클라이언트가 스스로 문제를 해결할 수 있도록 격려하며 자율성과 자기결정 능력 회복을 돕는다.
- **기능 회복 모니터링**: 클라이언트의 일상 기능, 관계 유지, 감정 조절 능력 등이 회복되는지를 관찰하고 지원한다.

3. 종결단계: 평가와 지속적 안정 도모

종결단계는 개입 전반을 마무리하며, 클라이언트가 향후 위기상황에 보다 잘 대처할 수 있도록 준비시키는 시기이다.

- **성과 평가**: 위기 개입의 목표가 얼마나 달성되었는지, 클라이언트의 기능

표 3-7 골란(Golan)의 위기개입과정

단계	주요 내용	사회복지사의 역할 및 과업
초기단계	위기상황의 즉각적 파악과 관계 형성	• 클라이언트와 신뢰 관계 형성 • 현재의 위기상황에 초점 • 초기 사정 수행 • 개입계획에 대한 계약 형성
중간단계	실천적인 개입과 문제해결 중심 활동	• 구체적인 목표 설정 및 과업 수행 • 행동 변화 유도 • 자율성 회복 지원 • 자원 및 지지체계 연결
종결단계	개입 성과 점검 및 종결 준비	• 개입 성과 점검 및 평가 • 성취한 과제 정리 • 향후 과제 계획 수립 • 종결에 대한 클라이언트 준비 지원

4) 위기개입모델의 실천 기법

위기개입 기술은 갑작스러운 위기상황에 처한 클라이언트를 단기간 내에 안정시키고, 일상적인 기능 수준을 회복할 수 있도록 돕는 실천적 접근이다. 사회복지사는 위기상황에 신속하고 효과적으로 대응하기 위해 클라이언트의 정서적 반응을 수용하고, 문제를 명확히 사정한 후 현실적인 개입 전략을 제시해야 한다. 위기개입 기술은 일시적 불균형 상태에 있는 클라이언트가 자신감을 회복하고 적절한 대처기술을 익힐 수 있도록 지원하는 것으로 주요 실천기법은 다음과 같다.

(1) 적극적 경청과 강점 발견

위기상황에 놓인 내담자는 극심한 불안, 혼란, 무기력에 빠져 있기 때문에, 사회복지사는 먼저 내담자의 말에 진심으로 귀 기울이며 감정을 수용해야 한다. 공감적 태도와 함께 비언어적 표현을 주의 깊게 관찰하여 내담자가 심리적으로 안전하다고 느낄 수 있는 관계를 형성한다. 또한 내담자가 지금까지 겪어온 경험 속에서 발휘한 강점이나 잠재력을 함께 찾아내고 강조함으로써, 위기상황이 '극복 가능한 일시적 상태'임을 인식하도록 도와야 한다.

(2) 위기 강도 파악 및 지지체계 구축

내담자가 직면한 위기상황의 심각성을 사정하고, 필요한 경우 긴급지원 서비스와 연계하는 것이 필요하다. 이때, 단순히 경제적 자원뿐만 아니라 정서적 지지를 제공할 수 있는 인적 네트워크를 함께 고려하여 실질적인 도움을 줄 수 있는 지지체계를 구성한다. 위기상황이 심각하거나 복합적일 경우, 전문기관에 연계하는 것도 적절한 대응이다.

(3) 정서 안정과 정상화 과정

위기를 겪는 내담자는 종종 감정적으로 불안정하거나 당황해하며, 자신이 겪는 경험이 비정상적이라고 여길 수 있다. 사회복지사는 이러한 감정을 비정상으로 판단하거나 판단하지 않고, 위기상황에서 나타나는 정서 반응이 인간적으로 지극히 정상적이라는 점을 설명하여 내담자의 심리적 부담을 완화시켜야 한다. 심호흡, 감정 명료화 등의 간단한 정서 조절 기법을 함께 안내하면, 내담자가 위기를 통제할 수 있다는 인식을 형성하는 데 도움이 된다.

(4) 문제해결을 위한 방향 제시

개입 초기에는 내담자의 혼란을 완화하고 구조적 지지를 제공하기 위해 사회복지사가 비교적 명확하고 구체적인 행동 지침을 제공하는 것이 효과적이다. 이후 내담자의 감정이 안정되고 상황을 정리할 여유가 생기면, 점차 내담자가 스스로 문제를 인식하고 해결방안을 탐색하도록 유도한다. 이 과정에서는 내담자의 선택을 존중하면서 실천 가능한 소단위 목표를 설정하고, 성취 경험을 통해 자기효능감을 증진시켜야 한다.

학습문제

[서술형]

01 문제해결모델(Problem-Solving Model)은 사회복지실천에서 클라이언트가 직면한 문제를 체계적으로 해결하기 위한 접근이다. 이 모델의 주요 단계와 특징을 설명하고, 사회복지사가 실제 사례에서 문제해결모델을 적용할 때 주의해야 할 점은 무엇인지 서술하시오.

02 과제중심모델(Task-Centered Model)은 단기간에 구체적인 문제를 해결하기 위해 고안된 사회복지실천 접근 중 하나이다. 이 모델의 주요 특징을 서술하고, 다른 실천 모델과 구별되는 점은 무엇인지 설명하시오.

[선택형]

01 위기개입의 원칙에 대한 설명으로 옳지 않은 것은?

① 신속한 개입은 시간 제한적 개입으로 6주 이내에 해결한다.
② 제한된 목표는 단기적인 접근으로 구체적인 문제해결에 초점을 두므로 목표가 제한적이다.
③ 초점적 문제해결은 클라이언트가 조정할 수 있을 만큼 현실에 직면하도록 돕는다.
④ 희망과 기대는 클라이언트에게 희망을 고취한다.
⑤ 행동지향성은 자신감을 회복하여 자립할 수 있도록 도와준다.

02 과제중심모델에 대한 설명 중 옳지 않은 것은?

① 단기로 개입하므로 효율적이다.
② 다양한 이론이나 모델을 절충하여 사용할 수 있다.
③ 사회복지사가 알지 못함의 자세를 취함으로써 클라이언트의 관점이 중시된다.
④ 사회복지사와 클라이언트는 협조적인 관계를 형성한다.
⑤ 개입의 효과성을 검증할 수 있는 객관적인 실천방법이다.

03 다음 중 라포포트(Rapoport, 1967)가 제시한 위기해결을 위한 1차적(기본) 치료목표에 해당하지 않는 것은?

① 증상의 완화
② 위기 이전 수준으로의 기능 회복
③ 클라이언트의 자아실현과 자기초월 촉진
④ 위기를 촉진한 요인들에 대한 이해
⑤ 지역사회 자원을 활용한 치료방법 모색

서술형 모범답안

01 문제해결모델은 클라이언트가 겪는 문제를 체계적으로 해결하기 위한 사회복지 실천 접근이다. 주요 단계로는 문제 정의 및 확인, 목표 설정, 대안 탐색, 실행 계획 수립, 실행 및 평가, 종결 및 사후관리가 있으며, 클라이언트의 자기결정권 존중, 현재 문제에 대한 초점, 협력적 관계, 실용적이고 순환적인 절차가 특징이다.
사회복지사는 이 모델을 적용할 때 클라이언트의 동기와 참여를 우선시해야 하며, 문제를 성급히 정의하거나 자신의 시각만을 반영하지 않도록 주의해야 한다. 목표는 현실적이고 달성 가능해야 하며, 개입 과정에서 유연성을 유지하고, 클라이언트의 문화적 배경과 감정 반응을 존중하는 지지적 태도가 요구된다.

02 과제중심모델은 단기간에 구체적인 문제 해결을 목표로 하는 사회복지실천 모델로, 클라이언트와 함께 명확한 문제를 정의하고 실천 가능한 과제를 설정하여 행동 중심의 개입을 수행한다. 이 모델은 클라이언트의 참여와 동기를 강조하며, 장기적 분석보다 단기적이고 실용적인 해결에 중점을 둔다. 다른 실천 모델과 달리 현재의 문제 해결에 집중하고, 구조화된 절차를 통해 변화 가능성을 높이는 것이 특징이다.

선택형 정답

01 ① **02** ③ **03** ③

04 CHAPTER

개별적 접근을 위한 실천모델

1. 심리사회모델
2. 인지행동모델
3. 동기강화모델

학습목표

1. 심리사회모델의 개념과 이론적 기반을 이해하고, 사례에 적용할 수 있는 개입 과정을 설명할 수 있다.
2. 인지행동모델의 주요 개념과 인지 왜곡, 재구성 기법을 이해하고, 실천과정에서 활용할 수 있다.
3. 동기강화모델(Motivational Interviewing)의 원리와 기술을 이해하고, 변화에 대한 클라이언트의 동기를 향상시킬 수 있는 실천기법을 설명할 수 있다.
4. 각 모델의 공통점과 차이점을 파악하고, 상황에 적합한 실천모델을 선택하고 적용할 수 있다.
5. 실제 사례에 기반하여, 개별적 접근 모델을 활용한 문제 사정, 개입계획 수립, 개입기술 적용 등의 실천 능력을 기를 수 있다.

1. 심리사회모델

1) 심리사회모델의 이론적 기초

심리사회모델은 사회복지실천의 기초가 형성되던 시기에 다양한 이론적 배경과 실천 경험이 축적되면서 발전한 모델이다. 이 모델의 기원은 20세기 초 미국 자선조직협회(COS)의 우애방문 활동을 체계화한 메리 리치몬드(M. Richmond)의 개별사회사업 이론에 두고 있다. 이후 1930년대에 미국사회사업학회에서는 '심리사회(Psycho-social)'라는 용어가 공식적으로 사용되기 시작하였으며, 고든 해밀턴(G. Hamilton)에 의해 이 용어가 본격적으로 사회복지실천 이론으로 정립되었다. 해밀턴은 심리사회모델의 기초를 마련하면서 당시 진단주의 관점을 적극적으로 수용하였고, 클라이언트의 내면 세계와 진단의 중요성을 강조하였다.

1950년대에는 플로렌스 홀리스(F. Hollis)에 의해 심리사회적 접근이 구체적이고 체계적인 개입 모델로 집대성되었다. 홀리스는 사회복지사가 클라이언트의 문제를 다룰 때, 심리적 요소와 사회적 요소를 함께 고려해야 한다고 강조하였다. 이를 통해 '상황 속의 인간(Person-in-situation)'이라는 개념이 실천의 핵심으로 자리 잡게 되었으며, 이후 심리사회모델은 개인의 내면뿐만 아니라 외부 환경과의 상호작용을 고려하는 전인적 접근으로 확장되었다.

심리사회모델은 정신역동이론, 자아심리학, 가족치료 이론, 문화인류학, 체계이론 등 다양한 학문적 영향을 받아 발전하였다. 초기에는 정신분석 이론의 영향으로 개인의 무의식적 욕구나 갈등에 초점을 맞췄으나, 점차 클라이언트의 환경적 요인과 사회구조적인 조건까지 통합적으로 바라보는 방향으로 전개되었다. 이러한 발전 과정 속에서 오늘날 심리사회모델은 인간을 단지 개인적 차원에서가 아니라, 사회환경과 긴밀하게 연결된 존재로 이해하고 있다.

이 모델은 클라이언트와의 관계 형성을 중시하며, 수용, 개별화, 자기결정 존중 등의 실천 원칙을 강조한다. 특히 클라이언트가 자신을 이해하고 통찰함으로써 스스로 문제를 해결할 수 있도록 지원하는 데 중점을 두며, 개인과 환경 간의 역동적 상호작용을 중요하게 다룬다. 사회복지사는 클라이언트의 심리적 특성뿐 아니라 신체적·정서적 상태와 사회적 맥락을 모두 종합적으로 고려하여 개입한다는 점에서, 심리사회모델은 오늘날까지도 임상사회복지 실천에서 핵심적인 모델로 널리 활용되고 있다.

2) 심리사회모델의 주요 개념

(1) 개별화와 수용

심리사회모델은 인간의 고유성과 존엄성을 중심에 두며, 클라이언트의 개인적 특성과 삶의 맥락을 존중하는 개별화 원칙을 강조한다. 이 원칙은 클라이언트가 지닌 가치관, 사고방식, 경험 등을 있는 그대로 이해하고 인정하는 태도를 요구한다.

또한, 수용은 클라이언트의 태도나 행동이 사회복지사의 신념이나 기준과 다르더라도, 이를 비판하거나 판단하지 않고 온전히 들어주며 진심 어린 태도로 함께하려는 자세를 의미한다. 문제 상황이 비슷해 보여도 각 개인의 배경과 맥락은 상이할 수 있기에, 모든 클라이언트를 고유한 존재로 바라보며 진정성과 존중을 바탕으로 비판 없는 태도를 유지하는 것이 중요하다.

(2) 자기결정

심리사회실천에서는 자기결정(Self-determination)을 핵심 가치로 삼는다. 이는 클라이언트가 자신의 삶에 대한 선택과 결정을 주도할 권리가 있다는 전제에서 출발한다.

사회복지사는 클라이언트에게 충분한 정보를 제공하고, 의사결정 과정에 적극 참여할 수 있도록 지원한다. 더불어 클라이언트가 자신의 선택을 실현할 수 있도록 환경적 요인에 개입하거나 자원을 연계해주는 역할을 수행한다.

이러한 실천적 관계는 클라이언트에게 자율성과 통제감을 회복하게 하며, 문제해결의 주체로서 자신감을 갖고 독립적으로 변화에 나설 수 있는 기반이 된다.

(3) 상황 속의 인간(Person-in-Situation)

심리사회모델은 인간의 문제를 단지 개인 내부의 심리적 요인으로만 보지 않고, 사회적·환경적 맥락과의 상호작용 속에서 이해한다. 즉, 개인의 감정과 행동은 생물학적 조건, 사회적 환경, 문화적 요인 등 다양한 요소들이 복합적으로 작용한 결과임을 전제로 한다.

따라서 사회복지사는 클라이언트의 과거 경험을 살펴보는 동시에, 현재 그가 처한 상황에 대해 깊이 있는 이해를 도모한다. 이 과정에서 클라이언트가 자신의 문제를 인식하고 성찰할 수 있도록 돕고, 현재 위치한 삶의 자리에서 접근하여 현실적인 개입을 시도하는 것을 중시한다.

3) 심리사회모델의 실천 목표와 과정

(1) 실천 목표

심리사회모델에서의 실천목표는 클라이언트가 겪는 심리적·정서적 어려움과 이와 관련된 내부 갈등을 자신의 과거 경험이나 현재 상황 속에서 이해하고 통찰할 수 있도록 돕는 데에 있다. 이를 통해 클라이언트가 스스로 문제를 인식하고, 점차적으로 자신의 감정과 행동을 조절할 수 있는 능력을 향상시키며, 궁극적으로 정서적 안정을 회복하고 기능 수준을 향상시키는 것을 지향한다.

이 모델은 단순한 증상의 완화뿐 아니라 개인의 심리적 역량 강화와 환경과의 관계 개선을 동시에 추구한다. 사회복지사는 클라이언트를 변화의 대상으로 보기보다는 변화의 주체로 존중하며, 클라이언트 스스로의 성찰과 결단을 촉진하는 조력자로서의 역할을 수행한다.

또한, 클라이언트의 어려움이 단지 개인 내적 원인에서 비롯된 것이 아닌, 사회적·환경적 요인의 복합적인 결과임을 전제로 하여, 필요시 사회적 지지체계를 탐색하거나 지역사회 자원을 연계하는 등 환경적 개입도 함께 이루어진다. 특히, 클라이언트의 권리를 보호하고 사회적 불균형을 완화하기 위한 권익 옹호 활동도 실천목표에 포함된다.

결국 심리사회모델의 실천목표는, 클라이언트가 자신의 삶을 통합적으로 이해하고, 자기결정 능력과 현실대처 능력을 향상시켜 심리적 회복과 사회적 적응을 동시에 성취할 수 있도록 지원하는 데에 있다.

(2) 실천과정

심리사회모델은 인간의 내면 심리와 외부 사회환경이 상호작용하며 인간의 행동과 감정에 영향을 준다는 관점에서 출발한다. 따라서 이 모델은 클라이언트의 심리적 특성과 삶의 맥락을 통합적으로 이해하고 개입하기 위해 네 가지 실천과정 단계로 구성된다. 각 단계는 문제에 대한 이해와 분석, 목표 설정, 구체적 개입, 그리고 종결 및 평가로 이어지며, 이는 사회복지사의 전문성과 클라이언트의 참여를 바탕으로 전개된다.

① 초기단계

초기단계는 사회복지사가 클라이언트와 처음 관계를 맺고, 주요 문제와 그 배경에 대해 사실적인 정보를 수집하는 시기이다. 주로 1~3회의 면접으로 진행되지만, 사례에 따라 5회까지 확대될 수 있다. 이 단계에서 사회복지사는 다음과 같은 사항들을 파악한다.

- 클라이언트가 직면한 문제와 문제의 원인
- 문제해결을 위한 클라이언트의 기존 시도
- 문제에 대한 클라이언트의 감정 및 인식 수준
- 문제 상황에 영향을 미친 개인적·환경적 요인
- 성장 배경과 가족 관련 정보

이러한 정보 수집은 이후 사정과 개입의 기초자료로 활용된다.

② 사정단계

사정단계는 수집된 정보를 바탕으로 클라이언트의 상황을 보다 구조적으로 이해하고 분석하는 단계이다. 사회복지사는 클라이언트 개인의 특성과 문제의 원인을 통합적으로 조망하며, '상황 속의 인간(Person-in-Situation)' 관점에서 진단적 이해를 시도한다.

사정을 보다 체계적으로 수행하기 위해 '가계도(Genogram)', '생태도(Eco-map)' 등의 도구를 활용하며, 다음 세 가지 영역을 중심으로 사정이 이루어진다.

- **역동적 영역**: 클라이언트의 성격적 특성과 심리적 요소 간의 상호작용
- **원인론적 영역**: 현재의 문제에 영향을 주는 과거 경험과 환경적 요인
- **임상적 영역**: 기능 수준, 강점, 제한점 등 클라이언트의 전반적 상태

사정은 단순한 정보 해석을 넘어서, 변화 가능한 요인을 파악하고 실천 가능성 있는 방향성을 모색하는 것이 핵심이다.

③ 개입단계

개입단계에서는 클라이언트와 협의하여 실천목표를 설정하고, 구체적인 개입전략을 수립한다. 목표는 클라이언트에게 실제적이며 유익해야 하며, 환경 변화나 자원 연계를 통한 지원 또한 고려된다. 이 과정에서 사회복지사는 다음과 같은 기준을 바탕으로 목표를 설정한다.

- 문제의 변화 가능성
- 클라이언트와 관련 체계의 강점과 제약

- 문제의 성격 및 복잡성
- 클라이언트에 대한 임상적 진단과 자원 활용 가능성

개입방법은 정서적 개입, 관계개선, 생활기술 훈련 등 다양하며, 필요 시 사회환경을 조정하는 간접적 개입(예 자원연계, 권익옹호)도 병행된다. 클라이언트가 자발적으로 변화에 참여할 수 있도록 통찰과 자기이해를 촉진하는 것이 중요하다.

④ 종결단계

실천의 종결은 클라이언트의 기능 회복, 자원 연계의 성공, 문제의 완화 또는 해결 등의 실질적 성과가 확인된 후 진행된다. 종결 시점은 클라이언트와 사회복지사가 상호 동의하여 결정하며, 이 과정은 단순한 종료가 아닌 하나의 중요한 개입과정으로 여겨진다. 종결을 앞두고는 다음과 같은 점에 유의해야 한다.

- 클라이언트가 이별에 대한 감정을 정리할 수 있도록 충분한 시간을 제공
- 실천과정에서 이루어진 변화 및 성장을 함께 되짚고 성찰
- 향후 재발 방지를 위한 계획과 대처전략 제시
- 필요한 경우 사후지지나 후속 서비스에 대한 안내 제공

사회복지사는 종결을 클라이언트의 자율성과 성장을 확인하고 격려하는 긍정적인 이정표로 의미화하도록 돕는다.

표 4-1 심리사회모델의 실천과정

단계	주요 내용	실천 특징 및 활동
1. 초기단계	사회복지사와 클라이언트 간의 관계 형성 및 정보 수집	• 1~3회, 필요시 5회까지 면접 진행 • 문제의 원인, 클라이언트의 감정·인식, 가족·성장 배경 등 파악 • 정보는 이후 사정 및 개입의 기초 자료로 활용

2. 사정단계	수집된 정보를 바탕으로 문제의 원인과 클라이언트의 상황을 통합적으로 분석	• '상황 속 인간(Person-in-Situation)' 관점 적용 • 가계도(Genogram), 생태도(Ecomap) 활용 • 역동적, 원인론적, 임상적 영역 중심으로 사정 • 변화 가능 요인과 실천 방향 모색
3. 개입단계	실천목표 설정 및 구체적 개입 전략 수립	• 목표는 현실적·실행 가능해야 함 • 정서적 지지, 관계 개선, 생활기술 훈련 등 적용 • 자원 연계, 권익옹호 등 간접적 개입 포함 가능 • 자기이해와 통찰 촉진을 통해 자발적 변화 유도
4. 종결단계	성과 확인 후 종결 결정, 자율성과 성장 확인	• 클라이언트와 이별 감정 조율 • 실천과정 되돌아보기 및 성찰 • 재발 방지 전략 마련 • 사후 지원 및 후속 서비스 안내 • 종결을 긍정적 성취로 의미화

4) 실천기법

(1) 직접적 개입기법

심리사회모델은 클라이언트의 심리적 특성과 그를 둘러싼 사회환경 간의 상호작용을 포괄적으로 이해하고 개입하는 접근이다. 이 모델은 개입의 단위를 개인에 국한하지 않고 가족, 집단, 환경 등 다양한 수준까지 확장할 수 있는 통합적 실천 틀을 제공한다. 이에 따라 사회복지사는 다음과 같은 다양한 역할을 수행하게 된다. 상담자, 자원 탐색자 및 제공자, 해석자, 중재자, 옹호자, 중개자, 사례관리자 등이다.

심리사회모델에서의 직접적 개입기법은 클라이언트의 사고, 감정, 행동의 변화를 촉진하여 자기이해와 문제해결력을 향상시키는 것을 목표로 한다. 클라이언트가 자신의 문제를 자각하고, 적절한 통찰을 통해 실질적인 변화를 이끌 수 있도록 정서적, 인지적, 행동적 측면에서 개입한다.

다음은 대표적인 여섯 가지 직접적 개입기법이다.

① 지지하기(Sustainment)

지지기법은 클라이언트의 정서적 안정과 자존감을 높이기 위한 기본적인 개입이다. 사회복지사는 클라이언트가 겪는 감정(예 수치심, 불안, 죄책감 등)을 수용하고, 이를 판단하지 않으며, 변화 가능성에 대한 신뢰를 표현함으로써 신뢰관계를 구축한다. 이러한 지지는 언어적 공감뿐 아니라 따뜻한 표정, 경청하는 태도, 고개 끄덕임 등 비언어적 지지 행동도 포함한다.

또한 클라이언트가 당면한 실제적 어려움에 대해 정보 제공, 서비스 연결, 물리적 지원 등 실질적 도움을 제공하는 것도 지지의 중요한 형태이다.

> 예시: "그런 감정은 누구나 느낄 수 있어요. 그 상황이면 저라도 괴로웠을 거예요."
> 예시: "자녀 돌봄이 필요하시면 지역 보육서비스를 함께 알아볼 수 있어요."

② 직접 영향 주기(Direct Influence)

클라이언트의 자기결정권을 존중하되, 적절한 정보나 조언, 대안 제시를 통해 클라이언트가 더 나은 선택을 할 수 있도록 유도하는 기법이다. 클라이언트가 충분한 통찰이나 선택 능력을 갖추지 못했을 경우, 사회복지사는 상황에 맞는 제안이나 권고를 통해 변화의 방향을 제시할 수 있다.

단, 이 과정은 권위적이기보다 협력적이어야 하며, 영향력 행사는 클라이언트의 복지와 자율성을 해치지 않는 범위 내에서 이루어져야 한다.

> 예시: "제 생각에는 학교 상담선생님을 한 번 만나보는 것도 좋은 방법 같아요."
> 예시: "저 같으면 상사에게 그런 상황을 직접 말씀드렸을 것 같아요."

③ 탐색 및 환기(Exploration & Ventilation)

이 기법은 클라이언트가 자신의 경험과 감정을 자유롭게 탐색하고 표현할 수 있도록 돕는 방식이다. 탐색은 클라이언트의 문제, 환경, 관계, 역사 등을 사실적으로 기술하게 하는 것이며, 환기는 억압되거나 억제된 감정을 말로 표현하도록 유도하여 정서적 해소를 돕는 것이다.

사회복지사는 안전하고 수용적인 분위기에서 클라이언트가 슬픔, 분노, 불안, 상실감 등의 감정을 표출할 수 있도록 도우며, 감정의 강도를 낮추고 문제에 접근할 수 있는 심리적 여유를 제공한다.

> 예시: “그날 있었던 일을 조금 더 자세히 말씀해 주시겠어요?”
> 예시: “그 상황에서 어떤 감정을 느끼셨나요?”

④ 개인-환경 간 상호작용에 대한 고찰(Situational Reflection)

이 기법은 클라이언트가 자신의 문제를 단순히 내면의 결함이나 개인 책임으로 보지 않고, 환경과의 상호작용 속에서 재구성할 수 있도록 돕는다. 사회복지사는 클라이언트가 처한 상황과 그 안에서의 역할, 기능, 자원 등을 함께 검토하며, 환경적 요인이 어떤 영향을 주었는지를 인식하도록 한다.

> 예시: “이런 상황이 반복되는 데에는 주변의 어떤 요인이 영향을 주고 있는 것 같나요?”
> 예시: “그 일이 있었던 상황을 주변 관계들과 함께 다시 한 번 돌아볼까요?”

⑤ 행동 유형 및 역동성에 대한 고찰(Dynamic Reflection)

클라이언트가 무의식적으로 반복하는 행동 패턴, 감정 반응, 대인관계 방식 등을 성찰할 수 있도록 돕는 기법이다. 이는 정신역동이론의 영향을 받아, 클라이언트의 방어기제, 대상관계, 자아 기능 등을 탐색하여 행동의 기제를 이해하고 변화의 가능성을 모색하는 것이다.

> 예시: "남편과의 갈등이 생길 때마다 아이에게 화를 내는 경향이 반복되고 있는 것 같아요."
> 예시: "상사의 비판을 들을 때마다 과거 학교에서 혼났던 기억이 떠오르시나요?"

⑥ 발달적 고찰(Developmental Reflection)

발달적 고찰은 클라이언트의 과거 생애 경험과 현재의 문제 간의 인과관계를 조명하는 방식이다. 특히 아동기나 청소년기에 겪었던 사건이 성인기의 감정과 행동에 어떤 영향을 주고 있는지를 탐색하며, 클라이언트가 현재의 감정을 재구성하고, 통찰을 통해 새로운 시각을 가질 수 있도록 돕는다.

이 기법은 클라이언트의 생애사적 맥락과 심리사회적 발달을 이해하고, 변화의 동기를 내면으로부터 강화하는 데 효과적이다.

> 예시: "어릴 때 부모님에게 충분한 관심을 받지 못한 경험이, 지금 배우자의 무관심에 민감하게 반응하게 만드는 것 같나요?"
> 예시: "당신의 청소년기 경험과 자녀의 현재 모습에서 어떤 공통점을 느끼시나요?"

(2) 간접적 개입기법 – 환경에 개입하기

심리사회모델은 인간을 그가 처한 환경과 분리되지 않는 존재로 이해하며, "상황 속의 인간(Person-in-Situation)"이라는 관점을 핵심 토대로 삼는다. 이 모델은 개인의 내면적 갈등이나 심리적 특성뿐만 아니라, 그를 둘러싼 사회적 환경, 가족관계, 제도, 지역사회 등 외부 요인들이 상호작용하면서 문제를 발생시키고 유지한다고 본다. 따라서 사회복지사는 클라이언트 개인에게만 초점을 맞추기보다는, 필요에 따라 클라이언트를 둘러싼 환경 자체에 개입하여 변화를 유도하는 간접적 개입기법(Indirect Intervention Techniques)을 병행해야 한다.

이는 클라이언트가 경험하는 어려움이 단순히 개인의 심리적 문제에서 비롯된 것이 아니라 종종 가족 내 갈등, 학교나 직장의 제도적 문제, 지역사회 서비스의 부재, 또는 구조적 차별과 같은 복합적이고 외부적인 요인들과 깊이 연결되어 있기 때문이다. 예컨대, 경제적으로 어려움을 겪는 클라이언트에게는 긴급복지지원 제도를 안내하고 연계해주는 것이 필요할 수 있고, 가족 내 갈등이 심화되어 있다면 가족 구성원 간의 의사소통을 조정하거나 가족 상담을 통해 긴장을 완화하는 노력이 요구된다. 또한 학교나 직장에서 소외되거나 부당한 대우를 받고 있는 경우, 해당 기관과의 협조를 통해 클라이언트의 권리를 옹호하고 공정한 환경을 조성하는 것 역시 사회복지사의 중요한 역할 중 하나이다.

이러한 간접적 개입은 클라이언트가 보다 안정되고 지지적인 환경 속에서 자기결정권을 바탕으로 삶을 주도적으로 살아갈 수 있도록 돕는 기반이 되며, 실질적인 문제해결을 위한 핵심 전략으로 작용한다.

2. 인지행동모델

1) 인지행동모델의 이론적 기초

인지행동모델은 인간의 행동과 정서에 영향을 미치는 중심 요소로 '사고(인지)'를 강조하는 실천 접근이다. 이 모델은 무의식과 내적 갈등을 강조하는 정신분석이론과 외부 자극에 대한 반응으로 인간행동을 설명한 행동주의 이론의 한계를 보완하고자 등장하였다. 인간의 내면적 사고와 외부 환경이 상호작용하여 문제를 형성하고 유지한다고 보기 때문에, 인지행동모델은 사고의 변화가 감정과 행동의 변화를 유도하며, 행동의 변화가 다시 인지에 영향을 줄 수 있다고 본다. 즉, 사고-감정-행동 간의 순환적 관계에 주목하며 문제에 접근하는 통합적이고 실천적인 모델이다.

인지행동모델은 앨버트 엘리스(Albert Ellis)와 애런 벡(Aaron Beck)과 같은 학자들에 의해 발전되었으며, 1960년대 이후 다양한 사회복지실천 현장에 적용되기 시작했다. 이 접근은 인간을 수동적인 존재가 아니라 환경과 상호작용하면서 능동적으로 판단하고 행동을 선택하는 존재로 이해하며, 문제를 해결하기 위해 인지적 재구조화와 행동적 개입을 함께 활용한다.

인지행동모델의 주요 특징은 다음과 같다. 첫째, 클라이언트가 상황을 어떻게 해석하고 인식하는지를 중시하며, 클라이언트의 주관적인 경험과 인지에 근거하여 개입이 이루어진다. 둘째, 클라이언트는 실천의 수동적인 대상이 아니라 자신의 문제를 해결하는 데 능동적으로 참여하는 주체이며, 왜곡된 인지와 비합리적 신념을 수정하고 대처능력을 기를 수 있도록 훈련된다. 셋째, 사회복지사와 클라이언트 간의 협력적 관계를 기반으로 실천이 진행되며, 클라이언트의 사고를 함께 탐색하고 조정하기 위해 상호 신뢰와 공감이 강조된다. 넷째, 비합리적인 사고를 현실적이고 건강한 사고로 재구성함으로써 행동의 변화를 유도하며, 이러한 인지적 재구조화는 실천의 핵심 기법으로 활용된다. 다섯째, 클라이언트가 새로운 사고방식과 행동 대안을 학습할 수 있도록 교육적 접근이 동반되며, 실생활에서 이를 스스로 적용하도록 돕는 데 중점을 둔다. 여섯째, 인지행동모델은 구조화된 단기 개입으로 보통 3~6개월 내외로 제한된 기간 동안 계획적으로 실천이 이루어진다. 일곱째, 개입은 현재에 초점을 두며, 클라이언트가 현재 겪고 있는 문제를 중심으로 개입이 진행되기 때문에 과거 경험이나 무의식보다는 현재의 인지와 행동에 집중하는 문제중심 접근이다.

이처럼 인지행동모델은 사고, 감정, 행동의 상호작용을 기반으로 클라이언트가 자기 문제를 이해하고 변화할 수 있도록 돕는 구조화되고 체계적인 실천모델로, 사회복지실천에서 효과적이고 실용적인 개입 도구로 널리 활용되고 있다.

2) 인지행동모델의 주요 개념

(1) 엘리스의 합리정서행동치료

엘리스(A. Ellis)는 인간이 이성적이고 논리적인 사고를 할 수 있는 능력과 함께, 비논리적이고 왜곡된 사고를 할 가능성 또한 함께 지니고 있다고 보았다. 이러한 관점에서 출발한 합리정서행동치료는 사고와 판단, 분석, 행동 그리고 자기결정의 중요성을 강조하며, 개인이 지닌 신념이 정서와 행동에 어떤 영향을 주는지를 핵심으로 다룬다. 엘리스는 특히 잘못된 믿음이나 사고방식이 부정적인 정서와 부적응 행동으로 이어진다고 보고, 이를 인식하고 변화시키는 것이 치료의 목적이라고 하였다.

합리적인 사고는 현실과 논리적으로 부합하며, 삶의 만족감과 심리적 건강을 증진시키는 데 기여한다. 이는 개인의 바람이나 희망을 반영하면서도 융통성이 있어, 감정 조절과 문제해결에 긍정적인 영향을 준다. 반면, 비합리적인 사고는 비현실적이고 논리적 근거가 부족하며, 부적절한 정서 반응과 문제행동을 유발한다. 이러한 왜곡된 신념은 심리적 고통의 중요한 원인으로 간주된다.

엘리스는 다양한 유형의 비합리적 신념들을 제시하였다. 예를 들면, "모든 사람에게 사랑과 인정을 받아야 한다"는 기대, "항상 성공해야 가치 있는 사람이다"라는 과도한 자기기대, "실수를 저지른 사람은 반드시 처벌받아야 한다"는 비난적 사고 등이 대표적이다. 그 외에도 실패에 대한 과도한 절망감, 삶을 통제할 수 없다는 무력감, 외부에 의존하려는 태도, 과거 경험에 얽매이는 인식, 문제 회피 성향, 과도한 불안과 걱정, 완벽주의 성향 등도 비합리적 신념으로 간주된다. 이러한 신념은 일상의 문제를 더욱 악화시키는 요인으로 작용할 수 있다.

① 합리적 사고

합리적 사고란 개인의 삶의 질, 만족감, 그리고 전반적인 행복에 긍정적인 영향을 미치는 사고방식을 말한다. 이 사고는 논리적으로 모순이 없고 일반적으로 실제 경험과도 부합하며, 인간이 목적 있는 삶을 살아가도록 돕는 실용성을 갖춘다. 또한 개인의 가치관, 바람, 소망 등을 반영하면서도 유연하게 작용하여 적절한 정서 반응과 적응적인 행동을 유도한다. 즉, 합리적 사고는 개인이 삶을 건강하고 생산적으로 영위할 수 있도록 하는 데 중요한 심리적 기반이 된다.

② 비합리적 사고

비합리적 사고는 부정적인 정서와 비적응적인 행동에 깊이 연관되며, 종종 논리적 일관성이 부족하고 현실과의 접점이 희박한 경우가 많다. 이러한 신념체계는 현실에 대한 왜곡된 인식을 강화하고, 감정적 고통이나 행동의 경직성을 유발할 수 있다. 따라서 비합리적인 사고는 다양한 사례나 현실적인 정보에 근거하여 검토되고, 도전받을 필요가 있다. 대표적인 비합리적 신념에는 다음과 같은 유형이 있다.

- 과도한 인정 욕구: 모든 사람에게서 호의와 인정을 받아야만 자신이 가치 있다고 느끼는 사고방식이다. 타인의 평가에 지나치게 의존하게 되며, 거절이나 비판에 과도하게 민감하게 반응하는 경향이 있다.
- 지나친 자기 기대: 스스로가 존중받기 위해서는 모든 일에서 뛰어나야 하고 실패가 없어야 한다고 여기는 신념이다. 이러한 생각은 실패나 실수를 견디기 어렵게 만들고, 자기비난으로 이어질 수 있다.
- 비난 중심의 사고: 타인의 잘못이나 실수에 대해 관용 없이 판단하고 반드시 처벌받아야 한다고 여기는 사고이다. 타인에 대한 이해와 용서를 어렵게 하며, 인간관계의 긴장을 높이는 요인이 된다.
- 좌절에 대한 극단적 반응: 일이 계획대로 되지 않거나 어려움이 생기면 삶의 의미가 없다고 느끼는 사고이다. 사소한 실패에도 쉽게 낙담하거나 절망하게 만들며, 회복탄력성을 약화시킨다.

- **정서적 외부 통제 신념**: 자신의 감정 상태가 외부 환경이나 타인의 행동에 의해 좌우된다고 믿는 사고로, 감정을 조절할 수 없다는 무기력감으로 이어질 수 있다.
- **문제 회피 성향**: 어려운 상황이나 문제를 직면하기보다는 회피하는 것이 더 안전하고 편하다고 여기는 사고방식이다. 단기적으로는 불안을 피할 수 있지만, 장기적으로는 문제를 악화시킬 수 있다.
- **의존적 사고**: 자신의 삶을 스스로 이끌어가기보다는 누군가에게 의지해야만 안정감을 느끼는 사고이다. 자율성과 책임감을 저해하며, 독립적인 문제해결능력을 약화시킬 수 있다.
- **결정론적 신념**: 과거의 경험이나 환경이 현재의 행동을 결정하며, 개인은 그것으로부터 벗어날 수 없다고 믿는 사고방식이다. 변화의 가능성을 차단하고 현실에 수동적으로 대응하게 만든다.
- **과도한 불안과 경계**: 세상은 항상 위험하며, 모든 가능성을 고려하고 대비하지 않으면 큰일이 날 수 있다고 믿는 사고이다. 이로 인해 불필요한 걱정과 긴장을 지속하게 되고, 삶의 여유를 잃게 된다.
- **타인에 대한 과잉 염려**: 다른 사람의 문제나 감정에 대해 책임감을 느끼고 지나치게 신경 쓰는 사고이다. 정작 자신의 필요나 감정은 뒷전이 되며, 감정적으로 쉽게 소진될 수 있다.
- **완벽주의적 사고**: 어떤 문제든 완벽한 해결책이 존재해야 하며, 그렇지 않으면 실패라고 여기는 사고방식이다. 완벽을 추구하는 과정에서 현실적 목표를 설정하지 못하고 지속적인 불만족과 스트레스를 경험하게 된다.

(2) ABCDE 모델

엘리스는 자신의 치료 이론을 실제 개입 과정에 적용하기 위해 'ABCDE 모델'을 고안하였다. 이 모델은 클라이언트가 자신의 사고와 감정을 인식하고 변화시킬 수 있도록 돕는 논리적이며 구조화된 틀이다.

- A(Activating Event, 선행사건): 개인에게 정서적인 반응이나 행동을 유발하는 외부 사건 또는 상황을 의미한다. 예를 들어, 중요한 시험을 망쳤다는 경험이 이에 해당할 수 있다.
- B(Belief, 신념체계): A 사건에 대해 개인이 가지고 있는 생각, 태도, 가치관 등이다. 예를 들어 "시험을 망쳤으니 나는 아무것도 할 수 없는 사람이다"라는 식의 비관적 사고는 비합리적인 신념이다.
- C(Consequence, 결과): A와 B의 상호작용으로 나타나는 감정적, 행동적 결과를 의미한다. 비합리적인 신념을 가진 경우, 우울감, 분노, 무가치감 같은 부정적인 정서가 나타날 수 있다.
- D(Disputation, 논박): C의 부정적인 결과를 초래한 비합리적인 신념을 인지하고, 그것을 합리적인 사고로 대체할 수 있도록 도와주는 반성적이고 비판적인 사고 과정이다. "시험을 망쳤다고 해서 인생 전체가 실패하는 것은 아니며, 또 다른 기회가 있을 수 있다"는 식의 자기논박이 여기에 해당된다.
- E(Effect, 효과): 논박 이후 변화된 인지와 정서의 결과로, 클라이언트는 보다 균형 잡힌 사고와 적응적인 감정을 갖게 된다. 즉, 문제 상황에서 나타나는 감정과 행동 반응은 상황(A) 그 자체가 아니라, 그 상황에 대해 개인이 가지고 있는 신념(B)에 의해 결정된다는 점을 인식하게 되는 것이다. 따라서 삶의 다양한 문제를 해결하는 데 있어 핵심은 사건 자체보다 그 사건에 대한 해석, 즉 신념이 얼마나 합리적인가에 달려 있다고 할 수 있다.

ABCDE 모델은 클라이언트가 자신의 사고 패턴을 자각하고, 그로 인해 발생한 감정과 행동을 인식하며, 왜곡된 사고를 스스로 수정해 나갈 수 있도록 하는 과정을 구조화하여 제시하고 있다. 이 모델을 활용하면 클라이언트가 감정에 휘둘리지 않고, 보다 합리적이고 현실적인 대응방식을 습득할 수 있도록 돕는다.

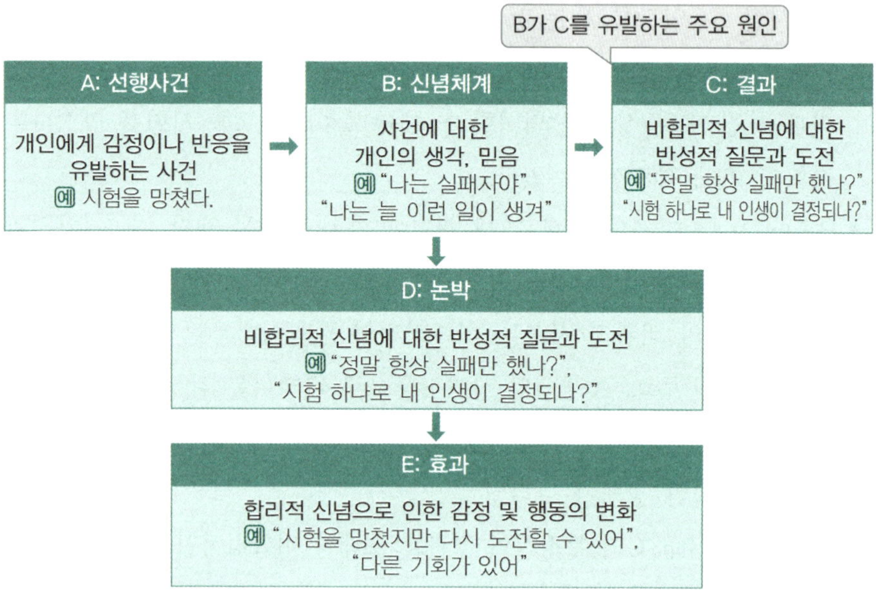

그림 4-1 엘리스(A. Ellis)의 합리정서행동치료의 개입과정

(3) 벡의 인지치료

벡(Beck)의 인지치료는 인지행동모델 중에서도 가장 널리 알려진 접근 중 하나로, 사람의 감정과 행동이 외부 사건 그 자체보다 그 사건에 대한 개인의 인식과 해석 방식에 의해 결정된다는 전제를 바탕으로 한다. 다시 말해, 동일한 상황이라 하더라도 그것을 어떻게 받아들이고 해석하느냐에 따라 개인의 정서 반응과 행동이 달라진다고 본다.

이 치료 접근은 구조화되고 지시적인 성격을 지니며, 제한된 시간 동안 이루어진다는 점에서 엘리스의 합리정서행동치료와 유사하다. 그러나 벡은 인간이 자신의 부정적 사고와 비적응적 신념을 인식하고 변화시킬 수 있는 능동적인 존재임을 강조하며, 이러한 변화를 통해 심리적 어려움을 개선할 수 있다고 본다. 벡의 인지치료에서는 사고 과정을 크게 자동적 사고, 스키마(도식), 그리고 인지적 오류로 구분한다.

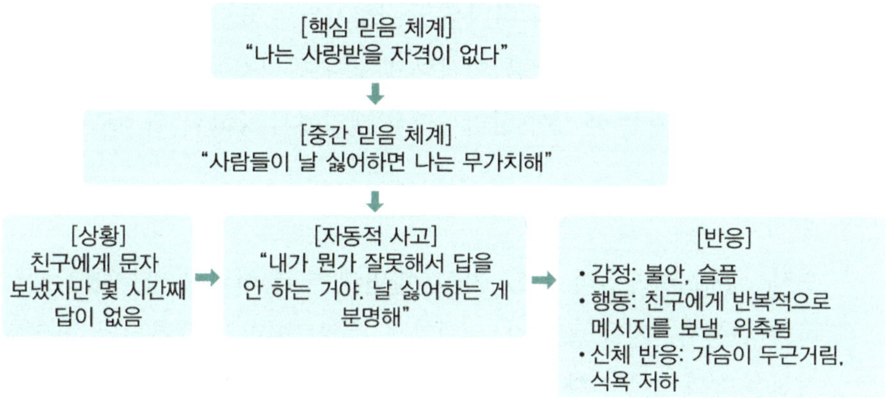

그림 4-2 인지모델의 자동적 사고의 예

① 자동적 사고

자동적 사고(Automatic Thoughts)란 개인이 어떤 사건을 경험할 때 의식적인 사고 과정을 거치지 않고 즉각적으로 떠오르는 생각을 말한다. 이러한 사고는 매우 빠르게 떠오르며 언어나 이미지 형태로 나타나고, 그에 따른 감정이나 행동 반응을 동반한다. 특히 자동적 사고가 부정적인 내용일 경우, 우울감이나 불안과 같은 정서적 문제로 이어질 수 있다. 예를 들어, 시험에서 낮은 점수를 받은 후 '역시 나는 쓸모없는 사람이야'라는 생각이 들었다면 이는 자동적 사고의 한 예에 해당한다. 인지치료를 제안한 벡은 이러한 자동적 사고가 우울증의 핵심 기제로 작용한다고 보았으며, 사람들이 흔히 가지는 비합리적인 생각의 주제를 세 가지 방향으로 정리하였다. 첫째는 자기 자신에 대한 부정적 평가로, 예를 들면 '나는 무가치한 사람이다', '나는 실패자다'와 같은 생각이 이에 속한다. 둘째는 세상에 대한 부정적 해석으로, '세상은 냉정하고 불공정하다', '아무도 나를 이해해주지 않는다'는 인식이 해당된다. 셋째는 미래에 대한 절망적 태도로, '앞으로도 달라질 게 없다', '내 인생은 끝났다'와 같은 생각이 대표적이다. 이처럼 자동적 사고는 개인의 정서와 행동에 영향을 미치며, 반복적으로 나타나는 부정적 사고는 심리적 어려움을 심화시키는 요인이 될 수 있다. 따라서 이러한 사고의 패턴을 인식하고 보다 합리적이고 현실적인 사고로 전환해 나가는 과정이 심리사회적 개입에서 중요한 과제로 다루어진다.

② 도식

도식(Schema)은 개인이 세상, 자신, 타인에 대해 어떻게 인식하고 해석하며 반응하는지를 결정짓는 인지적 틀로, 어린 시절부터의 반복된 경험을 통해 형성된다. 이는 외부 자극에 대한 빠르고 효율적인 정보처리를 가능하게 하며, 일상생활에서 판단과 행동의 기준점 역할을 한다. 그러나 도식은 반드시 객관적이거나 유연한 것이 아니며, 특히 반복적인 부정적 경험 속에서 형성된 도식은 왜곡된 현실 인식을 유발하고, 부정적인 정서 반응이나 비효율적인 행동을 낳는 원인이 될 수 있다. 인지치료의 주요 이론가인 벡(Beck)은 이러한 도식을 두 가지 수준으로 구분하였다. 첫째, 핵심 믿음체계(Core Belief System)는 개인이 자신과 세상에 대해 가지고 있는 근본적이고 일반화된 신념을 말한다. 이 믿음은 보통 무의식적이며, 매우 경직되어 다양한 상황에 일관되게 적용되는 특징을 지닌다. 예를 들어 '나는 쓸모없는 사람이다', '세상은 본질적으로 위험한 곳이다'라는 신념은 핵심 믿음의 전형적인 사례다. 이러한 신념은 삶 전반에 걸쳐 개인의 자존감, 대인관계, 미래 기대 등에 깊은 영향을 미치며, 우울, 불안, 회피 등의 정서적·행동적 문제와 밀접한 관련이 있다. 따라서 상담과 치료에서는 이러한 핵심 믿음을 인식하고 변화시켜 나가는 과정이 중요하게 다루어진다. 둘째, 중간 믿음체계(Intermediate Belief System)는 핵심 믿음을 기반으로 하여 형성된 하위 수준의 사고 구조이며, 규칙(should/must), 태도(attitudes), 가정(assumptions) 등의 형태로 나타난다. 중간 믿음은 보다 구체적인 상황에서 나타나며, 개인이 자신과 타인을 평가하거나 상황에 대처하는 방식에 영향을 준다. 예를 들어 '나는 항상 남들보다 잘해야 해', '실수하면 사람들은 나를 무시할 거야'와 같은 사고는 핵심 믿음에서 유도된 중간 믿음의 사례이다. 이러한 믿음은 개인의 목표 설정과 행동 계획에 방향성을 제공할 수 있지만, 지나치게 경직되고 융통성이 없을 경우, 다양한 심리적 갈등과 부적응으로 이어질 수 있다. 특히 이러한 믿음은 자동적 사고를 촉진하거나 강화하는 매개 역할을 하며, 다양한 정서적 문제의 인지적 기초를 형성한다. 따라서 인지행동적 접근에서는 클라이언트가 자신의 중간 믿음을 인식하고, 그것이 형성된 배경과 작동 방식, 현실 적합성 등을 점검해 나가는 과정이 치료의 핵심 중 하나로 다루어진다. 핵심 믿음과 중간 믿음은 모두 인지적 구조 안에서 연결되어 있으며, 현실을 바라보는 방식과 반응 양식을 형성하는 데 결정적인 역할을 한다. 따라서 이러한 도식 체계를 파악하고 변화시키는 과정은 심리사회적 개입에서 매우 핵심적인 영역이라 할 수 있다.

(4) 인지적 오류

인지적 오류(Cognitive Distortions)란 어떤 사건이나 경험을 해석하는 과정에서 발생하는 비논리적이거나 부정확한 사고 패턴을 의미한다. 이러한 사고의 오류는 현실을 왜곡된 방식으로 인식하게 만들며, 정서적 고통이나 부적응적인 행동으로 이어질 수 있다. 인지치료에서는 이러한 오류를 인식하고 수정함으로써, 감정과 행동의 개선을 도모한다. 벡(Beck)은 대표적인 인지적 오류들을 다음과 같이 정리하였다.

① 자의적 추론(Arbitrary Inference)

충분한 근거가 없거나 반대되는 증거가 있음에도 불구하고 성급하게 결론을 내리는 경향이다.

> 예시: "시험 전날 미역국을 먹었으니 분명히 떨어질 거야."

② 선택적 추론(Selective Abstraction)

전체적인 맥락은 무시한 채, 부정적인 세부사항만을 강조하여 전체 경험을 해석하는 방식이다.

> 예시: "오늘 저녁 내내 즐거웠지만, 15분 다툰 것 때문에 모든 게 망쳤어."

③ 과잉 일반화(Overgeneralization)

하나 또는 몇 개의 사건만을 근거로 모든 상황에 적용하는 일반화된 결론을 내리는 것이다.

> 예시: "내 외모 때문에 연인이 떠났으니, 나는 앞으로도 결혼할 수 없을 거야."

④ 확대와 축소(Magnification and Minimization)

특정 사건이나 특성의 중요성을 실제보다 과도하게 키우거나, 반대로 과소평가하는 방식이다.

> 예시: "사회복지사 1급은 아무나 합격하는 시험이니까 난 별로 잘한 게 없어."

⑤ 이분법적 사고(흑백논리, Dichotomous Thinking)

모든 상황을 극단적으로 나누어, 중간 지대 없이 '전부 아니면 전무', '성공 아니면 실패'로 판단하는 사고방식이다.

> 예시: "최고가 되지 못했다면 나는 실패자야."

⑥ 개인화(Personalization)

통제할 수 없는 외부 요인이나 타인의 행동에 대해서도 그 책임을 자기 자신에게 돌리는 방식이다.

> 예시: "내가 그날 친구의 전화를 받았다면 사고를 피했을 텐데, 결국 나 때문에 그렇게 된 거야."

이와 같은 사고 오류는 클라이언트가 문제 상황을 왜곡된 방식으로 인식하게 만들며, 이를 인식하고 교정하는 것이 인지행동모델의 주요 목표 중 하나이다. 사회복지사는 상담과 평가를 통해 클라이언트의 사고 패턴을 분석하고, 이러한 오류가 정서와 행동에 미치는 영향을 함께 탐색하여 긍정적인 변화를 유도할 수 있다.

3) 인지행동모델의 실천 목표와 과정

(1) 실천 목표

인지행동모델은 클라이언트가 자신의 사고방식을 인식하고 그 가운데 비합리적이거나 현실과 어긋나는 생각을 식별하여, 이를 보다 합리적이고 기능적인 방식으로 수정할 수 있도록 돕는 데 초점을 둔다. 이 접근법에서는 사람의 감정과 행동이 외부 사건 자체보다는 그 사건에 대한 개인의 해석과 인지 방식에 따라 달라진다고 보기 때문에, 잘못된 사고 패턴을 변화시키는 것이 개입의 핵심이다.

개입과정에서는 클라이언트가 자신의 일상적 사고 흐름을 주의 깊게 관찰하고, 왜곡된 인지나 자동적 사고를 식별할 수 있도록 훈련한다. 이를 통해 클라이언트는 기존의 자기패배적인 신념이나 정서적 반응을 점차 줄이고, 보다 현실적인 방식으로 상황을 해석하고 반응할 수 있는 능력을 키워 나가게 된다.

따라서 인지행동모델의 주요 개입목표는 클라이언트가 자신의 경험을 보다 긍정적이고 현실적으로 사고하고 해석할 수 있도록 하는 인지적 재구조화를 통해, 정서적 안정과 사회적 기능 향상을 이끌어내는 것이다. 나아가 개입이 종료된 이후에도 클라이언트가 자기조절력과 회복탄력성을 갖추어 유사한 상황에서 스스로를 돌보고 성장해나갈 수 있도록 자립적인 역량을 강화하는 것을 궁극적 목표로 삼는다.

이 모델은 특히 우울감, 낮은 자존감, 반복적인 부정적 사고에 시달리는 사람들에게 효과적인 접근법으로, 인지적 틀의 전환을 통해 감정과 행동의 변화를 유도하는 데 강점을 보인다.

(2) 실천과정

인지행동모델은 클라이언트가 지닌 비합리적이고 자기 파괴적인 사고방식을 인식하고, 이를 보다 현실적이고 유익한 사고로 전환할 수 있도록 돕는 데 중심을 둔다. 사회복지사는 이 과정에서 클라이언트의 왜곡된 인지와 잘못된 신념을 함께 점검하고 도전하며, 교육적인 접근을 통해 긍정적인 변화를 이끌어내기 위해 노력한다. 이때 중요한 것은 클라이언트가 스스로의 사고를 관찰하고 변화시키는 과정을 통해 점진적으로 자기 효능감을 회복해 나가는 것이다. 이러한 실천은 다음과 같은 단계로 진행된다.

① 초기단계

초기에는 무엇보다 클라이언트가 안전하고 편안하다고 느낄 수 있는 상담 환경을 조성하는 것이 중요하다. 사회복지사는 클라이언트의 이야기를 경청하며, 현재 직면한 문제와 어려움을 파악하고 이를 클라이언트의 시각에서 이해하려 노력한다. 이후 클라이언트가 우선적으로 다루고 싶은 문제를 중심으로 개입의 목표를 설정하며, 지나치게 크거나 모호한 문제보다는 실현 가능한 수준의 소목표를 설정하는 것이 바람직하다. 이 단계에서는 또한 클라이언트의 비합리적인 사고나 사고의 오류를 식별할 수 있도록 다양한 질문을 통해 인지 구조를 탐색한다. 클라이언트가 가지고 있는 신념과 그것이 정서적·행동적 결과에 어떤 영향을 주었는지를 함께 살펴보며, 변화의 필요성에 대한 동의를 얻는다.

② 개입단계

중간단계에서는 클라이언트가 새로운 사고방식을 체득하고 실생활에서 적용해 볼 수 있도록 다양한 전략을 활용한다.

첫째, 인지적 전략은 클라이언트가 자신의 부정적 사고를 식별하고, 이를 보다 현실적이고 긍정적인 사고로 대체할 수 있도록 돕는 접근이다. 이 과정에서는 사회복지사가 역할 모델이 되어 사고 전환의 예를 보여주거나, 클라이언트가 새로운 시각을 가질 수 있도록 다양한 사례나 논리를 제시할 수 있다.

둘째, 행동적 전략은 클라이언트가 긍정적인 행동을 반복적으로 연습하도록 도와주는 것이다. 예를 들어 과제 부여나 역할연습, 행동실험 등을 통해 실제 상황에서의 행동변화를 유도할 수 있으며, 이를 통해 자기 효능감도 함께 높아진다.

셋째, 정서적 전략은 클라이언트가 느끼는 불안이나 긴장, 분노 등과 같은 감정을 보다 효과적으로 다룰 수 있도록 돕는 것이다. 사회복지사는 심호흡이나 근육 이완 훈련과 같은 기법을 활용하여 클라이언트가 자신의 신체 반응을 인식하고 조절하는 방법을 배우게 한다.

이와 함께 역기능적 사고일지를 활용하는 것도 중요한 전략 중 하나이다. 클라이언트는 특정 사건이 발생했을 때 떠오른 생각, 감정, 그에 따른 행동을 기록함으로써 자신의 자동적 사고와 감정 반응 사이의 관계를 이해하고, 점차 대안을 찾아가는 학습을 하게 된다.

③ 종결단계

개입의 마지막 단계에서는 클라이언트가 목표했던 사고 변화와 행동의 전환이 어느 정도 이루어졌는지를 함께 검토한다. 변화된 인지가 실제 삶 속에서 잘 적용되고 있는지, 그리고 이러한 변화가 지속 가능한지 확인하는 것이 중요하다. 종결 시점에는 클라이언트가 향후에도 스스로 자신의 인지를 점검하고 필요한 조정을 해나갈 수 있도록 자기관리 능력과 재발 방지 전략을 정리해 주어야 한다. 궁극적으로는 클라이언트가 자신의 삶을 보다 주체적으로 이끌 수 있는 역량을 갖추는 데에 이르도록 하는 것이 이 과정의 목표라 할 수 있다.

표 4-2 인지행동모델의 개입과정

단계	주요 내용 및 목표	적용 전략 및 실천 방법
초기단계	• 안전하고 신뢰로운 상담 환경 조성 • 클라이언트의 문제와 사고 탐색 • 실현 가능한 소목표 설정	• 경청을 통해 클라이언트의 관점 이해 • 인지 탐색 질문 활용(사고 탐색, 신념 확인) • 비합리적 사고 또는 사고의 오류 식별 • 변화의 필요성에 대한 공감과 동의 형성
개입단계	• 사고·행동·정서 영역에서의 변화 유도 • 새로운 사고방식과 행동 패턴 습득 • 자기효능감 향상	• 인지 전략: 사고 재구조화, 사고 전환 예시 제시 • 행동 전략: 역할연습, 과제 부여, 행동 실험 • 정서 전략: 심호흡, 근육이완 훈련 등 활용 • 역기능적 사고일지 작성 및 활용
종결단계	• 변화된 인지와 행동의 내면화 확인 • 자기관리 능력 향상 • 재발 방지 계획 수립	• 목표 달성 수준 검토 • 인지·행동 변화의 일상 적용 여부 확인 • 자기 점검 전략 및 유지 계획 정리 • 종결 후 자율적 문제해결능력 강화

4) 인지행동모델의 실천기법

인지행동모델은 클라이언트가 부정확하거나 비합리적인 사고를 인식하고, 이를 합리적이고 현실적인 사고로 전환하도록 돕는 다양한 실천기법을 활용한다. 이 과정은 클라이언트의 참여를 중심으로 진행되며, 다음과 같은 기법들이 사용된다.

(1) 인지 재구조화

인지적 재구조화(Cognitive Restructuring)는 클라이언트가 가지고 있는 비합리적이고 왜곡된 사고를 인식하고, 이를 보다 현실적이고 유용한 사고로 전환하도록 돕는 인지치료 기법이다. 이 과정은 단순히 사고를 바꾸는 데 그치지 않고, 클라이언트가 문제 상황에 보다 적응적으로 반응하고, 삶의 질을 향상시키는 데 목적이 있다.

이 기법은 클라이언트가 경험하는 정서적 문제와 부적응 행동이 인지의 오류에서 비롯된 것임을 전제로 한다. 따라서 사회복지사는 먼저 인간의 인지가 감정과 행동에 어떤 영향을 미치는지를 설명하고, 클라이언트가 자신의 사고 과정을 관찰하고 이해할 수 있도록 돕는다. 특히, 비합리적 신념이나 자동적 사고를 구체적으로 파악하기 위해 '역기능적 사고 기록표'와 같은 도구를 활용하면 유용하다.

클라이언트가 반복적으로 사용하고 있는 자기패배적 표현이나 부정적 사고를 발견했을 경우, 사회복지사는 이를 함께 검토하고 대체 진술을 통해 더 합리적이고 기능적인 사고로 전환할 수 있도록 유도한다. 예를 들어, "나는 항상 실패해"라는 표현을 "실패한 경험도 있지만, 성공한 순간도 있었다"와 같이 바꿔보는 것이다.

인지적 재구조화는 단독으로 사용되기보다 모델링, 역할 시연, 자기주장 훈련, 이완기법, 체계적 둔감화 등의 기법과 병행되었을 때 더욱 효과적인 결과를 도출할 수 있다. 다양한 기법의 통합적 사용을 통해 클라이언트는 인지뿐만 아니라 감정과 행동의 변화를 경험하게 된다.

이러한 과정을 통해 클라이언트는 자기 사고에 대한 통찰을 키우고, 보다 긍정적이고 적응적인 사고 패턴을 형성하게 되며, 이는 정서적 안정과 행동 변화로 이어진다. 인지적 재구조화는 궁극적으로 클라이언트가 자신의 삶을 스스로 조절하고 개선할 수 있도록 돕는 핵심 기법 중 하나이다.

(2) 인지적 과제 부여

클라이언트가 자신의 문제를 명확히 인식하고 인지적 왜곡을 자각할 수 있도록 다양한 과제를 제공하는 방식이다. 예를 들어, 문제 목록을 작성하게 하거나 문제 상황에서 떠오르는 신념이 얼마나 절대적인지를 점검하게 한다. 또한 비합리적인 사고에 대한 논박을 연습하거나, 긍정적 진술을 반복적으로 읽도록 하며, 관련된 자기계발서나 사례 중심의 책을 읽고 토론하게 하는 등의 방법도 포함된다. 이 과제는 클라이언트의 자발적인 참여를 전제로 하며, 자기 인식을 촉진하는 데 효과적이다.

(3) 언어의 전환

사고는 언어에 영향을 미치며, 언어 또한 사고를 형성한다는 인식하에, 사회복지사는 클라이언트가 사용하는 언어에 주목한다. 비관적이거나 부정적인 표현이 반복되는 경우, 그 언어의 의미를 재정의하거나 긍정적인 방향으로 수정할 수 있도록 돕는다. 이를 통해 사고의 패턴에도 변화가 일어나며, 점진적으로 긍정적인 자기인식과 행동 변화로 이어진다.

(4) 문답식 대화법(소크라테스식 질문기법)

클라이언트가 스스로 자신의 사고를 검토하고 대안을 찾아갈 수 있도록 돕는 질문 중심의 기법이다. 이는 일방적인 설명이나 설득이 아닌, 지속적인 질문을 통해 클라이언트가 자신의 사고의 타당성을 점검하고, 새로운 시각에서 사건을 해석할 수 있도록 유도한다. 논리적 근거에 기반한 사고를 형성할 수 있게 하며, 자기 발견과 통찰을 가능하게 한다.

(5) 역할 연기

역할 연기(Role-Playing)는 클라이언트가 어려움을 겪는 특정 상황을 상담 중에 실제로 연기해 보도록 하여, 그 상황에 대한 인식과 감정을 보다 명확히 이해하도록 돕는 방법이다. 이를 통해 클라이언트는 감정이나 사고, 행동의 연관성을 체험할 수 있으며, 대안적 대응방식이나 행동전략을 학습할 수 있다. 또한 이는 감정표현이나 사회적 기술 습득에도 효과적이다.

3. 동기강화모델

1) 동기강화모델의 이론적 기초

동기강화모델은 1980년대 초 윌리엄 밀러(W. R. Miller)가 제안한 동기강화 상담(Motivational Interviewing)에 기반한 실천모델로, 클라이언트의 내면에 존재하는 변화의 동기를 이끌어내고 이를 강화함으로써 긍정적인 행동 변화를 유도하는 접근이다. 이 모델은 하나의 고유 이론이라기보다는 사회복지사가 활용하는 다양한 실천 기술과 태도의 통합적 형태로 볼 수 있다.

특히 이 모델은 비자발적인 참여자나 저항이 강한 내담자에게 효과적인 접근법으로, 중독, 정신건강, 교정복지, 만성질환 관리, 건강행동 증진 등의 다양한 분야에 적용되어 왔다. 초기에는 주로 알코올 및 약물 중독 등 저항이 큰 내담자를 중심으로 활용되었지만, 최근에는 일상생활의 행동 변화가 필요한 다양한 집단으로 확장되어 사용되고 있다.

이 접근은 클라이언트를 변화의 중심 주체로 보고, 그들의 강점을 기반으로 자율성과 자기결정권을 존중한다. 사회복지사는 클라이언트가 변화에 대해 느끼는 양가감정을 탐색하고 이를 해결하도록 지원함으로써, 클라이언트가 스스로 변화의 필요성과 가능성을 인식하도록 돕는다.

(1) 동기강화모델의 개념 및 특징

동기강화모델은 클라이언트 중심적 접근으로, 변화에 대한 내적 동기를 끌어내고 강화하는 것을 주요 목표로 한다. 변화의 주체는 외부가 아니라 클라이언트 자신이며, 스스로가 선택하고 결정할 수 있다는 전제를 바탕으로 한다.

이 모델의 주요 특징은 다음과 같다.

- **내면에서 비롯되는 변화 동기**: 진정한 변화는 외부의 강요가 아닌 클라이언트 내부에서 시작되며, 이를 인정하고 존중한다.
- **자율성과 자기결정권 중시**: 클라이언트는 자신의 문제해결과 변화 방향에 대해 주도적으로 결정할 수 있는 존재로 간주된다.
- **초기 개입 시 설득보다는 공감**: 상담 초기에는 조언이나 지시보다 공감적 태도로 클라이언트의 양가감정을 이해하고 수용하는 것이 더 효과적이다.
- **의사소통 중심의 접근**: 강요나 압박이 아닌, 클라이언트 내면의 동기를 자극하는 대화 방식이 핵심이다.
- **저항을 수용하고 존중**: 클라이언트의 변화에 대한 저항은 자연스러운 것으로 간주하며, 이를 반영하고 함께 탐색하는 자세를 유지한다.
- **대인관계 중심의 변화**: 긍정적인 변화는 대화와 관계 속에서 시작되며, 지지적인 관계가 변화의 촉매가 된다.
- **협력적 관계 형성**: 사회복지사는 변화의 전문가가 아니라 클라이언트와 동반자적 입장에서 협력한다.

(2) 동기강화모델의 정신

동기강화모델은 다음의 네 가지 핵심 정신(Spirit)에 기반하여 실천된다.

- **협동**(Collaboration): 클라이언트를 변화의 동반자로 대하며, 지시가 아닌 협의를 통해 문제를 탐색한다.
- **수용**(Acceptance): 클라이언트의 가치, 선택, 자율성을 존중하고, 공감과 지지를 통해 신뢰를 형성한다.
- **연민**(Compassion): 클라이언트의 복지를 최우선으로 생각하며, 그들의 어려움에 진심 어린 관심을 기울인다.
- **유발성**(Evocation): 변화의 가능성과 동기가 이미 클라이언트 안에 존재함을 믿고, 이를 끌어낼 수 있도록 돕는다.

(3) 동기강화모델의 기본 원리

① 공감 표현하기

사회복지사는 클라이언트의 감정과 입장을 진심으로 이해하고 이를 표현함으로써 신뢰를 형성하고 상담에 대한 저항을 줄인다.

② 불일치감 인식시키기

클라이언트가 자신의 가치와 현재 행동 사이에 존재하는 불일치를 자각하도록 돕고, 이를 통해 변화의 필요성을 스스로 인식하게 한다.

③ 저항에 함께하기

클라이언트가 변화에 대해 보이는 저항이나 불안, 주저함 등을 자연스러운 것으로 받아들이고, 이를 있는 그대로 인정하며 클라이언트의 입장을 존중한다. 저항을 줄이기보다는 그 안에서 대화를 지속하고 관점을 확장하도록 지원한다.

④ 자기효능감 지지하기

클라이언트가 자신의 문제를 스스로 해결할 수 있는 능력이 있다는 믿음을 가질 수 있도록 격려하고, 변화를 위한 자원과 강점을 인식하도록 도와준다. 이는 상담의 지속성과 행동변화를 유지하는 데 중요한 요소이다.

이러한 이론과 실천 원리는 사회복지사의 전문성과 클라이언트의 자율성이 상호작용하는 구조 속에서, 클라이언트가 자신에게 맞는 변화의 방향을 설정하고 실천할 수 있도록 돕는 데 초점을 둔다.

2) 동기강화모델의 실천 목표와 과정

(1) 개입 목표

동기강화모델은 클라이언트의 내면에 존재하는 변화의 가능성과 동기를 발견하고, 이를 강화하는 데 초점을 두는 실천 접근이다. 특히 클라이언트가 변화에 대해 가지는 양가감정(Ambivalence)을 탐색하고 해결할 수 있도록 지원하여, 자발적으로 긍정적인 행동 변화를 이끌어내는 것을 주요 목표로 한다.

이 모델은 사회복지사가 변화를 강요하거나 판단하는 방식이 아니라, 클라이언트의 자율성과 자기결정권을 존중하며 변화에 필요한 환경과 심리적 기반을 마련하는 데 중점을 둔다. 클라이언트의 강점과 역량을 인식하고 이를 기반으로 상호 협력하는 관계를 구축함으로써, 스스로 변화를 선택하고 실행할 수 있도록 안내하는 방식이다.

이러한 접근은 특히 내담자의 동기 수준이 낮거나 변화에 저항을 보이는 비자발적인 참여자에게 효과적인 모델로 활용될 수 있다.

(2) 실천 과정

동기강화모델의 개입 과정은 다음의 네 단계로 이루어진다. 관계 형성하기 → 초점 맞추기 → 변화동기 유발하기 → 계획하기 이들 단계는 상황에 따라 순차적으로 진행되기도 하고, 서로 중첩되거나 반복되며 유연하게 적용될 수 있다.

① 관계 형성하기(Engaging)

실천의 출발점은 신뢰와 공감에 기반한 관계 형성이다. 클라이언트가 상담자와의 상호작용을 통해 존중받고 있다는 느낌을 받을 때, 변화에 대한 논의가 가능해진다. 사회복지사는 경청과 수용의 태도를 통해 클라이언트의 경험과 관점을 이해하고, 상담에 대한 심리적 안정감을 형성해야 한다.

〈예시〉
- "나는 이 상담에서 존중받고 있는가?"
- "사회복지사는 나의 말을 경청하고 있는가?"
- "나의 선택권은 인정받고 있는가?"

② 초점 맞추기(Focusing)

관계가 형성된 후 대화의 방향을 설정하고 유지하는 단계이다. 클라이언트가 해결하고자 하는 문제, 바라는 변화, 다루고 싶은 주제 등을 명확히 하며 상담의 초점을 좁혀 나간다. 이 과정은 문제해결의 주제를 명료화하고, 사회복지사와 클라이언트가 협력하여 상담의 방향성을 설정하는 데 도움이 된다.

초점 맞추기 방식에는 다음과 같은 접근이 있다.

- 지시하기: 사회복지사가 주제를 제안하거나 정보를 제공함
- 따라가기: 클라이언트가 제시하는 주제에 집중
- 안내하기: 상호 협의를 통해 주제를 조율

③ 변화동기 유발하기(Evoking)

클라이언트가 변화하고자 하는 내적 동기를 스스로 인식하고, 자신의 언어로 표현할 수 있도록 돕는 단계이다. 이때 Open Questions(개방형 질문), Affirming(인정과 지지), Reflective Listening(반영하기), Summarizing(요약하기), OARS 기법이 적극 활용된다. 사회복지사는 클라이언트로 하여금 변화의 이유, 필요성, 가능성 등을 스스로 말하게 유도함으로써, 자기결정에 대한 책임감과 실천의지를 강화하도록 돕는다.

〈예시〉
- "왜 변화가 필요하다고 느끼시나요?"
- "지금이 변화할 적기라고 느끼는 다른 이유는 무엇인가요?"

④ 계획하기(Planning)

클라이언트의 변화 준비가 충분히 이루어졌다고 판단될 때, 구체적인 실천 계획을 수립하는 단계이다. 사회복지사는 클라이언트와 함께 행동 계획을 설정하고, 실행을 방해할 수 있는 요소나 활용 가능한 자원 등을 탐색한다. 계획 수립 시에는 다음과 같은 질문이 활용될 수 있다.

- "지금 가장 먼저 실천할 수 있는 일은 무엇일까요?"
- "변화된 자신의 모습을 어떻게 상상하시나요?"
- "지금 변화를 선택해야 하는 다른 이유는 무엇인가요?"

이러한 개입과정은 변화의 모든 단계를 클라이언트 중심으로 진행하며, 스스로의 삶을 주도할 수 있도록 돕는 데 목적이 있다. 사회복지사는 클라이언트의 강점을 기반으로 한 지지적이고 협력적인 관계를 통해, 변화의 여정을 함께 동행하는 조력자의 역할을 수행하게 된다.

3) 동기강화모델의 실천기법(OARS)

동기강화모델(Motivational Interviewing)에서는 클라이언트의 내면에 존재하는 변화의 동기를 효과적으로 이끌어내기 위해 특정한 상담기법을 활용한다. 이 중에서도 가장 핵심적인 네 가지 기술은 OARS(Open Questions, Affirmations, Reflections, Summaries)로 알려져 있다. 이 기술들은 단순한 대화의 틀을 넘어 클라이언트와의 관계를 형성하고, 변화에 대한 동기를 자발적으로 표현할 수 있는 환경을 조성하는 데 중요한 역할을 한다.

(1) 개방형 질문하기(Open Questions)

개방형 질문은 '예' 또는 '아니요'로 간단히 대답할 수 있는 질문이 아니라, 클라이언트가 자신의 생각, 감정, 경험을 자세히 설명할 수 있도록 이끄는 질문이다. 사회복지사는 이 기술을 활용해 클라이언트의 문제에 대한 인식, 가치, 동기를 깊이 있게 탐색한다.

개방형 질문은 단지 정보를 수집하는 수단이 아니라, 클라이언트가 자기 자신의 삶을 돌아보게 하고, 변화의 필요성과 방향성을 스스로 인식하게 하는 중요한 과정이다.

☑ 예시 질문

- "최근 당신에게 가장 중요한 변화는 무엇이라고 생각하시나요?"
- "그동안 이 문제를 해결하기 위해 어떤 노력을 해보셨나요?"
- "지금 이 시점에서 당신이 가장 원하는 것은 무엇인가요?"

사회복지사는 개방형 질문 후 클라이언트의 응답에 반응하며 공감적 경청을 통해 신뢰를 형성해 나간다.

(2) 인정하기(Affirming)

인정하기는 클라이언트의 긍정적인 자질, 행동, 노력, 강점 등을 사회복지사가 진심으로 알아보고 표현해 주는 기술이다. 이는 칭찬이나 격려와는 구별되며, 실제로 클라이언트가 보여준 변화의 단서나 의미 있는 시도를 인정함으로써, 자기효능감과 자존감을 높이는 데 초점을 둔다.

인정은 클라이언트의 정체성을 긍정하고, 상담관계 속에서 존중받는 느낌을 제공함으로써 지속적인 변화 행동을 지지하는 힘이 된다.

☑ 예시 표현

- "어려운 상황에서도 상담을 받으러 오신 용기가 대단하네요."
- "그동안 음주를 줄이려고 꾸준히 노력하신 점이 인상 깊습니다."
- "비록 원하는 결과는 아니었지만 그 과정에서 보여주신 의지는 소중합니다."

(3) 반영하기(Reflecting)

반영하기는 클라이언트가 말한 내용이나 감정을 상담자가 다시 되짚어 말해주는 방식이다. 이는 단순히 말을 되풀이하는 것이 아니라, 말의 이면에 담긴 의미를 포착해 언어화함으로써 클라이언트가 자신의 감정과 생각을 보다 명확히 인식할 수 있도록 돕는다.

반영하기는 상담자와 클라이언트 사이에 신뢰와 공감의 분위기를 조성하며, 라포 형성의 핵심 기술로 작용한다. 특히 클라이언트가 혼란스럽거나 양가감정을 느낄 때, 사회복지사가 이를 적절하게 반영해 주면 감정 정화와 자기이해가 촉진된다.

☑ **예시 표현**

클라이언트: "요즘 아무것도 하기 싫고 자꾸 술만 생각나요."
사회복지사: "많이 지치셨군요. 그런 상황에서 술이 일종의 위안이 되셨던 것 같아요."

(4) 요약하기(Summarizing)

요약하기는 지금까지 클라이언트와 나눈 이야기를 정리하고 핵심 내용을 강조하여 다시 전달하는 기법이다. 이 기술은 상담의 흐름을 정돈할 뿐 아니라, 사회복지사가 경청하고 있음을 보여주는 중요한 지표가 된다.

또한 요약을 통해 클라이언트는 자신이 말한 내용을 다시 듣고 재해석하면서, 변화의 방향을 정립하거나 자신이 느끼는 갈등을 구조화할 수 있다. 요약은 대화의 전환점에서 사용되기도 하며, 주요 내용을 마무리하거나 다음 단계로 이행할 때 매우 효과적이다.

☑ **예시 표현**

"지금까지 말씀하신 내용을 정리하면, 변화하고 싶은 마음이 있지만 아직 두려움도 함께 느끼고 계신다는 거죠. 그 두 감정 사이에서 갈등을 겪고 계신 것으로 보입니다. 혹시 제가 놓친 부분이 있을까요?"

요약은 수집요약(중요 내용을 모아 강조), 연결요약(다음 단계로 자연스럽게 이어가기), 전환요약(주제를 바꾸기 전 정리) 등의 형태로 활용될 수 있다.

학습문제

[서술형]

01 심리사회모델에서 클라이언트의 문제를 사정할 때, 개인의 내면적 요인 외에 환경적 요인을 중요하게 고려하는 이유는 무엇인지 구체적으로 설명하시오.

02 인지행동모델에서 클라이언트의 비합리적인 사고방식을 변화시키는 것이 중요한 이유와 그 접근 방식에 대해 설명하시오.

[선택형]

01 다음 중 동기강화 모델의 주요 원칙이 아닌 것은?

① 공감 표현 ② 불일치 증진 ③ 저항 다루기
④ 자기효능감 지지 ⑤ 문제의 근본 원인 분석

02 심리사회모델에서 사회복지사가 클라이언트의 과거 경험과 현재 문제를 연결하여 이해하려 할 때 가장 중요하게 활용하는 개념은?

① 조작적 조건화 ② 전이 ③ 과제 설정
④ 재구조화 ⑤ 부분화

03 인지행동모델에서 클라이언트의 행동 변화를 유도하기 위해 가장 직접적으로 개입하는 요소는?

① 무의식적 갈등
② 어린 시절의 경험
③ 자동적 사고와 핵심 신념
④ 사회적 지지망
⑤ 기관의 기능과 자원

서술형 모범답안

01 심리사회모델은 인간을 '상황 속의 인간(Person-in-Situation)'으로 이해하기 때문에, 클라이언트의 문제를 정확히 파악하기 위해 개인의 심리적 특성뿐 아니라 가족, 직장, 사회적 지지체계 등 환경적 요인을 함께 고려한다. 환경은 개인의 행동과 정서에 직접적인 영향을 미치며, 문제가 단지 개인 내부에서 비롯된 것이 아니라 외부 요인과 상호작용한 결과일 수 있기 때문이다. 따라서 효과적인 개입을 위해서는 개인과 환경 간의 관계를 종합적으로 사정해야 한다.

02 인지행동모델에서는 클라이언트의 정서와 행동이 사고에 의해 영향을 받는다고 보기 때문에, 비합리적인 사고방식을 변화시키는 것이 문제 해결의 핵심이다. 왜곡된 사고는 부정적인 감정과 행동을 유발하므로, 이를 합리적이고 현실적인 사고로 전환함으로써 긍정적인 정서와 적응적 행동을 유도할 수 있다. 접근 방식으로는 자동적 사고 탐색, 사고기록지 작성, 인지적 재구조화, 행동실험, 자기주장 훈련 등이 있으며, 이를 통해 클라이언트가 스스로 사고를 인식하고 조정하는 능력을 기를 수 있도록 돕는다.

선택형 정답

01 ⑤ **02** ② **03** ③

05 CHAPTER

역량강화 중심의 실천모델

1. 임파워먼트 모델(Empowerment Model)
2. 해결중심모델(Solution-Focused Model)

학습목표

1. 임파워먼트 모델의 개념과 이론적 기반을 이해하고, 생태체계 관점과 강점 관점을 바탕으로 한 실천원리를 설명할 수 있다.
2. 임파워먼트 실천의 3단계(대화-발견-발전단계) 과정을 이해하고, 각 단계별 주요 과제와 개입기술을 적용할 수 있다.
3. 해결중심모델의 기본 가정과 철학을 이해하고, 문제중심 접근과 해결중심 접근의 차이점을 설명할 수 있다.
4. 해결중심모델의 질문기법(예외질문, 기적질문, 척도질문 등)을 활용하여 클라이언트의 강점과 자원을 발견하고 목표달성을 지원할 수 있다.

1. 임파워먼트 모델(Empowerment Model)

1) 임파워먼트의 이론적 기반

(1) 생태체계 관점

생태체계 관점은 인간과 물리적, 사회적 환경 사이의 상호교환을 중심으로 하는 접근방법으로 임파워먼트 모델의 중요한 이론적 기반이 된다(Germain, 1979; Germain & Gitterman, 1987). 이 관점은 생태학과 일반체계이론의 개념들을 통합하여 인간행동에 대한 포괄적 이해를 제공한다. 생태체계 관점의 핵심은 인간과 환경을 분리된 실체가 아닌 지속적으로 상호교류하는 하나의 체계로 이해하는 것이다.

① 인간관

생태체계 관점에서 인간은 생물학적, 심리학적, 영적, 사회적, 문화적 존재로서 환경을 구성하면서 동시에 환경에 의해 영향을 받는다. 따라서 생태체계 관점의 인간관은 '환경 속의 인간(person-in-environment)'이라는 전체적 관점을 갖는다. 이 관점은 인간에 대해 낙관론적 시각을 가지며, 인간과 환경이 지속적인 상호작용을 통해 서로 영향을 미치고 상호적응하는 호혜적 관계를 유지한다고 본다(김혜영 외, 2025). 인간은 환경과의 상호교류를 지지하거나 방해하는 잠재력을 가진 존재로서, 인간행동은 성장하는 개인과 환경 사이의 상호작용 산물로 이해된다.

② 행동 및 부적응에 대한 관점

생태체계 관점에서 인간행동은 개인과 환경 모두의 상호 이익을 추구하는 과정에서 나타나는 것으로 이해된다. 모든 개인과 사회체계가 자원과 욕구 사이의 상호이익을 달성할 수 있는 균형점에서 행동의 동기가 유발된다. 제르맹(Germain, 1979)은 인간이 환경과 조화로운 균형을 이루려는 지속적인 노력의 중요성을 강조하였다.

이러한 관점에서 부적응이란 존재하지 않으며, 모든 행동은 내적 욕구와 환경적 욕구 사이의 조화를 찾기 위한 적응과정으로 해석된다. 부적응적인 결과나 수용되기 어려운 행동이 나타나더라도, 그 환경 안에서는 적응적이며 의미가 있는 것으로 본다. 이는 개인을 일탈자로 낙인화하던 전통적 관점과 명백히 구분되는 것이다. 따라서 문제행동은 물리적, 사회적 환경과 클라이언트 간의 상호작용의 산물이기 때문에 변화 가능한 것으로 간주한다(Miley, O'Melia, & DuBois, 1995).

③ 변화에 대한 관점

생태체계 관점은 변화에 대해 매우 개방적이다. 클라이언트의 문제행동이 환경과의 상호작용, 특히 내적 욕구와 환경 자원 간의 불일치에서 비롯된다고 보고, 이러한 관점은 변화의 가능성이 다양하게 존재한다고 본다. 클라이언트가 가진 문제를 개인의 책임으로 보지 않고 환경과의 상호작용 산물로 이해한다.

사회복지사는 클라이언트 개인의 체계에만 국한하지 않고, 더 큰 체계와의 역동적 상호작용을 통해 더 넓은 맥락에서 문제를 사정하고 개입틀을 제시해야 한다. 모든 수준의 사회체계가 클라이언트가 될 수 있으며, 이들 체계는 클라이언트 체계 변화라는 목표 달성을 위해 선택될 수 있다.

④ 사회체계에 대한 이해

생태체계 관점은 개인이 다양한 체계 수준과 어떻게 연결되어 있는지를 강조한다.

생태학자 브론펜브레너(Bronfenbrenner, 1979)는 인간 발달에 영향을 미치는 환경을 위계적인 체계로 구분하였다.

가장 가까운 미시체계(microsystem)는 가족처럼 개인이 일상적으로 접하는 직접적인 환경과 대인관계를 의미하며, 중간체계(mesosystem)는 이러한 미시체계들 간의 상호작용과 연결성, 예를 들어 가정과 학교의 관계를 포함한다.

한편, 외적체계(exosystem)는 개인이 직접 관여하지는 않지만 간접적으로 영향을 주는 환경, 예를 들어 부모의 직장이나 지역사회 정책 등을 포함한다.

마지막으로 거시체계(macrosystem)는 개인을 둘러싼 문화적 가치, 관습, 법률 등 광범위한 사회적 맥락과 이념 체계를 의미한다.

클라이언트 개인을 원조할 경우에도 이들 네 체계의 역동과 체계들 간의 상호작용을 고려하지 않고는 클라이언트를 완전히 이해할 수 없다. 따라서 사회적 관계망을 개인 생활공간의 중요한 변인으로 보고, 클라이언트 행동은 개인, 가족, 집단, 조직, 지역사회, 문화체계 등의 다차원에서 이해되어야 한다(김동배 외, 1998, 재인용).

⑤ 생태체계: 사회복지실천을 위한 준거틀

생태체계 관점은 인간과 환경의 관계를 이해하는 데 필요한 개념적 준거틀을 제공한다.

이 관점은 사회복지실천에서 사회복지사가 클라이언트와 권한부여적(임파워먼트 기반의) 관계를 맺고, 클라이언트 체계 내의 자원과 강점을 발견하며 역량을 강화하는 데 활용된다. 생태체계 관점을 지닌 사회복지사는 병리적 문제보다는 강점에 초점을 두고, 클라이언트와 파트너십을 형성하여 개인과 환경의 상호작용에 개입한다.

이를 통해 변화를 이끌어내고, 변화 가능성을 넓히는 실천을 추구한다.

(2) 강점 관점

① 강점 관점의 정의

강점 관점은 클라이언트의 강점 강화를 통해 역량을 향상시키고 권한을 부여하는 전략에 중점을 둔다. 이 접근법은 문제보다는 해결점을 찾고 강점을 증진시키는 데 주요 관심을 갖는다.

모든 사람은 자연적인 힘을 지니고 있으며, 사회복지사가 이러한 잠재력을 지지할 때 긍정적인 성장 가능성이 높아진다고 본다(Weick, 1992). 또한 인간은 잠재력과 자기실현을 추구하는 존재로 이해되며(Maluccio, 1981), 이러한 인본주의적 시각은 사회복지사가 개인의 잠재적 자원, 강점, 창조성 등 다중잠재력(multipotentiality)을 인정하는 데 중요한 토대가 된다(Miley et al., 1995; Thrasher & Mowbray, 1995).

강점 관점은 클라이언트를 고유한 존재로 인정하고 다양성을 존중하며, 결점보다는 강점에 집중하여 모든 가능한 자원을 활용해 역량 실현을 돕는 것을 목표로 한다. 살리비(Saleebey, 1992)는 강점 관점이 인간의 존엄성과 사회정의라는 사회복지의 핵심 가치를 실천하는 데 필수적이라고 강조하였다.

② 강점 관점의 핵심 가정

살리비(Saleebey, 1992)가 제시한 강점 관점의 주요 가정은 다음과 같다.

- 모든 인간은 성장과 변화를 위한 고유한 잠재능력을 보유한다.
- 클라이언트 체계는 변화를 위한 지원과 역량을 이미 가지고 있다.
- 새로운 자원 구축은 기존 강점을 바탕으로 한 상호작용과 협력을 통해 이루어진다.
- 긍정적 변화는 미래에 대한 희망과 가능성에 기반한다.
- 클라이언트는 자신의 상황을 가장 잘 이해하며, 선택권이 주어질 때 최적의 해결책을 찾을 수 있다.
- 무기력보다는 통제력(mastery)과 역량을 증진하는 과정을 중시한다.

③ 병리적 관점과 강점 관점의 비교

병리적 관점에서 강점 관점으로의 전환은 중요한 패러다임 변화를 의미한다. 병리적 관점에서 '문제' 간주되던 것이 강점 관점에서는 변화를 위한 '도전'으로 재정의되며, 과거 중심적 접근에서 현재와 미래에 초점을 둔 접근으로 변화한다는 특징이 있다.

표 5-1 병리적 관점과 강점 관점의 비교

항목	병리적 관점(Pathology)	강점 관점(Strengths)
개인	개인은 진단에 따른 증상이 있는 사람, 즉 하나의 '사례'로 규정된다.	개인은 고유한 특성, 재능, 자원과 강점을 가진 독특한 존재로 규정된다.
초점	개인 혹은 치료의 초점을 '문제'에 둔다.	가능성에 초점을 둔다.
개인적 이야기와 실천가의 관계	개인의 이야기는 전문가의 해석을 통해 재해석되어 증상을 진단하는 데 활용된다.	개인적 이야기는 그 사람을 알고 평가하기 위한 과정에 있어 필수적인 요소이다. 실천가는 그 내면으로부터 개인을 알아간다.
아동기의 외상	아동기의 외상은 성인 병리의 전조증상이거나 예측 요인이다.	아동기의 외상을 성인 병리로 예측하지 않는다. 그것은 개인을 약화시키기도 하고 강화시킬 수 있다.
치료작업의 중심	치료작업의 중심은 실천가에 의해 고안된 치료계획이다.	치료작업의 중심은 가족, 개인, 혹은 지역사회의 열망이다.
전문가	실천가는 클라이언트 삶의 전문가이다.	개인, 가족, 혹은 지역사회, 즉 클라이언트가 전문가이다.
가능성	선택, 통제, 현실, 개인적 발달의 가능성은 병리에 의해 제한된다.	선택, 통제, 현실, 개인적 발달의 가능성은 열려 있다.
자원	실천을 위한 자원은 전문가의 지식과 기술이다.	실천을 위한 자원은 개인, 가족, 혹은 지역사회의 강점과 능력 그리고 적응기술이다.
원조	원조목적은 증상과 행동, 감정과 사고, 관계의 개발적·사회적 결과에서 부정적인 영향을 줄이는 것이다.	원조는 삶에 대한 확신을 가지게 하고, 가치와 희망을 발달시키며, 또한 지역사회의 멤버십을 만들거나 지역공동체를 발전하는 데 초점을 둔다.

출처: Saleebey(1996).

2) 임파워먼트의 주요 개념

(1) 임파워먼트의 개념과 의의

임파워먼트(empowerment)는 사회복지실천에서 중요한 철학이자 방법론으로 자리를 잡고 있다. 이는 서비스 이용자로 하여금 자기 삶에 대한 결정과 행위에 있어서 힘(power)을 가질 수 있도록 지원하는 과정을 의미한다. 보다 구체적으로는 개인이 가지고 있는 능력을 발휘하지 못하게 하는 사회적·개인적 장애물을 제거하고, 자신의 기능과 능력을 육성하도록 하여 자신에게 주어진 권한을 획득해 나가는 적극적인 활동과정이라 할 수 있다.

임파워먼트는 이념적 배경과 접근방식에 따라 다양한 개념으로 해석되고 있다. 신자유주의 관점에서는 역량강화 혹은 능력고취로, 급진사회주의 이념에서는 사회적 불평등 제거에 초점을 둔 세력화로, 생태체계이론에 근거한 접근에서는 자조와 개혁을 강조하는 권한부여로 이해되고 있다.

결국 임파워먼트는 개인, 집단, 지역사회가 그들의 환경에 대한 통제력을 얻고, 그들 자신의 목표를 달성하여 자신과 다른 사람을 원조하며 삶의 질을 최대화시켜 나가는 수단으로 정의할 수 있다. 이러한 임파워먼트 모델이 사회복지실천에서 갖는 의의는 다음과 같다.

첫째, 이러한 접근은 기존의 병리적 관점에서 벗어나 인간의 잠재력과 가능성을 중시하는 패러다임의 전환을 의미한다.

둘째, 임파워먼트 모델은 사회복지실천에서 전문가 중심의 위계적 관계를 수평적 파트너십으로 전환시켜, 서비스 이용자의 자기결정권과 참여를 극대화한다.

셋째, 개인의 문제를 개별적 결함으로 보지 않고 사회구조적 맥락에서 이해함으로써, 개인 차원과 사회 차원의 변화를 동시에 추구한다.

넷째, 서비스 이용자의 강점과 자원을 적극적으로 발굴하고 활용함으로써 지속가능한 변화와 성장을 도모한다.

다섯째, 억압받는 집단의 권익 옹호와 사회정의 실현에 기여하여, 사회복지의 근본 가치를 실현하는 데 중요한 역할을 한다.

(2) 임파워먼트 모델의 개념적 특성

임파워먼트 모델은 1970년대 이후 사회복지에서 일반체계이론과 생태체계적 관점을 활용하게 되면서 나타난 일반사회복지실천에서 오랫동안 존재해 왔던 강점 관점의 실천모델이라고 할 수 있다.

사회복지실천에서 임파워먼트를 어떻게 활용하는지 이해하기 위해서는 강점 관점, 임파워먼트 과정, 역량 강화에 대한 충분한 이해가 있어야 하며, 이들이 서로 분리된 것이 아니라 연속적인 일련의 과정으로서 상호 밀접한 연관성을 가진다는 것을 인식해야 한다. 이러한 세 차원은 역동적인 상호작용 관계 안에서 실행될 때, 강점 관점은 임파워먼트 과정을 활용하여 클라이언트의 역량을 향상시키고자 하는 사회복지사에게 중요한 준거틀이 된다. 이들 개념의 관계를 도식화하면 다음과 같다.

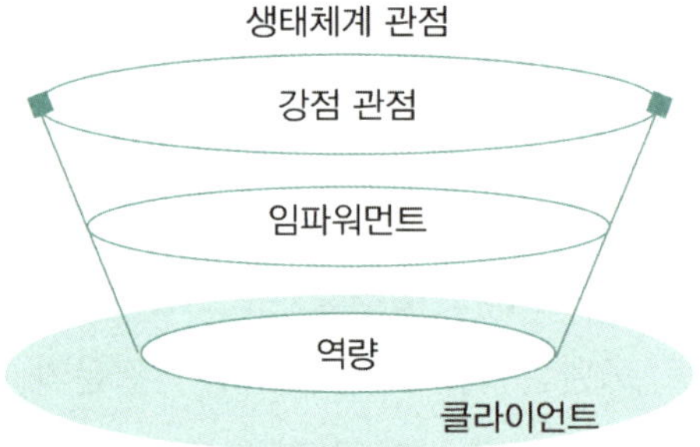

그림 5-1 강점 관점-임파워먼트-역량 강화의 관계

출처: 양옥경, 최영민(2005).

① 권한부여의 다차원적 개념

임파워먼트는 클라이언트 상황을 환경 안에서 이해하며 자원과 강점을 찾고자 하는 것이다. 보다 병리학적 진단기준이 아닌 진정한 관점에서 클라이언트의 결점에 대한 진단보다는 스스로 문제를 해결할 수 있는 귀한 존재라는 인식으로 스스로가 임파워먼트를 기반으로 해결책을 찾아내는 데 역점을 둔다.

권한부여는 전통적인 힘, 통제력 소유 또는 다른 사람에 대한 영향력, 법적 또는 행정적 권한, 삶의 능력과 권한, 물리적인 힘에 대한 개념으로 다른 사람들에 대한 통제력, 안전으로서의 권한, 영향력의 소유일 뿐 아니라 스스로의 삶에 대한 통제력을 갖는 것을 의미한다. 특히 개인의 자기 확신, 변화의 가능성, 개인의 진전과 같은 심리학적 경험들을 강조한다.

임파워먼트는 다음 세 가지 차원으로 구분된다.

- **개인 차원**: 개인 차원의 임파워먼트는 개인의 역량, 지배감, 변화능력을 포함하며 이성, 의지, 동기에서 자신의 삶에 대한 통제감이며, 자기 가치에 대한 의문을 갖고 비판적으로 사고할 수 있는 수준, 영적인 것을 추구하는 수준까지도 포함하는 전인성을 나타낸다.
- **대인관계 차원**: 대인관계 차원의 임파워먼트란 다른 사람에 관한 영향력으로 상호 교환하는 평형관계를 형성하는 것을 의미한다.
- **구조적 차원**: 구조적 차원에서의 임파워먼트는 사회구조의 관점을 의미하는데, 정치적 · 사회적 상황 같은 사회구조를 변화시킴으로써, 사회적 수준에서 자원을 창출하는 것은 그 사회의 모든 개인에게 힘을 부여한다.

② 전문적 관계에 대한 시각: 협력과 파트너십

임파워먼트 모델에서 클라이언트는 전문적인 파트너로서 변화과정에 능동적으로 참여하며, 자신이 처한 환경과 능력을 가장 잘 알고 있는 사람으로 간주된다. 이는 전통적인 전문가 중심의 위계적 관계에서 벗어나 사회복지사와 클라이언트 간의 수평적이고 협력적인 파트너십을 형성하는 것을 의미한다.

이러한 협력적 관계에서 사회복지사는 전문적 지식과 기술을 제공하는 역할을 하지만, 클라이언트의 경험과 관점을 존중하고 그들의 자기결정권을 인정한다. 클라이언트는 단순한 서비스 수혜자가 아니라 변화과정의 주체이자 공동 책임자로서 역할을 담당한다.

이러한 협력은 클라이언트와 사회복지사가 서로의 자원을 상호 협력하여 활용하기 때문에 문제 해결을 위한 자원의 범위가 확장되며, 변화 책임에 대한 사회복지사의 부담을 경감시키면서 클라이언트의 성장을 촉진시킨다.

③ 클라이언트에 대한 시각: 소비자

프리드버그(Freedberg, 1989)는 사회복지사가 매일의 일상 속에서 전문적 자율성과 클라이언트의 자기결정권 사이의 딜레마에 부딪힌다고 한다. 이러한 문제에 대한 해결책이 바로 클라이언트를 소비자로 보는 접근이다(Gummer, 1983).

클라이언트를 소비자로 보는 개념을 가장 잘 반영하는 것이 바로 임파워먼트 접근이다. 임파워먼트 접근은 클라이언트와 사회복지사의 관계를 협력과 파트너십을 강조한 수평적인 파트너로서 보고 있기 때문이다.

소비자 관점에서 클라이언트는 서비스에 대한 선택권과 결정권을 가지며, 자신의 욕구와 상황에 가장 적합한 서비스를 요구할 수 있는 권리를 갖는다. 즉, 클라이언트를 개입의 객체가 아니라 주체로 보기 때문에 자기결정권이 가장 잘 보호되고 반영될 수 있다.

따라서 임파워먼트 접근은 클라이언트에 대한 시각을 변화시킨다. 즉, 클라이언트는 기존의 수혜자, 환자, 도움을 받는 수동적 존재에서 능동적이고 주체적인 소비자라는 개념으로 전환된다(Miley et al., 1995).

④ 역량의 개념

역량(competence)은 인간체계의 구성원을 돕는 기능을 수행할 수 있으며, 다른 체계와 효율적으로 상호작용하고, 사회적, 물리적 환경의 자원체계에 기여할 수 있는 능력이다.

임파워먼트 모델에서 역량은 단순히 개인의 내재적 능력만을 의미하는 것이 아니라, 환경과의 상호작용을 통해 발현되고 개발될 수 있는 잠재력을 포함한다. 이는 개인이 자신의 삶에 대한 통제력을 갖고 목표를 달성할 수 있는 실질적인 힘을 의미하며, 문제해결 능력, 의사소통 기술, 자기옹호 능력, 사회적 네트워크 활용 능력 등을 포괄한다.

임파워먼트 모델에 근거한 사회복지사는 개인의 문제를 결핍이나 병리로 보지 않고, 역량 발휘를 저해하는 환경적 장벽이나 기회 부족으로 인한 것으로 이해한다. 따라서 개입의 초점은 개인의 역량을 강화하고 이를 발휘할 수 있는 환경을 조성하는 데 둔다.

3) 임파워먼트 모델의 실천과정

임파워먼트 모델은 무기력을 경험하는 서비스 이용자가 자신의 잠재된 역량을 개발하고 힘을 발휘하여 필요한 자원을 획득하도록 원조하는 접근법이다. 또한 서비스 이용자가 자신의 삶과 주변 사람들에게 영향을 미치는 사건에 적극적으로 참여할 수 있도록 지원한다. 이를 통해 서비스 이용자의 욕구 충족, 복지 향상, 만족감 증진을 위해 환경과 효과적으로 상호작용할 수 있는 능력을 기르는 것을 목표로 한다.

또한 임파워먼트 모델에서 사회복지사는 생태체계 관점과 강점지향적 실천을 통합한다. 먼저 사회복지사가 서비스 이용자의 상황과 환경을 고려하여 서비스 이용자의 강점과 환경적 자원을 찾고, 그들의 고착된 문제보다 일시적으로 변화되는 욕구를 표현하도록 한다. 그리고 사회복지사는 여러 다양한 체계수준의 해결을 위한 기술을 이끌어내어 상호 관련시켜야 한다. 또한 사회복지사는 변화과정의 동반자로서 서비스 이용자와 협력하여야 한다.

임파워먼트는 개인, 가족, 그리고 지역사회가 그들의 상황을 개선하는 행동을 수행함으로써 개인, 개인 상호 간 또는 정치적인 힘을 증가시키는 과정을 포함한다. 그러므로 서비스 이용자는 사회복지사와 협력적 관계를 가지면서 목표나 방향설정에 있어서도 스스로 통제력을 가지게 된다. 이러한 역량강화의 실천 과정은 대화단계, 발견단계, 발전단계로 구성되어 있다 (Miley, O'Melia, & DuBois, 2001).

(1) 대화단계(Dialogue Phase)

사회복지사의 성공은 클라이언트와 함께 그들의 현 상황과 목적 및 강점에 대한 지속적인 대화를 요구한다. 이러한 대화를 통하여, 클라이언트와 실천가 모두가 공유할 협력적 파트너십으로 정의된다.

대화단계에서 사회복지사와 클라이언트는 그들 관계의 목적을 명확히 하고 협력적 작업을 위한 예비 조건을 구성한다.

① 대화단계의 주요 내용

대화단계의 핵심 활동들은 다음과 같다.

- 수용과 존중과 신뢰에 기반한 파트너십을 수립
- 클라이언트와 실천가 각각의 역할 규정
- 클라이언트의 경험과 도전되는 상황을 토의
- 협력 작업의 목적을 규정
- 변화를 위하여 클라이언트의 동기 촉진
- 위기에 필요한 사항에 역점

② 대화단계의 주요 과제

- **파트너십 형성**(동반자 관계 형성): 사회복지사와 클라이언트 체계가 사회복지사의 목적과 윤리규칙의 규범을 반영하는 여러 방식에 따라 그들의 관계를 규정하는 과정이다. 사회복지사와 클라이언트는 상황을 이해하고 변화를 이루기 위하여 동업하는 협력자이다.
- **현재 상황의 명확화**(도전을 설명): 클라이언트가 사회복지의 원조를 받는 것을 충진시키기 위하여 사회복지사와 클라이언트의 상호 이해를 발전시키는 과정이다. 이를 위하여, 사회복지사는 클라이언트의 말을 적극적으로 경청하고 그 메시지에 담겨있는 정보와 감정에 반응해야 한다.
- **방향 설정**: 실천가와 클라이언트는 특정 목적을 위하여 함께 나아갈 방향을 정한다. 이러한 구체적인 방향 감각은 클라이언트가 직면하

는 여러 도전을 적절하게 만들어 주고, 문제 해결책을 만드는 데 유용한 자원과 강점이 무엇인지 결정하게 해준다. 여러 가지 방향을 설정함으로써 목적의식이 구체화되고 클라이언트의 참여를 동기화한다.

(2) 발견단계(Discovery Phase)

클라이언트와 사회복지사는 해결책을 위한 자원을 체계적으로 수집하면서 계속하여 사정한다. 이 자원은 클라이언트체계 내부 혹은 외부의 사회, 물리적 환경에 존재할 수 있다.

사회복지사와 클라이언트가 파트너로서 협력함으로써 변화 계획을 발달시키기 위해 수집된 정보를 조직한다.

① 발견단계의 주요 내용

발견단계의 핵심 활동들은 다음과 같다.

- 변화를 위한 자원인 클라이언트의 강점을 탐색한다.
- 클라이언트의 환경에 있는 자원의 여러 가능성을 검토함으로써 교류의 관점을 이행한다.
- 부차적인 자원에서 관련 정보를 수집한다.
- 가능한 자원체계의 역량을 사정한다.
- 도출된 목적을 규명하고 세부 목표들을 구체화한다.
- 행동 계획을 세운다. 변화를 위한 계약을 맺는다.

② 발견단계의 주요 과제

- **강점 확인**: 발견단계에는 클라이언트의 강점이 변화의 초석임을 전제하고, 이를 초기에 자주 주목해야 한다. 강점을 지속적 조사함으로써 클라이언트와 사회복지사는 여러 가지 상황들을 탐색하게 되고 여러 가능성을 발견하게 된다. 클라이언트가 도전 상황을 기술하는 것을 세심히 경청함으로써 사회복지사는 클라이언트의 대인관

계 네트워크, 문화적 자원, 지역사회 조직과의 연결성, 창조적 잠재력 등 다양한 강점을 발견하게 된다.

- **자원의 역량 사정**: 이 과정은 클라이언트 상황의 이해에 여러 교류의 차원을 덧붙인다. 사회복지사와 클라이언트는 연합하여 개인과 대인, 가족과 집단, 조직과 지역사회, 사회와 정치체계를 사정함으로써 클라이언트체계와 환경의 교류라는 공정이며 광범위한 관점을 성취하게 된다. 강점지향의 사정을 통하여, 사회복지사와 클라이언트는 변화에 기여할 수 있음을 발견하게 되고 그들이 원하는 결과를 탐색하기 위하여 활성화할 수 있는 자원체계가 무엇인지 예측하게 된다.
- **해결방안 수립**: 이 과정에서 사회복지사와 클라이언트는 여러 행동계획을 발전시킨다. 행동계획에는 클라이언트가 달성하려는 희망사항에 관한 구체적인 목표 설정과 그에 따른 세부 목표의 성취를 위한 전략수립이 포함된다. 이러한 목표와 계획은 클라이언트와 사회복지사 간의 지속적인 협상과 상호 이해를 통해 수립되며, 클라이언트의 강점과 가용한 자원을 최대한 활용할 수 있는 현실적이고 달성 가능한 방향으로 구체화된다.

(3) 발전단계(Development Phase)

사회복지사와 클라이언트는 약속한 계획을 수행하기 위하여 협력한다. 클라이언트는 필요한 대인관계 및 제도적 자원에 연결되고, 새로운 행동방식과 상호작용을 습득하며, 사회복지사와의 만남에서 발견된 의무를 수행한다. 사회복지사는 개입활동을 조직하고 모니터하며, 클라이언트에게 도움이 될 만한 피드백을 제공한다.

① 발전단계의 주요 내용

발전단계의 핵심 활동들은 다음과 같다.

- 계획된 행동을 실행한다.
- 클라이언트체계 내에 역량의 경험을 증가시킨다.
- 목표 달성에 필수적인 자원을 확보한다.
- 계획 이행을 위해 개인과 조직 간 협력관계를 구축한다.
- 새로운 자원 개발을 통해 기회와 선택권을 확대한다.
- 진행과정과 결과를 평가한다.
- 전문적 관계를 종결한다.

② 발전단계의 주요 과제

- **자원 활성화**: 사회복지사와 클라이언트는 약속한 계획을 수행하기 위하여 협력한다. 클라이언트는 필요한 대인관계 및 제도적 자원에 연결되고, 새로운 행동방식과 상호작용을 습득하며, 사회복지사와의 만남에서 발견된 의무를 수행한다. 사회복지사는 개입활동을 조직하고 모니터하며, 클라이언트에게 도움이 될 만한 피드백을 제공한다.
- **동맹관계 창출**: 동맹은 변화를 부추기기 위한 새로운 자원을 생성한다. 동맹관계를 창출함으로써 사회복지사와 클라이언트는 역량강화 집단 내의 여러 클라이언트의 능력과 제휴하고, 또한 원래의 원조망 내부에 있는 클라이언트의 기능을 강화하며, 서비스 전달망을 조직한다. 사회복지사 자신이 지원을 받는다고 느끼고 자신의 역량을 경험할 때 대부분 클라이언트에게도 같은 느낌이 생기는 경향이 있다.
- **기회의 확대**: 사회복지사들은 모든 체계에서 자원을 발달시켜야 할 필요를 느껴, 사회자원을 확대하고 클라이언트와 연합한다. 사회복지사와 클라이언트는 사회적 부당함을 시정할 자원을 창출한다. 기존의 사회서비스에 대한 사정을 개선하고 새로운 프로그램을 창출하는 것은 물론, 서비스 전달망의 변화 가능성이 포함된다.

- **성공의 확인**: 모든 효과적인 행동계획은 평가절차를 포함한다. 이 과정은 목적 달성을 측정하는 많은 방법들을 드러나게 하여 서비스 효용성을 평가한다. 결과의 평가는 클라이언트체계와 실천체계에 대한 사회복지사의 책무를 보장하고, 클라이언트가 성공에 공헌하는 것을 신뢰하게 하며, 전문적 관계를 종결하기 위한 과정으로서 기능한다. 성공을 측정함으로써 클라이언트와 사회복지사 각각이 직면하게 될 다른 상황에 대처하기 위해 현재의 각자의 성공 노력을 일반화시킨다.
- **성과의 집대성**: 마지막 과정인 성과의 집대성은 클라이언트가 사회복지사와의 노력 끝에 성장하고 발전하고 변화한다는 것을 강조한다. 클라이언트의 독립성과 성공의 지속을 격려하기 위하여 사회복지사는 종결과정을 신중하게 함으로써 클라이언트에게 지난 과정을 검토하도록 도우며, 종결에 대한 클라이언트의 의견과 느낌을 표현하게 하고, 또한 이 과정의 결과를 비슷한 다른 문제의 처리에도 적용할 수 있도록 한다.

4) 임파워먼트 모델의 실천원리

임파워먼트 모델의 실천원리는 서비스 이용자의 역량강화를 위한 기본적인 가치와 접근방식을 제시한다. 이러한 원리들은 사회복지사가 임파워먼트 실천을 수행할 때 준수해야 할 실천 지침이 된다.

임파워먼트 실천원리는 전통적인 치료 중심의 접근에서 벗어나 서비스 이용자의 강점과 잠재력에 초점을 두며, 개인적 문제를 사회구조적 맥락에서 이해하고자 한다. 또한 사회복지사와 서비스 이용자 간의 수평적 관계를 강조하며, 집단적 연대를 통한 사회변화를 추구한다.

임파워먼트 모델의 주요 실천원리는 다음과 같다.

(1) 의식화(Consciousness Raising Dialogue)

서비스 이용자가 자신이 처한 상황과 사회적 맥락을 비판적으로 인식할 수 있도록 지원하는 과정이다(Bandura, 1997). 이는 개인적 문제를 사회구조적 차원에서 이해할 수 있도록 돕는 중요한 방법론으로, 프레이리(Freire)의 비판적 교육이론에 그 기반을 두고 있다. 의식화 과정을 통해 서비스 이용자는 자신의 문제가 개인적 결함이 아닌 사회구조적 요인과 연관되어 있음을 인식하게 된다.

예를 들어, 실직한 클라이언트와 함께 개인적 능력 부족이 아닌 경제구조의 변화와 고용 불안정이 실업의 주된 원인임을 탐색하고, 이를 통해 자책감에서 벗어나 사회적 차원의 문제해결 방안을 모색할 수 있다.

(2) 억압받는 사람에 대한 경청(Listening to the Oppressed)

서비스 이용자의 경험과 관점을 존중하고 이해하려는 적극적인 노력을 의미한다(Saleebey, 1997). 이는 단순한 듣기를 넘어서서, 서비스 이용자의 목소리에 담긴 진정한 의미와 감정을 공감적으로 이해하려는 전문적 기술이다. 억압받는 사람들의 경험을 진정성 있게 경청함으로써 그들의 관점이 존중받고 있음을 느낄 수 있도록 한다.

실천에서는 클라이언트의 이야기를 판단하거나 해석하려 하지 않고, "그 상황에서 어떤 기분이었는지", "그때 가장 필요했던 것은 무엇인지" 등의 질문을 통해 그들의 경험을 깊이 이해하려고 노력한다.

(3) 자원, 협력자로서의 사회복지사
(Social Worker Serves as Resource, Cooperators)

사회복지사는 전문가로서의 우월적 지위를 내세우기보다는 자원제공자와 협력자의 역할을 담당한다(Gutierrez, 1990). 이는 기존의 위계적 원조관계에서 벗어나 수평적이고 협력적인 파트너십을 구축하는 것을 의미한다. 사회복지사는 서비스 이용자가 스스로 문제를 해결할 수 있는 역량을 지니고 있다는 것을 인정하고, 이를 지원하는 조력자 역할에 중점을 둔다.

실제 실천에서는 "제가 도와드리겠습니다"보다는 "함께 방법을 찾아보시겠어요?"라는 방식으로 접근하며, 클라이언트의 의견과 선택을 우선시하는 언어와 태도를 사용한다.

(4) 연대의 확립과 상호지원

서비스 이용자 간의 연대와 상호지원 체계를 구축하는 방법론이다(Lee, 1994). 비슷한 어려움을 겪고 있는 사람들 간의 연결을 통해 상호 지지와 격려를 받을 수 있는 기회를 제공한다. 집단적 경험과 상호학습을 통해 개별적으로는 해결하기 어려운 문제들을 함께 극복할 수 있는 힘을 기를 수 있다.

예를 들어, 한부모 가정 지원 프로그램에서 비슷한 상황의 부모들끼리 자조모임을 구성하여 육아 경험을 나누고 상호 돌봄 네트워크를 형성하도록 지원하는 것이다.

(5) 권력분석

개인적 차원과 사회적 차원에서의 권력 구조와 그 영향을 체계적으로 분석하는 방법론이다(Solomon, 1976). 서비스 이용자가 직면한 문제의 근본원인을 권력관계의 관점에서 파악하고, 권력의 불균형이 어떻게 개인의 삶에 영향을 미치는지를 이해할 수 있도록 돕는다. 이를 통해 개인적 차원의 변화뿐만 아니라 구조적 차원의 변화 필요성을 인식하게 된다.

구체적으로는 클라이언트와 함께 "누가 결정권을 가지고 있는가?", "어떤 제도나 정책이 현재 상황에 영향을 미치는가?" 등을 질문하며 권력구조를 가시화하는 작업을 수행한다.

5) 임파워먼트 모델의 실천기법

임파워먼트 모델의 실천기법은 앞서 제시된 실천원리를 바탕으로 서비스 이용자의 역량강화를 위해 사회복지사가 실제로 활용할 수 있는 구체적인 방법들이다. 이러한 기법들은 서비스 이용자의 강점을 발견하고 개발하며, 필요한 자원을 확보하고 활용할 수 있도록 지원하는 데 초점을 둔다.

임파워먼트 실천기법의 특징은 서비스 이용자를 문제를 가진 대상이 아닌 잠재력과 역량을 지닌 주체로 인식하고, 이들의 자기결정권과 통제력을 강화하는 데 있다. 또한 개별적 접근뿐만 아니라 환경적 요인과 사회적 자원을 포괄적으로 고려하는 생태체계적 관점을 반영한다. 이러한 임파워먼트 모델에서는 다음과 같은 기법들이 사용된다.

(1) 강점사정하기

사회복지사와 서비스 이용자는 지속적인 사정과정을 통해 발견된 서비스 이용자의 강점을 적극적으로 활용한다. 이러한 강점사정은 단일차원이 아닌 다차원적 접근으로 이루어져야 하는데, 구체적으로 인지적 측면, 정서적 측면, 동기적 측면, 대처능력 측면, 대인관계적 측면 등에서 포괄적으로 탐색할 수 있다(Saleebey, 1997). 강점사정은 서비스 이용자가 지닌 내재적 자원과 역량을 발견하는 과정으로, 문제 중심이 아닌 해결 중심의 관점에서 접근하는 것이 핵심이다.

(2) 문제해결기술 습득시키기

서비스 이용자가 보유한 강점과 기존의 대처방식을 토대로 하여, 문제해결에 도움이 되는 자원에 대한 정보와 지식을 습득할 수 있도록 지원한다. 또한 이러한 자원을 효과적으로 활용하여 문제해결을 수행할 수 있는 필요한 기술을 습득하도록 돕는다(Gutierrez, 1990). 이는 궁극적으로 서비스 이용자가 자신의 상황을 타인에게 효과적으로 알리고 스스로를 대변할 수 있는 기술의 향상으로 연결된다.

(3) 자원 확보와 체계 활용하기

서비스 이용자가 직면한 어려움을 해결하는 데 필요한 자원을 확보하기 위해 사회복지사가 대변자 역할을 수행하고, 다양한 관련체계들 간의 중재 활동을 담당하는 기술이다(Lee, 1994). 이 과정에서 사회복지사는 서비스 이용자를 대신하여 자원 체계와의 연결고리 역할을 하며, 필요한 서비스와 지원을 확보할 수 있도록 적극적으로 개입한다.

(4) 촉진적 개입하기

촉진적 활동은 임파워먼트의 가능성을 보다 명확하게 제공하는 중요한 개입방법이다. 구체적인 기법으로는 카타르시스 제공, 촉매 역할, 지지, 옹호 등이 포함된다(Solomon, 1976). 이러한 촉진적 개입을 통해 서비스 이용자의 잠재역량을 활성화하고, 변화에 대한 동기를 강화할 수 있다.

이상의 실천기법들은 서로 독립적으로 사용되기보다는 클라이언트의 상황과 욕구에 따라 통합적으로 활용될 때 임파워먼트의 효과를 극대화할 수 있다.

2. 해결중심모델(Solution-Focused Model)

1) 이론적 기초

해결중심모델은 기존 이론들이 중점적으로 다루었던 “무엇이 문제의 원인인가?"라는 인과론적 접근에서 벗어나 20세기에 패러다임의 전환을 이끌어낸 개입방법이다. 전통적인 정신역동적 관점에서는 개인이 겪는 문제의 근원을 과거에서 찾으려 하였으며, 이러한 원인 탐색을 위해 상당한 시간과 노력을 투입하는 것이 일반적이었다.

이러한 모델은 1970년대 후반 정신건강연구소 단기치료센터에서 스티브 드 셰이저(Steve De Shazer)와 인수 킴 버그(Insoo Kim Berg)가 중심이 되어 개발하였다. 이들이 추구한 상담 접근은 문제 원인의 파악과 이해보다는 문제 상황에 대한 효과적인 사고방식과 실용적 해결방안을 모색하는 데 초점을 맞추었다(정문자 외, 2008).

1982년 이후부터 해결중심단기치료모델이라는 명칭을 공식적으로 사용하게 되었고, 드 셰이저와 버그는 현장 적용을 통한 이론의 발전과 가족복지 분야로의 확산에 기여하였다. 우리나라에서는 1987년 해결중심단기치료가 처음 소개되었으며, 한국단기가족치료연구소와 솔루션센터 등에서 현재까지 활발히 활용되고 있다.

이 모델은 임파워먼트 개념과 밀접한 관련을 가지고 있어 클라이언트의 강점을 중시하는 특징을 보인다. 클라이언트가 가진 자기결정권을 인정하고 존중하며, 개인의 잠재능력 개발과 고유성을 중요하게 다룬다(김용환 외 2023).

(1) 해결중심 접근의 기본 가정

해결중심모델의 기본 가정은 다음과 같은 내용들로 구성된다(김용환 외 2023).

- 긍정적인 측면에 초점: 긍정적 요소와 문제해결 지향, 미래 중심적 접근을 강조한다. 문제 중심적 접근에만 머물 경우 바람직하지 않은 방향으로의 변화가 나타날 수 있다. 이러한 이유로 문제 중심적 대화방식보다는 해결 지향적 대화를 우선시한다.
- 예외상황을 해결점으로 제시: 문제 상황의 예외적 경험을 사회복지사와 클라이언트가 함께 탐색하여 해결의 단서로 활용한다. 예외 탐색

질문은 문제 해결을 위해 노력해 온 사람들에게는 모순적인 질문으로 느껴질 수 있다. 하지만 문제가 나타나지 않았던 특별한 순간들을 간과하기 쉬운 상황에서도 긍정적 요소를 찾아내도록 지원하는 것이 핵심이다.

- **지속적인 변화 추구**: 사회복지사들이 가족 체계의 안정성, 일관성, 불변적 특성, 문제 유지 패턴 등을 고려할 때 어떻게 변화를 촉진하여 가족을 다른 상태로 이끌 수 있는지에 대한 현실적 관점에서 변화 가능성을 확인하고 인지하지 못한 부분을 발견하여 어려운 상황에서도 강점을 찾아내도록 돕는 것이 중요하다.
- **작은 변화를 큰 변화로 유도**: 작은 규모의 변화가 더 큰 변화를 이끌어낸다는 전제는 개입 과정을 보다 용이하고 적극적으로 진행하게 하며, 사회복지사에게 단순하고 명확한 관점과 실천이 필요함을 시사한다. 작은 변화는 생성적(generative) 특성을 지니고 있으며, 클라이언트가 자신의 능력 범위 내에서 작은 문제를 해결한 성취 경험을 떠올린다면 다른 문제들에 대한 해결 시도 의욕이 증진된다는 의미를 담고 있다.

(2) 클라이언트와 사회복지사의 관계

해결중심모델에서는 전문가가 클라이언트의 문제를 분석하고 해결방안을 제공하는 방식보다는 클라이언트가 문제 중심적 시각에서 벗어나 해결지향적 관점을 갖도록 지원하는 것을 중시한다. 이러한 접근에서는 클라이언트와 사회복지사 간의 관계 형성이 핵심적 요소가 되며, 관계의 성격에 따라 방문형, 불평형, 고객형으로 구분할 수 있다. 이러한 관계 유형의 파악은 상담 진행 방향을 설정하고 적절한 과제 선정을 결정하는 데 있어 중요한 기준이 된다(설진화 · 김소정, 2022; 신성자 외, 2023).

표 5-2 사회복지사와 관계형성에 따른 클라이언트의 관계 유형

유형	방문동기	클라이언트 태도 및 특징
방문형	의뢰 등 타인, 비자발적 (숙박시설자, 비행청소년, 약물중독자)	• 문제에 대해 책임감이 없으며, 문제를 인정하지 않음 • 같이 문제를 인식하고 해결이 어려움 예 "가정폭력으로 인해 법원명령으로 상담받는 거니까 이 시간만 보내면 돼요." • 치료의 필요성을 느끼지 못하고 저항적 반응을 보임
불평형	자의나 타의	• 문제를 알지만, 자기 책임이 아니라 다른 사람에게 있다며 비난, 불평 및 책임 전가함 • 문제해결은 다른 사람의 변화로 가능하다고 인식함 예 우리 집에서는 남편만 바뀌면 행복할 텐데 남편 좀 고쳐주세요. • 문제로 인해 고통을 받고 있지만 해결방법에 대해서는 수동적이며 동기가 부족함
고객형	자의	• 클라이언트는 자신이 문제의 일부라고 생각하고 해결을 위한 동기와 의지가 있음 • 변화는 자신의 노력이 필수적이라는 인식이 있으므로 과제부여 가능함

출처: 신성자 외(2023).

이와 같이 클라이언트의 관계 유형에 따라 각기 다른 태도와 특징을 보이므로, 사회복지사는 이를 정확히 파악하여 적절한 접근방법을 선택해야 한다.

방문형 클라이언트에게는 라포 형성과 신뢰관계 구축을 통해 참여 동기를 높이고, 불평형 클라이언트에게는 심리적 지지와 함께 예외 상황 탐색을 통해 새로운 관점을 제시하며, 고객형 클라이언트에게는 구체적인 행동 과제와 목표 설정을 통해 변화 과정을 지원하는 것이 효과적이다.

사회복지사는 각 유형별 특성을 이해하고 클라이언트의 준비 상태에 맞는 개별화된 접근을 통해 해결중심적 변화를 촉진하는 역할을 수행해야 한다.

2) 주요 개념

해결중심모델은 사회복지학자 드 세이저(De Shazer)와 버그(Berg)가 제시한 기본 가정과 철학적 토대를 바탕으로 하며, 특정 이론에 얽매이기를 거부하는 실천적 접근법이다.

이 모델의 원칙들은 해결중심 접근의 기초를 형성하며, 그 핵심 개념은 아래와 같다(Berg & Miller, 1992; 송성자, 2004: 372-374).

① 병리적인 것보다 정신건강 중심에 관점을 둔다.

이 모델은 클라이언트의 병리적 측면보다는 성공적 경험과 긍정적 요소에 주안점을 둔다. 문제의 원인이나 결함을 찾기보다는 현재 효과적으로 기능하고 있는 부분에 관심을 갖는다. 모든 문제상황에는 예외적인 순간들이 존재하며, 이러한 예외를 통해 해결의 실마리를 찾을 수 있다고 본다.

② 클라이언트의 강점·자원, 건강한 특성을 발견하여 치료에 활용한다.

과거의 실패나 잘못된 부분을 고치려 하지 않고 과거의 성공이나 장점을 찾아내서 클라이언트가 희망하는 결과를 얻기 위해 자원을 발견하고 활용한다. 여기에는 개인의 지식과 신념, 기술, 자원, 행동 패턴, 사회적 관계망, 환경적 요인, 개인적 특성 등이 포함된다.

③ 탈이론적·비규범적 클라이언트의 견해를 존중한다.

특정 이론이나 규범적 틀에 얽매이지 않고 클라이언트가 제시하는 문제 상황을 그대로 수용한다. 경직된 이론적 프레임워크는 클라이언트를 있는 그대로 이해하는 데 방해요소가 될 수 있기 때문이다. 클라이언트의 독특한 경험과 호소 내용을 기반으로 개별화된 해결방안을 모색하며, 클라이언트의 관점과 견해를 온전히 존중한다. 이를 통해 진정한 클라이언트 중심의 접근이 가능하다.

④ 단순하고 솔직한 의미를 추구한다.

복잡한 문제라고 해서 반드시 복잡한 해결방법이 필요한 것은 아니라는 관점을 취한다. 클라이언트가 달성 가능한 작은 변화부터 시작하는 것을 중요하게 여긴다. 작은 변화가 연쇄적 파급효과를 만들어낸다고 믿기 때문에 가장 단순한 개입을 선호한다. 이는 클라이언트의 성공 경험을 축적하고 자신감을 향상시켜 더 큰 변화로 이어지게 하는 전략이다.

⑤ 변화는 계속 일어나며 불가피한 것이다.

인간의 삶에서 변화는 지속적으로 일어나는 자연스러운 현상으로 이해한다. 그렇기 때문에 치료 과정에서 자연스럽게 일어나는 변화를 단지 확인하고 그 변화를 해결책으로 활용하는 작업이 된다. 사회복지사는 자연스러운 변화를 촉진하고 해결책 구축으로 연결시키는 역할을 담당한다.

⑥ 현재에 초점을 맞추어 미래지향적으로 나아간다.

과거의 문제 원인을 심층적으로 탐구하기보다는 클라이언트의 현재와 미래 적응에 초점을 맞추어 미래의 상황에 적응하도록 돕는 것이 일차적 관점이다. 면담과정에서 클라이언트가 과거의 문제에서 벗어나 미래지향적이고 해결중심적인 사고를 할 수 있도록 지원한다.

⑦ 사회복지사와 클라이언트의 협력적 관계를 중요시한다.

클라이언트가 자신의 문제에 대해 가장 잘 알고 있다는 점을 인정하고 존중한다. 클라이언트의 변화 동기를 중요시하며, 더 나은 해결방안을 함께 탐색하고 선택할 수 있도록 지속적으로 서로 협력한다.

3) 해결중심모델의 개입 목표 및 과정

(1) 개입 목표

해결중심모델에서 개입 목표는 클라이언트가 바라는 변화와 그 실현 가능성에 초점을 맞추어 설정된다.

사회복지사는 목표 설정 과정에서 다음의 네 가지 핵심 질문을 통해 클라이언트의 바람과 가능성을 탐색한다(Peller & Walter, 1998).

첫째, 클라이언트가 상담을 통해 원하는 것이 무엇이라고 말하는가?

둘째. 클라이언트가 원하는 것이 그들에게 어떻게 변화를 줄 수 있는가?

셋째, 클라이언트가 자신이 원하는 것을 위해 노력하고 있다는 것을 어떻게 알 수 있는가?

넷째, 클라이언트가 그들이 지금 원하는 것을 얼마나 경험하고 있는가?

가 포함된다.

이러한 영역 안에서 해결중심모델의 개입 목표는 클라이언트와의 협력을 통해 치료를 성공적이고 효과적으로 진행할 수 있는 구체적인 목표를 설정하는 것이 치료 성공의 핵심이다. 관계 형성과 성과 달성을 위해서는 명확한 목표가 필요하며, 목표 달성의 성과를 측정하기 위해서는 평가 기준이 명확하고 구체적이어야 한다. 사회복지사가 클라이언트와 협력하여 치료 목표를 설정하는 데 활용되는 해결중심모델의 원칙은 다음과 같다(김혜숙, 2013).

① 클라이언트에게 가장 중요한 것, 원하는 것을 치료 목표로 설정한다.

클라이언트와 가족에게 가장 의미가 있고 변화가 필요한 것을 전체 가족의 공통된 목표로 설정한다. 목표는 명확하고 행동 지향적이어야 하며, 목표 달성에 대해 사회복지사가 클라이언트에게 중요한 것을 치료 목표로 하는 과정에서 협력적이고 상호적인 관계가 만들어지면, 클라이언트는 사회복지사에 대한 신뢰를 가지게 되고 치료의 필요성과 달성 가능성에 대한 확신을 갖게 된다.

② 목표는 가능한 작고 구체적으로 설정해야 한다.

클라이언트에게 의미 있는 작은 것부터 출발해야 실현 가능성이 높다. 대부분의 클라이언트는 처음부터 최종적으로 달성하고자 하는 크고 포괄적인 것을 목표로 설정하려는 경향을 보인다. 치료 목표가 작고 구체적일 때 클라이언트는 보다 쉽게 달성하고 성공할 수 있다. 목표를 달성하고 성공을 경험할 때 새로운 희망을 가지게 되며, 변화에 대한 동기가 강화된다.

③ 구체적이고 행동적인 것을 목표로 한다.

"학습에 집중하여 성적을 올린다"는 치료 목표는 클라이언트가 직접 실행하기에는 모호하고 성과를 측정하기 어렵다. 클라이언트가 제시하는 추상적이고 이론적인 목표를 실제 상황에서 관찰 가능하며 명확하고 행동 중심적인 목표로 전환하도록 지원해야 한다. 사회복지사는 클라이언트가 스스로 변화하고자 하는 구체적 행동을 발견하도록 돕는 기적질문을 활용한다. 목표를 명확하고 구체적인 행동으로 표현했을 때, 클라이언트의 성과를 객관적으로 확인할 수 있는 기회가 늘어나고, 달성하지 못한 원인을 분석하고 다른 효과적인 방안을 찾아가기가 용이하다.

④ 클라이언트에게 없는 것보다는 있는 것에 관심을 둔다.

클라이언트가 하지 말아야 할 것보다는 '그 대신' 실행할 수 있는 것을 목표로 정하는 것이 효과적이다. 클라이언트는 사회복지사를 만날 때, 특정 문제들이 해결되거나 줄어들기를 바란다. 개입 목표를 설명할 때, "~하지 말아야 한다"로 표현하면, 그 문제에 대해 더욱 생각하고 집중하게 된다. 이는 문제 행동과 대립하는 방식으로 많은 에너지를 소모하게 하며, 그 문제가 재발할 가능성은 여전히 존재한다.

해결중심모델에서는 문제를 제거하는 것보다는 기존의 강점에 관심을 두고, 긍정적인 언어로 개입 목표를 설정했을 때 더욱 효과적이고 효율적이라고 본다. 즉 목표는 클라이언트가 하지 말아야 하는 것 대신에 실행해야 하는 것에 대해 긍정적이고 목표 지향적인 내용으로 제시되어야 한다.

⑤ 목표는 종식보다 시작으로 여긴다.

클라이언트는 자신의 문제와 목표에 대하여 알고 있으나 전체적이고 포괄적이며 분명하지 않고 혼돈되어 있는 것이 특징이다. 그리고 원만한 것, 행복해지는 것, 관계가 좋아지는 것과 같이 완전한 것을 목표로 생각한다. 그러나 클라이언트는 현재의 단계에서 구체적으로 무엇을, 어떻게 시작해야 좋을지 모른다. 변화는 문제시되는 행동을 하지 않는 것이 아니라 아주 작고 긍정적인 것을 시작하는 것이다.

⑥ 현실적이고 성취 가능한 것을 목표로 한다.

과거에 실패한 경험이 있는 클라이언트는 성취하고자 하는 목표가 비현실적이고 성취할 수 없는 것이었던 것이 공통적이다. 클라이언트와 사회복지사에게 중요한 것은 클라이언트의 생활환경에 현실적이고, 성취 가능한 것을 파악하고 목표를 설정하는 것이다. 만일 클라이언트의 목표가 비현실적이고 성취가 불가능한 것이라면 사회복지사는 클라이언트가 실생활에서 실질적으로 달성 가능한 목표를 가지도록 조정해야 한다.

⑦ 목표 실행이 쉽지 않고 힘들다고 인식시킨다.

설정된 목표가 소규모이고 실현 가능할지라도, 실제 변화 과정에서는 여러 어려움이 수반됨을 사전에 예상해야 한다. 클라이언트는 기존 생활 방식에서 벗어나 새로운 행동을 취하는 데 있어 저항감을 느낄 수 있으며, 이전의 부정적 경험이 있는 경우 더욱 그러하다. 변화를 위한 노력은 클라이언트에게 상당한 용기와 결단력을 필요로 하는 일이므로, 사회복지사는 이러한 어려움을 자연스러운 과정으로 받아들이고 클라이언트를 격려하며 지지하는 역할을 해야 한다.

(2) 개입과정의 특징

해결중심모델은 단기간에 집중적으로 이루어지는 실천 접근법으로, 통상적으로 6회에서 10회 정도의 상담 세션으로 구성된다. 상담 간격은 1주에서 6주 사이로 조정되며, 클라이언트가 스스로 해결책을 찾아가는 과정이 곧 개입과정의 핵심이 된다. 이러한 실천과정은 일반적으로 4개의 주요 단계를 거쳐 진행된다(De Jong & Berg, 1998; 김용환 외, 2023: 재인용).

- 1단계: 해결방안 모색의 시작단계

사회복지사는 클라이언트와 효과적인 라포 형성을 통해 신뢰관계를 구축하고, 양자 간의 관계 특성을 파악하여 보다 협력적인 관계로 발전시키는 데 중점을 둔다. 이 단계에서 사회복지사는 클라이언트가 문제 원인 분석에 매몰되기보다는 개선된 상황과 바람직한 변화를 달성하기 위한 해결방안 탐색에 집중할 수 있도록 지원한다.

- 2단계: 해결중심적인 목표를 설정하는 단계

해결중심모델에서 성공적인 실천을 위해 핵심적인 요소는 클라이언트가 명확하고 구체적인 목표를 설정할 수 있도록 지원하는 것이다. 사회복지사는 효과적인 목표설정을 위해 앞서 제시된 기본 원칙들을 적용해야 한다.

- 3단계: 해결방안을 찾는 실천단계

실천단계에서는 사회복지사와 클라이언트가 구체적이고 효과적인 질문방법을 활용하여 해결책을 탐색하는 과정이 이루어진다. 이와 같은 질문 접근법은 클라이언트의 문제 인식 방식에 변화를 가져오고, 개인이 보유한 역량과 자원을 적극 활용할 수 있게 하며, 과거의 성공 경험을 회상하도록 돕는 역할을 한다. 해결중심모델에서 주로 활용되는 질문기법에는 예외질문, 대처질문, 기적질문 등의 다양한 방법들이 포함된다.

- 4단계: 변화의 평가단계

평가단계에서는 개입의 성과를 측정하고 확인하며, 달성된 변화를 유지하고 강화하는 작업이 진행된다. 또한 개입 효과가 감소하거나 약화될 경우에 대비한 대응방안도 모색한다. 목표 달성 정도나 해결방안의 실행 수준을 평가하기 위해 척도질문 등의 방법을 통해 클라이언트가 스스로 자신의 변화를 인식하고 평가할 수 있도록 지원한다.

4) 해결중심모델의 개입기술

해결중심모델은 다른 이론들과 구별되는 특징으로 해결지향적 질문기법을 활용하여 클라이언트의 목표 설정과 달성을 지원하는 접근법이다. 사회복지사는 클라이언트의 문제해결에 도움이 되는 적절한 질문을 상황에 맞게 활용함으로써 클라이언트가 스스로 해결책을 찾아갈 수 있도록 하는 효과적인 실천기법이다(설진화 · 김소정, 2022).

(1) 해결지향적 질문기법

해결중심모델에서는 클라이언트의 강점과 자원을 발견하고 활용하기 위해 다양한 질문기법을 사용한다(De Jong & Berg, 1998; 노혜인 · 허남순 역, 2004; 정문자 외, 2008). 주요 질문기법은 다음과 같다.

① 첫 면접 이전에 변화에 관한 질문

클라이언트가 상담을 예약한 이후 실제 면담에 참석하기까지의 기간 동안 나타난 변화를 탐색하는 기법으로 문제해결의 중요한 실마리를 발견할 수 있다. 면담 이전에 긍정적 변화가 확인될 경우, 클라이언트가 이미 발휘한 해결 역량을 인정하고 이를 더욱 확장할 수 있도록 지지한다.

☑ 예시

"면담 신청을 하고 며칠이 지났는데, 상담을 받으러 오는 사이에 어떤 변화가 있었는지요?"

② 예외질문

클라이언트가 문제라고 인식하고 있는 행동이 발생하지 않았던 상황이나 경험을 지칭한다. 모든 문제 상황에는 반드시 예외가 존재한다는 것이 해결중심치료의 핵심 가정이므로 예외질문을 활용하여 인식하지 못했던 예외 상황을 발견하고 이를 지속적으로 부각시키면서 클라이언트의 성공 경험을 강화한다. 클라이언트가 경험한 우연한 성공을 발견하여 의도적으로 지속할 수 있도록 지원하므로 클라이언트의 우연한 성공이 의도적이고 구체적이며 실행 가능한 형태로 발전될 수 있어야 한다.

☑ **예외질문 예시**

- 최근 문제가 발생하지 않은 때는 언제입니까?
- 문제가 일어나는 때와 그렇지 않은 때의 차이점은 무엇입니까?
- 문제가 조금이라도 나아진 때에 대해 이야기해 주세요.

③ 기적질문

문제 자체를 제거하거나 완화시키지 않고 문제 상황에서 벗어나 해결책을 구상하게 하는 것이다. 이러한 질문을 통해 사회복지사는 클라이언트가 원하고 희망하는 바를 스스로 표현하게 하여 문제에 대한 몰입에서 벗어나 해결중심 사고로 전환하게 한다. 기적에 대한 클라이언트의 응답 중에서 모든 내용을 그대로 활용할 수 있는 것은 아님을 주의해야 한다. 클라이언트가 제시하는 기적 상황이 추상적이거나 애매하며 비현실적일 경우, 이를 구체적이고 실행 가능하며 작은 단위로 변환할 수 있어야 한다.

☑ **기적질문 예시**

- 밤에 잠자는 동안에 기적이 일어나 지금 염려하는 문제가 모두 해결되었다고 상상해 봅시다. 잠자는 동안에 기적이 일어난 것입니다. 아침에 눈을 떴을 때 당신의 어떤 모습을 보면 지난밤 동안에 기적이 일어났다고 생각하겠습니까?

※ 여기서 주의할 것은 기적이 '일어났을 때'를 가정하고 질문해야 하며, '일어난다면'이라는 기분에서 질문하지 않아야 한다.

④ 척도질문

수치를 활용하여 클라이언트로 하여금 문제의 심각 정도, 문제해결에 대한 기대, 자아존중감, 변화에 대한 신념, 변화 의욕, 문제해결 수준

등을 나타내도록 하는 기법이다. 척도질문을 활용함으로써 사회복지사는 클라이언트의 문제해결에 대한 관점을 보다 명확하게 파악할 수 있으며, 클라이언트의 변화를 가시화하고 지지해 주는 인물과 환경에 대한 세부적인 정보를 확보할 수 있다. 초기 상담 단계에서는 상담 이전 변화에 관한 사항과 동기 수준을 파악하고자 할 때 척도질문을 활용한다.

☑ 척도질문 예시

- 1부터 10까지의 척도에서 1은 문제가 가장 심각할 때이고 10은 문제가 해결된 상태라고 하면, 지금 몇 점입니까?
- 당신이 1점 올라간 것을 남편이 아신다면, 남편은 어떤 반응을 보일까요?

⑤ 대처질문

자신의 앞날을 비관적으로 전망하며 희망을 잃었다고 여기는 클라이언트에게 적용하는 기법이다. 절망 상태에 있는 클라이언트에게 희망을 제공하는 것은 결코 간단한 과정이 아니다. 대처방식에 관한 질문을 통해 클라이언트의 신념체계와 무기력감에 대하여 예상하지 못했던 측면을 발견하는 경우가 있다. 그러나 클라이언트는 자신의 관점에서 바라보다가 다른 사람의 시각으로 전환하면, 이전에는 인식하지 못했던 가능성을 발견할 수 있다.

☑ 대처질문 예시

- 아주 힘든 상황 속에서 그렇게 고생을 하면서도 자녀들이 건강하게 성장할 수 있도록 잘 돌보았는데 어떻게 그렇게 하실 수 있으셨습니까?
- 어떻게 모든 것을 포기하지 않고 오늘까지 지탱해 오셨습니까?

⑥ 관계성 질문

클라이언트와 의미 있는 관계를 맺고 있는 사람들이 지니고 있는 견해, 생각, 인식 등에 관해 탐색하는 기법이다. 개인이 자신의 기대, 역량, 능력, 잠재력을 인식하는 방식은 자신에게 소중한 타인이 자신을 어떻게 바라볼 것이라는 인식과 긴밀한 연관이 있다. 클라이언트는 문제가 해결되었을 때, 자신의 일상에서 무엇이 변화할 것인지에 대하여 예상하지 못하는 경우가 있다. 그러나 클라이언트는 자신의 관점에서 바라보다가 다른 사람의 시각으로 전환하면, 이전에는 인식하지 못했던 가능성을 발견할 수 있다.

☑ 관계성 질문 예시

- 남편이 여기에 있다면 부부관계에서 어떠한 점이 변화되면 부부관계가 회복되는 데 도움이 될 것이라고 말을 하시겠습니까?
- 학생이 말한 고민을 어머니가 들었다면 뭐라고 말씀하실까요?

⑦ 간접적인 칭찬: "어떻게 그렇게 할 수 있었나요?"

클라이언트에 대한 긍정적인 측면을 인식하게 하는 질문이다. 간접적인 칭찬은 클라이언트가 자신의 장점이나 역량을 스스로 발견할 수 있도록 유도하는 질문 방식을 활용하기 때문에 직접적인 칭찬보다 더 효과적이다.

☑ 간접적 칭찬 예시

- 아들이 어떻게 그처럼 일류 대학에 입학하게 되었나요?
- 당신의 남편이 여기에 있다면 제가 그분에게 당신이 좋은 며느리가 되기 위해 무엇을 했느냐고 묻는다면, 남편이 뭐라고 말할 것 같습니까?

⑧ 탐색질문: "그 외에 또 무엇이 있습니까?"

예외를 더 많이 발견하고 클라이언트의 강점, 자원, 성공적인 경험 등을 더 찾아내려는 질문이다.

☑ 탐색질문 예시

- 지난번 상담 이후 아주 조금이라도 변화한 것이 또 무엇이 있었습니까?
- 이전에 말한 것과 연결시켜서 또 다른 변화로는 무엇이 있습니까?

(2) 메시지 작성과 전달 과제 주기

각 회기가 마무리될 때마다 클라이언트의 장점, 긍정적인 변화를 위한 노력과 구체적인 실천 등에 대해서 긍정적인 피드백을 제공한다. 메시지의 구조는 칭찬, 연결문, 과제로 구성되어 있다(김귀숙 외, 2018).

칭찬은 전문가가 클라이언트에게 인정과 지지를 하는 것으로서 클라이언트가 실행하고 있는 것을 강화시켜 문제해결을 촉진하는 것이다. 연결문은 칭찬과 제안 또는 과제를 연결해 주는 메시지의 한 부분으로서 그 내용은 클라이언트의 목표, 예외, 강점 또는 인식에서 도출한 것으로 클라이언트가 사용한 단어와 표현을 포함할 수도 있다. 또한 클라이언트에게 사회복지사는 과제를 줄 수도 있다. 즉, 고객형의 클라이언트에게는 행동과제를, 불평형의 클라이언트에게는 관찰과제 혹은 생각과제를 줄 수 있으며, 방문형의 클라이언트에게는 과제를 주기보다는 어려운 문제상황에서도 도움을 받기 위해 참여한 것에 대해서 칭찬하고 지지함으로써 다음 회기에 참여할 수 있도록 한다.

☑ 과제 예시

- 무엇이든 다르게 행동하고, 그때에 무엇이 다른지 관찰하기
- 지금 당면한 문제를 극복한다면 무엇을 할 것인지 생각해 가지고 오기

5) 한계점

해결중심모델은 단기치료 접근방법이면서도 장기치료와 유사한 치료효과를 나타내며, 클라이언트 중심의 관계 및 협력을 활용하고 클라이언트의 강점을 중시한다는 점에서 많은 장점을 가지고 있다. 그러나 이 모델에 대한 몇 가지 비판과 한계점들이 제기되고 있다.

일부 사회복지사들은 해결중심모델을 클라이언트와의 대화를 위한 철학적 접근방법으로 이해하기보다는 여러 기법들의 조합이나 절충주의적 접근

법으로 인식하는 경향이 있다. 이로 인해 모델의 근본적인 철학과 원리보다는 표면적인 기법에만 치중하게 될 위험성이 있다.

더불어 해결중심모델이 문제의 근본 원인을 해결하기 위한 체계적 기법이라기보다는 임시방편적인 응급처치 방법으로 여겨지는 경우가 있다. 과거에 대한 이해를 중요시하지 않지만, 사회복지사는 여전히 클라이언트에 대한 사정과 진단이 필요한 상황에 직면하게 되므로(Walter & Peller, 1998) 이론적 한계를 갖는다.

한편, 실천적 한계로는 해결중심모델을 활용할 때 비용효과성에 대한 비현실적인 기대를 갖는 경우가 있다. 단시간에 더 효과적인 문제해결이 가능할 것이라는 기대와 달리, 실제로 이 모델을 적절히 적용하기 위해서는 상당한 시간과 노력이 요구된다.

클라이언트의 변화를 기술하고 논의할 때 병리적 관점을 중시하는 다른 모델들과는 다른 용어를 사용하므로, 타 전문가들과의 협력에 어려움이 발생할 수 있다. 아울러 클라이언트가 추후상담과 종결 시점을 결정하기 때문에 상담 간격이 일정하지 않아 사회복지사의 업무계획 수립과 실행에 어려움을 경험할 수 있다(Walter & Peller, 1998).

학습문제

[서술형]

01 임파워먼트 모델의 실천단계 3가지(대화단계, 발견단계, 발전단계)를 각각 설명하고, 각 단계별 주요 개입기술을 제시하시오.

02 해결중심모델의 개입과정 중 '해결방안 모색의 시작단계'의 특징과 사회복지사의 역할을 서술하시오.

[선택형]

01 임파워먼트의 다차원적 개념에 대한 설명으로 옳지 않은 것은?

① 개인 차원: 개인의 역량, 지배감, 변화능력을 포함하며 자신의 삶에 대한 통제감을 의미한다.

② 대인관계 차원: 다른 사람에 대한 영향력으로 상호 교환하는 평형관계를 형성하는 것이다.

③ 구조적 차원: 사회적 수준에서 자원을 창출하는 것으로 일부 개인에게 주어진다.

④ 개인 차원: 이성, 의지, 동기에서 나타나며 영적 추구까지 포함하는 전인성을 나타낸다.

⑤ 구조적 차원: 정치적·사회적 상황 같은 사회구조를 바꿈으로써 사회적 수준에서 자원을 창출하는 것이다.

02 **브론펜브렌너(Bronfenbrenner, 1979)의 생태학적 환경 체계 구분에 대한 설명으로 올바른 것은?**

① 미시체계(microsystem)는 문화유형이나 광범위한 사회적 맥락을 의미한다.
② 외적체계(exosystem)는 미시체계들 간의 상호작용과 연결성이다.
③ 중간체계(mesosystem)는 개인이 직접 관여하지는 않지만 간접적으로 영향을 주는 환경이다.
④ 거시체계(macrosystem)는 예를 들어 부모의 직장이나 지역사회 정책 등을 포함한다.
⑤ 미시체계는 가족과 같은 직접적 환경에서의 활동과 대인관계를 의미한다.

03 **해결중심모델의 해결지향적 질문기법이 아닌 것은?**

① 기적질문
② 예외질문
③ 첫 면접 이전에 변화에 관한 질문
④ 문제원인 탐색질문
⑤ 척도질문

서술형 모범답안

01 대화단계는 사회복지사와 서비스 이용자 간의 협력적 관계 형성이 핵심으로, 생태체계적 관점에서 상황을 파악하고 강점지향적 접근을 통해 잠재된 역량과 환경적 자원을 탐색하는 단계이다. 주요 개입기술로는 적극적 경청과 공감적 의사소통, 강점 발견을 위한 질문 기법, 생태체계적 환경 사정, 협력적 관계 구축을 위한 파트너십 형성이 있다.
발견단계는 서비스 이용자가 자신의 강점과 능력을 인식하고 변화 가능성을 발견하는 과정으로, 고착된 문제보다는 일시적이고 변화 가능한 욕구에 초점을 맞춰 자기효능감을 증진시키는 단계이다. 주요 개입기술로는 강점 중심의 사정 및 평가, 목표 설정과 우선순위 결정 지원, 자기효능감 증진을 위한 동기부여 기법, 다양한 체계수준에서의 자원 탐색이 있다.
발전단계는 발견한 강점과 역량을 바탕으로 실제적인 변화를 추진하는 실행 과정으로, 사회복지사는 변화과정의 동반자로서 서비스 이용자와 협력하여 개인 · 대인관계 · 정치적 차원에서의 힘을 증가시키도록 지원하는 단계이다. 주요 개입기술로는 행동계획 수립 및 실행 지원, 환경과의 효과적 상호작용 기술 개발, 옹호(advocacy) 및 사회행동 기술, 지속가능한 변화를 위한 역량 강화가 있다.

02 해결방안 모색의 시작단계는 클라이언트와 사회복지사 간의 효과적인 라포 형성을 통해 신뢰관계를 구축하고 협력적 관계로 발전시키는 단계이다. 사회복지사는 클라이언트가 문제 원인 분석보다는 해결방안 탐색에 집중할 수 있도록 지원하는 촉진자 역할을 수행한다. 주요 개입방법으로는 적극적 경청과 공감적 반응, 긍정적 재구성 기법을 통한 문제 인식 전환, 클라이언트의 강점과 자원 탐색 등이 있다. 이 단계에서 형성된 협력적 관계는 후속 단계의 성공적 개입을 위한 토대가 된다.

선택형 정답

01 ③ **02** ⑤ **03** ④

PART 03

사회복지대상별 실천기술

06
CHAPTER

개인을 위한 실천기술

1. 개인대상 사회복지실천의 개념과 유형
2. 개인문제에 대한 이해
3. 개인대상 사회복지실천 개입과정
4. 사례중심 개입전략과 기술

학습목표

1. 개인대상 실천의 이론적 기초를 이해한다.
2. 클라이언트의 문제를 구조화하고 사정(Assessment)할 수 있다.
3. 상담 및 개입 기술을 적용하여 실천과정을 수행할 수 있다.

1. 개인대상 사회복지실천의 개념과 유형

1) 개인대상 사회복지실천 개념

개인대상 사회복지실천(Individual Social Work Practice)은 다양한 심리사회적 어려움을 겪고 있는 개인이 자신의 삶을 주체적으로 회복하고 향상시킬 수 있도록 전문적인 지원과 개입을 제공하는 실천 활동이다. 이는 사회복지사가 한 개인을 중심으로 상담, 사정, 계획, 개입, 평가 등의 체계적인 실천 과정을 수행하며, 개인이 처한 문제를 심층적으로 이해하고 구체적인 해결 방안을 모색하는 것을 핵심으로 한다(조흥식 외, 2020).

개인대상 사회복지실천은 클라이언트가 직면한 문제를 단순히 개인의 성향이나 책임으로 환원하지 않고, 그 문제를 발생시키고 유지하는 사회적·환경적·구조적 요인을 함께 고려하는 전인적 접근에 기반한다. 이는 개인의 심리적 고통이 종종 가족 내 역동, 사회적 자원 부족, 제도적 불평등, 차별적 환경 등 외부 조건과 상호작용하여 형성된다는 점에서, 개인-환경 간의 상호작용을 중요하게 다룬다(Hutchison, 2019; Zastrow & Kirst-Ashman, 2022).

예컨대, 우울, 불안, 관계 갈등, 빈곤, 실직, 장애, 노화, 가족 해체와 같은 문제는 단지 개인의 심리적 취약성만이 아니라, 구조적 맥락에서의 스트레스와 자원 접근성의 차이에 의해 악화될 수 있다. 따라서 사회복지사는 문제를 진단할 때 개인의 내면적 요인뿐만 아니라 가족, 지역사회, 사회제도 등 외부 요인을 함께 분석해야 한다.

이러한 실천은 심리사회적 관점(psychosocial perspective)에 기반을 두고 있다. 이 관점은 개인의 내적 자원(예 자아존중감, 대처 능력)과 외적 환경(예 가족지지, 복지제도, 지역사회 자원) 간의 상호작용을 이해하고, 변화의 가능성을 탐색하는 데 중점을 둔다(Segal, Gerdes, & Steiner, 2021).

또한, 클라이언트를 단순한 복지서비스 수혜자로 보지 않고, 자신의 삶을 능동적으로 변화시킬 수 있는 주체로 인식한다. 이때 사회복지사는 클라이언트의 변화를 촉진하는 조력자(helper)이자 촉진자(facilitator)로서 역할을 수행하며, 목표 설정, 자원 연계, 심리적 지지, 역량 강화 등을 통해 변화 과정을 함께 설계하고 실천한다(Miley, O'Melia, & DuBois, 2017).

이러한 사회복지실천은 단회성의 상담에 그치는 것이 아니라, 문제 확인 → 목표 설정 → 개입 → 평가 및 종결로 이어지는 체계적이고 점진적인 과정을 통해 진행되며, 클라이언트의 삶의 질 향상과 자립 능력 강화를 궁극적인 목표로 한다.

결과적으로 개인대상 사회복지실천은 클라이언트의 삶의 질을 향상시키고, 자립을 돕는 것을 넘어서, 그 개인이 속한 사회환경의 개선 및 구조적 변화까지 도모하는 미시적 실천과 거시적 관점이 결합된 실천 영역으로 볼 수 있다(김기환 외, 2019).

개인대상 사회복지실천의 주요 특징은 다음과 같다.

개인대상 사회복지실천은 클라이언트의 문제 상황을 보다 효과적으로 이해하고 지원하기 위해, 이론적 근거와 함께 행동적 원칙에 따라 구조화된 방법으로 진행된다. 다음은 그 주요 특성을 정리한 것이다.

(1) 신뢰 기반의 전문적 관계 형성

개인 대상 사회복지실천의 시작점은 사회복지사와 클라이언트 간의 전문적 관계 형성이다. 이 관계는 단순한 인간적 친밀감을 넘어, 신뢰(trust)와 협력(cooperation)을 기반으로 형성되며, 클라이언트의 변화 동기를 유도하고 실천 전 과정에의 적극적인 참여를 가능하게 한다(Miley, O'Melia, & DuBois, 2017).

사회복지사는 초기 면담 단계에서 적극적 경청(active listening), 공감적 반응(empathic response), 비판단적 태도와 같은 의사소통 기술을 활용하여 클라이언트의 감정, 사고, 욕구를 깊이 있게 탐색하고, 상호 신뢰를 쌓아나간다. 이러한 관계는 클라이언트가 자신을 안전하게 표현하고 변화에 대한 의지를 발전시킬 수 있는 심리적 기반이 되며, 실천 개입의 효과성과 지속성을 결정짓는 핵심 요소가 된다(Hepworth et al., 2017; Segal et al., 2021).

(2) 과학적 사정과 이론에 기반한 개입 설계

개인대상 사회복지실천은 단순히 실무자의 경험이나 직관적인 판단에 의존하지 않고, 이론적 지식과 경험적 자료에 기반하여 문제를 분석하고 탐색하여 개입 전략을 구성한다. 이를 위해 다양한 사정 도구(예 생태도, FAD, 강점 목록 등)와 이론적 모델(예 인지행동치료, 해결중심모델, 강점관점 등)이 활용된다(Teater, 2020).

사정 단계에서는 클라이언트의 심리적인 상태, 사회적인 관계, 자원 접근성, 환경적 스트레스 요인 등을 다각도로 파악하고, 구체적인 변화 목표를 설정한다. 이후 설정된 목표를 효과적으로 달성하기 위한 개입은 에비던스 기반(evidence-based)의 방법론을 중심으로 구성되며, 개인의 특성과 처해 있는 상황에 따라 맞춤형 전략이 활용된다. 이 과정을 통해 실천은 보다 체계적이고, 성과를 측정 가능한 수준으로 구조화된다(Zastrow & Kirst-Ashman, 2022).

(3) 클라이언트 중심의 실천 철학

현대 사회복지실천에서는 클라이언트를 단순한 도움을 받는 수혜자가 아닌, 자신의 삶을 능동적으로 변화시킬 수 있는 주체로 인식한다. 이러한 관점은 자기결정권(self-determination)과 자율성(respect for autonomy)이라는 사회복지의 핵심 가치에 뿌리를 두고 있으며, 실천가의 역할은 단지 해결책을 제공하는 것이 아니라, 클라이언트가 자신의 문제를 이해하고 스스로 해결할 수 있도록 조력하는 과정을 함께 설계하는 데 있다(Hepworth et al., 2017; Lee & Hudson, 2021).

사회복지사는 클라이언트가 실천 과정에서 적극적으로 참여할 수 있도록 의사결정의 주체로 존중하며, 그들의 의견, 신념, 문화적 배경을 고려한 개별화된 개입 전략을 수립한다. 이는 단순한 개입이 아니라 상호 협력적 실천 관계(co-productive relationship)를 통해 클라이언트의 역량을 강화하고, 지속 가능한 변화를 유도하는 데 목적이 있다(Saleebey, 2006; Reamer, 2018). 특히, 변화의 방향성과 실천의 내용은 클라이언트의 삶의 맥락과 가치 체계를 반영하여 함께 논의되고 조율되며, 실천가는 이 과정에서 촉진자(facilitator) 및 동반자(collaborator)로 기능한다.

이러한 접근은 탈기관 중심적인 실천 방식에서 더욱 강조되며, 클라이언트의 주체성을 보장하는 것이 윤리적 실천의 기초이자, 장기적인 개입 효과를 담보하는 전략임을 시사한다.

(4) 개인 변화와 환경 변화의 이중적 목표

사회복지실천은 개인의 심리적 안정이나 문제 해결에만 초점을 두지 않는다. 클라이언트의 개인적 회복력 향상과 동시에, 그가 속한 환경(가족, 지역사회, 제도)의 구조적 제약과 문제를 인식하고 개선하는 것도 중요한 목표이다. 이는 개인과 환경의 상호작용을 중시하는 생태체계이론(Ecological Systems Theory)에 기초한 통합적 접근으로, 클라이언트가 보다 자율적이고 능동적인 사회참여를 실현할 수 있도록 지원하는 것을 지향한다.

예컨대, 노인의 우울증에 간한 문제를 다루는 경우, 단순하게 정서적인 지지의 제공을 넘어, 가족들과의 관계형성, 홀로 고립된 생활 환경, 주변 사람들과의 상실 경험, 신체 기능의 저하, 경제력 악화 등 다양한 원인을 아우르는 통합적 개입이 필요하다. 이것은 단일 차원이 아닌 다차원적 접근을 요하는 사회복지실천의 복합성과 전문성을 잘 나타내는 사례이다.

2) 사회복지실천의 개인대상 유형

개인대상 사회복지실천은 개별 클라이언트의 문제와 욕구를 중심으로 하되, 생애 단계, 문제의 특성, 그리고 이들이 놓인 환경적 조건을 함께 고려하여 다양한 방식으로 분류된다.

이러한 실천은 현장의 맥락과 클라이언트가 직면한 문제 유형에 따라 개입 방법이나 접근 전략이 달라지며, 대표적으로 다음과 같은 유형으로 나누어 살펴볼 수 있다.

(1) 대상별 사회복지실천 기본유형

개인의 생애주기 발달과업에 따른 과제나 위기에 개입하는 유형으로, 각 발달 단계에서 나타나는 특성과 문제에 적합한 실천을 제공한다.

① 영유아기 대상 실천: 애착 문제, 발달 지연, 부모 양육 스트레스 등

- 주요 특징: 이 시기는 신체 · 정서 · 인지 발달의 기초가 형성되는 시기로, 부모와의 애착 형성이 핵심 과제이다.
- 주요 문제: 애착 장애, 언어 및 인지발달 지연, 정서적 표현의 어려움, 양육 스트레스 증가
- 개입 방향: 부모교육, 애착 형성 프로그램, 미술치료, 음악치료, 놀이치료 등이 활용된다.
- 사례 예시: 양육 환경으로 인해 유아가 미성숙으로 인해 분리불안을 보이는 경우, 부모-자녀 상호작용 증진 프로그램과 양육 기술 코칭을 제공한다.

② 아동기 실천: 정서 · 행동 문제, 학교 부적응, 아동학대 등

- 주요 특징: 정체감과 자율성을 발달시키는 시기로, 또래 관계와 학교 적응이 중요한 이슈가 된다.
- 주요 문제: 주의력결핍과잉행동장애(ADHD), 정서 · 행동 문제, 학대 피해, 학교 부적응, 사회적 위축
- 개입 방향: 놀이치료, 행동치료, 가족치료, 학교사회사업, 보호서비스 연계 등
- 사례 예시: 가정폭력 환경에서 자란 아동이 학교에서 공격적 행동을 보이는 경우, 보호기관 연계와 함께 심리치료를 개입한다.

③ 청소년기 실천: 자아정체감 혼돈, 진로 및 취업고민, 우울, 강박, 중독, 학교폭력

- 주요 특징: 자아정체성 확립과 독립성 획득이 중요한 시기로, 진로, 또래 관계, 가족 갈등이 주요 이슈이다.
- 주요 문제: 학교폭력, 가출, 중독(인터넷, 스마트폰 등), 자살충동, 성 정체성 혼란, 우울 · 불안
- 개입 방향: 위기개입, 집단상담, 또래관계 프로그램, 진로지도, 가족개입 병행

- **사례 예시**: 인터넷 게임 중독으로 학교생활이 어려운 청소년에게 인지행동적 개입과 가족치료 병행을 실시한다.

④ **청년기 실천**: 취업 실패, 자립 어려움, 대인관계 문제, 정신건강 문제 등

- **주요 특징**: 사회적 독립과 직업 선택, 자립적 삶의 설계가 핵심이다.
- **주요 문제**: 취업 실패, 자존감 저하, 대인관계 갈등, 우울·불안, 주거 불안정
- **개입 방향**: 진로지도, 정신건강 상담, 자립지원 서비스 연계, 주거 및 생계지원 자원 연결
- **사례 예시**: 취업 실패로 인해 자존감 저하와 무기력감을 느끼는 청년에게 자신감을 가지고 주체적으로 행동하고 자기효능감 향상을 일으킬 수 있는 상담 및 고용복지센터를 연계한다.

⑤ **중년기 실천**: 직업에 대한 스트레스, 부부 갈등, 각종 중독, 가족문제 등

- **주요 특성**: 중년기에는 비교적 개인의 직업이 안정화되는 시기인 동시에, 가정 내에서 부모·배우자·자녀로서의 역할 간 균형이 상당히 요구되는 시기이다. 이 시기에는 역할 간 충돌이나 혼란, 삶의 방향에 대한 재고 등 다양한 전환 과제에 직면할 수 있으며, 정체성 혼란이나 정서적 불안이 동반되기도 한다.
- 주요 문제
  - 직무와 관련 스트레스 및 직업적 한계와 탈진
  - 배우자 혹은 자녀와의 관계 갈등 및 의사소통 문제
  - 자녀의 성장에 관한 부담과 양육 부담에 따른 정서적 중압감
  - 중년 위기 및 자기 정체감에 대한 혼란
  - 건강 이상신호, 만성질환 초기 증상과 이에 대한 두려움
  - 알코올, 인터넷, 도박 등 중독 문제 발생 가능성
- 개입 방향
  - 스트레스 해소 프로그램을 통해 감정 해소 및 조절과 자기 돌봄 전략을 교육

- 부부 및 가족상담을 통해 의사소통 개선, 정서적 지지 체계 강화
- 위기 개입 중재를 통한 단기적 불안 완화 및 안정감 향상
- 자기이해 촉진 활동(예 내담자 중심 상담, 미술/회상 기반 자아 탐색 프로그램 등)을 통해 자존감 회복 및 삶의 의미 재구성

• **사례 예시:** 중년 남성이 반복적인 도박으로 인해 배우자와의 갈등이 심화된 사례에서, 중년남성의 개별 중독 상담과 더불어 가족의 교육 및 관계 회복 프로그램을 병행함으로써 도박 문제를 조절하고 가족의 기능 회복을 기대할 수 있다.

⑥ **노년기 실천:** 상실과 우울, 고립, 질병, 죽음 준비 등

• **주요 특징:** 노년기의 은퇴 후 생활에 대한 적응, 배우자 상실, 신체적·정서적 기능 저하, 죽음 준비와 같은 노화와 관련 과제가 중심이 되는 시기이다. 이러한 변화는 심리사회적 위기와 연결되며, 사회적인 문제뿐 아니라 개인의 삶의 질에 큰 영향을 미친다.

• 주요 문제
- 배우자 및 친구 등 주요 인물의 상실로 인한 우울감과 고립감
- 만성질환 및 신체적 기능 저하로 인한 신체적 어려움
- 노인학대 및 경제적 취약성으로 인한 삶의 어려움
- 사회적 지지망 감소와 외로움

• 개입 방향
- 자조모임 및 동료 지지 그룹을 통한 정서적 지원 제공
- 과거의 긍정적 경험을 재구성하는 회상치료
- 개별 맞춤형 사례관리 및 지역사회 자원 연계 강화
- 건강 관리 교육과 죽음 준비 프로그램 실시로 삶의 질 증진

• **사례 예시:** 배우자의 사망 이후 심한 우울증상을 보이는 노인에게 회상치료를 제공하고, 지역사회 내 자조 모임과 복지 서비스에 연결하여 정서적 안정을 도모하는 개입을 실시한다.

⑦ **장애인 및 만성질환자 실천**: 기능 상실, 사회적 차별, 자기관리 어려움 등

- **주요 특성**: 장애인 및 만성질환자는 장기간의 의료적·재활적 지원과 사회적 배려가 필요한 집단으로, 신체적 기능 저하와 사회적 차별이라는 이중의 어려움을 경험한다.
- **주요 문제**
  - 장애에 따른 이동 및 일상생활의 제약
  - 사회적 낙인과 배제 경험
  - 가족 및 보호자의 돌봄 부담 가중
  - 자기관리 및 자립 역량의 제한
- **개입 방향**
  - 개인별 재활 계획을 수립하고 지속적으로 조정하는 사례관리
  - 심리사회적 지지와 가족교육을 통한 정서 및 기능 회복 지원
  - 장애인 권익옹호와 사회적 참여 촉진 활동
  - 지역사회 자원과의 연계를 통해 생활기술 및 사회적응 능력 강화
- **사례 예시**: 뇌병변장애를 가진 대상자에게 주간보호센터 이용을 지원하고, 생활기술 훈련 프로그램을 제공하여 일상생활 자립 능력 향상을 돕는다.

⑧ **이주민 및 다문화 대상 실천**: 문화 적응, 언어 장벽, 사회적 고립 등

- **주요 특징**: 문화적 이질감과 사회적 소외 문제에 취약한 대상이다.
- **주요 문제**: 언어 장벽, 정체성 혼란, 인종차별, 교육·의료 접근 제한
- **개입 방향**: 통역지원, 다문화 가족 상담, 문화적응 교육, 정보 제공
- **사례 예시**: 한국어 소통이 어려운 결혼이주여성에게 가족상담과 지역 적응 프로그램을 제공한다.

⑨ **위기상황 대상 실천**: 자살 위기, 재난 피해, 상실 경험 등 단기 집중개입 필요

- **주요 특징**: 갑작스럽고 충격적인 사건으로 인해 일상기능이 급격히 저하된 상태이다.

- **주요 문제**: 자살시도, 상실 경험, 자연재해, 학대, 사고 등
- **개입 방향**: 위기개입 모델 적용, 심리적 응급처치, 단기 집중 상담 및 사례관리
- **사례 예시**: 자살 시도를 한 대학생에게 위기상담과 정신과 병원 연계를 실시한다.

⑩ **강점 및 역량 강화 실천**: 자아존중감, 자기결정능력, 회복탄력성 향상 등

- **주요 특징**: 문제중심 접근을 넘어서, 개인의 가능성과 자원을 발굴하는 데 초점을 둔다.
- **주요 내용**: 자기결정능력 강화, 회복탄력성 증진, 목표 설정 및 실현 지원
- **개입 방향**: 강점탐색 면접, 목표중심 계획, 동기강화상담 등
- **사례 예시**: 실직 후 무기력한 청년에게 자원 탐색과 자기효능감 강화를 위한 동기면접을 실시한다.

⑪ 정신건강 문제 대상 실천

- **주요 특징**: 정신건강 문제 대상 실천은 경미한 우울이나 불안에서부터 조현병, 외상 후 스트레스 장애(PTSD)와 같은 심각한 정신질환에 이르기까지 광범위한 상태를 포함한다. 이들 문제는 개인의 심리적, 사회적 기능에 심각한 영향을 미칠 수 있어 다각적인 접근이 필요하다.
- 주요 문제
  - 우울증, 불안장애
  - 조현병 및 기타 정신병적 장애
  - 외상 후 스트레스 장애(PTSD)
  - 기타 정신건강 관련 증상 및 장애
- 개입 방향
  - 개인 상담 및 심리치료 제공
  - 의료진과의 협업을 통한 약물치료 지원

- 체계적인 사례관리로 지속적인 추적과 지원
- 재발 예방을 위한 교육 및 프로그램 운영

- **사례 예시**: 불안장애 진단을 받은 내담자에게 인지행동치료(CBT)를 적용하여 증상 완화와 대처능력 향상을 지원한다.

⑫ 중독 문제 대상 사회복지실천

- **주요 특징**: 중독 문제는 알코올, 약물, 도박, 인터넷 등 다양한 형태로 나타나며, 개인의 자율성과 일상생활 기능에 부정적인 영향을 미치는 반복적 행동 양식이 특징이다.
- **주요 문제**: 알코올 및 약물 남용, 도박 및 게임 중독, 스마트폰 및 인터넷 과다 사용, 이와 관련된 사회적·심리적 문제
- 개입 방향
  - 금단 증상 관리 및 심리사회적 지원
  - 자조 모임 및 재활 프로그램과의 연계
  - 가족 상담 및 중재를 통한 관계 개선
  - 재발 방지를 위한 생활습관 개선 및 전략 수립
- **사례 예시**: 알코올 중독 문제를 가진 중년 남성에게 인지행동모델에 기반한 개인상담을 진행하고, 익명알코올중독자모임(AA) 참여를 지원한다.

⑬ **경제적 빈곤 및 실직 대상 실천**: 생계 곤란, 실직, 주거 불안 등 자원 연계 및 자립 지원

- **주요 특징**: 경제적 자원의 부족함으로 인해 삶의 전반에 부정적 영향을 받는 대상
- **주요 문제**: 실직, 빈곤, 주거 불안정, 자녀 양육 곤란, 사회적 배제
- **개입 방향**: 공공·민간 자원 연계, 고용복지 연계, 긴급지원, 자립역량 향상
- **사례 예시**: 경력단절 여성에게 직업훈련 정보 제공과 자녀 돌봄 서비스를 연계한다.

(2) 사회복지실천 확장유형

① 범죄 피해자 및 가해자 실천

성폭력, 가정폭력, 청소년 비행, 전과자 재사회화 등 관련 심리·사회적 개입

예 피해자의 외상 후 스트레스 관리, 가해자의 분노조절 및 사회적 적응 지원

② 성소수자(LGBTQ+) 대상 실천

성정체성 혼란, 가족·사회 내 차별 경험, 자아존중감 저하 등

예 정체성 수용과 지지, 안전한 관계망 형성, 차별 대응 역량 강화

③ 난민 및 무국적자 실천

법적 지위 문제, 언어장벽, 문화충격, 의료·교육 접근 제한 등

예 정착 지원, 심리적 안정 지원, 제도 정보 제공

④ 성매매 피해자 실천

트라우마, 낮은 자존감, 재진입 위험, 생활고 등

예 긴급보호, 자립 역량 강화, 심리회복 프로그램

⑤ 청년 1인가구 실천

고립, 불안정한 경제 기반, 정신건강 위기 등

예 상담 및 주거·소득 자원 연계, 정서적 지지망 형성

2. 개인문제에 대한 이해

개인문제(Individual Problem)란, 개인이 일상생활을 영위하는 데 있어서 심리적·정서적 안정, 사회적 관계 유지, 역할 수행 등에서 지속적 어려움이나 부적응을 겪는 상태를 의미한다. 이러한 문제는 개인 내부의 성격, 정서, 인지 등의 요인뿐 아니라, 그가 처한 사회적·환경적 조건과도 밀접하게 연관

되어 나타난다. 다시 말해, 개인문제는 단지 개인의 역량 부족이나 태도의 문제가 아니라, 구조적 불평등, 제도적 한계, 문화적 기대, 가족 관계 등 개인을 둘러싼 복합적 맥락 속에서 형성되는 다차원적 문제로 이해해야 한다(Hepworth, 2017).

예컨대, 한 청년이 지속적으로 구직에 실패하고 좌절감을 느낀다면, 이는 단순히 이력서 작성 능력이나 면접 태도의 문제가 아니라, 청년 고용을 제한하는 비정규직 중심의 노동시장 구조, 학력이나 배경에 따른 차별, 가족이나 사회의 성취 중심 가치관, 심리적 자존감의 저하, 사회적 지지체계의 부재 등이 얽힌 결과일 수 있다(Bronfenbrenner, 1979).

사회복지사는 복합적이며 어려운 개인문제의 근본을 파악하기 위해, 문제의 드러나는 현상뿐만 아니라 드러나지 않는 문제의 구조적·맥락적 요인까지 통합적으로 접근한다. 이것은 개인에게 온전히 책임을 전가하지 않고, 개인에게 일어난 문제의 원인을 파악함과 동시에 클라이언트의 존엄성과 자기결정권을 존중하는 실천의 윤리적 기반을 마련한다. 또한, 이를 통해 사회복지실천은 단순한 문제 해결을 넘어, 개인이 처한 환경을 변화시키고 사회적 정의(Social Justice) 실현에 기여하는 전문적인 활동으로 확장될 수 있다(Saleebey, 2006).

이러한 개인의 문제를 완전히 이해하려면, 그 원인을 정밀하게 진단하는 것이 필요하다. 다음은 개인의 문제를 일으키는 주요 요인을 분야별로 구분하여 설명하고자 한다.

1) 사회적 요인

개인이 경험하는 문제는 일반적으로 개인 내면의 결점이나 잘못으로 이해하기 쉽지만, 실제로는 개인이 속해 있는 사회 구조와 함께 제도적 맥락에서 비롯한 요인들이 결정적인 영향을 미치는 경우가 많다. 이러한 관점은 인간의 행동과 문제를 사회적 환경과의 상호작용 속에서 바라보는 구조적 접근(Structural Approach)과 관련되며, 사회복지실천의 비판적 실천 모델에서도 핵심적으로 다루어지는 시각이다(Mullaly, 2010).

사회적 요인은 사회적인 불평등, 제도적인 차별성, 자원 접근성의 제한, 정치·경제적인 구조의 왜곡, 사회적인 낙인과 배제 등을 포함한다. 이는 개인이 스스로의 잠재력을 실천하고 사회적 역할을 성실히 수행하는 데 있어 심각한 문제의 한계 요인으로 작용하며, 다양한 심리사회적인 문제로 발전할 수 있다.

예를 들어, 지속적인 노동시장의 악화와 고용 불안감은 청년층의 안정된 삶의 기반을 마련하기 어렵게 만들고, 이는 자기효능감 저하, 사회적 고립, 우울감의 심화로 연결될 수 있다. 또한, 성별, 인종, 장애, 성적 지향 등에 따른 제도적인 차등은 이들이 속해있는 집단에서 개인이 사회적 자원을 배분받을 기회 자체를 집단에서 배제되는 현상을 일으킨다. 그 결과, 사회적으로 차별받게 되는 개인은 자신의 삶에 있어 통제감을 잃게 되고, 만성적인 스트레스, 낮은 자존감, 심리적인 탈진 상태를 경험할 가능성이 높아진다.

더불어, 사회적 낙인(Stigma)은 특정 집단(예 정신질환자, 이주민, 한부모 가정 등)에 부정적인 이미지를 부여하고, 이로 인해 개인은 사회적 관계 형성에서 어려움을 겪거나 지역사회 내에서 고립될 수 있다(Thompson, 2016). 이러한 경험은 자기비하적인 사고와 사회적 활동에 있어 위축을 강화하며, 나아가 사회 참여의 의욕을 떨어뜨리는 악순환으로 이어진다.

사회복지사는 이러한 사회적 요인을 단지 설명적 변수로 다루는 데 그치지 않고, 정책 제안, 권익옹호, 사회적 캠페인, 지역사회 조직화와 같은 거시적 실천 전략을 통해 문제를 구조적으로 해결하려는 노력을 병행해야 한다. 예컨대, 청년 고용 불안을 개인의 면접 스킬 문제로 환원하지 않고, 청년 고용 확대를 위한 정책 제안, 취업 역량 강화 프로그램, 고용 시장 내 차별적 요소 개선 등과 연결해야 보다 지속가능한 실천이 가능하다.

2) 가정적 요인

가정은 인간 발달에 있어 최초이자 가장 밀접한 사회 환경으로, 정서적 안정감 제공, 가치관의 내면화, 사회적 역할 학습 등 핵심적인 사회화 기능을 수행한다(강철희 외, 2021; 김유숙, 2022). 하지만 이러한 기능이 정상적으로 작동하지 않거나, 위계 구조나 의사소통에 문제가 발생할 경우, 가정은 오히려 개인문제를 발생시키는 중요한 요인으로 전환될 수 있다.

현대 사회에서 발생하는 개인문제는 더 이상 개인의 결함이나 외부적 환경만으로 설명하기 어렵다. 특히 가정 내 구조적 기능 장애는 개인의 정서 및 사회적 적응에 중대한 영향을 미친다. 예를 들어, 가정폭력, 아동학대, 정서적 방임, 부부 간 갈등, 부모의 중독이나 정신건강 문제는 아동과 청소년의 자아정체감, 대인신뢰, 자기효능감 형성에 영향을 미친다(이화여자대학교 사회복지연구소, 2022). 또한, 부모의 이혼이나 재혼 과정에서 발생하는 가족 재구조화 문제는 역할에 대한 혼란, 가족의 한사람에 대한 충성심 갈등, 정서적 불안정을 유발할 수 있다.

특히 역할기대의 왜곡이나 가족 내 의사소통의 단절은 청소년의 조기 성인화(Parentification), 성인의 관계 회피, 노인의 소외감 등 생애주기별 적응 문제로 이어질 수 있다. 부모가 자신의 정서 문제나 갈등을 자녀에게 투사하거나, 보호자로서의 역할을 성실히 수행하지 못할 경우, 자녀는 보호받기보다는 보호해야 한다는 부담과 왜곡된 자기 인식을 형성하게 된다(김혜련, 2023).

사회복지사는 개인문제를 진단할 때, 단지 개인의 심리적인 특성이나 행동의 형태만을 진단하는 것이 아니라, 그 개인이 속한 가족 안에서의 전반의 기능과 상호작용을 진단하고 분석해야 하며, 이를 통해 문제의 원인과 영향을 명확히 이해할 수 있어야 한다. 이를 위해 가족체계이론(Family Systems Theory)이나 생태체계이론(Ecological Systems Theory)을 기반으로 한 통합적 접근이 요구되며, 필요한 경우 가족상담, 부모 교육, 다세대가족 개입, 지역사회 연계 자원 활용 등의 전략을 병행할 수 있다(Walsh, 2020; 문영숙 외, 2021).

3) 환경적 요인

개인을 둘러싼 환경적인 것은 단순한 배경이 아니라, 인간이 행동하고 사고하며 느끼는 정서, 그리고 삶의 전반에 걸쳐 지속적으로 영향을 주는 주요 변수로 작용한다. 환경적 요인은 개인이 일상적으로 접하는 물리적 공간, 지역사회 자원, 사회적 네트워크, 정책적 기반 등을 포함하며, 이들은 개인의 심리사회적 건강과 적응 역량, 문제 해결 능력에 결정적인 영향을 미친다(홍영렬, 2021; 강철희 외, 2021).

이러한 관점은 에코시스템 이론(Ecosystems Theory)에 기반을 두고 있다. 이 이론은 인간을 고립된 개체로 보기보다는, 환경 속에서 상호작용하는 유기적 존재로 이해하며, 인간과 그를 둘러싼 다양한 체계(미시체계, 중간체계, 외체계, 거시체계 등) 간의 적응(Adaptation), 상호의존(Interdependence), 변화(Change) 과정을 중심으로 개인의 문제를 분석한다(Bronfenbrenner, 1979; Germain & Gitterman, 1996).

예를 들어, 열악한 주거 환경, 낙후된 도시 기반시설, 높은 범죄율, 대중교통 미비, 의료 및 복지 접근성 부족 등은 일상적 스트레스 수준을 증가시키고, 삶의 질을 저하시키는 환경적 요인이다. 이러한 조건들은 특히 노인, 장애인, 이주민, 저소득층 등 구조적 약자들에게 더 큰 부담으로 작용하며, 위기상황 발생 시 회복과 지원을 위한 자원 접근을 심각하게 제한한다. 이로 인해 개인은 고립감, 무력감, 정신건강 문제, 만성적 스트레스에 노출되기 쉬워진다.

또한, 지역사회 내 사회적 지지망(Social Support Network)의 부재, 이웃 간 단절된 관계, 커뮤니티 조직의 기능 약화 등은 위기 시 정서적·실질적 지원을 제공받지 못하게 하며, 이는 궁극적으로 개인의 사회적 소속감 상실과 자기 효능감 저하로 이어질 수 있다(Walsh, 2020). 더불어, 도시와 농촌 간의 복지 격차, 지자체의 예산 및 정책 우선순위에 따른 자원 배분의 불균형은 동일한 문제를 가진 사람일지라도 지역적 차이에 따라 문제 해결의 가능성에 큰 차이를 만들게 된다.

사회복지사는 클라이언트의 문제를 단지 개인의 심리적 특성이나 가족 내 갈등으로만 접근하지 않고, 그들이 처한 물리적 환경과 지역사회 구조를 면밀히 분석함으로써 문제의 보다 총체적인 원인을 이해해야 한다. 특히 환경적 제약을 완화하고, 지역사회 내 자원을 발굴·연계하여 클라이언트가 보다 건강한 방식으로 적응할 수 있도록 지원하는 생태학적 개입(Ecological Intervention)이 필수적이다(이인정 · 최해경, 2022).

3. 개인대상 사회복지실천 개입과정

개인대상 사회복지실천의 개입과정은 사회적, 정서적, 심리적 문제를 겪는 클라이언트가 자신의 문제를 인식하고 해결해 나갈 수 있도록 돕는 일련의 전문적·단계적 절차를 의미한다. 이러한 과정은 단순히 문제 해결을 위한 기술적 개입에 그치는 것이 아니라, 클라이언트가 자신의 삶을 주체적으로 재구성하고, 변화된 환경에 효과적으로 적응할 수 있도록 역량을 강화하는 데 그 궁극적 목적이 있다(Hepworth et al., 2017; 조흥식 외, 2020).

개입과정은 초기 접수에서부터 사정, 계획 수립, 개입 실행, 평가, 종결, 사후관리까지의 논리적이고 순차적인 단계로 구성되며, 각 단계는 클라이언트와 사회복지사 간의 신뢰 기반의 협력적 관계를 통해 이루어진다. 이 과정은 개인 내적인 요인뿐 아니라, 그를 둘러싼 가족, 지역사회, 제도적 환경 등 다양한 맥락을 통합적으로 고려하여 문제를 다룬다는 점에서 심리사회적 접근(Psychosocial Approach)과 생태체계 관점을 기반으로 한다(Sheafor & Horejsi, 2008; Turner, 2011).

개입과정이 중요한 이유에 대해서 살펴보면 다음과 같다.

첫째, 체계적이고 표준화된 사정을 통해 문제의 본질과 원인을 명확히 파악함으로써, 무분별한 개입을 방지하고 보다 효과적이며 적합한 개입 전략을 설계할 수 있다.

둘째, 실천개입의 목표와 방법이 명확하게 구조화되어 실천의 일관성을 확보하며, 이에 따라 사회복지사와 클라이언트 간의 협력 관계를 강화할 수 있다.

셋째, 실천개입의 결과를 평가할 수 있는 객관적인 기준을 제공함으로써 실천의 질을 향상시키고, 향후 서비스 개선을 위한 자료로 활용할 수 있다.

넷째, 클라이언트는 이 과정을 통해 자신의 문제에 대해 깊이 이해하고, 자기결정권을 강화하며, 문제 해결 역량을 높일 수 있다.

이처럼 체계적인 개입 과정은 사회복지사가 전문성을 발휘하는 중요한 도구인 동시에, 클라이언트의 자립적 생활과 사회적 통합을 돕는 필수적인 기반이라고 할 수 있다.

1) 접수 및 관계형성(Engagement)

개인대상 사회복지실천의 시작점인 '접수 및 관계형성 단계'는 클라이언트가 처음으로 사회복지 서비스를 접하고, 사회복지사와의 전문적인 관계가 형성되는 중요한 초기 과정이다. 이 시기는 클라이언트가 자신의 문제를 외부에 드러내는 첫 단계인 만큼, 높은 수준의 심리적 불안, 방어적 태도, 혼란감을 보일 수 있다. 따라서 사회복지사는 공감적 태도와 비심판적인 자세, 그리고 진정성 있는 수용을 통해 신뢰의 기반을 마련해야 한다 (Compton, Galaway, & Cournoyer, 2005).

이 과정에서 사회복지사는 먼저 클라이언트가 경험하고 있는 문제의 내용과 배경, 도움을 요청하게 된 계기를 경청을 통해 탐색한다. 이를 통해 클라이언트의 주관적인 문제 인식 수준과 개입 동기를 이해하며, 초기 목표를 공유할 수 있는 기초가 마련된다. 또한, 서비스의 목적, 절차, 비밀보장, 정보활용 동의 등에 대한 설명을 충분히 제공하여 클라이언트가 실천과정에 자발적이고 능동적으로 참여할 수 있도록 돕는다(Hepworth et al., 2017).

이 단계는 단순한 행정적 접수가 아니라, 실질적인 관계형성(Engagement)과

라포(Rapport) 구축의 시작으로 간주된다. 라포는 사회복지사가 클라이언트에게 안정감, 존중, 신뢰를 줄 수 있는 정서적 연결을 의미하며, 이후의 모든 개입과 변화 과정을 가능하게 하는 핵심적 기반이다.

예를 들어, 가정폭력을 경험한 여성이 지역 사회복지관을 찾아온 상황이라면, 초기 접수 시 사회복지사는 폭력 상황을 강요하거나 재구성하기보다, 여성의 감정을 수용하며 이야기를 할 수 있는 안전한 환경을 제공하는 것이 우선이다. 이를 통해 클라이언트는 심리적 안정감과 보호감을 경험하고, 이후의 사정 및 개입 단계로 이어질 수 있는 신뢰의 틀을 갖추게 된다.

☑ 사례 예시

초등학생 자녀가 친구들에게 학교에서 집단 따돌림을 받아 이와 관련하여 어머니가 상담을 요청했다면, 사회복지사는 어머니의 자녀에 대한 불안한 감정을 수용하고, 상담 목적과 방법에 대해 충분히 설명하며, 자녀도 상담을 위해 만날 수 있음을 안내한다. '이야기해 주셔서 정말 감사합니다. 지금 많이 불안하고 힘드실 텐데, 천천히 어떤 일이 있었는지 저에게 말씀해주시면 함께 방법을 찾아보겠습니다.'

2) 사정(Assessment)

사정은 클라이언트의 문제와 삶의 맥락을 다차원적으로 이해하고, 이후 개입 방향과 전략을 수립하기 위한 핵심 과정이다. 이 단계에서는 단순히 표면적인 문제를 진단하는 데 그치지 않고, 클라이언트의 내적 특성과 외적 환경, 자원과 위기 요인, 그리고 강점과 취약점을 통합적으로 파악하는 총체적인 접근이 요구된다(Hepworth et al., 2017; 조흥식 외, 2020).

사회복지사는 클라이언트가 경험하는 어려움을 보다 정확히 이해하기 위해 생물심리사회적 관점(Biopsychosocial Perspective)과 생태체계이론(Ecological Systems Theory)에 근거한 분석 틀을 활용한다. 이 분석을 통해 개인의 행동과 감정, 신체 상태, 가족 관계, 경제 상황, 주거 조건, 사회적 지지 체계, 문화적 배경 등 다양한 요인들이 어떻게 상호작용하며 문제를 형성하고 있는지를 탐색한다(Bronfenbrenner, 1979).

예를 들어, 우울감을 호소하는 성인을 대상으로 할 경우, 단순히 정서만을 파악하는 것이 아니라, 취업의 실패 경험, 가족과의 관계, 지인이나 회상에서 관계단절, 경제적 자립 수준파악, 자아존중감 등의 여러 요소를 함께 고려해야 한다. 이는 단일 요인 중심의 분석이 아닌 다차원적·상호연결적 분석을 의미한다.

사정단계에서 활용되는 주요 도구는 다음과 같다.

- **가계도**(Genogram): 가족 구성원의 관계, 세대 간 패턴, 주요 사건 등을 시각적으로 정리하여 가족체계 내 반복되는 문제나 정서적 유대를 파악하는 데 유용하다.
- **생태도**(Ecomap): 개인이 환경과 맺고 있는 다양한 관계(예 가족, 친구, 기관, 지역사회 등)를 도식화하여, 지지체계의 강도와 스트레스 요인을 분석한다.
- **표준화된 척도 및 평가 도구**: 우울, 불안, 자기효능감, 스트레스 수준 등을 측정할 수 있는 검사 도구는 문제의 심각도와 개입의 우선순위를 설정하는 데 도움이 된다.

사정은 단회성 행위가 아니라, 실천 전 과정에 걸쳐 지속적으로 재평가되고 수정되어야 한다. 초기 사정에서 확인된 문제 외에도 개입 중 드러나는 새로운 정보들은 사회복지사가 실천 전략을 유연하게 조정하도록 만든다. 이러한 점에서 사정은 실천의 나침반 역할을 하며, 과학적이고 전략적인 개입의 토대를 형성한다.

☑ **사례 예시**

은퇴 후 우울감을 호소하는 70대 남성의 경우, 경제적 문제뿐 아니라, 가족과의 갈등, 친구나 친척과의 관계, 흡연이나 음주 문제 등 복합적 요인이 얽혀 있을 수 있다. 이때 생태도를 통해 클라이언트가 연결되어 있는 사회적 체계(가족, 이웃, 교회 등)를 시각화하여 진단하고, 정서상태나 대처기제에 대한 심리검사도 함께 병행할 수 있다.

3) 계획 수립(Planning)

계획 수립은 사정을 통해 도출된 문제와 자원을 기반으로, 클라이언트와 사회복지사가 공동으로 목표를 설정하고 개입 전략을 구체화하는 핵심 단계이다. 이 단계는 단순한 실천 계획의 수립을 넘어, 클라이언트의 자기결정권과 주도성을 강화하고, 실천의 방향성과 구체적 실행력을 높이는 데 목적이 있다(Hepworth et al., 2017; 강철희 외, 2020).

(1) 실천 목표 설정

실천 목표는 단기 목표(Short-term Goals)와 장기 목표(Long-term Goals)로 구분되며, 이는 클라이언트의 동기를 유지하고 변화 과정을 단계적으로 추적할 수 있도록 도와준다. 단기 목표는 작은 행동 변화나 초기 단계의 성취를 중심으로 설정되고, 장기 목표는 클라이언트가 지향하는 보다 근본적인 삶의 변화를 반영한다.

목표 설정 시에는 SMART 원칙을 적용하는 것이 일반적이다.

- S(Specific): 목표는 명확하고 구체적이어야 한다.
- M(Measurable): 성취 여부를 측정할 수 있어야 한다.
- A(Achievable): 현실적으로 달성 가능해야 한다.
- R(Realistic/Relevant): 클라이언트의 삶과 문제 해결에 관련되어야 한다.
- T(Time-bound): 시간적 기한을 명확히 설정해야 한다.

예를 들어, 실직으로 우울감을 호소하는 청년에게는 다음과 같은 목표를 설정할 수 있다.

- **단기 목표**: 2주 이내에 구직 사이트에 이력서를 등록하고, 주 2회 이상 면접 준비 활동에 참여한다.
- **장기 목표**: 3개월 내 본인의 적성에 맞는 일자리를 확보하여 경제적 자립 기반을 마련한다.

(2) 개입 전략 수립

목표가 설정되면, 이를 달성하기 위한 구체적인 개입 전략과 방법을 계획해야 한다. 개입 전략에는 다음과 같은 다양한 접근이 포함될 수 있다.

- **상담 및 치료적 개입**: 인지행동치료, 동기강화상담, 해결중심 단기상담 등
- **자원 연계**: 공공 지원제도, 복지관 서비스, 의료기관, 법률서비스 등과의 연계
- **기술훈련 및 교육**: 사회기술훈련(SST), 의사소통 훈련, 스트레스 관리 교육 등
- **환경 조정**: 클라이언트가 속한 환경 내의 물리적·사회적 장벽을 조정하는 실천

이 과정에서 사회복지사는 계획을 수립하는 사람이 아니라, 변화의 촉진자(facilitator)로서의 역할을 하며, 클라이언트의 참여동기를 적극적으로 이끌어야 한다. 또한, 책임에 대한 설정을 명확하여 클라이언트와 사회복지사, 혹은 관련 기관 간의 역할과 책임이 혼동되지 않도록 해야 한다.

계획 수립 단계는 실천의 길잡이 역할을 하며, 이후 평가 단계에서 성과를 판단하는 기준이 되기 때문에 구체적이며 체계적인 설계가 이루어져야 한다.

☑ 사례 예시

자존감이 낮아 불안이 높고 진로 고민이 많은 대학생에게, 단기 목표는 '자기이해를 위한 성격검사 및 진로 성숙도 검사, 해석 상담 진행', 장기 목표는 '진로 방향 설정 및 자기소개서, 이력서 작성, 면접 준비 등'으로 설정할 수 있다. 개입계획에는 MBTI 성격검사, 진로 성숙도 검사, 직업검사, 진로 정보 제공, 취업준비 프로그램 참여 등이 포함된다.

4) 개입(Intervention)

개입은 클라이언트의 문제의 특성, 환경적 조건, 변화에 대한 스스로의 동기에 따라 매우 다양하게 구성되며, 한 가지 방식에 국한되지 않고 통합적 접근이 요구된다. 또한, 클라이언트의 상황은 복지를 실천하는 과정에도 변화할 수 있기 때문에, 개입 과정에서는 지속적인 모니터링과 피드백, 유연한 전략 조정이 중요하다.

실제 개입에서 활용되는 대표적인 접근은 다음과 같다.

- **정서적 문제**: 개인상담, 인지행동치료(CBT), 정신역동적 접근 등을 통해 감정 조절, 자기이해, 사고 재구조화를 돕는다.
- **사회적 고립**: 또래 자조모임, 집단상담, 지역사회활동 연계 등을 통해 관계망 회복과 소속감 강화를 지원한다.
- **경제적 문제**: 사례관리(Case Management)를 통해 긴급복지지원, 공공자원 연계, 직업훈련 프로그램 등의 서비스를 연결한다.
- **가족 내 갈등**: 가족상담, 가족기능 강화 프로그램 등을 통해 의사소통 개선과 역할 조정을 시도한다.
- **중독 문제**: 동기강화면접(Motivational Interviewing), 12단계 회복모델, 지역 중독재활기관 연계를 통해 단주 유지 및 회복을 돕는다.

이러한 개입은 단기적인 문제 해결을 넘어서, 클라이언트의 회복력(resilience)을 강화하고, 사회적 기능과 삶의 질을 향상시키는 것을 목표로 한다.

☑ 사례 예시

사례: 중년 남성의 알코올 중독 문제 개입

50대 중반의 남성이 알코올 의존으로 인해 직장을 잃고, 가족과의 갈등이 심화되었다. 초기 사정을 통해 중독 문제가 단순한 의지 부족이 아니라, 실직 후 자존감 저하, 사회적 고립, 스트레스 대처 능력 부족에서 기인한 복합적 문제임을 확인하였다.

이에 따라 개입 전략은 다음과 같이 구성되었다.

- 동기강화면접(MI)을 통해 스스로의 음주 문제를 인식하고 변화의 필요성을 인지하도록 돕는다.
- 지역 중독재활센터와 연계하여 단주 모임에 참여하고, 정기적인 회복 프로그램을 이수하도록 한다.
- 가족상담을 통해 배우자와 자녀의 감정적 지지를 회복하고, 음주 문제로 인한 관계 손상을 회복하도록 지원한다.
- 직업 재활기관과 연계하여 직업훈련 및 구직활동도 병행하여 자립 기반을 회복할 수 있도록 한다.

이처럼 개입 단계에서는 클라이언트의 개별 욕구와 문제 특성에 기반하여, 개인적·사회적·환경적 수준에서 통합적인 개입이 이루어져야 한다. 실천 과정 전반에서 사회복지사는 촉진자, 지지자, 자원연계자 등 다양한 역할을 유연하게 수행한다.

5) 평가(Evaluation)

평가는 사회복지실천 과정에서 개입의 효과성과 적절성을 체계적으로 검토하고, 이후 실천 방향을 결정하는 핵심 절차이다. 이는 단순히 개입 결과만을 확인하는 활동에 그치지 않고, 변화가 이루어지는 과정과 개입의 타당성을 다각도에서 분석하는 포괄적인 작업이다. 평가 과정은 정량적 자료(예 척도 점수, 출석률 등)와 정성적 자료(예 클라이언트의 진술, 행동 변화 관찰 등)를 병행하며, 사회복지사와 클라이언트가 협력하여 수행하는 것이 원칙이다.

개입 목표에 비추어 클라이언트의 행동 변화, 정서적 반응, 자원 활용 능력 등을 구체적으로 검토하고, 클라이언트 본인의 자기평가도 중요한 자료로 활용된다. 이러한 다면적 평가는 이후 개입 계획의 수정·보완 여부를 판단하거나, 개입 연장 또는 종결 결정을 내리는 근거가 된다. 특히, 클라이언트의 자기결정권을 존중하면서도 실질적이고 지속 가능한 변화를 유도하기 위한 중요한 전략으로 기능한다(Healy, 2014; Gitterman & Germain, 2016).

☑ 사례 예시

학업을 중도에 탈락하게 된 위기에 있던 고등학생이 상담프로그램과 멘토링 프로그램을 통해 학교 출석률과 성적이 향상되었는지 비교 분석한다. 사전·사후 자아존중감 척도, 자기효능감척도 점수를 통해 정량 평가도 병행할 수 있다.

6) 종결(Termination)

종결은 사회복지 실천에서 개입 과정의 공식적 마무리를 의미하는 단계로, 클라이언트와 사회복지사가 함께 실천 과정을 되돌아보고, 성취된 변화와 남은 과제를 점검하며, 이후의 자립적인 삶을 준비하는 과정이다. 이 시점은 클라이언트가 실천을 통해 경험한 성장과 긍정적인 변화를 인식하고 이를 내면화하는 데 중요한 기회가 된다.

종결 시점은 개입의 효과와 클라이언트의 준비 상태를 고려하여 신중히 결정해야 하며, 지나치게 이르거나 과도하게 지연될 경우, 클라이언트에게 불안정감이나 서비스에 대한 의존을 초래할 수 있으므로 주의가 필요하다. 종결 과정에서는 재발 방지를 위한 전략을 함께 수립하고, 필요시 활용할 수 있는 후속 자원 및 기관 정보를 안내한다. 또한, 클라이언트가 이후 삶에서 스스로 문제를 관리할 수 있도록 자기효능감을 강화하는 데 초점을 맞춘다(Payne, 2014; Hepworth et al., 2017).

☑ 종결 단계의 주요 실천 내용

개입 종료의 이유(예 목표 달성, 외부 환경 변화, 클라이언트의 요청 등)를 명확히 설명하고, 클라이언트가 이별의 감정을 건강하게 정리할 수 있도록 돕는다. 개입 전후의 변화를 평가하고, 클라이언트의 노력과 성장을 함께 돌아보며 긍정적인 마무리를 할 수 있도록 유도한다. 사후계획을 수립하여 클라이언트가 향후 필요시 이용 가능한 지역 자원, 서비스 기관, 긴급 연락처 등을 안내하고, 필요시 재상담 가능성도 열어둔다.

이러한 종결 과정은 단순한 실천 종료가 아닌, 클라이언트의 자립성과 자기관리 역량을 강화하고, 지속가능한 변화 기반을 마련하는 실천의 연속선상에 있다. 효과적인 종결은 사회복지사가 실천의 전문성을 발휘하고, 클라이언트가 삶의 주체로서 스스로를 이끌어갈 수 있도록 하는 중요한 전환점이 된다.

☑ 사례 예시

우울 증상이 호전된 한부모 가장과의 종결 면담에서, 변화된 점을 되돌아보고 '이제는 혼자서도 해낼 수 있다'는 메시지를 확인하며 자신감을 강화해준다. 이후 위기 시 도움받을 수 있는 기관 목록을 제공한다.

7) 사후관리(Follow-up, 선택적 단계)

사후관리는 사회복지 개입이 공식적으로 종료된 이후, 일정 기간이 경과한 시점에서 클라이언트의 생활 적응 상황을 확인하고, 실천 과정에서 이루어진 변화를 지속적으로 유지하도록 돕는 예방 중심의 실천 절차이다. 이 과정은 개입 효과가 일시적으로 끝나는 것이 아니라, 장기적인 자립과 안정성 확보를 위한 연속적인 지원 과정으로 간주된다(Payne, 2014).

사후관리는 일반적으로 개입 종료 후 1~3개월 이내에 실시되며, 전화 상담, 대면 면담, 온라인 점검 등의 다양한 방식으로 진행될 수 있다. 이때 사회복지사는 클라이언트의 심리적 상태, 사회적 기능 수준, 주요 환경 변화 여부 등을 종합적으로 검토한다. 특히 실천 과정에서 성취된 변화가 얼마나 유지되고 있는지, 새로운 위기상황은 없는지 등을 평가하여 필요시 추가 개입이나 자원 연계를 고려한다(Hepworth et al., 2017).

사후관리는 단순한 확인 차원의 관리가 아니라, 클라이언트의 자기효능감 유지와 문제해결 역량을 강화하고, 서비스 종결 이후에도 사회적 지지망을 효과적으로 활용할 수 있도록 지도하는 실천의 연장선에 있다. 이러한 접근은 실천의 효과성을 높이고, 재발 방지 및 조기 개입 기회를 확보하는 데 중요한 의미를 가진다.

사후관리 과정에서 이전에 없었던 새로운 문제나 또 다른 위기상황이 발견될 경우, 신속하게 재접수 및 재개입 절차를 마련하여 필요한 지원을 제공하는 것이 중요하다. 이를 통해 초기 개입의 효과를 극대화하고, 클라이언트가 사회 내에서 자립적인 생활을 꾸려나갈 수 있도록 돕는다. 더불어, 사후관리는 클라이언트와의 지속적인 신뢰 관계를 유지하며, 향후 발생할 수 있는 문제에 대한 조기 대응 체계를 구축하는 데 기여한다(Healy, 2014; Hepworth et al., 2017).

따라서 사후관리는 단순한 사후 점검이 아니라, 클라이언트의 장기적 복지 향상과 문제 예방을 위한 필수적이고 전략적인 사회복지 실천의 일환임을 인식해야 한다.

☑ **사례 예시**

정신건강 문제로 치료를 받았던 청년에게 2개월 후 연락해 현재 상태와 병원 방문 여부, 사회생활 적응 등을 확인하고, 필요시 후속기관과 다시 연계한다.

4. 사례중심 개입전략과 기술

개입기술이란 사회복지사가 클라이언트의 문제를 해결하고 능력을 증진시키기 위해 체계적이고 의도적으로 선택하여 적용하는 다양한 실천 방법과 전략을 의미한다. 이는 단순히 발생한 문제에 반응하는 기술에 그치지 않고, 이론적 토대를 바탕으로 구체적인 목표 달성을 위해 계획적으로 운영되는 전문적 접근 방식이다(Heal, 2014). 개입기술은 클라이언트의 문제 유형(예 정신건강, 가족 갈등, 경제적 어려움 등), 개인적 특성(연령, 문화적 배경, 장애 여부 등), 그리고 그들이 처한 환경적 상황(도시 또는 농촌 거주, 제도적 자원 접근 가능성 등)에 맞추어 세심하게 조정되어야 한다.

이러한 개입기술의 주요 목적은 다음과 같다. 첫째, 클라이언트가 자신의 문제를 스스로 해결할 수 있는 역량을 강화하는 데 있으며, 둘째, 심리적·사회적 기능의 회복 및 향상을 지원하는 데 있다. 셋째, 부정적 감정을 완화하고 적절한 정서 표현을 돕는 동시에, 넷째, 사회적 관계를 회복하거나 새롭게 구축할 수 있도록 촉진한다. 다섯째, 클라이언트가 속한 환경 조건을 개선하고 필요한 자원을 효과적으로 연결하는 역할을 수행하며, 마지막으로 자기결정권을 존중하고 자아효능감을 고취시키는 데 중점을 둔다(강철희, 2021).

이와 같이 개입기술은 사회복지 실천에서 클라이언트 중심의 변화와 성장을 돕기 위한 핵심 도구로서 기능하며 다음과 같은 목적을 지닌다.

- 클라이언트가 자신의 문제에 대한 해결 능력 향상
- 심리사회적 기능의 회복 탄력성 강화
- 부정적 감정의 완화 및 감정의 표현
- 사회적 관계 회복 및 재구성
- 환경 조건 조정 및 자원 연계
- 자기결정 및 자아효능감 고취

1) 관계형성 및 초기 개입 기술

모든 개입의 기초는 클라이언트와 사회복지사 간의 신뢰관계 구축에 있다. 신뢰는 상호 존중과 이해를 바탕으로 형성되며, 이를 통해 클라이언트는 자신의 생각과 감정을 안전하게 표현할 수 있는 환경을 경험하게 된다. 이러한 정서적 안정과 긍정적인 관계가 마련되어야만 실질적인 개입이 효과적으로 진행될 수 있다. 초기 개입 단계에서는 공감적 경청, 비판단적 태도,

진정성 있는 소통이 중요하며, 이를 통해 라포(rapport)를 구축하고 클라이언트의 협력과 참여를 이끌어낸다. 사회복지사는 클라이언트의 불안감과 저항감을 최소화하며, 개입 목표에 대한 명확한 안내와 신뢰 형성에 지속적으로 노력해야 한다. 따라서 신뢰관계는 개입 전 과정에 걸쳐 유지되고 강화되어야 하며, 이는 변화 촉진과 긍정적 결과 도출의 핵심 요인으로 작용한다.

☑ **핵심기술**

- 적극적 경청(Active Listening): 언어적·비언어적 신호를 포괄하여 반응
- 공감적 반영(Empathic Reflection): 감정과 내용을 정확히 반영
- 명료화(Clarification): 불분명한 진술을 구체화하여 사고를 정리
- 정서적 확인(Emotional Validation): 감정을 정상적·합리적인 것으로 인정

☑ **사례 예시**

40대 남성, 최근 실직 후 우울 증세와 가족과의 갈등으로 상담소 방문

- 경청: 클라이언트의 말에 눈을 맞추고, 고래를 끄덕인다든지 하는 비언어적인 표현도 함께 하면서 클라이언트의 비언어적 신호에도 주의 깊게 반응
- 공감적 반영: "직장을 잃은 이후, 가족에게까지 부담을 주고 있다는 생각에 많이 힘드셨겠어요."
- 명료화: "말씀하신 '무기력한 느낌'이란, 혹시 어떤 상황에서 더 자주 드시나요?"

2) 정서 조절 및 심리 안정 기술

정서적 불안은 개인이 자신의 문제를 명확히 이해하고 효과적인 해결 방안을 모색하는 데 큰 방해 요인이 된다. 따라서 심리사회적 실천에서 초기 단계로서 심리적 안정화(stabilization) 과정은 매우 중요하다. 이 과정은 클라이언트가 불안, 분노, 슬픔 등 강렬한 감정에 압도되어 있는 상태에서 벗어나, 감정적 균형을 회복하고 자기 통제감을 회복하도록 돕는다(Herman, 1997).

사회복지사는 이 과정에서 정서 조절을 위한 개입 전략을 활용하여, 클라이언트가 보다 안정된 상태에서 상담에 임할 수 있도록 돕는다. 예를 들

어, 심호흡, 점진적 근육 이완, 자기 인식 훈련 등은 심리적 긴장을 완화하고 신체적 반응을 조절하는 데 효과적이다. 또한, 지지적인 상담 관계를 통해 클라이언트가 안전하다고 느낄 수 있는 환경을 조성하는 것도 핵심이다 (김기환, 2021).

이러한 안정화 과정은 이후 심층적인 상담 개입이나 행동 변화 전략이 효과적으로 적용될 수 있는 기초 기반을 마련해준다. 클라이언트가 감정을 효과적으로 다룰 수 있게 되면, 현실의 문제를 보다 명료하게 바라보고 구체적인 행동 변화로 나아갈 수 있는 준비가 가능해진다.

☑ **핵심기술**

- 감정 명명(Labeling Emotions): 감정의 이름을 명확히 붙이기
- 자기인식(Self-awareness) 훈련: 감정의 유발 요인을 스스로 파악
- 이완 기법(Relaxation Techniques): 명상, 복식호흡, 점진적 근육이완 등
- 정서 거울(Mirroring Emotions): 클라이언트의 감정 상태를 언어로 반영

☑ **사례 예시**

최근 남편의 외도로 이혼을 고민 중인 30대 여성, 불면과 공황 증세 호소

- 감정 명명: "그 배신감과 분노가 너무 커서, 잠을 잘 수조차 없다는 말씀이시군요."
- 호흡 훈련 안내: 4초 들숨, 4초 멈춤, 6초 날숨 반복하며 안정 유도
- 정서 거울기법: "이 상황에서 느끼는 감정은 자연스러운 반응입니다. 지금은 자기 감정을 억누르기보다는 함께 바라볼 수 있어야 해요."

3) 인지행동적 개입기술(CBT)

개인의 사고가 감정과 행동에 직접적인 영향을 미친다는 가정하에, 비합리적이고 왜곡된 사고의 패턴을 인식하고 수정하도록 하는 것이 중요한 개입 전략으로 활용된다. 이러한 전략은 클라이언트가 부정적 사고로 인해 비효율적 또는 문제적 행동을 변화할 수 있도록 돕기 위해 고안되었다. 사

회복지사는 상담과 교육을 통해 클라이언트가 자신의 비합리적인 신념이나 자동적 부정적 생각을 발견하고, 이를 논리적이고 현실적인 사고로 재구성할 수 있도록 지원한다. 이 과정을 통해 감정적 불안정이 완화되고, 보다 건설적이며 기능적인 행동 양식이 촉진된다. 특히 인지행동치료(Cognitive Behavioral Therapy, CBT)에서 많이 활용되는 이 전략은 개인이 자기 인식을 높이고, 문제 상황에 대한 대처 능력을 강화하는 데 효과적이다. 궁극적으로, 이러한 사고 조정은 클라이언트가 스트레스와 갈등 상황에서도 적응적 행동을 유지하며 긍정적인 삶의 변화를 이끌어내는 데 기여한다.

☑ 핵심기술

- 자동사고 기록지(Thought Record) 사용
- 인지왜곡 탐색(Cognitive Distortion): 이분법적 사고, 재앙화 등
- 합리적 재구성(Reframing): 사고의 관점 전환
- 행동계획 수립(Action Planning): 소단위 행동을 단계화

☑ 사례 예시

20대 대학생, 시험에 낙제 후 "나는 실패자야"라는 자동사고 반복

- 사고기록지 작성: 시험 낙제 → "난 못해" → "자존감 급하락" → 공부 회피
- 인지왜곡 탐색: 흑백논리와 과잉일반화 식별
- 대안적 사고 형성: "이번 시험은 한 과목에 불과하고, 이전에는 좋은 성적도 받았어요. 지금 실패는 내 능력을 부정하는 근거가 될 수 없어요."

4) 문제해결 중심 개입기술

클라이언트가 당면한 문제를 체계적이고 단계적인 절차에 따라 해결할 수 있도록 계획하고 조직하는 과정이다. 이 전략은 문제 해결 과정에서 클라이언트가 자신의 역할을 명확히 인식하고, 실천 과정에 대한 주도권과 통제감을 회복하도록 돕는 데 중점을 둔다. 이를 통해 클라이언트는 문제에 대한 혼란과 불확실성을 줄이고, 목표 지향적인 행동을 촉진할 수 있다.

또한, 문제 해결의 각 단계를 구체적으로 구분하여 접근함으로써, 문제 해결에 필요한 자원과 역량을 효과적으로 동원할 수 있게 한다. 이러한 전략화 과정은 클라이언트의 자기 효능감을 높이고, 실천에 대한 적극적인 참여와 지속성을 강화하는 데 중요한 역할을 한다. 결과적으로 클라이언트가 자신감 있게 문제에 대응하고 긍정적인 변화를 이끌어내는 데 효과적이다.

☑ 사례 예시

저소득 한부모 가정 여성, 자녀 교육비와 생활비 부족으로 지속된 스트레스
- 문제 정의: "교육비 부담으로 기본 생활비까지 부족한 상황"
- 목표 설정: "단기적으로 자녀 학용품과 교재 마련"
- 대안 탐색: 학교 사회복지사 연계, 지역 장학금 신청, 바우처 이용
- 실행 및 평가: 장학금 신청 완료, 향후 후원 연결 여부 지속 확인

5) 해결중심 단기개입 전략

이 접근법은 과거의 문제 원인이나 병리적 측면보다는, 현재와 미래의 해결 가능성에 초점을 맞추고 클라이언트가 보유한 자원과 강점을 중심으로 개입한다. 이를 통해 클라이언트가 자신의 문제를 스스로 해결할 수 있다는 자신감을 갖도록 지원하며, 변화 과정에서의 자기결정권과 능동적인 참여를 중요시한다. 특히 단기간 내 실질적인 변화를 도모하는 데 중점을 두어, 신속한 문제 해결과 긍정적 결과를 이끌어내는 것을 목표로 한다. 이러한 특성은 클라이언트가 자신의 삶을 주체적으로 관리하고, 지속 가능한 성장을 이루도록 돕는 데 효과적인 실천 전략으로 평가받는다.

☑ 핵심기술

- 기적질문(Miracle Question): 변화된 미래를 상상하도록 유도
- 척도질문(Scaling Question): 변화 정도의 자각
- 예외질문(Exception): 문제 없는 시기의 행동 탐색
- 강화질문(Coping Question): 현재도 잘하고 있는 점 인식

☑ 사례 예시

진로 고민 중인 고등학생, "아무것도 잘하는 게 없다"고 표현

- 기적질문: "만약 내일 아침, 지금의 고민이 완전히 해결된다면 무엇이 달라질까요?"
- 척도질문: "지금 자신의 진로 확신 정도를 0에서 10까지 점수로 매긴다면?"
- 예외질문: "지난주 토요일에는 공부에 집중이 잘 됐다고 했죠. 그때는 뭐가 달랐나요?"

6) 동기강화면접 기술(MI)

내담자가 변화에 대해 갖는 내적인 동기를 깊이 탐색하고, 변화 과정에서 나타나는 저항이나 갈등을 이해하며 이를 존중하는 태도를 유지하는 개입 기술이다. 이 기술은 특히 변화에 대한 양가감정(동시에 변화하고 싶지만 망설이는 상태)을 경험하는 내담자에게 효과적으로 작용한다(이인정 · 최해결, 2022). 사회복지사는 판단이나 압박 대신 공감과 지지를 바탕으로 내담자가 자신의 생각과 감정을 자유롭게 표현할 수 있도록 돕고, 변화에 대한 긍정적인 동기를 스스로 발견하도록 촉진한다. 이러한 접근은 내담자의 자기결정권을 강화하고, 변화 과정에 자발적이고 능동적으로 참여할 수 있는 기반을 마련하는 데 중요한 역할을 한다. 결과적으로 내담자가 자신의 문제 해결에 주체적으로 나설 수 있도록 돕는 실천 전략으로 인정받고 있다.

☑ 사례 예시

청년 남성, 흡연 중단 의사 있으나 스트레스 시 계속 흡연

- 양가감정 탐색: "끊고 싶지만 스트레스를 받으면 피우고 싶어진다고 하셨어요. 그 두 마음이 동시에 존재하는 것 같아요."
- 자기결정 강조: "변화는 강요가 아니라, 본인이 정말 원할 때 이루어져요. 지금이 준비된 시기일까요?"
- 변화 언어 유도: "만약 줄일 수 있다면, 가장 먼저 좋아질 것 같은 점은 뭘까요?"

7) 행동변화 촉진 기술

문제를 단순히 언어적으로 논의하는 수준을 넘어서, 구체적이고 실질적인 행동 변화를 유도하는 데 초점을 맞춘 개입 전략이다. 이 전략은 내담자가 인지한 문제를 일상생활 속에서 실제로 해결할 수 있도록 지원하며, 행동 변화 과정에서 발생하는 어려움과 저항을 효과적으로 관리하는 방법을 포함한다. 또한, 목표 지향적인 행동 계획 수립과 실행을 통해 내담자의 자기효능감을 높이고, 긍정적인 변화를 지속할 수 있는 기반을 마련하는 데 중점을 둔다. 이러한 접근은 행동의 변화를 통해 내담자의 삶의 질 향상과 문제 해결을 실질적으로 촉진하는 데 효과적이다.

☑ **핵심기술**

- 행동계약(Behavioral Contracting): 클라이언트와 목표 행동을 계약
- 역할연습(Role Play): 실제 상황을 시뮬레이션
- 강화계획(Schedule of Reinforcement): 행동 후 긍정적 결과 제공
- 노출훈련(Exposure Training): 불안자극에 점진적으로 노출

☑ **사례 예시**

만성적 지각과 미루기 문제를 가진 성인 내담자

- 행동계약서 작성: "매일 오전 9시에 업무 시작, 달성 시 스스로 보상 제공"
- 강화계획: 행동 달성 시 주간영화 시청 등의 자기보상
- 노출훈련: '미루기'를 자각한 순간 작은 업무 1개 처리 훈련
- 역할연습: "오늘 회의에서 해야 할 말"을 가상 상황에서 연습

8) 자원연계 및 환경조정 전략

클라이언트가 필요로 하는 외부 자원과 서비스를 원활하게 이용할 수 있도록 연결하는 과정으로, 이와 함께 클라이언트가 속한 환경을 재조정하거나 개선하여 생활 기능의 향상을 돕는 개입이다(김유숙, 2021). 이러한 개입은 주거, 교육, 의료, 고용 등 다양한 사회적 자원과의 효과적인 연계를 통해 클라이언트의

문제 해결 능력을 강화하며, 환경적 장애 요인을 최소화하는 데 중점을 둔다. 또한, 환경적 지원망을 확장하여 클라이언트가 보다 안정적이고 지속 가능한 삶을 영위할 수 있도록 지원하며, 사회적 통합과 자립 역량 강화를 목표로 한다. 이처럼 자원 연계 및 환경 재구성 개입은 개인의 복합적인 욕구를 충족시키고, 전인적 성장과 적응을 촉진하는 핵심적인 사회복지 실천 전략이다.

☑ 사례 예시

중장년 남성, 실직 후 고립되며 생계비와 의료비 모두 부족한 상태
- 복지서비스 연계: 기초생활보장 신청, 공공근로 안내
- 민간자원 연계: 교회 무료급식, 지역 병원 진료비 감면제도 안내
- 환경조정: 이웃과 관계 회복 → '이웃 돌봄 네트워크' 참여 권유

9) 강점기반 개입기술

이 개입기술은 클라이언트의 문제나 결함에 초점을 맞추기보다, 이미 보유하고 있는 강점, 자원, 회복력을 중심으로 접근한다. 이를 통해 클라이언트 스스로가 자신의 잠재력과 능력을 인식하고 활용하도록 돕는 데 중점을 둔다. 강점 기반 개입은 긍정적인 자기인식을 강화하며, 변화 과정에서의 동기 부여와 지속 가능한 성장을 촉진한다. 또한, 클라이언트가 내재된 자원을 적극적으로 활용하여 어려움을 극복하고 문제 해결 능력을 향상시킬 수 있도록 지원한다. 이와 같은 접근은 전인적 관점에서 개인의 성장과 회복을 촉진하는 사회복지 실천의 중요한 전략으로 인정받고 있다.

☑ 사례 예시

은퇴 후 무기력감을 호소하는 70대 남성, "나는 이제 쓸모없다"고 표현
- 강점 탐색: "30년간 기술자로서 일하셨던 경험에서 얻은 가장 큰 자산은?"
- 회복 서사화: 과거 위기 극복 경험 회상하며 '나는 살아남는 사람'이라는 내러티브 재구성
- 역할 제공: 지역 경로당에서 후배 대상 기술 멘토링 제안

학습문제

[서술형]

01 사회복지실천 계획 수립 시 실천목표설정에서 SMART 원칙에 대해 서술하시오.

02 개인대상 사회복지실천에서 전문적 관계형성에 대해 서술하시오.

[선택형]

01 다음 중 개인대상 사회복지실천의 주요 특징에 해당하지 않는 것은?

① 클라이언트와의 신뢰 기반의 전문적 관계 형성
② 이론과 경험 자료에 기반한 과학적 사정과 개입 설계
③ 클라이언트를 서비스 수혜자 중심으로 보는 수동적 관점
④ 개인 변화와 환경 변화를 동시에 목표로 하는 통합적 접근
⑤ 자기결정권과 자율성을 존중하는 클라이언트 중심 실천

02 다음 중 사정(Assessment) 단계에서 활용되는 주요 도구와 설명의 연결이 옳은 것은?

① 가계도(Genogram) – 개인과 지역사회 간 관계망의 강도와 스트레스 요인을 시각화
② 생태도(Ecomap) – 가족 구성원의 세대 간 관계, 주요 사건, 반복되는 패턴을 파악
③ 표준화 척도 – 우울, 불안, 자기효능감 등의 심리 상태를 측정하여 개입 우선순위 설정
④ 가계도 – 특정 시기 감정변화 기록 및 분석
⑤ 생태도 – 신체질환과 그로 인한 기능 손상 정도를 평가

03 해결중심 단기개입전략의 질문기술이 아닌 것은?

① 기적질문 ② 척도질문 ③ 예외질문
④ 과정질문 ⑤ 강화질문

서술형 모범답안

01 • S(Specific, 구체성): 목표는 명확하고 구체적으로 설정되어야 하며, 무엇을 할 것인지 분명히 제시해야 한다.
• M(Measurable, 측정 가능성): 목표 달성 여부를 평가할 수 있도록 정량적 또는 정성적 기준이 포함되어야 한다.
• A(Achievable, 달성 가능성): 클라이언트의 상황과 자원을 고려하여 현실적으로 달성 가능한 목표여야 한다.
• R(Relevant, 관련성): 설정된 목표가 클라이언트의 문제와 욕구, 개입 목적과 직접 관련되어야 한다.
• T(Time-bound, 시간 제한성): 목표 달성을 위한 명확한 시간 범위가 설정되어야 한다.

02 전문적 관계 형성을 위해 사회복지사는 클라이언트의 감정과 입장을 존중하며, 공감적 경청과 진솔한 태도로 클라이언트가 자신의 이야기를 안전하게 표현할 수 있는 환경을 조성해야 한다. 또한, 관계 초기에는 실천의 목적, 역할, 기대, 한계 등에 대해 명확하게 설명함으로써 상호 신뢰와 책임 있는 협력이 가능하도록 한다.
이러한 관계는 클라이언트가 자신의 문제를 인식하고 변화의 동기를 가지도록 돕는 데 중요한 역할을 하며, 실천 과정 전반에서 개입의 효과성과 지속성을 높이는 기초가 된다.

선택형 정답

01 ③ **02** ③ **03** ④

07 CHAPTER 가족을 위한 실천기술

1. 가족대상 사회복지실천의 개념과 유형
2. 가족문제에 대한 이해
3. 가족대상 사회복지실천의 개입과정
4. 사례중심 가족개입전략

학습목표

1. 가족복지의 개념과 필요성을 설명할 수 있다.
2. 가족체계이론, 역할이론 등 이론적 틀을 이해하고 적용할 수 있다.
3. 가족 내 의사소통, 역할, 정서 기능 등의 사정 영역을 설명할 수 있다.
4. 가족대상 실천에서 가족개입전략을 실제 상황에 반영할 수 있다.

1. 가족대상 사회복지실천의 개념과 유형

1) 가족대상 사회복지실천의 개념

가족대상 사회복지실천은 가족을 하나의 체계적인 단위로 인식하며, 가족 구성원 간 상호작용, 의사소통 방식, 역할 분담 및 정서적 유대 등 가족

체계 전반을 통합적으로 이해하는 데 기반을 둔다. 이를 통해 가족 내에서 발생하는 여러 문제에 예방적 및 개입적 차원에서 접근하며, 가족 기능의 향상을 목표로 하는 전문적인 사회복지 실천이라 할 수 있다(Hepworth et al., 2017; 김기환 외, 2019). 이러한 접근은 개인 문제를 단편적인 심리사회적 현상으로만 보지 않고, 문제가 가족이라는 관계망 내에서 발생하고 유지된다는 점에 주목한다. 따라서 문제 해결을 위한 개입 역시 가족 전체의 구조와 역동성을 고려한 체계적이고 포괄적인 접근을 지향한다(이인정 · 최해경, 2020).

가족은 정서적 유대와 상호의존적 관계를 바탕으로 개인의 발달과 정체성 형성, 행동양식에 깊은 영향을 미치는 사회화의 기본 단위이다(Minuchin, 1974; 황성철, 2020). 사회복지사는 가족을 단순히 개인들의 집합이 아닌, 서로 유기적으로 상호작용하는 체계로 이해하며, 특정 구성원의 문제가 가족체계 내 불균형, 의사소통 장애, 역할 혼란 등 구조적 요인과 밀접히 연결되어 있음을 인지한다(Bowen, 1978; Nichols, 2013). 예를 들어, 아동의 문제행동은 부모의 양육 방식, 부부 갈등, 가족 내 권력 구조 등 다양한 요소의 상호작용 결과로 나타날 수 있기에, 문제의 근본 원인 분석과 함께 가족 전체 기능의 회복을 목표로 하는 구조적 · 관계적 개입이 요구된다(Satir, 1988; Hepworth et al., 2017; 김유숙, 2017).

가족대상 사회복지실천은 가족체계이론(Family Systems Theory), 생태체계이론(Ecological Systems Theory), 강점관점(Strengths Perspective) 등 다양한 이론적 틀을 기반으로 수행된다(Bronfenbrenner, 1979; Saleebey, 2006). 이때 가족의 병리적 측면보다는 가족 내 강점과 회복력을 강조하며, 문제 해결과 역량 강화를 중심 과제로 삼는다(Walsh, 2006). 주요 목표는 가족 내 의사소통의 원활화, 갈등의 완화, 기능 회복, 그리고 위기상황에 대한 집단적 대응력 증진에 있다(Nichols, 2013; 김유숙, 2017). 사회복지사는 가족 내 자원을 효과적으로 조직하고, 필요한 경우 지역사회 및 제도적 자원과의 연계를 통해 가족 문제에 대한 통합적이고 다차원적인 지원 체계를 구축함으로써 가족의 안정성과 기능 향상에 기여한다(Hepworth et al., 2017; 이인정 · 최해경, 2020).

2) 가족대상 사회복지실천의 유형

(1) 문제 중심 개입 유형

가족 내에서 발생하는 위기상황, 갈등, 정신건강 문제 등 단기적 또는 만성적으로 지속되는 문제에 직접적으로 개입하는 사회복지실천 방식을 의미한다. 위기개입은 가족이 심각한 스트레스나 변화에 직면했을 때 즉각적이고 집중적인 지원을 제공하여 문제의 악화를 방지하고, 가족의 안정성을 회복하도록 돕는다(Nichols, 2013). 또한, 갈등 조정과 정신건강 문제에 대한 개입은 가족 구성원 간의 상호작용을 개선하고, 심리적 안정을 촉진하여 가족 기능의 회복을 목표로 한다. 이 과정에서는 문제의 심층적 원인 분석과 더불어 적절한 치료적, 교육적, 상담적 방법이 활용되며, 가족 내외부 자원과 연계하여 통합적인 지원체계를 구축하는 것이 중요하다. 이를 통해 가족이 당면한 문제를 효과적으로 관리하고, 장기적인 긍정적 변화를 도모할 수 있다.

① **위기개입형**: 사별, 자연재해, 자살 시도, 중대한 사고 등으로 인한 급성 위기상황에서 정서적 안정, 자원 연결, 안전 계획을 제공함으로써 가족의 기능 손상을 최소화한다(Roberts, 2000; Hepworth et al., 2017).

예 교통사고로 부모를 잃은 청소년을 포함한 가족에게 심리적 응급지원과 사례관리 개입 제공

② **가족갈등 중재형**: 부부 갈등, 부모-자녀 간 갈등, 형제 간 경쟁 등 관계 내 갈등을 완화하고 상호 이해를 증진시킨다(Nichols, 2013; 김유숙, 2017).

예 장기간 대화 단절된 부부에게 감정 탐색과 경청 훈련 중심의 가족상담 실시

③ **정신건강 및 중독 대응형**: 가족 구성원의 정신질환, 알코올·약물 중독 등이 가족기능에 미치는 영향을 완화하고 회복적 관점을 적용한다(Minuchin, 1974; Walsh, 2006).

예 조현병 진단을 받은 청년과 그 가족에게 정신적 질환에 대한 이해를 높이는 교육과 대처방법, 스트레스 관리 기법 제공

④ **학대 · 방임 대응형**: 아동 · 노인학대, 가정폭력, 방임 등의 상황에 대한 사정, 보호조치, 법적 대응을 포함한다(Gil, 2015; 황성철, 2020).

예 가정폭력을 겪는 여성과 자녀에게 긴급 쉼터 연계, 안전계획 수립 및 치료 서비스 제공

(2) 생애주기 및 발달과업 지원 유형

가족 구성원 개개인과 가족 전체가 인생의 다양한 전환기에서 경험하는 정서적 변화와 구조적 적응 과정을 지원하는 데 초점을 맞춘 예방적 사회복지실천이다. 출산, 자녀 양육, 청소년기의 독립 준비, 중년기의 역할 변화, 노년기의 건강 문제 및 상실 경험 등 생애주기의 주요 단계에서 가족은 복합적인 과제와 도전에 직면하게 된다. 이 과정에서 가족 내 역할 재정립, 의사소통 강화, 정서적 지지 제공 등이 필요하며, 사회복지사는 이러한 전환기의 특성을 이해하고 가족이 원활하게 적응할 수 있도록 교육, 상담, 자원 연결 등의 개입을 수행한다. 이를 통해 가족은 변화에 능동적으로 대응하며, 갈등을 예방하고 건강한 기능을 유지할 수 있다(Hepworth et al., 2017; 김기환 외, 2019).

① **신혼 및 초기부부기 지원형**: 결혼 초 적응문제, 생활양식 차이, 친족관계 스트레스 등에 대한 갈등 조정과 의사소통 훈련이 포함된다(Carter & McGoldrick, 2005).

② **부모역할 정립형**: 초기 양육 스트레스, 자녀 발달단계에 따른 양육기술, 훈육 문제 등에서 부모의 역량을 강화한다(Hepworth et al., 2017).

예 영유아 부모 대상 애착형성, 보상훈육 교육 및 양육스트레스 완화 프로그램 운영

③ **청소년기 가족지원형**: 사춘기 갈등, 규칙 설정, 자율성 인정, 진로 불안 등에 대한 가족 내 조율을 중재한다(김기환 외, 2019).

④ **중년기 가족 재조정형**: 자녀 독립, 부모부양, 부부의 재관계 형성 등 전환기 문제를 다룬다(Carter & McGoldrick, 2005).

⑤ **노년기 가족돌봄형**: 노부모의 질병, 죽음, 상실에 대한 심리적 준비 및 장기요양에 따른 가족 돌봄체계 점검이 핵심이다(Walsh, 2006; 이인정 · 최해경, 2020).

(3) 가족구조 및 형태 중심 유형

가족의 다양한 구조와 형태가 사회적 변화에 따라 확대되면서, 이에 따른 특수한 문제와 요구도 함께 나타나고 있다. 핵가족, 대가족, 한부모가정, 재혼가정, 다문화가족, 동거가족 등 각기 다른 가족 형태는 고유한 기능과 역할, 갈등 양상을 지니며, 이로 인한 가족 내 역동성 역시 상이하다. 가족구조 및 형태 중심 개입은 이러한 가족 유형별 특성을 면밀히 이해하고, 구조적 취약점이나 갈등 요인을 파악하여 맞춤형 지원을 제공하는 것을 목표로 한다. 예를 들어, 한부모가정에서 경험하는 경제적 어려움이나 다문화가족의 문화적 적응과 언어적 적응 문제에 대해 전문적 상담과 지역사회 자원 연계를 통해 문제 해결을 돕는다. 이 접근은 가족 구성원의 다양성과 변화하는 사회 환경에 유연하게 대응하기 위한 필수적 전략으로 평가된다(Hepworth et al., 2017; 이인정 · 최해경, 2020).

① **한부모가족 지원형**: 경제적 스트레스, 역할과중, 사회적 낙인에 대한 다차원적 개입을 포함한다(황성철, 2020).

② **조손가족 및 형제가족 지원형**: 조부모-손자녀 간의 세대 간 갈등, 양육역할 갈등 등을 다룬다(김유숙, 2017).

③ **다문화가족 적응형**: 문화차이, 언어장벽, 사회통합 문제 해결을 위한 문화적 역량 기반 실천이 요구된다(Saleebey, 2006; Lee, 2014).

예 다문화 부부를 위한 자조모임, 자녀의 이중언어 발달 지원, 가족통합 프로그램 운영

④ 재혼 및 구성 재편가족형: 새부모와 자녀 간 역할 갈등, 가족 규범 정립, 소속감 형성을 촉진한다(Nichols, 2013).

(4) 가족기능 회복 및 향상 중심 유형

이 유형은 가족 내 정서적 유대 강화, 효과적인 의사소통 증진, 그리고 문제 해결 역량을 향상시키는 데 초점을 둔 개입 방식이다. 가족 구성원 간의 상호작용이 원활하지 않거나 갈등이 만연한 경우, 사회복지사는 가족체계이론과 가족치료 이론을 토대로 가족 내 기능적 관계를 재구성하고, 정서적 지지와 협력적 문제 해결 과정을 촉진한다. 이를 위해 가족 상담, 의사소통 훈련, 갈등 관리 기법, 역할 재정립 등이 활용되며, 가족 구성원 각자의 강점과 자원을 발견하고 이를 활용하여 가족 전반의 회복탄력성을 증진시킨다. 이 과정은 가족의 안정성과 건강한 기능 유지를 도모하는 동시에, 재발성 문제 예방과 장기적인 가족 역량 강화를 목적으로 한다(Nichols, 2013; Hepworth et al., 2017; 김유숙, 2017).

① 가족치료 중심형: 구조적 · 전략적 가족치료, 보웬이론 기반 다세대 접근 등 다양한 치료 모델을 통해 관계 회복을 도모한다(Minuchin, 1974; Bowen, 1978; 김유숙, 2017).

② 부모교육 및 가족훈련형: 효과적인 양육기술, 감정 조절, 가족 규칙 설정 등에 대한 훈련을 포함한다(Hepworth et al., 2017).

③ 갈등해결 및 의사소통 향상형: 가족 내 '나 전달법(I-message)', 감정 표현 기술, 적극적 경청 등을 활용해 관계 개선을 유도한다(Satir, 1988).

④ 정서적 지지와 관계 회복형: 가족 간 애착 회복, 상호 인정과 감정공유를 촉진하여 신뢰와 안정감을 회복한다(Walsh, 2006).

(5) 통합적 · 자원연계형 실천

가족을 하나의 독립된 단위로 보기보다 더 넓은 사회적 생태계 내에서 상호작용하는 복합적 체계로 이해한다. 가족이 직면한 문제는 내부 요인뿐 아니라, 지역사회 자원, 제도, 사회복지 서비스 등 외부 시스템과 밀접하게 연관되어 있으므로, 효과적인 개입을 위해서는 이들 자원과의 적극적 연계가 필수적이다. 사회복지사는 가족의 필요와 특성에 맞춰 다양한 공공·민간 자원, 의료, 교육, 주거, 법률 지원 등을 연결하며, 다차원적 지원체계를 구축하여 가족의 기능 회복과 안정적 생활을 도모한다. 또한, 가족이 지속적으로 지원을 받을 수 있도록 네트워크 강화 및 옹호 활동을 병행하여, 문제의 재발을 예방하고 가족의 사회적 통합을 촉진한다. 이러한 통합적 접근은 복합적인 문제 해결에 있어 사회복지실천의 효과성과 지속 가능성을 높이는 중요한 전략으로 평가받는다(Bronfenbrenner, 1979; Saleebey, 2006; Hepworth et al., 2017).

가족을 사회적 생태계의 일부로 보고 외부 자원과 시스템과의 연계를 통해 문제 해결을 촉진하는 유형이다.

① **생태체계 기반 연계형**: 교육, 보건, 주거, 법률 등 타 영역 전문가 및 제도와 연계하여 복합문제에 대응한다(Bronfenbrenner, 1979).

② **사례관리형 가족지원**: 고위험군 가족(예 다문제 가족, 중복장애 가정)에 대한 장기적이고 포괄적인 서비스 조정과 관리가 필요하다(Hepworth et al., 2017).

③ **커뮤니티 기반 실천형**: 지역사회 내 가족문화 강화, 공동체 의식 증진, 자조집단 운영 등을 포함하는 예방중심 실천이다(Saleebey, 2006; Walsh, 2006).

2. 가족문제에 대한 이해

가족문제는 단순히 개별 구성원의 문제로 나타나는 것이 아니라, 가족 구성원 간의 상호의존적인 관계망 속에서 지속적으로 발생하고 유지된다. 또한, 가족은 외부의 사회적·경제적 환경과 복합적으로 상호작용하면서 다양한 영향을 받는다. 따라서 사회복지실천에서 가족문제를 이해하기 위해서는 가족 전체를 하나의 통합적 유기체로 바라보고, 가족 내 상호작용, 역할 분담, 정서적 유대, 발달 단계뿐만 아니라 외부 체계와의 관계까지 포괄적으로 분석해야 한다(김유숙, 2017; Hepworth et al., 2017).

현장에서는 가족문제가 매우 다양하고 복잡한 양상을 띤다. 예를 들어, 부모와 자녀 사이에 반복되는 갈등은 단순한 의사소통의 부족을 넘어서, 세대 간 가치관의 차이, 왜곡된 권위 구조, 그리고 누적된 정서적 거리감에서 비롯될 수 있다. 부부 간 갈등은 자녀의 정서적 불안이나 행동 문제로 확장되기도 하며, 가정폭력, 실직, 중독, 만성질환, 사별과 같은 위기상황이 반복되면 가족 전체의 기능 저하로 이어질 위험이 크다. 특히 이러한 문제들은 쉽게 드러나지 않거나 '일상적 스트레스'로 치부되어 개입 시기를 놓치는 경우가 많다(Minuchin, 1974; Walsh, 2006).

사회복지사는 가족문제를 단순한 병리적 현상으로만 보지 않고, 가족의 강점(strength)과 회복력(resilience)을 함께 고려하는 통합적 관점을 가져야 한다(Saleebey, 2006). 이는 문제의 원인을 개인이나 가족의 실패로 한정하지 않고, 가족 체계 내의 구조적 요인(예 역할 혼란, 경계의 불명확성), 사회문화적 요인(예 고정된 성 역할 기대, 가족 내 문화 차이), 그리고 환경 및 제도적 요인(예 복지 사각지대, 양육 지원 부족) 등 다양한 차원에서 폭넓게 이해하는 것을 의미한다.

가족문제에 대한 이해를 위하여 가족문제의 요인을 살펴보면 다음과 같다.

1) 개인 요인(Individual Factors)

가족 구성원 개개인의 성격, 심리적 특성, 정서적 안정성, 발달적 상태, 또는 건강 상태 등이 가족문제를 야기할 수 있다.

- **예시**: 아동의 과잉행동, 부모의 우울증이나 분노조절 문제, 고령 가족의 인지장애
- **의의**: 가족문제는 종종 구성원 한 사람의 개인적 어려움에서 비롯되지

만, 그 파급력은 가족 전체의 상호작용에 영향을 미치므로 조기 발견과 적절한 개입이 필요하다.

- **실천적 접근**: 가족 내 '문제행동자'를 병리화하지 않고, 가족 전체의 적응 역량을 강화하는 개입이 중요하다.

2) 가족 내 상호작용 및 구조적 요인(Intra-family & Structural Factors)

가족 내 역할 분담의 혼란, 위계 질서의 불균형, 의사소통의 왜곡, 정서적 유대의 결핍 등은 가족문제를 심화시킬 수 있다.

- **예시**: 자녀가 부모 역할을 대신하는 역기능적 역할 구조, 부모 간 감정적 단절, 회피적 의사소통
- **의의**: 상호작용의 양상은 가족 구성원의 문제를 유지하거나 악화시키는 원인이 될 수 있으며, 특히 삼각관계, 역할 전도, 정서적 고립 등은 체계적으로 분석할 필요가 있다.
- **실천적 접근**: 가족치료적 시각에서 상호작용 패턴을 재조직하고, 역할과 경계를 재정립하는 것이 핵심이다.

3) 사회 · 문화적 요인(Socio-cultural Factors)

사회가 부과하는 가치체계, 고정된 성역할 규범, 문화적 기대 등이 가족 내 갈등과 위기를 유발할 수 있다.

- **예시**: 전통적 가부장 문화로 인한 부부 간 권력 불균형, 다문화가정 내 언어 · 문화 차이
- **의의**: 사회적 규범은 가족 내 의사결정, 권위, 역할 인식에 큰 영향을 미치며, 특히 소수자 가족은 주류 규범과 충돌할 가능성이 크다.
- **실천적 접근**: 가족 내 다양성과 문화적 정체성을 존중하는 문화적 역량 기반 접근이 필요하다.

4) 경제적 요인(Economic Factors)

가족의 소득 수준, 고용 상태, 재정적 자원은 가족의 안정성과 스트레스 수준을 결정짓는 핵심 요소이다.

- 예시: 가장의 실직으로 인한 가족 내 갈등 증가, 양육비 부족, 주거불안
- 의의: 경제적 스트레스는 심리적 안정성을 해치며, 부부갈등, 양육문제, 자녀의 정서문제 등으로 이어질 수 있다.
- 실천적 접근: 위기지원, 고용연계, 긴급재정서비스 등 자원연계 중심의 실천이 중요하다.

5) 정신건강 및 신체건강 요인(Mental & Physical Health Factors)

가족 구성원의 질병, 장애, 정신건강 문제는 돌봄 부담 증가, 역할 불균형, 정서적 소진을 유발하며 가족 전체의 기능에 영향을 준다.

- 예시: 부모의 조현병, 자녀의 발달장애, 노인의 치매
- 의의: 건강 문제가 만성화될 경우, 가족 내 비공식 돌봄자의 소진이나 죄책감, 회피적 상호작용이 심화될 수 있다.
- 실천적 접근: 질환에 대한 정보 제공, 돌봄자 지원, 가족상담 및 자조모임 연계 등 다층적 접근이 요구된다.

6) 디지털 및 정보기술 요인(Digital & Media Factors)

현대 사회에서 디지털 매체의 과잉 사용은 가족 간 정서적 유대 약화, 소통 단절, 갈등 요인으로 작용할 수 있다.

- 예시: 청소년의 스마트폰 중독, SNS를 통한 부부 간 불신 형성, 온라인 게임으로 인한 부모-자녀 갈등

- **의의**: 기술은 편리함을 주지만, 가족 내 역할 수행과 상호작용에 대한 기대와 현실의 괴리를 확대시킬 수 있다.
- **실천적 접근**: 가족 내 디지털 리터러시 향상, 사용 규칙 설정, 공동 활동 활성화 등을 통해 상호작용 회복을 도모해야 한다.

7) 정책 · 제도적 요인(Policy & Institutional Factors)

가족지원 정책의 부재, 행정적 장벽, 정보 부족 등은 가족의 문제를 해결할 수 있는 구조적 기반을 약화시킨다.

- **예시**: 한부모가정이 복지신청 과정에서 낙인을 경험하거나, 다문화가정이 언어 장벽으로 인해 복지서비스를 제대로 받지 못함
- **의의**: 제도는 가족문제를 완화하기도 하지만, 접근이 어렵거나 제도 설계가 현실을 반영하지 못할 경우 문제를 고착화시킨다.
- **실천적 접근**: 정책 옹호활동, 행정지원, 정보제공 및 중재자로서의 역할이 강조됨

8) 사회적 고립 및 지지망 결핍 요인(Social Isolation & Network Deficiency)

현대 사회에서 증가하는 핵가족화, 고령화, 1인가구 증가는 사회적 고립을 심화시키고 가족의 문제 해결 능력을 저하시킨다.

- **예시**: 자녀와 단절된 독거노인, 이혼 후 지지체계가 약화된 한부모가정
- **의의**: 지지망의 부재는 위기상황에서 대응 능력을 약화시키며, 우울, 자살 위험 등의 문제로 연결될 수 있다.
- **실천적 접근**: 지역사회 중심의 관계망 회복, 자조모임, 커뮤니티 기반 서비스 연계 등이 필요하다.

3. 가족대상 사회복지실천의 개입과정

1) 사정(Assessment)

가족사정은 사회복지실천 과정에서 가장 중요한 초기 단계로서, 가족이 직면한 문제를 다각적이고 심층적으로 이해하여 이후 개입의 방향과 전략을 구체화하는 기초 작업이다. 가족 대상 실천에서는 개별 구성원뿐 아니라 가족 전체의 상호작용 양상, 가족 구조와 역할 분담, 기능적 역량, 내외부 자원, 그리고 가족의 생애주기와 발달 단계 등을 종합적으로 평가하는 것이 필수적이다(Hepworth et al., 2017).

이는 정보를 수집하는 단순한 수준을 넘어서, 가족사정은 가족에 대한 이해와 사회복지사와 가족 간의 신뢰를 기반으로 한 협력적 관계를 구축하는 과정이며, 가족이 경험하는 문제를 공유하고 함께 이해하는 데 중점을 둔다. 이를 통해 가족과 사회복지사가 개입 목표에 대해 서로 공통적으로 합의하고, 문제 해결을 위한 공동의 기반을 마련한다. 이 단계에서 효과적인 의사소통과 공감적 경청, 라포 형성이 이루어질 때, 이후 실천 과정이 원활하고 지속적으로 진행될 가능성이 높아진다.

따라서 가족사정은 단순한 정보 수집의 차원이 아니라, 가족 전체를 하나의 역동적인 체계로 이해하며, 변화를 촉진하는 개입의 출발점으로서 실천의 전반적인 성공에 결정적인 역할을 수행한다.

(1) 가족사정의 주요 영역

① 가족 구조와 구성

가족사정의 초기 단계는 가족 구성원 간의 관계와 구조를 체계적으로 이해하는 데 중점을 둔다. 이 과정에서는 가족 유형(예 핵가족, 확대가족, 한부모 가족, 재혼가정, 다문화가정), 세대 간 구성 및 가족의 생애주기 단계, 그리고 주요 양육자와의 관계 등을 상세히 살펴본다. 가계도(Genogram)나 생태도(Ecomap)와 같은 시각적 도구들은 이러한 가족 구조와 관계를 보다 명확하게 파악하는 데 유용하게 활용된다. 가족의 구조적 특성은 문제의 발생과 지속, 그리고 개입 전략 선택에 큰 영향을 미치므로, 면밀하고 체계적인 분석이 반드시 필요하다.

② 가족 내 상호작용과 의사소통

가족 내 상호작용은 가족의 전반적인 기능과 문제 해결 역량을 좌우하는 중요한 요소로 작용한다. 여기에는 의사소통의 방식, 갈등 처리 방법, 감정 표현의 정도, 그리고 역할 분담과 그에 따른 기대 등이 포함된다. 만약 의사소통이 솔직하고 개방적으로 이루어지지 않는다면, 감정의 왜곡과 갈등이 점차 심화될 위험이 크다. 또한, 이러한 상호작용 양상은 가족 구성원 중 일부가 겪는 행동 문제나 정서적 어려움을 지속시키는 원인이 될 수 있으므로, 사회복지사는 가족 내 상호작용을 면밀히 관찰하고 분석하는 능력을 갖추어야 한다.

③ 가족 기능 및 역할 수행

가족 기능을 평가할 때, 역할 수행의 명확성, 유연성, 그리고 각 역할 간의 균형 상태는 매우 중요한 지표가 된다. 부모, 자녀, 부부 간의 역할이 지나치게 엄격하거나 경직되어 있을 경우, 또는 자녀가 부모의 역할을 대신하는 '역할 전도(Role Reversal)' 현상이 나타나면 가족 체계의 균형이 깨질 수 있다. 이와 함께 역할 간 충돌이나 이중 역할로 인한 스트레스는 가족 내 갈등과 긴장을 증가시키는 주요 요인이 된다. 따라서 사회복지 실천 과정에서는 가족 전체의 기능을 회복하기 위해 이러한 역할 분담과 관계 구조를 재조정하는 개입이 필요하다.

④ 가족의 발달단계와 전환 과업

각 가족은 생애주기(Family Life Cycle)에 따라 다양한 발달 과업을 수행하게 되며, 이러한 과업이 원활히 이루어지지 않을 경우 가족은 위기상황에 직면할 수 있다. 예를 들어, 자녀가 청소년기로 접어들 때는 자육성과 부모의 통제 사이에서 적절한 균형을 찾는 과정이 필요하며, 자녀가 성인이 되어 가정을 떠나는 시기에는 부부 간의 새로운 관계 재구축이 중요하다. 사회복지사는 이러한 발달 과업의 진행 상황을 지속적으로 평가하고, 과업 수행에 어려움이 있거나 전환에 실패하는 원인을 함께 탐색함으로써 적절한 개입 방향을 모색해야 한다.

⑤ 환경 및 사회적 자원

가족은 독립적으로 존재하는 것이 아니라, 주변의 다양한 외부 환경과 지속적으로 상호작용하는 개방체계(Open System)로 이해된다(Bronfenbrenner, 1979). 가족 구성원의 주거 환경, 고용 상태, 교육 기관, 지역사회 자원 등 다양한 생활 환경 요인과 경제적 안정성, 사회복지 서비스 이용 가능성, 그리고 친척, 이웃, 지역 기관 등으로 구성된 사회적 지지망은 가족의 기능 수행과 스트레스 관리에 중요한 영향을 미친다. 이러한 가족과 외부 체계 간의 관계를 시각적으로 분석하는 도구로 이코맵(Ecomap)이 활용되며, 이를 통해 가족이 사회적 자원과 단절되어 있거나 지원 체계가 부족한 상황을 조기에 발견할 수 있다.

⑥ 가족의 강점과 회복력

강점관점(Strengths Perspective)은 가족이 지닌 회복력과 상호 지지, 위기 상황에 대처하는 전략, 과거의 문제 해결 경험, 그리고 가족의 신념과 가치 체계 등을 발견하고 이를 적극적으로 강화하는 데 중점을 둔다(Saleebey, 2006; Walsh, 2006). 가족사정 시에는 단순히 문제점만을 평가하는 데 그치지 않고, 가족이 가진 긍정적인 자원과 능력을 함께 탐색하여 이를 실천 개입의 토대로 삼는 것이 매우 중요하다. 특히, 반복적인 어려움과 위기 속에서도 가족 구성원 간의 유대감을 유지하거나 변화에 능동적으로 적응해 온 경험은 사회복지 실천에서 활용할 수 있는 핵심 자산이 된다.

(2) 가족 사정도구

① 가계도(Genogram)

가계도는 가족 구성원 간의 혈연관계, 법적 관계 및 주요 사건들(출생, 결혼, 이혼, 사망, 질병 등)을 기호와 선으로 시각적으로 나타내어, 2~3세대에 걸친 가족의 구조와 역사를 체계적으로 파악할 수 있게 하는 도구이다. 이를 통해 가족 내에서 반복적으로 나타나는 행동 양식이나 문제의 패턴을 이해하는 데 도움을 준다.

- 특징
  - 가족 구성원과 그들 간의 관계를 한눈에 파악할 수 있도록 도식화한다.
  - 혈연뿐만 아니라 입양, 재혼 등 다양한 가족 형태도 포함할 수 있다.
  - 질병 이력, 심리사회적 문제, 가족 내 갈등 등 다각적인 정보를 기록한다.
  - 세대 간 문제의 전이, 역할 변화, 삼각관계 등 가족 내 복잡한 역학관계를 분석하는 데 유용하다.
- 유용성
  - 가족 치료 및 상담에서 초기 가족력 조사와 라포 형성에 효과적으로 활용된다.
  - 유전적 또는 환경적 요인에 따른 가족 문제의 패턴을 진단할 수 있다.
  - 가족 구성원 간의 감정적 거리나 상호작용 방식을 시각적으로 파악할 수 있다.
  - 복합적인 가족 문제를 체계적으로 분석하여 개입 방향을 설정하는 데 도움을 준다.

- 주요 정보
  - 가족 내 만성질환 및 정신건강 문제의 세대 간 분포와 반복 양상
  - 가족 역할의 변화와 갈등 구조
  - 이혼, 사별, 재혼 등 가족 구조의 변천 과정
  - 특정 문제(예 중독, 우울증)의 가족력 및 발현 양상

이와 같은 특성으로 가계도는 가족의 전반적인 상황을 입체적으로 이해하고, 사회복지실천 및 상담 개입의 효과성을 높이는 중요한 도구로 자리 잡고 있다.

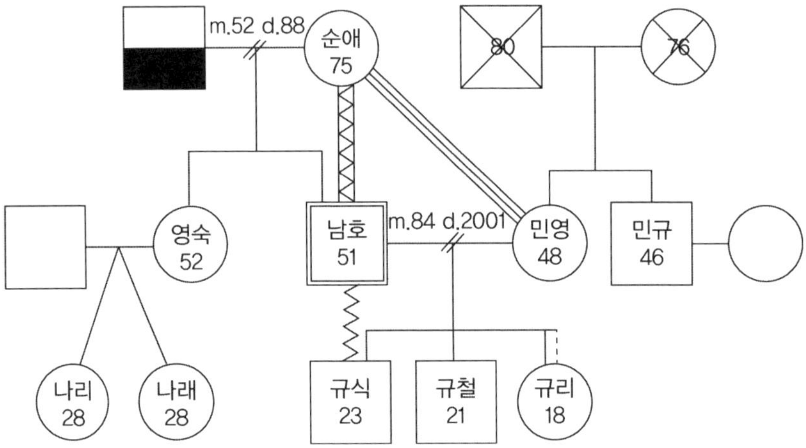

출처: 이화여대사회복지연구회(2001).

② 생태도(Ecomap)

생태도는 가족과 그들이 상호작용하는 다양한 외부 환경 요소들－예를 들어 학교, 직장, 의료기관, 사회복지기관, 이웃 등－과의 관계망을 시각적으로 나타내는 도구이다. 이 도구는 관계의 강도와 질을 다양한 선과 기호로 구분하여 표시함으로써 가족이 보유한 사회적 자원과 지지체계의 상태를 종합적으로 평가할 수 있도록 한다.

- 특징
  - 가족을 중심으로 여러 외부 체계와의 연결망을 구체적으로 도식화한다.
  - 긍정적 관계, 부정적 관계, 중립적 관계를 명확히 구별하여 표현한다.
  - 관계의 강도(예 강함, 약함)와 방향성(일방향성, 쌍방향성)을 시각적으로 파악할 수 있다.
  - 가족이 이용하는 사회적 자원과 지원 네트워크를 한눈에 확인할 수 있도록 한다.
- 유용성
  - 가족이 사회적으로 고립되어 있는지, 혹은 어떤 지원이 부족한지 진단하는 데 효과적이다.
  - 가족과 외부 기관 간의 협력 가능성 및 갈등 요인을 탐색하는 데 활용된다.
  - 사회복지 서비스 연계 및 맞춤형 자원 확보 전략 수립 시 기초 자료로 활용된다.
  - 위기상황에서 가족이 외부 네트워크를 얼마나 효과적으로 활용하는지 평가할 수 있다.
- 분석 가능한 정보
  - 가족이 현재 활용하고 있는 사회적 자원 및 지지망의 유형과 강도
  - 외부 체계와의 관계에서 나타나는 갈등, 긴장, 의존성 등 질적 특성
  - 사회적 고립 또는 과도한 의존 상태 여부
  - 가족의 사회적 연결망 확장 가능성과 그 한계

이처럼 생태도는 가족의 사회적 환경과 관계망을 입체적으로 이해하는 데 중요한 도구로서, 사회복지실천과 상담 개입 시 가족의 자원 동원과 문제 해결을 지원하는 데 핵심적인 역할을 한다.

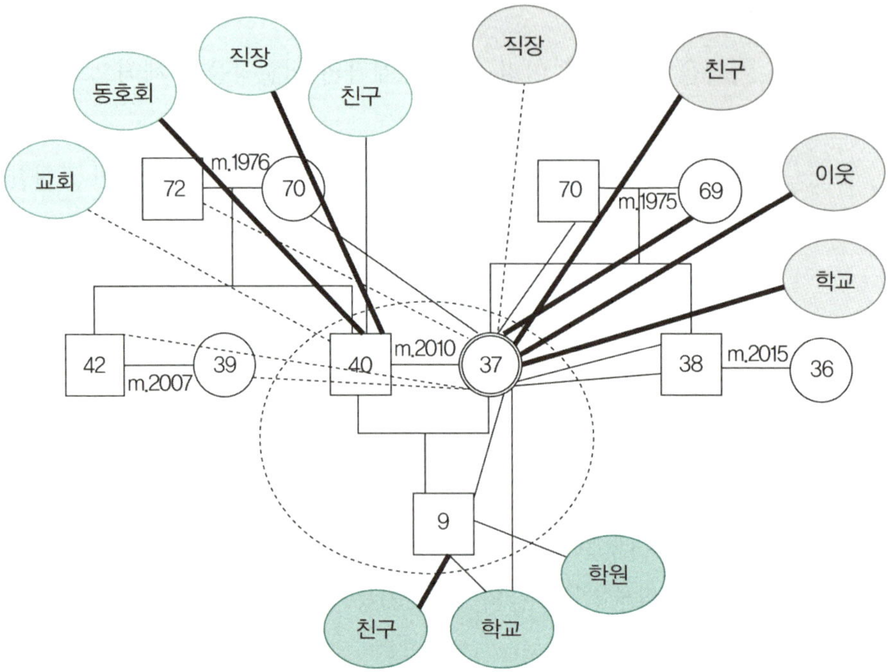

③ 사회적 관계망 표(Social Network Map)

사회적 관계망 도표는 개인이나 가족이 맺고 있는 다양한 사회적 관계들(예 친구, 친척, 이웃, 전문가 등)의 범위와 유형, 그리고 지지의 질과 빈도를 체계적으로 시각화하는 도구이다. 이를 통해 개인이나 가족의 대인관계 역량과 지지 체계의 건강 상태를 평가할 수 있다.

- 특징
  - 중심 대상자 및 가족을 중심으로 표기하고, 주변 인적 네트워크를 노드와 연결선으로 나타낸다.
  - 정서적 지원, 도구적 지원 등 관계 유형과 관계의 빈도, 거리, 지지 정도 등을 구분할 수 있다.
  - 시각적 도식을 통해 사회적 지지의 강도와 한계점을 파악하는 데 유용하다.

- 유용성
  - 위기상황에서 빠르게 동원 가능한 지지자들을 식별할 수 있다.
  - 정서적 고립이나 사회적 지지 부족 문제를 진단하는 데 도움을 준다.
  - 사회적 자원의 확장과 대인관계 기술 향상을 위한 개입 목표 설정에 활용된다.
  - 가족 및 개인의 사회적 연결망을 강화할 방안을 모색할 수 있다.
- 분석가능한 정보
  - 개인 또는 가족의 핵심 지지자와 주변 인적 자원의 목록
  - 관계의 친밀도, 신뢰 수준, 제공되는 지원 유형(정서적, 정보적, 도구적 지원 등)
  - 사회적 고립, 단절된 관계 및 취약한 지원망 현황
  - 새로운 사회적 관계 구축이 필요한 영역과 전략

	생활 영역	물질적 지지	정서적 지지	정보적 지지 (조언 등)	비판	원조방향	친밀감	접촉 빈도	알고 지낸 기간
사회적 관계망에서 중요한 인물 (지지 제공자)	①동거가족 ②다른가족 ③직장/학교 ④조직 ⑤친구 ⑥이웃 ⑦전문가 ⑧기타	①거의 없다 ②가끔 ③자주	①거의 없다 ②가끔 ③자주	①거의 없다 ②가끔 ③자주	①거의 없다 ②가끔 ③자주	①양방향 ②그들에게만 ③그들이 당신에게만	①거의 친하지 않음 ②가까운 정도 ③매우 친함	①1년에 서너 번 ②한 달에 서너 번 ③매주 ④매일	①1년 이하 ②1년에서 5년 사이 ③5년 이상
김수진	③	②	②	③	③	③	③	③	②
이주원	⑤	②	②	②	②	②	②	②	②
임아영	⑦	②	②	②	②	②	②	②	②
할머니	①	②	②	②	②	②	②	②	②
옆집아줌마	⑥	②	②	②	②	②	②	②	①
아버지	②	①	①	①	①	②	①	①	

출처: 사회복지연구센터(2013).

④ 생활력 도표(Time-use Chart / Life Strength Map)

생활력 도표는 개인이나 가족 구성원이 일정 기간 동안 시간대별로 어떤 활동을 수행하는지를 시각적으로 기록하는 도구로, 일상생활의 패턴, 자립 능력, 강점과 스트레스 요인을 파악하는 데 활용된다.

- 특징
  - 하루 또는 특정 기간 동안 시간 단위별로 활동 내용을 기록한다.
  - 근로, 돌봄, 가사, 여가, 휴식 등 활동의 종류와 강도를 구분할 수 있다.
  - 가족 구성원별 시간 활용의 차이와 균형을 비교할 수 있다.
  - 불균형한 생활 리듬이나 과도한 역할 분담을 발견하는 데 효과적이다.
- 유용성
  - 돌봄 부담, 휴식 부족, 사회참여 제한 등의 문제를 진단할 수 있다.
  - 개인 및 가족의 자립 역량과 생활 강점을 평가하는 기초 자료를 제공한다.
  - 실질적인 일상생활 지원 및 개입 계획 수립에 도움을 준다.
  - 건강한 생활 패턴 및 규칙적인 루틴 형성 지도에 활용된다.
- 분석 가능한 정보
  - 시간별 활동 배분과 활동 간 균형 상태
  - 돌봄자 및 가족 구성원의 역할과 부담 정도
  - 여가 및 휴식 시간 확보 현황
  - 일상생활에서 경험하는 스트레스 요인과 회복 자원

이와 같이 사회적 관계망 도표와 생활력 도표는 개인과 가족의 사회적 환경 및 일상생활을 종합적으로 이해하고, 효과적인 사회복지 개입과 지원을 설계하는 데 중요한 도구로 활용된다.

⑤ 맥마스터모델의 가족사정척도(Family Assessment Device, FAD)

FAD(Family Assessment Device)는 McMaster 가족체계 이론에 기반한 자기보고형 평가 도구로, 가족 기능을 총 7개 영역으로 세분화하여 평가한다. 가족 구성원이 각 항목에 대해 응답함으로써, 가족의 기능적 건강 상태를 수량적으로 파악할 수 있도록 설계되었다.

- 특징
  - 총 60문항으로 구성되어 있으며, 간략형으로 12문항 버전도 사용된다.
  - 각 문항은 4점 척도(예 '전혀 그렇지 않다'부터 '매우 그렇다'까지)로 평가된다.
  - 평가 영역은 문제해결, 의사소통, 역할 수행, 정서적 반응성, 정서적 반응성 개입, 행동 통제, 전반적 가족 기능 등으로 구분된다.
  - 신뢰도와 타당도가 검증된 객관적인 도구로, 임상 현장뿐만 아니라 학술 연구에서도 폭넓게 활용된다.
- 유용성
  - 가족 기능의 강점과 취약 영역을 진단하는 데 효과적이다.
  - 사회복지 실천 전후에 가족 기능의 변화를 체계적으로 모니터링할 수 있다.
  - 개별 가족 상황에 적합한 개입 목표 및 전략을 설정하는 근거 자료로 활용된다.
  - 가족 치료나 상담 프로그램의 효과성 평가 도구로도 널리 쓰인다.
- 분석 가능한 정보
  - 가족 내 의사소통 및 문제 해결 능력 수준
  - 가족 구성원 간 역할 수행의 적절성과 정서적 반응성의 균형 상태
  - 행동 통제 능력과 전체 가족체계의 기능성 정도
  - 가족 내 갈등 수준과 기능 장애가 나타나는 특정 영역

이처럼 FAD는 가족의 다양한 기능적 측면을 포괄적으로 평가하여, 가족 문제를 이해하고 효과적인 개입을 설계하는 데 매우 유용한 평가 도구로 자리매김하고 있다.

2) 계획(Planning)

계획 단계는 사정 단계에서 수집된 가족의 문제와 욕구를 종합적으로 분석한 후, 이를 바탕으로 명확하고 구체적인 개입 목표를 설정하는 중요한 과정이다. 이 단계에서는 가족 구성원과의 협의를 통해 현실적이며 실현 가능한 목표를 수립하며, 가족이 처한 환경적 조건과 자원, 제약 사항을 충분히 고려하여 실행 계획을 마련한다.

① **목표 설정**: 가족과 사회복지사가 함께 단기 목표와 장기 목표를 구체적으로 논의하여 설정한다. 예를 들어, 단기 목표로는 의사소통 개선이나 스트레스 완화가 있을 수 있고, 장기 목표로는 가족 기능 회복과 자립 능력 강화가 포함될 수 있다. 목표는 SMART 기준(구체성, 측정 가능성, 달성 가능성, 관련성, 시간 제한성)을 준수하는 것이 효과적이다.

② **우선순위 결정**: 여러 문제 중에서 긴급성과 중요성이 높은 사안을 우선적으로 다루기 위해 문제의 우선순위를 정한다. 예를 들어, 아동 학대와 같은 긴급한 상황은 최우선으로 개입한다.

③ **자원 및 제약 분석**: 가족 내부의 강점과 자원을 파악하는 동시에, 지역사회 및 사회복지 서비스 등 외부 자원과의 연계 가능성을 탐색한다. 또한, 가족의 문화적 배경, 시간적 여건, 경제적 한계 등 현실적인 제약 요소를 함께 고려하여 계획에 반영한다.

④ **참여 동기화**: 가족 구성원 전원이 개입 과정에 적극적으로 참여할 수 있도록 동기를 부여하고, 협력적 관계를 구축한다. 가족 내 갈등이 심한 경우에는 중재자의 역할이 필요할 수 있다.

⑤ **구체적 실행 계획 수립**: 어떤 개입 방법과 기술을 언제, 어떻게 활용할지 명확히 정하고, 사회복지사와 가족 각각의 역할과 책임 범위를 구체화한다.

> ☑ 예시
>
> - 자녀와 부모 간 갈등 완화를 위해 주 1회 가족 상담을 3개월 동안 진행하기로 협의
> - 부모의 양육 스트레스 완화를 위해 지역 부모교육 프로그램 참여를 연계
> - 부부 간 갈등이 심할 경우, 전문 부부 상담 서비스와의 연계 계획 포함

3) 평가(Evaluation)

평가 단계는 사회복지 개입 과정 중 및 종료 시점에서 가족 기능의 변화와 문제 해결 정도를 체계적으로 점검하고, 개입의 효과성 및 적합성을 검토하는 중요한 과정이다. 이 단계에서 수집된 평가 결과는 향후 개입 방향을 조정하거나 종결 여부를 결정하는 데 핵심적인 근거가 된다.

① **진행 평가**: 개입이 진행되는 중간 시점에 목표 달성 정도, 가족 구성원의 만족도와 참여도를 주기적으로 확인한다. 이 과정에서 발견되는 문제점이나 장애 요인은 신속히 파악하여 개입 계획에 반영, 조정한다.

② **결과 평가**: 개입 종료 시점에는 가족 기능, 의사소통 패턴, 스트레스 수준, 문제 행동의 변화 등을 다양한 방법으로 다각도 평가한다. 이를 위해 설문조사, 심층 면담, 직접 관찰 등 여러 평가 기법을 병행 활용한다.

③ **정성적 · 정량적 자료 활용**: 객관성과 신뢰도를 확보하기 위해 가족 기능 평가 도구(FAD 등), 가족과 사회복지사의 관찰 기록, 가족의 자기 보고 등을 통합하여 평가한다.

④ **성과 공유 및 피드백**: 평가 결과를 가족과 투명하게 공유하며, 긍정적인 변화는 격려하고 미흡한 부분은 가족과 함께 논의하여 향후 개선 방향을 모색한다.

⑤ **개입 계획 조정**: 평가 결과에 따라 목표를 수정하거나 추가 개입이 필요하다고 판단될 경우, 이에 맞게 개입 계획을 재설계하거나 종결을 결정한다.

☑ **평가 예시**

- 가족 간 의사소통 개선 정도를 자가 보고 설문과 가족 면담 자료로 비교 분석
- 자녀의 행동 변화에 대해 학교 교사의 의견과 부모 보고서를 수집 · 검토
- 가족 스트레스 지수 감소 여부 및 가족의 주관적 만족도 조사 실시
- 평가 결과에 근거해 상담 연장 또는 개입 종결 결정

4) 종결(Termination)

종결단계는 개입 목표가 달성되었거나 개입 기간이 종료되었을 때, 가족과 함께 개입 과정을 마무리하고, 지속 가능한 긍정적 변화를 유지하며 가족의 자립 역량 강화를 지원하는 과정이다. 이 단계는 상담 관계의 자연스러운 마무리임과 동시에 가족의 장기적 성장 기반을 마련하는 출발점으로 작용한다.

① **개입 성과 요약**: 개입 전후 가족 기능과 문제 변화 과정을 함께 되돌아보며 성과를 정리하고 가족과 공유한다.

② **자립력 강화**: 가족이 앞으로 발생할 수 있는 문제 상황에 스스로 대처할 수 있도록 대응 전략과 지역사회 자원 활용 방법을 재확인한다.

③ **후속 지원 안내**: 필요시 추가 서비스 연계, 지역사회 지원 기관 정보 제공, 재상담 가능성 안내 등 후속 지원 방안을 안내한다.

④ **감정적 마무리**: 상담 종료에 따른 정서적 안정을 돕고, 긍정적인 상담 관계를 유지할 수 있도록 지원하며, 가족의 성취감과 자긍심을 고취한다.

⑤ **종결 의식 진행**: 상담 종료를 가족과 함께 기념하거나 축하하는 의식이나 행사를 통해 상담 과정의 의미를 부여하고 마무리한다.

☑ 종결 예시

- 가족과 함께 상담 기간 동안의 변화를 시각화하여 긍정적 변화를 강화
- 비상 상황 시 연락 가능한 지역사회 자원 및 연락처를 제공
- 가족 내 지지망 강화 계획을 수립하고 역할 분담을 재확인
- 종결 상담을 진행하며 가족의 감정 표현과 상담 평가를 청취

이와 같은 평가 및 종결 과정은 가족의 문제 해결을 종합적으로 점검하고, 지속 가능한 회복과 성장을 지원하는 데 필수적이다.

4. 사례중심 가족개입전략

가족은 사회 구성원에게 정서적 안정과 사회화, 그리고 지지 기능을 제공하는 가장 기본적인 사회 단위로서, 가족 내에서 발생하는 문제들은 단순한 개인적 차원이 아니라 상호작용적이며 체계적인 맥락에서 이해되어야 한다. 가족 구성원 간 의사소통의 왜곡, 역할 분담의 혼란, 정서적 갈등, 그리고 외부 스트레스 요인의 유입은 다양한 문제를 유발할 수 있으며, 이는 결과적으로 가족 전체 기능의 저하로 이어질 수 있다.

이러한 이유로 사회복지 실천에서는 가족을 하나의 유기적 체계로 인식하고, 가족 구성원 간 상호작용과 그 구조적 맥락을 중심으로 개입 전략을 수립하는 것이 필수적이다. 특히 가족체계이론(Family Systems Theory), 생태체계이론(Ecological Systems Theory), 강점관점(Strengths Perspective), 구조적 가족치료(Structural Family Therapy) 등은 가족 문제의 복합성을 이해하고 개입 방향을 제시하는 데 중요한 이론적 틀을 제공한다.

본 장에서는 이들 이론을 토대로 실제 현장에서 활용할 수 있는 사례 중심의 가족 개입 전략을 제시한다. 각 전략은 특정 가족 문제 유형에 대응하

기 위해 개발된 실천 기법으로 구성되어 있으며, 사회복지사가 현장 실천 과정에서 가족의 기능 회복과 문제 해결을 효과적으로 지원할 수 있도록 설계되었다. 또한, 실제 사례를 함께 소개하여 독자들이 이론과 실천을 유기적으로 연결하고 현장 적용 가능성을 구체적으로 이해하는 데 도움을 주고자 한다.

1) 의사소통 증진 전략

(1) 구조적 가족치료(Structural Family Therapy, Minuchin)

구조적 가족치료는 가족체계 내에서 각 하위체계 간의 경계 설정과 의사소통 방식이 가족의 전반적인 기능에 중요한 역할을 한다고 본다. 특히, 원활하고 명확한 의사소통은 건강한 가족 관계의 핵심 요소로 간주되며, 반대로 왜곡되거나 혼란스러운 의사소통은 가족 내 문제와 병리 현상의 주요 원인으로 작용할 수 있다.

① 적용 원리

- 하위체계의 구분과 경계 설정: 부모-자녀, 부부, 형제 간 하위체계를 구분하고, 경계의 명료성과 적절성을 평가함
- 위계구조의 회복: 부모의 권위 약화 또는 자녀의 권력 강화와 같은 위계 붕괴 문제를 조정함
- 구조 재조직화(Restructuring): 가족의 상호작용 패턴을 변화시켜 구조를 재조정함. 치료자는 종종 가족 상호작용에 직접 개입하여 새로운 행동을 유도함
- 동맹, 연합, 갈등의 분석: 특정 구성원 간의 연합(coalition)이나 갈등 구조를 분석하여 관계의 왜곡을 해소함
- 현장적 개입(In Vivo Intervention): 실제 가족 상호작용 장면에서 치료자가 행동을 직접 관찰하고 개입함으로써 즉각적 변화를 유도함

② 적용 사례

▶사례 개요

고등학생 아들이 무단결석과 가출을 반복하는 상황에서, 어머니는 아들의 행동을 억제하지 못하고 지나치게 감정적으로 반응하고 있었으며, 아버지는 일관되게 무관심한 태도를 보였다. 가족은 상담에 참석했지만, 대화는 주로 아들과 어머니 사이에서 감정적으로 격렬하게 이루어졌고, 아버지는 개입하지 않았다.

▶개입 내용

사회복지사는 가족 구조의 왜곡을 사정한 뒤, 다음과 같이 구조적 개입을 시도했다.

- 하위체계 재구성: 어머니와 아들이 형성한 과잉 연합을 분리하고, 부모 하위체계의 연대감을 회복하도록 부부 대화를 촉진함
- 위계 회복: 아버지가 자녀 훈육에 적극 개입하도록 역할을 강화하고, 부모가 공동의 규칙을 설정하게 함
- 현장 개입: 세션 중 실제 갈등 상황에서 사회복지사가 "지금 이 장면에서 누가 결정을 내릴 수 있죠?"라고 질문하며 상호작용 구조를 드러냄
- 경계 명료화 훈련: 부모가 자녀의 사생활을 존중하면서도 지도할 수 있는 '적절한 경계선'을 설정하도록 지도함

▶결과

아버지의 참여가 증가하면서 가정 내 위계가 회복되었고, 어머니의 감정적 소진이 줄어들었으며, 아들도 훈육에 대해 예측 가능성을 갖게 되어 행동문제가 점차 감소하였다.

(2) 사티어의 가족치료(Experiential Family Therapy)

① 적용 원리

- **자존감 향상**: 자기 수용과 존중을 통해 구성원 각자의 내적 안정성과 대인관계 기능을 강화함
- **일치적 의사소통(Congruent Communication)**: 감정, 언어, 행동이 일치하는 정직하고 직접적인 소통을 지향함
- **의사소통 유형의 자각과 전환**: 회유형, 비난형, 초이성형, 산만형 등의 왜곡된 의사소통 패턴을 인식하고, 건강한 소통 방식으로의 전환

을 시도함

- **정서적 표현 촉진**: 감정을 억누르거나 회피하지 않고 표현하고, 감정에 이름을 붙이는 훈련을 실시함
- **개인의 성장과 가족의 재조직화**: 치료는 단지 문제 해결에 국한되지 않고, 가족 구성원의 성장을 통한 체계적 변화로 이어짐

② 적용 사례

▶사례 개요

중학생 딸과의 관계에 어려움을 겪고 있는 어머니는, 딸이 자주 짜증을 내고 대화를 회피한다며 분노와 무력감을 호소했다. 상담을 통해 어머니는 대화에서 반복적으로 "넌 왜 항상 날 무시하니?"라는 비난형 의사소통을 사용하고 있다는 사실을 인식하게 되었다.

▶개입 내용

사티어 가족치료의 적용 원리에 따라 사회복지사는 어머니에게 자신의 감정을 솔직하게 표현하는 'I-메시지' 훈련을 진행했다.

"나는 네가 내 말을 무시한다고 느낄 때, 외롭고 속상해."

딸은 어머니가 평소에는 감정을 억누르고 있다가 폭발적으로 반응하는 점에서 소통을 피하게 되었다고 털어놓았다.

이후 가족상담에서는 감정카드를 이용한 감정표현 워크숍을 통해 서로의 감정을 시각화하고 공감하는 경험을 쌓았다.

▶결과

어머니는 비난형 의사소통을 줄이고, 딸과 감정을 공유하며 정서적 유대감이 향상되었으며, 딸 역시 학교생활이나 친구 관계에 대한 이야기를 더 자주 꺼내게 되었다.

2) 역할 구조 재정립 전략

(1) 가족체계이론(Family Systems Theory)

가족체계이론은 머레이 보웬(Murray Bowen)에 의해 체계화된 이론으로, 가족을 단순한 개인들의 집합이 아니라 상호 연결된 정서적 단위이자 역동적으로 작용하는 체계로 바라본다. 이 이론에서는 가족 구성원 간의 상호작

용이 폐쇄적이고 순환적인 패턴으로 이루어지며, 한 구성원의 정서적 변화가 다른 구성원들에게 영향을 미쳐 궁극적으로 가족 전체의 균형과 기능에 변화를 초래한다고 설명한다.

① 적용 원리

- **삼각관계**(Triangles): 두 사람 간 갈등이나 긴장이 있을 때 제3자를 개입시켜 감정을 분산시키는 구조
  예 부부 갈등 → 자녀에게 감정 전이
- **자아분화**(Differentiation of Self): 개인이 감정에 휘둘리지 않고 이성적으로 사고하며 자율성을 유지하는 능력. 낮은 자아분화는 가족의 감정 흐름에 과도하게 반응함
- **세대 간 정서 전달**(Intergenerational Transmission): 부모 세대의 정서적 방식이나 갈등 해결 패턴이 다음 세대로 반복적으로 전달됨
- **가족 항상성**(Homeostasis): 가족 체계는 변화를 저지하고 기존의 균형 상태를 유지하려는 경향이 있음. 변화에는 저항이 따름
- **원인-결과의 선형적 사고 거부**: 문제 원인을 한 개인에게 귀속시키는 것이 아니라, 관계적 상호작용 속에서 문제를 이해함

② 적용 사례

▶사례 개요

대학교에 재학 중인 아들이 갑작스럽게 공황장애 증상을 보이며 학업 중단을 고민하고 있음. 어머니는 아들을 과보호하며 "네가 힘든 건 다 내 탓이야"라고 자책하고, 아버지는 아들과 거리감이 큰 상태. 가족 상담에서 아들의 증상은 가족 간 긴장 구조 속에서 이해될 수 있음이 드러남.

▶개입 내용

사회복지사는 가족체계이론에 따라 다음과 같이 개입하였다.

- 삼각관계 해소: 아들의 심리적 고통이 부모 간 정서적 긴장을 대신 흡수한 결과임을 설명하고, 부부가 직접적으로 갈등을 다루도록 지도
- 자아분화 훈련: 아들이 부모의 정서에 과잉 반응하지 않고 자신의 감정을 독립적으로 표현하도록 자기인식 훈련 및 정서 조절 기술을 지도

- 세대 간 정서전달 탐색: 어머니가 자신의 부모로부터 받았던 양육방식과 정서적 억압을 탐색하고, 이를 현재 양육에 어떻게 재현하고 있는지를 인식하도록 도왔다.
- 체계적 시각 제공: 아들의 증상을 단순한 개인 문제로 보지 않고 가족 내 균형 회복의 신호로 이해하게 함으로써 가족 모두가 변화의 주체임을 인식하도록 유도

▶ 결과

부모는 아들에 대한 과잉 의존과 감정 개입을 줄였고, 아들은 점차 불안을 조절하며 학업 복귀에 대한 긍정적 동기를 보였다. 가족 간 대화도 갈등 회피에서 정서 공유로 변화하였다.

(2) 역할이론(Role Theory)

역할이론은 사회심리학과 상징적 상호작용주의를 토대로 발전된 이론으로, 개인은 사회에서 부여받은 지위(status)에 따라 특정한 역할(role)을 수행하며, 이러한 역할은 사회적 기대(expectations)와 규범(norms)에 의해 형성된다고 본다. 가족 내에서도 각 구성원은 아버지, 어머니, 자녀, 형제자매 등 다양한 역할을 맡게 되며, 이들 역할의 적절한 수행과 조화가 가족의 기능성과 안정성에 중요한 영향을 미친다. 역할 간 갈등이나 혼란은 가족 내 긴장과 문제를 야기할 수 있다.

① 적용 원리

- **역할기대의 명료화**: 가족 구성원 간 각자의 역할에 대한 기대를 명확히 하고, 오해나 중복을 줄여 갈등을 예방한다.
- **역할갈등 해소**: 상충되는 역할 요구(예 부모이자 직장인, 형제이자 보호자 등)로 인한 심리적 긴장을 인식하고 조정한다.
- **역할 전이 및 전환 관리**: 가족 내 변화(예 질병, 이혼, 사망, 자녀 성장 등)에 따른 역할의 변화에 적절히 적응하도록 돕는다.
- **역할 부적합**: 구성원이 수행하는 역할이 자원의 부족, 능력의 부적합, 정서적 부담 등으로 기능하지 못할 때 새로운 역할 분배나 협상 필요성에 중점을 둔다.

- **역할 수행 능력 향상**: 부족한 기술이나 정보로 인해 역할 수행에 어려움을 겪는 구성원을 지원하고 교육함으로써 역할 수행력을 높인다.

② 적용 사례

▶사례 개요

50대 중반의 어머니 A씨는 치매 초기증상을 보이는 친정어머니를 돌보면서, 동시에 고등학생 자녀의 대학입시를 지원하고 있다.

직장에서의 스트레스와 함께 가사·육아·노부모 돌봄 역할이 중첩되며 심한 피로와 분노를 호소한다.

▶개입 내용

- 사회복지사는 A씨와 함께 현재 수행 중인 역할을 정리하고, 각 역할에 대한 기대 수준을 점검함
- 과도한 역할 내적 기대와 타인(남편, 시부모, 형제자매)의 무관심으로 인한 역할 부담을 인식시킴
- 가족회의를 통해 역할 분담 재조정, 가족 돌봄서비스 자원 연계, 스트레스 관리 교육을 병행함

3) 정서적 유대 강화 전략

(1) 애착이론(Attachment Theory)

애착이론은 존 볼비(John Bowlby)와 메리 에인스워스(Mary Ainsworth)에 의해 발전된 이론으로, 인간은 태어날 때부터 정서적 유대와 보호를 추구하며, 초기 주양육자와의 상호작용 경험이 이후의 정서조절, 대인관계, 자아개념에 깊은 영향을 준다고 본다.

애착유형은 대표적으로 다음 네 가지로 구분된다.

- **안정 애착**(Secure Attachment)

  어린 시절 양육자와의 일관되고 신뢰할 수 있는 상호작용을 통해 형성된다. 이러한 애착 유형은 자신과 타인에 대한 긍정적인 인식을 갖고, 스트레스 상황에서도 효과적으로 정서조절을 할 수 있다.

- 회피 애착(Avoidant Attachment)

  양육자가 정서적 거리를 유지하거나 무관심한 태도를 보일 때 형성된다. 이 유형의 사람은 타인과의 친밀감을 회피하고 독립성을 지나치게 강조하며, 감정을 억압하는 경향이 있다.

- 불안 애착(Anxious Attachment)

  양육자의 반응이 불규칙하거나 과도하게 간섭적일 때 나타난다. 자신에 대한 불확실성과 타인에 대한 불안을 많이 느끼며, 지나친 의존과 불안정한 대인관계를 보인다.

- 혼란 애착(Disorganized Attachment)

  양육자가 두려움의 대상이 되거나 학대, 방임과 같은 부정적인 경험이 있을 때 나타난다. 안정적인 애착 행동이 없으며, 예측 불가능한 행동과 정서적 혼란을 보인다.

① 적용 원리

정서 표현이 억압되거나 과잉 반응하는 가족의 경우, 정서 표현 기술 교육이 필요하다. 이때 '가족 감정 지도(Family Emotion Mapping)'를 활용하여 가족 구성원 간 감정 교류의 패턴을 시각적으로 분석하고, 숨겨진 문제들을 명확히 드러낼 수 있다. 또한, 감정 일기 작성, 공감 훈련, 역할극 등의 다양한 기법을 통해 가족 구성원의 정서적 공감 능력을 강화한다. 이를 통해 가족 내 긍정적인 상호작용을 증진시키고, 심리적 안정과 안전감을 조성하는 데 도움을 준다.

② 적용 사례

사별 후 감정을 억눌렀던 가족에게 감정 표현 워크숍을 적용하고, "나는 요즘 슬픈데 말할 곳이 없었어요"라는 말이 나오도록 유도하여 가족이 서로의 상실감을 수용하도록 중재함

4) 위기개입 전략

위기개입 전략은 위기이론(Crisis Theory, Caplan), 단기해결중심모델(Solution-Focused Brief Therapy, SFBT)로 위기상황에서 정서적 균형이 붕괴될 경우 단기간 내 집중적 개입이 필요하며, 자원의 동원과 정서적 안정이 핵심이다.

① 적용 원리

- 위기의 성격을 정확히 진단(발생 시기, 강도, 지속 시간 등)하고, 가족의 대응 능력을 평가한다.
- 정서적 반응을 수용하며 안정화(stabilization)를 우선으로 한다.
- 사회적 지지망 강화, 단기 목표 설정, 문제 해결 능력 강화를 통해 가족이 위기를 관리할 수 있도록 돕는다.
- 위기상황 이후 트라우마 예방을 위한 후속지원을 계획한다.

② 적용 사례

가정폭력 피해 후 이혼을 고민하는 어머니와 아동을 대상으로 긴급보호소 입소, 임시 생계지원, 정서안정 프로그램을 병행하고, 법적 · 심리적 지원 체계를 구축함

5) 가족 강점 중심 전략

강점관점(Strengths Perspective, Saleebey)과 회복탄력성 이론(Resilience Theory, Walsh)은 가족의 문제나 결함보다는 그들이 지닌 잠재력과 자원에 주목한다. 이 두 이론은 가족 내 긍정적인 요소와 내재된 능력을 발견하고 이를 기반으로 변화를 촉진하는 데 중점을 둔다. 즉, 가족이 위기상황에서도 발휘할 수 있는 적응력과 회복력을 강화하여, 문제 해결뿐 아니라 지속 가능한 성장을 도모하는 데 초점을 둔다. 이러한 접근은 가족의 자율성과 자기결정권을 존중하며, 사회복지 실천에서 희망과 역량 강화의 기반을 제공한다.

① 적용 원리

- 가족의 과거 성공 경험, 지지 관계, 가치관, 문화적 자산 등 긍정적 요소를 파악한다.
- '강점 인터뷰'를 통해 가족이 자신들의 능력과 회복력을 스스로 인식하게 한다.
- 개입 전반에서 문제 중심 언어 대신 가능성 중심 언어를 사용하고, 가족의 선택권과 통제감을 강조한다.
- 변화가 가능한 구체적 행동을 강화하여 자기효능감을 증진한다.

② 적용 사례

장애아 양육으로 소진된 부모에게 과거 위기 극복 경험과 현재의 긍정적 양육 방식("그래도 매일 안아주긴 해요")을 인식시켜 자기효능감을 회복하고 긍정적 행동을 확대함

6) 외부자원 연계 및 네트워크 구축 전략

생태체계이론(Ecological Systems Theory, Bronfenbrenner)은 개인이 가족을 비롯한 다양한 환경 체계와 상호작용하며 성장하고 적응한다고 본다. 이 이론에 따르면 가족은 개인을 둘러싼 미시체계(microsystem)로서, 개인과 직접적인 상호작용을 하는 가장 가까운 환경이다. 또한 가족은 중간체계(mesosystem), 외체계(exosystem), 그리고 거시체계(macrosystem)와 같은 더 넓은 사회적, 문화적 환경과도 긴밀하게 연결되어 있다. 따라서 사회복지실천에서는 개인뿐 아니라 가족, 지역사회, 그리고 사회구조 전반에 이르는 다층적 환경 요인을 통합적으로 이해하고 개입해야 하며, 이를 통해 가족과 개인이 직면한 복합적인 문제를 효과적으로 해결할 수 있다.

① 적용 원리

- 가족이 지닌 사회적 자원의 부족이나 접근 차단을 파악한다.
- 공공 및 민간의 다양한 복지자원(경제, 교육, 의료, 주거 등)을 탐색하여 가족의 복합적 욕구를 충족한다.
- 자원 지도(Resource Mapping)를 통해 실질적 도움을 줄 수 있는 지역 네트워크를 구축한다.
- 지속적 관계망 유지를 위한 자조집단, 부모모임, 교회, 학교, 상담기관 등과의 연결을 유도한다.

② 적용 사례

실직 후 경제 위기를 겪고 있는 다문화 가정에 대해 긴급복지지원제도, 다문화가족지원센터, 마을 공동체 활동을 연결하여 다차원적 지원망을 구축한다.

학습문제

[서술형]

01 가족대상 사회복지실천의 평가단계에서 개입의 효과성과 적합성을 위해 고려해야 하는 사항에 대해 설명하시오.

02 사회적 관계망 표의 유용성에 대해 설명하시오.

[선택형]

01 가족대상 사회복지실천에서 가족사정 시 가장 먼저 확인해야 하는 것은?

① 가족의 경제 상황
② 가족 구성원의 관계와 구조
③ 가족의 문화적 배경
④ 가족구성원의 직업
⑤ 가족의 건강상태

02 다음 중 가족체계이론의 주요 개념이 아닌 것은?

① 가족은 상호 연결된 정서적 단위이다.
② 가족 구성원의 변화는 전체 가족에 영향을 준다.
③ 가족은 독립적인 개인들의 집합이다.
④ 가족 내 상호작용은 순환적이다.
⑤ 가족 균형이 중요하다.

03 가족대상 사회복지실천 평가 단계에서 중요한 사항은?

① 가족의 경제적 자원만 평가한다.
② 개입목표 달성 정도와 가족 만족도를 점검한다.
③ 상담 횟수만 기록한다.
④ 클라이언트의 요청만 반영한다.
⑤ 개입 전에만 평가를 진행한다.

서술형 모범답안

01 사전에 설정한 목표가 어느 정도 달성되었는지를 구체적으로 검토하고 개입 전과 후 가족 구성원의 행동, 정서, 관계의 변화를 비교 분석하여 개입방법의 적합성과 가족의 참여도와 협력 정도를 평가한다.

02 사회적 관계망 표는 개인이나 가족이 가진 사회적 지지자와 자원을 시각적으로 보여줌으로써, 현재 지지 체계의 강점과 부족한 부분을 쉽게 파악할 수 있게 한다. 이를 통해 사회적 고립이나 지지 부족 문제를 발견하고, 필요한 경우 관계망을 확대하거나 강화하는 개입 계획을 세울 수 있다. 따라서 사회복지실천에서 효과적인 지원과 개입을 위해 중요한 평가 도구로 활용된다.

선택형 정답

01 ② **02** ③ **03** ②

CHAPTER 08

집단을 위한 실천기술

1. 집단대상 사회복지실천의 개념과 유형
2. 집단문제에 대한 이해
3. 집단대상 사회복지실천의 개입과정
4. 집단실천기술의 실제 적용 사례
5. 집단실천기술의 장점과 한계

학습목표

1. 집단대상 사회복지실천의 개념과 유형을 이해한다.
2. 집단 문제에서의 사정을 이해하고 사정도구를 활용할 수 있다.
3. 집단대상 사회복지실천의 개입과정을 설명할 수 있다.
4. 집단실천기술의 실제 적용 사례를 분석하고, 장점과 한계에 대해 설명할 수 있다.

1. 집단대상 사회복지실천의 개념과 유형

"사람은 사람을 필요로 한다(People need people)"는 말처럼, 인간은 타인과의 관계 속에서 살아가는 "사회적 존재"이다. 개인은 가족, 친구나 직장 동료 등 여러 집단과 상호작용하며, 소속감을 느끼고 공통된 목표나 관심을 기반으로 관계를 맺고 살아간다. 이러한 인간의 삶은 본질적으로 집단과 긴밀하게 연결되어 있기 때문에 인간의 문제나 복지 향상을 위한 접근도 개인이 아닌 집단 차원에서 이루어질 필요가 있으며, 이에 따라 집단 사회복지실천이 발전하게 되었다.

1) 집단대상 사회복지실천의 개념

일반적으로 집단은 두 명 이상의 사람들이 모여 이루는 조직적인 단위로 정의할 수 있다. 피들러(Fiedler, 1967)는 집단을 공통된 목표를 달성하기 위해 상호작용하는 두 사람 이상의 사람들로 이루어진 단위라고 설명하였다. 예를 들면, 학교 내 동아리처럼 구성원 간의 목적과 상호작용이 있는 모임은 집단이라 할 수 있으나, 버스 정류장에 우연히 함께 있는 사람들은 상호작용이나 공동의 목표가 없기 때문에 단순한 '무리'일 뿐 집단으로 간주되지 않는다. 남세진(1997)은 집단을 두 명 이상이 공통의 목표나 유사한 정서적 · 사회적 관심을 가지고 반복적으로 만나며, 서로에게 영향을 미치고 함께 작동할 수 있는 규범과 응집력을 형성하는 모임으로 보았다.

사회복지실천에서의 집단은 지도자와 함께 어떤 목적을 달성하기 위해 참여하고자 하는 사람들로 모였다고 볼 수 있다. 다음은 이러한 집단을 위한 사회복지 실천에 대한 여러 학자들의 정의를 살펴본다.

- 집단사회복지실천이란 의도적인 집단경험을 통해 개인의 사회적 기능을 향상케 하며, 또한 개인, 집단 또는 지역사회의 당면한 문제들에 대해서 보다 효과적으로 대처할 수 있는 원조방법이다(Konopka, 1963).
- 집단사회복지실천이란 집단에 속한 개인이 프로그램 활동을 통해 상호작용을 지도하는 전문가의 도움을 받아 그들이 욕구와 능력에 따라 타인과의 관계나 성장의 기회를 경험하며, 나아가 개인, 집단, 사회의 발전을 도모하고자 하는 것이다(Trecker, 1972).
- 집단사회복지실천이란 전문가에 의한 의도적인 집단과정과 경험을 통

해 개인의 사회적 기능 수행을 향상케 하며, 개인 · 집단 · 지역사회의 당면문제에 대해서 보다 효과적으로 대처해 나갈 수 있도록 도움을 주는 것이다(남세진 · 조흥식, 1997).

- 집단사회복지실천이란 손상된 사회적 기능을 회복하고자 하는 사람들에게 의도적인 집단과정을 통해 효과적으로 대처할 수 있도록 소집단(15명 이내)의 역동적인 상호교류와 전문가인 사회복지사의 지도와 원조를 통해 이루어지는 실천과정이다(조학래, 2006).

결론적으로, 집단을 대상으로 한 사회복지실천이란 공동의 목적을 가진 사람들이 하나의 집단으로 모여, 서로 소통하고 협력함으로써 문제를 해결하고 개인 및 집단의 성장을 촉진하는 실천적 접근 방식이라고 할 수 있다.

2) 집단대상 사회복지실천의 유형

사회복지사가 실천 현장에서 마주하는 집단은 대체로 단일한 목적만을 갖고 있지 않으며, 다양한 목표를 동시에 지닌 경우가 많다. 토스랜드와 리바스(Toseland & Rivas, 1995)는 집단사회복지 실천에서 활용 가능한 집단을 크게 치료 집단과 과업 집단으로 나누었다. 치료 집단은 다시 목적에 따라 지지 집단, 교육 집단, 성장 집단, 치료 집단, 사회화 집단 등으로 세분화되며, 과업 집단은 클라이언트, 조직, 지역사회의 욕구를 해결하기 위한 집단으로 나눈다. 코리와 코리(Corey & Corey, 1992)는 치료집단의 사례로 치료 집단, 상담 집단, 개인 성장 집단, T-그룹, 구조화된 집단, 자조 집단 등을 제시하였다. 또한 신성자(2012)는 과업 집단, 치료 집단, 교육 집단, 사회화 집단, 자조 집단, 지지 집단 등으로 분류하기도 했다.

먼저 토스랜드와 리바스(1995)가 제시한 치료 집단과 과업 집단에 대해 살펴보고, 아울러 현장에서 자주 운영되는 자조 집단에 대해서도 살펴보겠다.

(1) 지지 집단

지지 집단(Support Group)은 개별 구성원의 삶에서 앞으로 일어날 수 있는 위기상황에 좀 더 효과적으로 대처할 수 있는 대처기술과 적응력을 발전시키는 데 도움을 준다. 유사한 문제를 가진 구성원들 간에는 자연스러운 유대감 형성이 이루어지고, 이로 인해 자기 개방 수준도 높은 편이다. 사회복지사는 직접적으로 개입하기보다는 간접적으로 지원하며, 집단 구성원 간 상호지지와 정보를 공유하고, 대처기술을 향상하게 하여 희망을 고취시킨다.

지지 집단의 예로는 이혼 가정의 아동 모임, 한부모 가정 자녀 집단, 정신질환 퇴원자의 지역사회 적응 집단, 암환자의 심리적 지지 집단 등이 있다.

(2) 교육 집단

교육 집단(Education Group)은 구성원들의 지식 습득과 기술 향상을 목적으로 하며, 자기 자신과 자신이 속해 있는 사회를 잘 이해하고 원만히 적응하도록 원조한다. 구성원들은 상호 정보를 제공하지만 전문가의 강의 형태로 정보가 많이 제공되며, 지도자는 직접적으로 기술을 가르치고 정보를 제공하기 때문에 자기 개방의 정도는 낮은 편이다. 집단 사회복지사는 교사와 같은 기능을 하고 구성원 간 상호작용이나 토론 등을 장려한다.

교육 집단의 예로는 청소년 성교육 프로그램, 위탁가정 부모 준비 교육, 예비 부모 대상 교육 집단, 질환 관련 정보 제공 집단 등이 있다.

(3) 성장 집단

성장 집단(Growth Group)은 개별 구성원이 자기 자신에 대한 통찰과 자각을 깊이 있게 경험하고, 긍정적인 변화를 가져오도록 하는 데 목적이 있다. 구성원들에게 자신의 능력과 자의식을 확장시키고 잠재력을 발휘할 수 있는 기회를 제공하며 자아 성장에 중점을 둔다. 또한 이질적 집단 구성이 많은데, 오히려 구성원 간의 다양성이 상호 성장자극이 될 수 있어서 높은 수준의 자기 개방이 이루어진다.

성장 집단의 예로는 청소년 가치명료화 집단, 부부를 위한 의사소통 향상 프로그램, 여성의 자의식 향상 집단, 은퇴자 대상 인생 재설계 집단 등이 있다.

(4) 치료 집단

치료 집단(Therapy Group)은 구성원이 경험하고 있는 심리적 · 정서적 문제를 완화하거나 극복하고, 상실된 기능의 회복을 돕는 데 초점을 두는 집단이다. 특히 사회적 외상후 스트레스나 정신질환, 중독의 문제를 원상 복귀하도록 돕는다. 일반적으로 다소 심한 정서적 · 개인적 어려움을 가진 구성원들로 이루어지기 때문에 정서적 지지뿐만 아니라 치유와 회복에 중점을 두고, 집단을 통해 병리적 요소를 치료하며 기능 회복을 촉진한다.

치료 집단의 예로는 약물 중독 치료 집단, 지역 정신건강센터의 외래환자 치료 집단, 금연 프로그램 집단, 보호관찰 대상 청소년 집단 등이 있다.

(5) 사회화 집단

사회화 집단(Socialization Group)은 사회관계에서 어려움을 겪는 구성원들을 대상으로 사회적으로 원만한 기능 수행을 목적으로 한다. 이 집단은 사회적 기술을 배우고자 하기 때문에 '활동을 통한 배움'을 추구하고, 이에 역할극, 게임, 여가 활동 등을 통해서 사회적 행동 양식을 학습해 나간다. 그리고 구성원들의 적극적인 참여와 상호작용이 핵심 요소가 되며, 프로그램을 통해 사회 속에서의 적응력을 키워나가고, 대인관계 능력도 향상시킬 수 있게 된다.

사회화 집단의 예로는 사회기술 훈련 집단, 정신질환자의 집단 적응 프로그램, 자치 활동 집단, 여가 중심 활동 집단 등이 있다.

(6) 과업 집단

과업 집단(Task Groups)은 문제 해결책을 찾고 새로운 아이디어를 창출하고 결정을 내리기 위해서 조직된다. 집단 구성원은 목표에 대해 크나큰 관심이 있으며, 전문성과 자원을 갖추고 있다. 또한 이 집단에서의 의사소통은 특정 과업 중심으로 이루어지고, 목표를 명확히 세우는 것이 중요하며, 역할은 각 집단 구성원에게 배분된다.

과제 집단의 예로는 직원 교육 및 개발 집단, 위원회, 자문단, 사회행동 실천 집단, 조직 내 회의 집단 등이 있다.

(7) 자조 집단

자조 집단(Self-help Groups)은 공통의 문제나 어려움을 가진 구성원들이 스스로 원하여 서로의 경험을 나누고 지원함으로써 변화를 추구하는 상호 원조하는 집단이다. 이 집단은 전문가가 주도하는 것이 아니라 구성원이 중심이 되어 운영되며, 사회복지사의 개입은 적극적이지 않고 제한적인 경우가 많다. 구성원들은 자신의 문제에 대한 이해도가 높기 때문에 서로에게 도움이 되는 조언을 제공할 수 있으며, 이는 자조 집단의 큰 강점이다.

자조 집단의 예로는 알코올 중독자 모임(AA), 암 환자 및 가족 지원 집단, 순직 군인 가족 자조 모임, 정신장애인 가족 자조 집단 등이 있다.

2. 집단문제에 대한 이해

1) 집단문제의 개념

집단 구성원들은 그들이 소속된 지역사회에서 다양한 사회적 관계를 맺으며 살아가고, 이 과정에서 구성원 개인이 가지는 문제, 집단 내 상호작용에 따른 갈등, 집단의 구조적 문제, 집단 지도자의 부적절한 개입, 환경 요인 등으로 인하여 집단문제가 발생할 수 있다.

코리와 코리(Corey & Corey, 2002)는 이러한 집단문제를 "집단 구성원 다수에게 영향을 미치며, 그들의 상호작용이나 정서적 안녕, 집단이 성장과 발전을 방해하는 문제상황"으로 정의하였다. 얄롬(Yalom, 2005)도 집단에서의 문제상황을 "집단 구성원들이 집단 내 상호작용을 통해 드러내는 역기능적인 행동, 정서, 태도 등을 포함하며, 이것이 집단치료의 핵심과제가 된다"라고 보았다. 이 두 학자의 견해를 종합하면, 집단문제는 집단 내 상호작용 과정 속에서 생성되거나 강화되는 공동의 경험이며, 집단 전체에 영향을 미친다는 것을 알 수 있다.

한편, 집단 구성원들이 심리적인 문제를 가지고 있는 경우, 집단 내에서의 '지지'는 그들의 복지에 매우 중요한 역할을 한다. 지지는 집단 구성원 간 서로 도우려는 행동을 말한다. 그레고리 피어스(Gregory Pierce, 1997)는 "사회적 지지란 제공하는 자 혹은 이를 수혜하는 자가 인식한 상호작용으로 일상생활에서 특히 스트레스 상황에 대한 대처방법을 촉진시키는 것이다"라고 하였다. 헬렌 펄먼(Helen Perlman, 1957)은 "사람들이 비슷한 문제로 인해 함께 집단에 와서 이를 해결하거나 중재하려고 노력할 때 집단관계 속에서 지지되고 양육되지 않으면 그들은 과업과 목적을 성취하는 데 어려움을 겪는다"라고 보았다. 즉 집단 내에서의 지지경험이 개인의 심리적 건강과 회복과정에 중요한 기제로 작용하며, 집단문제를 다루는 사회복지사는 이러한 점을 충분히 인식하여 클라이언트를 수용하고 공감하며 개입과정에 반영하여야 한다.

2) 집단에서의 사정(Assessment)

사정은 클라이언트 또는 집단에 대한 다양한 정보를 체계적으로 수집하고 해석하여 그들의 문제 상황과 강점, 활용 가능한 자원을 분석하는 활동이다. 이를 통해 문제의 원인과 구조를 이해하고, 기능 향상이나 성장 촉진, 잠재력 계발을 위한 개입 전략을 세우는 데 기초 자료를 마련하게 된다.

집단에서의 사정은 개별 구성원과 집단 전체, 그리고 집단을 둘러싼 환경에 이르기까지 다차원적으로 수행된다. 특히 김혜란 등(2001)은 집단과정을 효과적으로 파악하기 위한 사정 방법으로 개별, 집단, 환경의 세 영역으로 구분하여 제시하고 있다.

(1) 개별 구성원에 대한 사정

집단에 참여한 구성원 각각의 특성과 배경을 이해하기 위해서는 생애사, 심리적·정신적 건강 상태, 교육 및 직업 경험, 경제적 상황, 가치관, 기대감, 동기 수준 등을 종합적으로 살펴야 한다. 이 과정은 주로 전문가(의사, 사회복지사 등)의 평가, 관찰, 자기보고 방식 등을 통해 수행된다.

치료 집단이나 지지 집단과 같이 특정 문제에 집중하는 경우에는 표준화된 척도나 질문지를 활용한 사정이 유용하며, 이는 집단 초기나 종료 시점에서 변화 정도를 측정하는 데 활용되기도 한다(윤현숙 외, 2001). 또한, 집단 사회복지사는 각 구성원이 자신의 행동 패턴을 자각하고 변화를 유도할 수 있도록 반복적으로 나타나는 행동 양상과 그 이면에 있는 인지를 분석해야 한다. 이를 위해 구성원들의 행동 프로파일을 개별적으로 작성하고, 장단점 및 대인관계 특성을 시각화함으로써 구성원의 변화 과정을 추적하고 평가할 수 있다.

(2) 집단 전체에 대한 사정

집단 전체의 사정은 집단 내에서 나타나는 행동양식, 상호작용 패턴, 의사소통 방식, 하위집단의 형성, 규범과 가치체계 등을 포함하여 검토하는 것이다. 이러한 요소들은 집단의 역동성을 반영하며, 집단 발전이나 역기능 여부를 알아보는 데 핵심적인 지표가 된다.

집단 전체를 사정할 때 사회복지사는 다음과 같은 부분을 고려해야 한다.

- 집단 내 구성원 간의 상호작용이 지지적인가? 아니면 배타적인가?
- 구성원들이 공통의 목표를 이루는 데 효과적으로 진행되고 있는가?
- 집단 내 권력과 자원이 일부 구성원에게 집중되어 있는가? 아니면 공정하게 분배되고 있는가?
- 집단 내 의사결정이 민주적인 방식으로 이루어지고 있는가?
- 집단 내 규범은 기능적으로 작용하고 있는가? 아니면 갈등이나 위축을 초래하고 있는가?

김혜란 등(2001)은 "집단 사회복지사는 집단의 규범을 확인하고, 그 규범들이 개별성원과 집단 전체에 도움이 되는지 또는 해가 되는지를 판단해야 한다. 필요하다면 집단규범의 변화를 위한 긍정적인 분위기를 만들어야 한다."고 강조한다. 기능적인 집단의 규범은 다음과 같다.

- 자발적 자기표현과 사회복지사에 대한 존중
- 개인 문제해결에 초점
- 자유로운 주제 공유
- 상호 직접적인 의사소통
- 집단 목적 달성에의 방해 요소 표현
- 모든 집단 구성원의 공평한 참여 기회

(3) 집단 환경에 대한 사정

집단 사회복지사는 구성원 개인과 집단 전체의 기능에 영향을 주는 다양한 환경적 요인을 평가해야 한다. 이러한 평가는 기관의 정책과 지원체계, 관련 조직과의 관계, 그리고 지역사회 맥락 등을 포함한 여러 가지 수준에서 이루어진다. 따라서 집단 사회복지사는 사정 시 기관, 조직, 지역사회 차원에서의 환경 요인을 함께 고려해야 하며 구체적 내용은 다음과 같다.

첫째, 기관에 대한 사정이다. 집단을 승인하고 지원하는 기관의 목표와 집단의 목적 간의 일치도, 자원 배분 방식, 집단 프로그램에 대한 기관의 전반적 태도, 특정 개입기법이나 이론 적용에 대한 기관의 허용 여부 등을 평가해야 한다. 특히 집단 참여가 자발적인지, 혹은 의무적인지 등 관련된 기관의 정책도 분석 대상이다.

둘째, 상호조직 간의 사정이다. 다른 기관과의 연계 가능성, 유사 프로그램의 존재 여부, 자원 공유 가능성, 공동 활용이 가능한 서비스나 정보 등을 중심으로 분석한다. 타 기관과의 연계를 통해 집단 참여자에게 더 많은 혜택을 제공할 수 있는지도 중요한 평가 항목이다.

셋째, 지역사회 환경에 대한 사정이다. 집단에서 다루는 문제나 이슈에 대해 지역사회가 어떻게 인식하고 있는지를 파악해야 한다. 특히 지역사회 지도자의 협력 의지, 지원 여부를 확인함으로써 집단 운영에 유리한 외부 조건을 확보할 수 있다.

이와 같이 집단 사정은 단일 차원이 아니라 구성원, 집단, 환경의 세 영역에서 통합적으로 접근되어야 하며, 이를 통해 보다 정교하고 효과적인 집단 개입 계획이 가능하다.

3) 집단문제의 사정도구(Assessment Tools)

집단을 효과적으로 운영하기 위해 사회복지사는 관찰과 기록 같은 주관적 방법뿐 아니라, 보다 객관적이고 구조화된 평가도구를 활용할 필요가 있다. 이러한 사정도구들은 집단 내의 역동, 구성원 간의 관계 양상, 갈등의 원인 등을 파악하는 데 유용하며, 이는 집단 운영의 방향을 설정하고 성과를 평가하는 데 기반이 된다.

다음은 집단을 사정할 때 활용할 수 있는 주요 도구들이다.

(1) 소시오그램

모레노(J. L. Moreno)에 의해 고안된 소시오그램(Sociogram)은 집단 구성원 간의 상호작용과 선호 관계를 시각적으로 도식화한 도구이다. 이를 통해 누가 누구와 친밀한 관계를 맺고 있는지, 어떤 구성원이 고립되어 있는지 등의 사회적 위치를 파악할 수 있다. 시간의 흐름에 따라 반복적으로 소시오그램을 작성하면, 집단 내 관계 변화와 상호작용 패턴을 명확히 볼 수 있으며, 소외자, 핵심 인물, 친밀 집단의 형성 여부를 분석하는 데 유용하다(김혜란 외, 2001).

(2) 소시오메트리

소시오메트리(Sociometry)는 모레노와 그 학파에 의해 체계화된 방법으로서 집단 내 구성원 간의 끌림(attraction)과 반발(repulsion) 같은 감정적 관계를 측정하고 분석하는 기법이다. 이러한 관계의 역학은 개별 구성원의 자발성과 문화적 역할 수행 능력에 따라 일정한 구조를 형성하게 되며, 이는 집단 내 대인관계를 진단하고 개선하기 위한 집단 요법에도 사용된다. 특히 정서적·문화적 요인에 의해 발생하는 상호작용의 강도와 특성을 시각화하거나 수치화하여 분석하는 것이 핵심이다.

(3) FIRO-B

FIRO-B(Fundamental Interpersonal Relations Orientation-Behavior)는 윌리엄 슈츠에 의해서 개발된 대인관계 성향 분석 도구이며, 개인의 사회적 상호작용 방식을 세 가지 주요 욕구를 통해 평가한다. 이 세 가지 욕구는 타인과 함께 있고자 하는 소속(inclusion)의 욕구, 영향력이나 책임을 갖고자 하는 통제(control)의 욕구, 친밀한 관계를 원하며 감정을 나누고자 하는 정서(affection)의 욕구이다. 이러한 욕구가 타인에게 직접적으로 표현되는지 혹은 타인에게서 그런 행동을 기대하는지에 따라 개인의 대인관계 성향을 알게 해준다.

(4) 집단 응집력 척도

집단 응집력 척도(Group Cohesion Scale)는 구성원들이 집단에 대해 얼마나 소속감을 느끼고 일체감을 형성하고 있는지를 측정한다. 응집력이 높을수록 집단은 더 안정적이고 지속 가능성이 높으며, 참여자의 만족도, 협력적 분위기, 목표 달성 수준도 향상되는 경향이 있다. 따라서 이 척도는 집단의 건강성과 발전 가능성을 판단하는 데 핵심 지표가 된다.

(5) 의의차별 척도

의의차별 척도(Semantic Differential Scale)는 집단 구성원들이 서로를 평가할 수 있도록 하는 주관적 인식 평가 도구로, 구성원의 행동 특성, 역동성, 대인 매력도 등을 수치로 측정한다. 일반적으로 '빠른/느린', '차가운/따뜻한', '긴장된/이완된', '적극적인/소극적인'과 같은 양극적 형용사를 사용하여 각 항목을 평정 척도로 기록한다. 이를 통해 구성원 간의 정서적 거리나 인상 차이 등을 정량적으로 분석할 수 있다.

(6) 상호작용 차트

상호작용 차트(Interaction Chart)는 집단 내 구성원들이 누구와 얼마나 자주 교류하는지를 도표 형태로 정리하는 도구이다. 이 도표는 구성원들이 대화에 참여할 때마다 혹은 일정 시간 동안 상호작용 횟수를 기준으로 작성된다. 집단 사회복지사는 이러한 자료를 얻기 위해서 직접 관찰자를 배치하거나 모임을 녹화한 후 나중에 분석하는 방법을 사용할 수 있다. 이 과정에서 구성원들의 상호작용 빈도, 참여도, 대화 흐름 등을 파악할 수 있으며, 사회복지사는 녹화 및 기록에 앞서 구성원들의 사전 동의를 받아야 한다(엄명용 외, 2008).

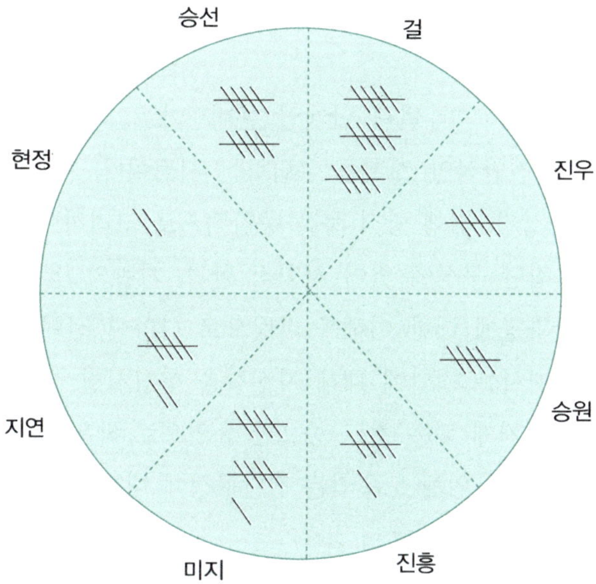

그림 8-1 상호작용 차트의 예

출처: 엄명용 외(2008: 277) 재구성.

이처럼 다양한 사정도구들은 집단 내의 정서적, 행동적, 관계적 요소들을 객관적으로 파악하고, 사회복지사가 보다 정확하고 효과적인 개입전략을 수립하는 데 기초자료로 활용된다. 이러한 도구들은 단순한 진단을 넘어, 집단의 발달을 촉진하고 역동을 조율하는 데 있어 필수적인 수단이라 할 수 있다.

3. 집단대상 사회복지실천의 개입과정

집단을 대상으로 하는 사회복지실천은 여러 이론에 따라 차이가 있을 수 있지만, 일반적으로는 준비단계부터 종결단계까지 네 단계로 나뉘어 진행된다.

1) 준비단계

집단사회복지실천의 첫 번째 단계인 준비단계는, 사회복지사가 집단을 시작하기에 앞서 전반적인 계획을 수립하는 시점이다. 사회복지사는 집단의 목적, 참여 대상자, 진행 방식 등을 종합적으로 고려하며 집단의 방향을 설정하게 된다. 집단 구성에 있어 사회적 환경, 기관의 정책, 구성원의 특성, 그리고 집단과정에 대한 이해를 바탕으로 다양한 선택과 결정을 내린다. 또한 사회복지사는 집단에 대해 자신감을 향상시킬 수 있으므로 집단에 대한 확신을 가지게 되는 것도 중요한 요인으로 작용한다(박병금 외, 2014).

집단 목표를 이루기 위해 도움되는 집단구성에 대한 계획을 다음과 같이 여섯 가지로 제시하였다(노충래 역, 2006).

① **욕구**: 집단 구성원들의 어려움은 무엇인지, 또는 관심을 가지고 있는 부분은 무엇인지 우선적으로 파악한다.

② **목적**: 집단이 추구하는 공동의 목적과 목표, 그리고 개별 구성원의 목표는 어떤 것인지를 각각 파악하여 이 두 목표 간에 어떤 연관이 있는지 분석한다.

③ **구성**: 집단 구성원 수, 구성원 간 공통된 부분과 다른 부분은 무엇인지 파악하고 집단 리더는 누구인지 선정한다.

④ **구조**: 집단을 촉진시키는 운영 방법과 모이는 시간 및 장소를 고려한다.

⑤ **내용**: 집단목적 달성을 위한 내용과 사용될 도구, 방법 등을 고려한다.

⑥ **사전접촉**: 집단 참여에 필요한 인원 확보와 집단 구성원의 준비는 어떻게 할 것인지 고려한다.

이 외에도 사회복지사는 집단 유형을 결정해야 한다. 너무 동질 혹은 이질집단으로 구성하는 것은 좋지 않으므로 적절하게 구성해야 하며, 개방형 집단으로 할 것인지 폐쇄형 집단으로 진행할 것인지를 결정해야 한다. 개방형 집단은 진행되는 동안 새로운 구성원들이 자유롭게 참여할 수 있는 특성을 가지며, 폐쇄형 집단은 진행되는 동안 새로운 구성원을 받아들이지 않는 방식으로 운영된다. 개방형 집단은 새로운 집단성원이 지속적으로 참여하므로 집단과 성원들에게 자극을 줄 수 있는 반면, 집단의 안정성을 해치거나 응집력을 약화시킬 수 있기 때문에 집단의 목표와 특성에 알맞은 유형을 신중히 결정하는 것이 필요하다.

2) 초기단계

초기단계에서 대부분의 집단 구성원들은 새로운 환경 속에서 처음 대면하기 때문에 상당한 불안감과 두려움, 저항감을 가질 수 있고, 대화가 한정적이며 분위기가 어색할 수 있다. 그리고 문제가 있어서 집단에 참여하게 되었다는 생각으로 다른 구성원들이 자신을 어떻게 생각할지 의식하면서 자신을 드러내기를 꺼리는 경향이 있다. 그래서 다른 집단 구성원과 접촉하기보다는 집단의 사회복지사와 소통하려고 하여 일방적인 의사소통 구조가 되기 쉽다.

이때 집단 사회복지사는 이러한 초기단계의 집단에서 보이는 특성을 이해하여, 일방적인 의사소통에서 구성원 중심의 의사소통으로 전환될 수 있도록 도와야 하며 상황에 맞는 의사소통방법을 적용하도록 개입하여야 한다.

다른 한편으로 집단 구성원들은 신중한 태도를 가지고, 다른 구성원들의 의견을 경청하며 자신과 이야기가 통하는 구성원들을 살피기도 하고, 어떤 공통점을 발견하게 되면 상호 간 관심을 가지기도 한다.

이 단계에서의 집단 구성원의 가장 큰 특징은 '저항'이다. 자발적이지 않고 어떤 의무에 의해서 참여하게 된 경우는 저항의 강도가 훨씬 심하며 불신감을 드러낸다. 저항은 집단과 떨어져 앉거나, 말을 지나치게 많이 하고 질문이나 조언을 지나치게 많이 함으로써 집단 과정을 방해하기도 하며, 상대방을 비꼬거나 관심을 끄는 행동으로 집단을 지배하려고 하는 갈등으로 표현되기도 한다(엄명용 외, 2008). 집단 사회복지사는 이 단계에서 집단 구성원들이 개방적이고 솔직한 의사소통을 하도록 촉진시켜야 하며, 집단 과정을 신뢰할 수 있는 분위기로 만들어 갈 수 있도록 노력하여야 한다.

(1) 초기단계 과업

초기단계에서는 오리엔테이션(Orientaion), 신뢰감 형성, 집단 구성원의 불안감과 저항에 대해 다루기, 목표 설정하기, 집단 운영 등의 내용을 다루는데 자세한 내용은 다음과 같다(이영호, 2009).

① 오리엔테이션

첫 회기에서는 집단에 대한 오리엔테이션을 하게 되는데, 앞으로 진행될 집단에 대해 구체적인 정보를 제공해 주어야 한다.

오리엔테이션에 포함될 내용은 집단 진행자인 사회복지사에 대한 소개, 집단의 목적 설명, 집단 규칙 설정, 집단의 구조와 일정 안내, 비밀보장과 비밀보장 예외 상황에 대한 안내, 집단 구성원의 자기소개 및 참여 동기 나누기 등이다. 이를 통해 집단 구성원에게 명확한 정보를 제공하고 참여 동기를 가지게 하며 신뢰감을 형성할 수 있다. 안내할 때, 집단 사회복지사는 구체적이고 자세하게 설명하고 인지여부를 확인하면서 진행하는 것이 중요하다.

② 신뢰감 형성

초기단계에서는 집단 구성원들이 아직 신뢰로운 관계가 형성되지 않아 집단 사회복지사는 구성원들 간의 라포(Rapport) 형성에 주력하여 그들의 불안감이나 긴장감을 낮추어 주고, 친밀감을 형성할 수 있도록 조력해야 한다.

이 단계에서 집단 사회복지사의 핵심적인 역할이 신뢰감 형성이다. 신뢰감이 형성되면 집단 내에서 각 구성원들이 비판받지 않는다는 느낌을 받아 자신의 이야기를 시작하게 되고, 침묵이나 회피, 방어를 줄이게 되며, 구성원 간 공감과 피드백이 가능해진다. 반대로 신뢰감이 형성되지 않으면, 각 집단 구성원들은 자신의 감정이나 생각을 표현하지 않게 되고, 집단의 응집, 역동도 제대로 기능하지 않아 집단 진행에 어려움을 겪을 수 있게 된다.

집단 사회복지사는 신뢰감 형성을 위해 판단 없이 경청하고 공감하는 태도를 보여 집단 구성원으로 하여금 좋은 본보기가 되도록 해야 한다. 집단 사회복지사는 클라이언트인 집단 구성원의 문제나 배경과 관계없이 그들을 있는 그대로 수용하고, 집단 사회복지사 개인의 가치관을 이들에게 적용하지 않는 자세를 보이게 된다면 자신의 가치관과는 다른 구성원들의 가치관을 수용하게 될 것이다(김혜란 외, 2006).

또한 집단 사회복지사는 신뢰감 형성을 위해 다양한 아이스브레이킹 활동을 제공하여 경직된 분위기를 해소하고 긍정적 경험을 제공해야 한다.

③ 집단 구성원의 불안감과 저항에 대해 다루기

집단 사회복지사는 집단 구성원들의 불안과 저항을 다루기 위해서, 먼저 집단 구성원에게 집단 초기단계에서는 불안이 자연스럽게 나타나는 현상임을 설명해준다. 저항은 집단 사회복지사의 태도와 관련이 있다. 저항을 줄이기 위해서 집단 사회복지사는 회기 준비를 철저하게 하고, 진행 중에는 자신의 말과 행동에 신중을 기해야 한다. 더불어 저항을 보일 때, 최종결정권은 개별 구성원 자신들에게 있음을 안내할 필요가 있다.

④ 집단 목표설정

모든 집단은 목적을 가지고 있기 때문에 단기 및 장기 목적을 정하고, 성취 가능성과 도전 의식을 가지도록 한다. 특히 집단 사회복지사는 집단의 목표와 함께 집단 구성원들의 각각의 목표를 설정하도록 조력해야 한다. 효과적인 목표설정 기준은 다음과 같다(윤선오 · 김현지, 2016).

- 목표 달성을 위한 기간 설정하기
- 명확하고 구체적인 방식으로 기술하기

- 측정 가능하게 묘사하기
- 현실적인 수준에서 설정하기
- 성취중심의 목표로 기술하기
- 목표 달성은 문제해결과 관련 있도록 하기
- 개별 구성원의 가치관과 문화적 배경을 고려하기

⑤ 집단 운영

집단 운영을 위해 효과적인 운영방식을 제안하기 위한 내용은 다음과 같다.

- 집단 사회복지사가 집단 구성원의 역할 모델이 된다.
- 직접적이고 명확한 지시와 교육이 집단의 발달을 증진시킨다.
- 집단 구성원의 바람직한 행동에 대해 긍정적인 강화물을 제공한다.
- 집단 내에서의 행동이 개별 구성원의 일상생활에서의 문제를 보여주고 있다는 것을 인식시킨다.
- 집단 내에서 특정 행동을 변화시키기 위한 노력의 중요성을 이해시킨다.
- 자기 노출과 피드백 제공의 중요성을 인식시킨다.

(2) 초기단계에서의 집단 사회복지사의 역할

초기단계에서 집단 사회복지사는 집단 구성원들이 서로 솔직하게 이야기하도록 분위기를 형성하며, 편안하고 안정된 환경을 조성하여 신뢰를 구축해 나가는 것이 중요하다. 집단 리더는 촉진자로서 공감 수용자의 역할, 참여자의 역할, 시범자의 역할, 지도자의 역할, 조정자의 역할, 추진자의 역할, 자연스러운 분위기를 조성하는 역할을 해야 한다(유동수 외, 2009: 159). 특히 초기 단계에서 나타나는 구성원의 불안감과 저항에 대해 적절히 다루며, 비판 없이 수용하여 점차 집단에 적응할 수 있도록 지지를 해주어야 한다.

3) 중기단계

(1) 중기단계 과업

중기단계는 문제해결과 목적 달성의 단계이다. 집단 구성원들의 초기 갈등이 해소되고, 상호 의존성과 응집력이 높아지면, 고도의 협동체제가 형성되며 문제해결 능력이 극대화된다. 집단 구성원들은 집단과 동일시하는 경향이 높아지며, 자유로운 의사소통이 활발해진다.

중기단계의 과제로는 ① 집단과정을 촉진하기(집단응집력 발달시키기, 저항적인 구성원의 독려, 파괴적 행동 다루기, 갈등 해결전략 사용), ② 변화를 이끌어 내기(대인관계의 변화를 위해 기본적 사회기술 가르치기, 환경변화에 초점 두기)이다.

(2) 중기단계에서의 집단 사회복지사의 역할

중기단계에서 집단 사회복지사는 집단의 진행상황, 구성원 간 갈등 여부나 관계 등을 면밀히 살피고, 개별 구성원의 태도나 행동, 목표 달성 정도에 대해 종합적으로 평가한다. 또한, 집단의 목적과 목표를 다시 확인하고 구성원이 다양한 경험을 하도록 조력하면서 모두가 적극 참여할 수 있도록 유도해야 한다.

그리고 집단 구성원 간의 공통점과 차이점에 대해 인지하고 직면 등 다양한 기술을 활용하여 자기 인식과 변화를 촉진시키며, 집단 구성원의 갈등을 조율하고 집단 리더에 대한 시험(Testing)에 성숙하게 대응해 나가야 한다.

4) 종결단계

(1) 종결단계 과업

종결단계는 집단활동을 통해 설정한 목표에 도달되었거나, 사회복지사와 집단원 간 성과에 대해 인정하는 시점에서 이루어지는 과정이다. 이 단계에서는 집단 진행 동안 이루어진 집단 경험을 검토하고 요약하며, 집단 구성원들의 성장과 변화를 평가한다.

종결은 목적을 달성한 집단의 종결, 미완결된 집단의 종결, 약속된 기간의 종료, 집단 구성원의 중도 이탈, 사회복지사의 떠남 등 다양한 요인으로 인해 발생할 수 있는데, 종결 전 사회복지사는 집단 구성원에게 계획된 종료일을 미리 알려주어 남아 있는 회기를 잘 이용할 수 있도록 하고, 종결에 대한 심리적 준비를 할 수 있도록 도와주어야 한다.

이 단계의 과제로는 ① 집단 내에서 얻은 긍정적 변화를 장기적으로 유지하고 일상생활에 적용할 수 있도록 할 것, ② 개별 구성원들이 집단에 의존하지 않고 독립적으로 기능할 수 있도록 도울 것, ③ 종결에 대한 감정 다루기, ④ 종결 이후 자조모임을 형성하도록 돕고, 원활하게 운영되도록 공간이나 자문 등을 제공하기, ⑤ 추가적인 서비스나 지원이 필요한 경우 다른 기관에 의뢰하기, ⑥ 초기 목표 달성 여부를 평가하고 부족한 점이 있다면 수정, 보완하여 다음 번 집단프로그램 개발에 반영하기 등이다.

(2) 종결단계에서의 집단 사회복지사의 역할

종결단계에서 집단 사회복지사는 집단 구성원들이 과제를 마무리하고 무엇을 해결하였는지, 미해결된 문제는 무엇인지 스스로 인식하고 정리하며 집단에서의 자신의 경험에 대해 평가해 보도록 돕는다. 종결된 후에는 구성원들의 향후 계획을 파악하고 지원이 가능하도록 조력하는 역할도 한다.

이 단계에서의 집단 사회복지사의 구체적인 역할은 ① 종결에 대한 감정 다루기, ② 집단의 경험 피드백 나누기, ③ 배운 것의 수행과 통합, ④ 응집력의 감소, ⑤ 미해결 과제 다루기, ⑥ 사후관리와 평가, ⑦ 의례행위(수료증, 파티와 같은 의식 등)이다(김혜숙 외, 2013).

4. 집단실천기술의 실제 적용 사례[1)]

1) 다문화가정 아동의 자아존중감 향상을 위한 집단미술치료 프로그램 사례[2)]

도시화, 산업화, 세계화의 영향으로 외국인 유입수가 증가하고 우리나라도 다양한 인종과 문화가 공존하는 다문화 사회로 변해가고 있다. 특히 국제결혼 증가로 다문화가정의 자녀는 지속적인 증가세를 보이고 있는데, 이들은 언어, 가치관이나 생활방식 등 문화가 다른 부모 아래에서 성장하며 적응에 많은 고충을 겪는다. 특히 한국어가 익숙하지 않은 어머니와 함께 생활하며 언어발달이 중요한 시기에 충분한 언어자극을 받지 못하면, 아이는 의사소통이 원활하지 못하여 적절하게 자기 표현을 하지 못하게 된다. 이는 친구관계에서 어려움으로 나타나고, 소극적이거나 공격적인 행동을 하게 되며, 이러한 과정이 지속되면 결국 자기부정과 자기 불만족에 이르게 되어 자아존중감의 저하로 이어질 가능성이 높다.

이러한 문제를 해결하기 위해서 집단미술치료 프로그램이 자주 활용된다. 언어적으로 표현하기 어려운 감정과 생각을 자유롭게 표현하도록 돕고, 집단 내에서의 상호관계를 통해 정서적 안정과 긍정적 변화를 유도한다. 이에 따라 모선미(2017)가 실시한 다문화가정 아동대상의 집단미술치료 프로그램을 소개하고자 한다.

---

1) 집단대상 프로그램이 현장에서 어떻게 적용되고 있는지를 보여주기 위해 최근 학위 논문과 학회지에 수록된 프로그램을 사례로 제시한다. 이 사례들은 학술적 목적으로 실시하였기 때문에 비교적 정확한 이론적 근거를 바탕으로 프로그램의 타당성과 완성도가 높으며 목적달성 측면에서 효과성을 보여주어 집단대상 사회복지실천기술 향상에 도움이 되리라 생각한다.

2) 모선미(2017). 집단미술치료 프로그램이 다문화가정 아동의 자기표현과 자아존중감에 미치는 효과. 광주여자대학교 대학원 석사학위논문.

(1) 집단 구성원 선정

연구대상은 지역아동센터를 이용하는 8세~13세 미만의 아동으로서, 어머니가 외국인인 다문화가정 아동 총 16명으로 이루어졌다. 이들은 공통적으로 결혼이주 여성인 어머니와 함께 생활하며 익숙하지 않은 한국어 사용으로 인해 정서문제, 학습부진, 학교생활 부적응, 자아정체성 혼란 등의 문제를 보였다.

(2) 집단 프로그램 구성

이 프로그램의 목적은 집단미술치료를 통하여 다문화가정 아동의 자기표현을 향상시키고 자아존중감을 증진하는 데 있다.

프로그램은 지도자 1명과 보조자 1명이 진행하며, 주 1회씩 총 12회기, 각 회기당 60분 동안 운영되었다. 구성은 세 단계로 구분되며, 초기단계(1~4)에서는 지도자와 아동 간의 신뢰 형성과 자기 탐색을 하였다. 중기단계(5~8)는 아동의 자기이해와 내면적 욕구표현으로 긍정적인 가치관 형성과 다른 사람과의 관계에 대한 이해 과정을 통해 대인관계능력 향상과 긍정적인 자기표현을 도왔다. 종결단계(9~12)에서는 긍정적 미래에 대한 희망을 탐색하고 아동의 장점을 찾아 긍정적 사고를 증진하는 것으로 구성하였다. 효과측정을 위해 자기표현 능력은 라코스와 슈레더(Rakos & Schroeder, 1979)의 척도를 한국 문화에 맞게 변형한 변창진과 김성회(1980)의 자기표현 평정척도를 사용했고, 자아존중감은 로젠버그(Rosenberg, 1965)의 척도(SES)를 전병재(1974)가 번안 · 타당화한 자아존중감 도구를 활용하였다. 다문화가정 아동의 집단미술치료 프로그램 회기별 세부내용은 <표 8-1>과 같다.

표 8-1 프로그램 회기별 주제 및 활동내용

단계	회기	주제	활동내용	기대효과
초기 단계	1	난화 그리기	도화지에 자신이 마음가는 대로 그려본다. 무언가의 형태가 있는지 발견하여 이야기 나누기를 한다.	자극에 대한 감각적 수용과 충동성 무의식의 자아 표출
	2	별칭 꾸미기	가정에서 엄마가 불러주는 내 별칭, 친구들이 불러주는 내 별칭 꾸미며 소개를 한다.	자아 탐색 및 인식
	3	신문지 날리기	신문지를 마음껏 찢고 날려보며 감정을 발산하고 표출을 통해 현재 느끼는 감정을 이야기 나눈다.	감정 발산 긴장 이완 자기 감정표현
	4	그림 이어 그리기	편을 나누어 릴레이로 한 명씩 그림을 표현하여 어떤 느낌이었는지 서로 이야기를 나눈다.	심상 표현 자기와 타인과의 상호작용
중기 단계	5	점토 작업	어머니 나라와 우리나라의 그릇을 만들어 보고 그릇에 담는 음식에 대하여 이야기하여 본다.	무의식 감정 표현 자아 구축
	6	어머니의 나라 국기 그리기	어머니 나라의 이름과 국기 모양을 알아보고 국기 만들기를 통해 어머니 나라에 대한 문화와 정서를 이야기 나눈다.	어머니 나라에 대한 이해
	7	우리나라 국기 그리기	우리나라 국기에 대하여 이야기해 보고 협동작품으로 만들어 한국인에 대한 자긍심을 이야기 나누어 본다.	우리나라와 어머니 나라에 느껴지는 감정 친밀감
	8	우리 가족을 소개하기	우리 가족 외가 친가의 가족들을 표현해 보며 집단원들과 이야기를 나눈다.	다양한 민족 모습 탐색
종결 단계	9	소망 나무	각자 자신의 소망을 희망의 열매로 만들어 자신의 소망과 꿈에 대하여 이야기 나누어 본다.	긍정적 자아 인식
	10	미래의 멋진 나의 모습	자신의 얼굴을 거울로 보며 아름답게 그려본다.	자기 인식 긍정적인 자아 형성
	11	손 뜨기	자신의 장점을 찾아 자존감을 향상시키고, 자신에 대해 자신감을 가지게 한다.	자존감 향상 자신의 장점 찾기
	12	상장 만들기	자신에게 주고 싶은 상장 만들기를 통해 변화된 자신의 모습을 이야기 나누어 본다.	긍정적 자기 인식

출처: 모선미(2017: 180).

2) 결혼갈등 부부의 관계증진 프로그램 사례[3)]

통계청의 2024년 혼인·이혼 통계(2025년 3월 20일 발표)에 따르면, 총 이혼건수는 9만 1천 건으로 집계되었다. 이혼 사유 중 가장 높은 비중을 차지하고 있는 항목은 '성격 차이'이다. 이 표현은 부부가 서로에 대한 이해 부족과 의사소통과 감정적 소통의 어려움을 의미한다고 볼 수 있다. 이러한 부분에서 갈등이 지속되면 결국 관계 단절과 이혼으로 이어지게 된다.

부부 사이의 갈등은 두 사람 만의 문제가 아닌, 자녀에게까지 부정적 영향을 미칠 수 있다. 즉, 부모의 이혼으로 자녀는 정신적 불안정, 비행과 중독문제, 가정 폭력, 심지어 자살충동과 같은 심각한 사회문제로 확산될 수 있다. 그에 따라 부부 간 이해를 높이고 부부 적응을 위한 교육이나 부부관계 증진 프로그램이 주목받고 있다.

이에 김영경(2021)이 부부 적응력과 의사소통 능력 향상을 위해 실시한 프로그램을 소개하고자 한다.

(1) 집단 구성원 선정

이 프로그램은 결혼 생활 중 배우자와의 갈등을 겪고 있는 부부를 대상으로, 부부간 적응력 향상과 의사소통 활성화를 위해서 자기 이해 및 배우자에 대한 이해, 그리고 소통을 중심으로 구성되었다. 참여자는 결혼생활에서 심리적 갈등을 겪고 있는 부부들 가운데 자발적으로 프로그램에 신청한 부부로 구성되었다.

(2) 집단프로그램 구성

이 프로그램은 부부 간 갈등을 겪고 있는 부부 적응능력과 효과적인 의사소통을 증진시키는 것을 목적으로 하였다. 특히 의사소통, 자기이해 및

3) 김영경(2021). 결혼갈등 부부를 위한 부부 적응 및 의사소통 활성화 집단상담 프로그램 개발. 한국열린사이버대학교. 한국상담학회 상담학연구: 사례 및 실제.

배우자 이해를 중심으로 하여 갈등 속에 가려졌던 그동안의 부부 간 이야기를 떠올리고 다른 의미를 부여하며 이야기들을 만들어 나가면서 갈등 관계에 있는 부부들의 이야기를 재조명해 나간다. 이를 통해 새로운 관점으로 새로운 의미를 부여하여 새로운 이야기를 만들 수 있는 기반을 마련하였다.

이 프로그램은 이야기 심리학자 노이거(Neuger, 2002)의 '5R 모델'을 이론적 배경으로 삼았으며, 참여한 부부들에게 지나간 삶의 경험을 회상하고 재구성하도록 조력하는 데 초점을 두었다. 총 3주간, 주 2회(회기당 2시간), 총 6회기로 구성되었으며, 개입 전과 종결 후에는 두 가지 평가도구를 활용하여 효과측정을 하였다. 김윤희(1989)가 번역한 부부 의사소통 척도 중 10문항, 최성일(2004)이 번역한 부부 적응 척도이다.

<표 8-2>는 프로그램 회기별 목표와 내용을 정리한 것이다.

표 8-2 프로그램 회기별 목표 및 내용

회	5R	영역	제목	목표	내용
1	기억 (Remembering)	소개	출발선	1. 자기소개의 시간을 통해 집단원 간의 신뢰감 및 친밀감 형성을 경험한다.	1. 집단상담 소개 2. 자신이 소지하고 있는 소품과 관련한 이야기를 통해 자기소개하기 3. 생각과 느낌 나누기
2	재구성 (Reframing)	의사 소통	마음조각	1. 함께 퍼즐을 맞추면서 언어적 비언어적 의사소통을 통해 협력하는 경험을 한다. 2. 타인의 필요를 살펴 다가감의 경험과 타인으로부터 도움을 받는 경험을 한다.	1. 자신의 마음조각으로 퍼즐 완성하기 2. 부부가 마음조각을 섞어서 7조각씩 다시 가져가서 공동의 노력으로 퍼즐 완성하기 3. 생각과 느낌 나누기
3			함께 한다는 것은?	1. 소통을 방해하는 요인이 무엇인지 경험한다. 2. 소통 활성화를 위해 필요한 요인이 무엇인지 경험한다.	1. 혼자서 색종이 접기 2. 부부가 각자 한 손씩만 이용해 양손이 되어 색종이 접기 3. 생각과 느낌 나누기

4	뒤집고 재상상 (Reversing. Reimagination)	자기 및 타인 이해	부부란?	1. '부부'에 대해 생각함으로써 자기이해와 타인이해를 경험한다.	1. 내가 배우자에게 원하는 것 배우자가 나에게 원한다고 생각하는 것 작성 2. 내가 바라는 부부의 모습 3. 공통점과 다른 점 찾기 4. 생각과 느낌 나누기
5			우리 앞의 장벽들	1. 관계형성에 방해되는 장벽을 확인하고 서로에 대해 미친 영향을 발견함으로써 자기 및 타인이해 확장 경험을 한다.	1. 물 붓기 실험 2. 상처 받은 상황, 상처 준 상황을 나누기 상처 준 상황을 바꿔보기 3. 그동안 발견하지 못했던 배우자의 모습을 찾아서 함께 나누기 4. 생각과 느낌 나누기
6	다시 이야기하기 (Restorying)	마무리	새 이야기	1. 새로운 이야기를 구상하고 계획하여 공유하는 경험을 한다.	1. 나의 새 이야기를 점토로 표현 2. 각자 만든 점토를 상대의 점토에 옮겨서 부부이야기와 집단원 전체가 참여하는 우리의 이야기 만들기를 시도 3. 프로그램을 통해 발견한 자신의 경험 나누기

출처: 김영경(2021: 80).

3) 노인의 우울과 불안을 감소시키는 REBT 집단 프로그램 사례[4)]

우리나라는 2025년 초고령사회로 진입하였다. 노인인구가 많아지면서 여러 영역에서 문제가 발생하고 있는데, 특히 소득 감소로 인한 경제적 어려움, 독거노인의 증가, 자녀들의 부양 거부 등으로 노인들은 우울감과 불안감을 호소하고 있다. 노인들은 자기 관점에서만 사건을 해석하는 자기중심적 사고 경향이 있다. 이는 합리적이지 못한 신념과 인지적 오류가 많을 경우에 그 문제에 사로잡혀서 외부에서 원인을 찾으려고 하여 인지 변화가

4) 조정은(2022). 원예치료에 기반한 REBT 집단상담 프로그램이 노인의 우울, 불안에 미치는 효과. 광운대학교 교육대학원 석사학위논문.

어려울 수 있다. 또한 노화가 진행되면서 의존성과 수동성이 증가하면서 주변 사람들에게 그에 대한 반응을 기대하게 되어 변화를 어렵게 한다. REBT 상담은 이런 경향을 보이는 노인에게 합리적이지 못한 자신의 신념을 인식하여 스스로 현실적이고 긍정적인 말들로 바꾸도록 돕는다. 진행하는 동안 상담자와 상호작용을 통해 우울감이나 불안으로 인한 무기력과 혼란 상태에 있는 노인에게 일상생활에서 겪는 어려움에 보다 적응적으로 대처하도록 사고와 행동을 재구성하도록 도울 수 있다. 이에 조정은(2022)이 실시한 원예치료에 기반한 REBT 집단상담 프로그램을 소개하고자 한다.

(1) 집단 구성원 선정

이 프로그램은 노인시설에 거주하고 있는 노인 중 참여에 동의한 노인들을 대상으로 우선 한국판 간이정신상태검사(K-MMSE~2)를 실시하여 18점 이상(경증치매 노인~정상군)을 획득한 10명의 노인들을 참여자로 선정하였다.

(2) 집단 프로그램 구성

이 프로그램은 원예치료를 기반으로 한 REBT 집단상담을 통하여 노년기의 삶의 질을 떨어뜨리는 노인의 우울과 불안을 감소시키는 데 있다. 특히 식물 가꾸기 활동은 언어로 진행되는 상담보다 노인의 주의를 끌기 쉬우며, 식물을 심는 과정에서 신체 움직임은 참여 의욕을 높이고 활기를 되찾는 데 도움이 된다. 이러한 식물 가꾸기 즉, 원예활동은 인지활동에 어려움이 있는 노인에게 심리치료에 보다 쉽게 접근하도록 돕는 효과적인 방법으로 활용되고 있다.

이 프로그램은 매주 1회, 회기당 60분씩 총 8회기로 구성되었고, 실시 전과 종료 후에 한국판 단축형 노인우울척도(GDSSF-K)와 한국판 노인불안척도(K-GAS)를 사용하여 노인의 정서적 변화 수준을 측정하였다. 프로그램 회기별 목표와 활동은 <표 8-3>에 제시되어 있다.

표 8-3 프로그램 회기별 목표 및 내용

회기	프로그램명	활동목적	REBT 기법	원예활동
사전	사전평가	• 한국판 단축형 노인 우울척도 검사 • 한국판 노인 불안척도 검사 • 한국판 간이정신상태검사		
1	나의 반려식물 심기	• 자기 분석을 통해 우울을 유발하는 선행사건을 찾아보고 자신의 부적응적 행동 파악하기 • 적응적 행동으로 연습하기	우울을 야기하는 선행사건 파악하기	스킨 답서스 식재하기
2	꽃으로 물든 우리 시설	• 시설 내에서 현재 우울을 발생시키는 장소를 파악하고 아름답게 변화시켜 긍정적 정서를 느껴 대안적 방법 경험하기	우울을 야기하는 시설장소 파악하기	프리저브드 액자 만들기
3	알록달록 나의 인생 테라리움	• 비합리적 사고에 대해 이해하고 자신의 삶을 회상하여 중요한 사건에 대한 비합리적 사고를 찾아보고 이해하기	비합리적 사고 이해하기	테라리움 만들기
4	꽃보다 예쁜 내 얼굴	• 비합리적 사고에 대한 대안 방법인 합리적 사고에 대해 이해하고 현재 자신의 모습을 긍정적으로 바라보기	합리적 사고 이해하기	하트 꽃꽂이
5	하하호호 토피어리	• 시설에서 거주하면서 화가 나는 사건에 대해 알아보고 부적응적 정서적·행동적 결과 파악하기	정서적·행동적 결과 파악하기	토피어리 만들기
6	번식왕 다육이	• 5회기 사건에 탐색된 자신의 비합리적 신념을 논박을 통해 합리적 신념으로 변화시키고 다양한 대안 방법을 찾아보기	비합리적 신념 논박하기	다육식물 식재하기
7	국화꽃을 피운 나	• 신념의 변화에 따른 정서적·행동적 변화에 대해 파악하고 비합리적 신념의 변화를 수용하기	효과 자기수용	국화 화분 꾸미기
8	언제나 청춘상	• 꾸준한 활동을 수행한 자신에게 상장을 만들어 칭찬하고 프로그램 종료 후에도 활동을 수행할 것을 약속하기	효과 자기칭찬	압화상장 및 서약서 만들기
사후	사후평가	• 한국판 단축형 노인 우울척도 검사 • 한국판 노인 불안 척도 검사		

출처: 조정은(2022: 28-29).

5. 집단실천기술의 장점과 한계

집단사회복지실천이 현장에서 폭넓게 활용되는 이유는 여러 장점을 지니고 있어서이다. 사회복지사는 이러한 장점이 집단 내에서 잘 발현될 수 있도록 촉진함으로써 긍정적 변화와 연결되도록 조력해야 한다. 집단사회복지실천의 장점은 다음과 같다(Yolom, 1993; Malekoff, 1997).

- 상호지지: 집단 구성원들은 상호 정서적으로 지지하고 정서적 감정을 나눔으로써 구성원들 간에 도움을 주고받는 것이 가능하다.
- 일반화(보편성): 집단 구성원들은 자신의 문제로 고립감을 느끼고 다른 사람들은 자신을 이해하지 못한다고 생각하지만, 집단 내에서는 비슷한 어려움을 겪고 있는 다른 구성원을 만나게 되어 집단으로부터 위로받는 경험을 하게 된다.
- 희망고취: 집단 구성원들은 다양한 문제로 인해 한계점에 다다랐을 때, 구성원들의 경험을 통해 자신의 문제도 나아질 수 있다는 희망을 가지게 되고, 이는 치료적 동기를 높이기도 한다.
- 이타심 증진: 집단 구성원에게 도움이나 제안을 해주는 과정에서 타인을 배려하는 태도를 향상시킬 수 있으며, 자존감도 증진된다. 또한 의존적 태도에서 보다 자율적이고 독립적인 존재로 성장시킬 수 있게 된다.
- 문제 이해 및 정보 교류의 장: 사회복지사나 집단 구성원들과의 상호작용을 통해서 자신의 그릇된 가치판단을 점검하고 문제를 명확히 이해할 수 있도록 돕는다. 이 과정에서 정보와 제안 등을 주고받으며 새로운 지식을 얻게 되고, 대인관계 기술을 익힐 수 있는 기회를 제공한다.
- 집단의 성장 및 소속감: 집단 구성원에게 공평한 참여 기회를 제공하며, 유사한 문제를 나누고, 서로의 성장을 위해 구성원들이 기여함으로써 집단 전체가 긍정적으로 성장할 수 있다.

- **정화의 기능:** 구성원들이 집단 내에서 안전함을 느끼면서 그동안 억눌려 있던 감정, 생각, 불안, 희망, 꿈 등을 자유롭게 표현하며 긴장감을 해소할 수 있다.
- **재경험의 기회 제공:** 이전의 역기능적인 경험을 집단 내에서 재현할 뿐만 아니라 집단 구성원 간의 역동성 속에서 역기능을 경험하기도 하기 때문에 이를 통해 성장할 수 있는 기회를 갖게 된다. 집단 구성원은 이전에 상처받은 관계를 집단에서 재경험해 보며 그 과정을 통해서 미해결된 관계 문제를 치유하며 성장할 수 있는 기회를 얻는다.
- **현실 검증의 기회:** 집단 구성원들이 서로 간의 잘못된 생각이나 가치를 집단 구성원들에게 시험해보고 그릇된 생각이나 신념을 수정하는 기회를 가질 수 있으며, 자신이 바라는 행동을 미리 연습해 볼 수 있는 기회도 가질 수 있다.
- **대인관계 학습:** 집단 구성원들은 서로 다양한 상호작용 속에서 자신의 단점이나 한계를 자각하게 되고, 보다 자신감 있게 관계 맺는 방식을 익히게 된다.

이외에도 집단 내에서의 긍정적인 경험은 집단 구성원들의 강한 소속감과 응집력을 형성하게 하며, 구성원 간 모방학습이 일어나고 사회적 기술로 이어진다. 또한 일정한 시간에 많은 구성원들의 문제를 상담하고 관리할 수 있어서 효율적이고 경제적이며, 집단 구성원들 간 상호 신뢰와 배려, 협력을 통해 긍정적 자아개념(Self-concept)을 형성하는 데에도 효과가 있다.

집단대상 사회복지실천의 한계는 다음과 같다.

- **개별욕구 반영의 어려움:** 집단 구성원이 여러 명이기 때문에 집단 내에서는 개별 구성원의 욕구가 충분히 반영되기 어려울 수 있다. 예를 들어 우울감이 심한 구성원은 소외감을 경험할 위험이 있다.
- **집단 내 갈등과 부정적 상호작용 가능성:** 집단에서는 다양한 부정적 역동이 나타날 수 있는데, 주도적인 집단 구성원의 영향력으로 인해

일부 구성원은 자기표현을 억제하여 자율성이 저해될 위험이 있고, 희생양 역할을 하게 될 수도 있다.

- **예상하지 못한 부정적 결과 초래 가능성:** 비자발적인 구성원이나 충분히 준비되지 않은 상태로 집단에 참여한 구성원들은 지나친 저항이나 공격적 행동 등으로 집단 분위기에 부정적인 영향을 줄 수 있고, 심지어 중도 이탈로 이어질 수가 있다.
- **비밀보장에 대한 현실적 한계:** 사회복지사가 오리엔테이션을 통하여 비밀보장(confidentiality)에 대해 강조하지만, 집단이라는 특성상 집단 내에서 표현된 내용에 대한 비밀유지는 현실적으로 지키기 어려운 측면이 있어서 개인정보 노출에 대한 우려가 발생할 수 있다.
- **사회복지사의 역량에 대한 높은 의존도:** 집단 운영은 사회복지사의 전문성에 크게 좌우된다. 만약 경험이나 기술이 부족한 경우, 집단 운영의 효과성이 저하될 수 있다.

이러한 한계를 최소화하기 위해서는 사회복지사가 집단 역동을 잘 이해하고, 갈등조정, 상담기술, 효과적인 의사소통 등의 능력을 지속적으로 향상시켜 나가야 한다.

학습문제

[서술형]

01 집단 사회복지실천 종결단계에서 사회복지사의 역할을 기술하시오.

02 집단 사회복지실천의 장점에 대해 기술하시오.

[선택형]

01 토스랜드와 리바스(Toseland & Rivas)가 분류한 집단유형 중 다음 설명에 해당하는 것은?

> • 비슷한 문제를 경험한 사람들로 집단을 구성한다.
> • 유대감 형성이 쉽고 자기 개방성이 높다.
> • 상호원조하면서 대처기술을 형성하도록 돕는다.

① 교육 집단 ② 치료 집단 ③ 과업 집단
④ 지지 집단 ⑤ 사회화 집단

02 집단 사회복지실천과정 중 초기단계의 사회복지사의 역할 및 과업이 아닌 것은?

① 사회복지사 및 집단구성원을 소개한다.
② 집단규칙 및 집단구성원들의 역할을 소개한다.
③ 초기단계의 집단구성원들의 불안감을 감소시킨다.
④ 집단구성원들의 변화를 이끌어내기 위한 기술이 요구된다.
⑤ 비밀보장의 원칙을 설명하고 성원들에 대한 비심판적인 태도와 지지적인 태도가 필요하다.

03 집단 사회복지실천 사정에 활용되는 것을 모두 고른 것은?

a. 집단 사회복지사의 관찰	b. 외부전문가의 보고
c. 표준화된 사정도구	d. 집단 구성원의 자기관찰

① a, b ② a, d ③ b, c
④ a, b, c ⑤ a, b, c, d

서술형 모범답안

01 집단 사회복지사는 종결이 다가오고 있음을 구성원에게 충분히 인식시켜 정서적 준비를 돕고, 종결을 앞두고 나타나는 다양한 감정을 다루어 주어야 한다. 또한 집단의 목표달성 정도를 평가하고, 집단 진행과정에서 성취한 변화를 지속적으로 유지하도록 돕는다. 그리고 집단에 대한 의존성을 서서히 감소시켜 나가며, 개인별로 얻는 통찰이나 배운 점을 구체화한다.

02 집단 사회복지실천의 장점으로는 상호지지, 일반화, 희망고취, 이타심 증진, 문제이해 및 정보교류의 장, 집단의 성장 및 소속감, 정화 기능, 재경험의 기회 제공, 현실 검증의 기회, 대인관계 학습 등이다.

선택형 정답

01 ④ [해설] ④ 지지집단의 구성원은 대개 유사한 문제나 경험을 갖고 있어서 유대가 빨리 형성되며, 자기 표출이 정도가 매우 높다.

02 ④ [해설] ④ 중기단계의 사회복지사의 역할 및 과업이다.

03 ⑤

09
CHAPTER

지역사회를 위한 실천기술

1. 지역사회복지실천의 개념
2. 지역사회문제에 대한 이해
3. 지역사회복지실천모델에 대한 이해
4. 지역사회복지실천의 개입과정과 기술
5. 지역사회 자원개발과 연계 사례

학습목표

1. 지역사회복지실천의 개념을 이해한다.
2. 지역사회문제에 대해 이해한다.
3. 지역사회복지실천모델에 대해 설명할 수 있다.
4. 지역사회복지실천의 개입과정과 기술을 설명할 수 있다.
5. 지역사회 자원개발과 연계 사례를 통해 실천현장에 적용할 수 있다.

1. 지역사회복지실천의 개념

1) 지역사회복지의 개념

지역(地域)은 지리적 공간이나 경계가 있는 일정한 장소를 나타내고, 사회(社會)는 사람들이 모여서 상호작용하며 살아가는 공동체를 의미한다. 사회복지학에서 지역사회(Community)는 라틴어 communis에서 유래되었으며, 공동체, 공동사회, 공동운명체 등의 뜻을 내포하고 있다. 즉, 지역사회는 공통의 관심사와 목적을 가진 사람들이 함께 살아가는 집단이라고 할 수 있다.

지역사회의 정의는 학자들에 따라 다양하게 정의되고 있는데, 여러 학자들의 정의를 살펴보면 다음과 같다.

- 지역사회는 상호 연결되는 공통적인 어떤 것을 가지고 있는 사람들의 집합체라 할 수 있으며, 구성원들이 공유하는 특성은 지리적 위치, 관심사, 문화, 정체감 또는 공통된 활동 등을 포함한다(Fellin, 1995).
- 지역사회는 다양한 욕구 혹은 문제를 가지고 있으며, 주민의 상호작용이 활발하게 이루어지고, 지역사회의 욕구나 문제를 해결하기 위한 사회복지실천이 가능한 일정한 규모의 장이다(최옥채, 2000).
- 지역사회는 지역주민을 구성원으로 하여 동일한 법과 제도권 내에서 감정과 정서로 뭉쳐 상호작용하는 사람들의 집단으로서 공통의 욕구와 관심이 존재하게 된다(서상철, 2006).

사회복지사업법에 의하면 지역사회복지(Community Welfare)란 주민의 복지증진과 삶의 질 향상을 위하여 지역사회 차원에서 전개하는 사회복지를 말한다. 다음은 여러 학자들에 의해 정의된 지역사회복지에 대한 설명이다.

- 지역사회복지는 전문 혹은 비전문 인력이 지역사회 수준에 개입하여 지역사회에 존재하는 각종 제도에 영향을 주고 지역사회의 문제를 예방하고 해결하고자 하는 일체의 사회적 노력이다(최일섭 · 류진석, 1997).
- 지역사회복지는 지역사회조직을 지역사회 구성원의 공통된 욕구를 해결하기 위하여 지역사회가 지니고 있는 인적 · 물적 · 내적 · 외적 자원을 동원하여 조정하여 주는 과정이다(김영모, 2001).
- 지역사회복지는 일정한 지역사회 내에서 주민의 생활문제를 사회복지사와 주민이 함께 공식적, 비공식적 자원을 활용 개발하여 해결하거나 예방하는 다양한 노력들이다(박태영, 2010).

2) 지역사회복지실천의 개념

지역사회복지실천이란 이상적인 지역사회를 이루기 위한 모든 사회적 노력으로서 지역을 대상으로 한 실천과 지역사회 안에서의 실천을 복합적으로 포괄한 개념으로 다른 사회사업과는 구분된다. 지역사회조직사업은 공공 및 민간 사회복지기관에서 전문사회복지사가 과학적인 지식과 기술을 사용하여 보다 계획적이고 체계적이며 의도적으로 실행하기 때문에 지역사회복지실천기술은 더욱 필요하게 된다.

지역사회복지실천기술은 "지역사회집단, 조직과 제도 그리고 지역사회구성원 간의 관계 및 상호작용의 행동패턴을 변화시키기 위한 실천기술의 활용을 의미하며, 조직과 지역사회를 대상으로 한 사회변화를 목적으로 하는 전문적이고 직접적인 개입으로서 거시적 사회복지 실천활동의 한 부분"이라고 할 수 있다.

지역사회수준에서 이루어지는 거시적 실천활동은 주민의 회복과 심리사회적 기능향상에 초점을 두기 때문에, 상담이나 임상적 개입과 같은 미시적 실천과 상호 연계될 수밖에 없다. 따라서 지역사회를 대상으로 하는 실천기술은 거시적 접근에만 국한되지 않는다. 실제로 사회복지사는 주민의 삶의 질을 증진시키기 위해 지역사회 자원을 발굴하고 이를 적절히 연계·관리하며, 클라이언트가 사회적 환경을 효과적으로 활용할 수 있도록 지원한다.

이러한 점에서 지역사회 조직, 지역사회계획, 사회행동 등 거시적 실천을 수행하는 사회복지사뿐만 아니라 직접 서비스를 제공하는 자나 임상사회복지사 또한 지역사회 복지실천을 위한 이론과 기술을 갖추어야 할 필요가 있다.

지역사회복지실천의 목표는 다음과 같다(NASW, 1995; 사회복지대백과사전: 583).

① 시민과 시민집단의 조직화된 기술과 능력을 개발하는 것

② 지역사회 내에서 사회계획에 보다 쉽게 접근하도록 하는 것

③ 지역주민이 지역사회 조직에 사회적 경제적·투자를 연결함
④ 지역사회 문제 해결을 위해 광범위한 연대의 필요성을 강조함
⑤ 사회정의 관점에서 사회계획의 과정을 고취시킴

2. 지역사회문제에 대한 이해

1) 지역사회문제의 개념

사회문제란 많은 수의 사람에게 해(害)를 주고 사회에 위협이 되며 사회적 대응을 불러일으키는 사회현상이나 이슈 또는 조건 등을 일컫는 용어이다(지은구 외, 2015). 마리스(Maris, 1988)는 "사회문제란 많은 사람들, 힘 있는 사람들, 카리스마가 있는 사람들에 의해서 사회에 위협이 있는 것으로 간주되고 해결되고 치료될 수 있는 인간행동 또는 사회적 조건들의 일반적 유형"이라고 한다. 바커(Barker, 1991)는 "사회문제는 사람들의 가치와 규범을 침범하여서 사람들을 사회적 대응으로 이끌고 사람들을 감정적·경제적 어려움으로 이끄는 조건"이라고 정의하였다. 따라서 사회문제란 다수의 사람에게 영향을 미치며 사회적 안정에 위협을 가하거나 사회적 대응을 유발하는 것으로 정의할 수 있다.

이러한 관점을 지역사회에 적용할 경우 지역사회 문제란 특정지역사회 내 다수의 주민에게 심각한 영향을 미치고 이로 인해 주민들로부터 집단적 반응이나 대응을 촉발시키는 조건 또는 상황으로 이해할 수 있다. 더 나아가 지역사회 문제는 주민들의 삶의 질을 저해하거나 지역공동체의 기능을 약화시키는 다양한 사회적·경제적·환경적 요인 등으로 구성된 복합적 문제라고 볼 수 있다. 예를 들면, 불안정한 거주 환경, 일자리 부족, 복지 자원의 편중, 고령 인구의 증가 등이 이에 해당한다.

지역복지 실천에 참여하는 전문가는 이러한 문제를 정확히 파악하고, 주민과 함께 문제의 본질을 공유하며 공동의 해결 방안을 모색할 필요가 있다. 만약 사전 조사가 충분히 이뤄지지 않은 상태에서 개입이 진행된다면, 그 결과는 기대에 미치지 못하거나 오히려 부정적인 효과를 낳을 수 있다. 따라서 실천 이전에 지역사회의 문제를 인식하고 이해하는 과정이 선행되어야 하며, 이는 지역사회복지 실천을 위한 가장 기본적인 과업이라 할 수 있다.

2) 지역사회문제의 본질

지역사회에서 발생하는 문제는 여러 지역사회에서 공통으로 나타나는 일반적인 문제도 있고 특정 지역에만 존재하는 고유한 문제도 있다. 예를 들어, 우리나라 저출산 문제는 한국사회 전체가 겪는 현상이지만, 다른 국가에는 해당되지 않을 수 있다. 반면에 실업문제는 한 개인이 경험하는 동시에, 지역사회 전체의 문제이기도 하다.

또한 개인의 문제가 항상 지역사회문제로 확대되는 것은 아니다. 지역 내 개인의 문제가 다수의 주민에게 영향을 미치거나, 구조적 원인에 의해 반복적으로 발생할 때, 비로소 지역사회문제로 인식된다. 예를 들어, 농촌의 농번기 아동 방임, 산간 지역의 교통 고립, 산업단지의 대기오염 등은 각각의 지역이 겪는 고유한 문제 상황에 해당한다.

지역사회복지실천가들은 해당 지역이 안고 있는 문제를 어떻게 해결하고 있는지, 그리고 작은 이슈가 어떤 과정을 통해 지역사회문제로 확대되었는지에 대해 조사할 필요가 있다. 이와 같은 문제에 접근하기 위해, 사회복지사가 가장 먼저 수행해야 할 과제는 누가 그 문제를 지역사회문제로 인식하고 정의했는지, 그리고 그 문제가 어떤 방식으로 규정되었는지를 파악하는 것이다.

사회복지사가 특정 지역사회에 개입하기 위해서는 그 지역이 가지고 있는 사회문제를 명확히 인식하고 이해하는 작업이 선행되어야 하며, 이는 지역사회복지실천에서 가장 기본적인 과업이라 할 수 있다. 또한, 문제를 이해하고 해결 방안을 마련하는 과정에서는 해당 지역의 전반적인 특성을 이해하는 것이 필수적이다. 즉, 지역사회를 둘러싼 정치적, 사회적, 경제적 환경, 그 지역이 지닌 가치관, 문화, 전통, 그리고 무엇보다도 주민 개개인이 가진 다양성에 대한 깊은 성찰이 함께 이뤄져야 한다.

지역사회문제와 관련하여 사회복지사들은 다음 세 가지를 명확히 파악해야 한다. ① 지역사회문제가 무엇인지, ② 어떤 사람들이 그 문제의 영향을 받고 있는지, ③ 문제가 어떤 영역에서 나타나고 있는지이다. 이 세 영역 즉, 지역사회문제 자체, 영향을 받는 인구집단 그리고 문제가 나타나는 영역에 대한 분석은 실천의 기초로 작용하며, 이를 통해 지역사회문제를 해결하기 위한 사회복지사의 구체적인 행동이 필요하다(Netting et al., 2008, 2017).

(1) 지역사회문제

① 지역사회문제를 정의 내리고 개념화해야 한다.

② 문제의 원인과 결과를 설명해 줄 수 있는 이론적 틀에 대한 이해가 필요하다.

③ 문제에 영향을 받는 대상과 관련하여 다양한 양적·질적자료를 폭넓게 수집하는 과정이 필요하다.

④ 문제가 어떤 역사적 맥락과 배경 속에서 형성되었는지를 이해하는 것이 중요하다.

⑤ 문제해결에 있어서 어떤 개인이나 조직이 중심적인 역할을 수행하는지 파악해야 한다.

(2) 인구집단

① 문제에 영향을 받고 있는 인구집단에 대해 다각적인 정보를 체계적으로 수집해야 한다.
② 집단의 문화적 및 인종적 특성에 대한 이해는 반드시 필요하다.
③ 성별과 관련된 이슈(Gender Issue)에 대한 고려도 포함되어야 한다.

(3) 지역사회문제가 발생하는 영역

① 문제가 발생한 지역이나 조직에 대해서 인구통계학적 관련 자료를 수집해야 한다.
② 문제가 발생한 지역의 공간적 구조를 시각화하기 위해 지역 지도를 그린다.
③ 문제가 발생한 지역이나 조직 내 발생 양상을 이해하기 위해 관련된 자료를 확보한다.

결과적으로 지역사회문제를 이해하기 위해서 사회복지사는 위의 세 영역과 함께, 첫째, 어떤 상황이나 조건이 문제로 인식되었는지, 둘째, 어떤 이유로 주민들이 그 문제에 영향을 받는지, 셋째, 개입의 가능성과 실현 가능성은 어느 정도인지를 함께 분석해야 한다.

또한, 문제를 정의하는 데 있어서 누가 문제를 규정하였는가, 어떤 사람 또는 집단의 입장에서 문제가 인식되었는가, 어떤 가치나 세계관이 반영되었는가를 명확히 검토하고, 특정 문제에 대한 대응 방식이 지역사회를 하나로 통합하려는 목적을 나타내고 있는지도 함께 살펴보아야 한다.

3) 지역사회문제 사정 및 사정 기법

지역사회복지 실천에서 지역사회문제 사정(Assessment)은 매우 중요한 단계이며, 지역사회문제해결을 위해 가장 기본적인 중요한 요소이다.

지역사회를 효과적으로 사정하기 위해 사회복지사는 지역주민, 지역집단, 그리고 지역의 주요 지도자들을 조사과정에 포함시키기 위한 다양한 조사 기법을 활용한다. 지역사회를 사정하기 위해 사용되는 조사기법은 일반적으로 현장조사(Field Study)를 통해 지역사회에 대한 정보를 취합한다. 현장조사는 지역사회현장에서 지역사회에 개입하여 구체적으로는 구성원들의 삶 속에서 그들의 생활과 관련된 다양한 측면을 조사하므로 지역사회사정을 위한 기본적인 조사방법으로 활용도가 높다.

현장조사는 주로 직접적인 관찰, 인터뷰, 참여, 대화, 인생경험이나 개인적 자료분석의 방법을 활용한다. 질적 조사방법으로는 공식·비공식 인터뷰, 참여관찰 방법이 있고, 양적 조사방법으로는 설문조사, 사회지표분석 그리고 프로그램 자료점검 등이 있다. 그리고 지역주민을 집단화하여 그들로부터 오는 정보를 취합하고 종합하는 데 사용하기 위해 자문집단기법, 명목집단기법, 델파이집단기법, 그리고 초점집단기법 등을 활용한다(Hardcastle et al., 2011).

지역주민들로부터 지역사회문제나 욕구를 사정하기 위한 다양한 도구들을 소개한다.

- **설문조사(Questionnaire Survey)**

  구조화된 문항을 활용하여 지역주민의 욕구와 문제에 대한 인식을 체계적으로 수집하고, 이를 수치화할 수 있는 대표적인 조사 방법이다. 설문조사는 다양한 지역주민의 응답을 비교·분석하기 용이하며, 인구통계학적 집단 간 차이를 파악하는 데 유용한 조사 방법으로 많이 사용되고 있으나, 한편으로는 응답의 질이 낮아질 수 있으며, 이는 조사결과의 신뢰도에 영향을 미칠 수 있다.

- **면접조사(Interview)**

  지역사회의 문제를 깊이 있게 이해하기 위해서 주민, 지역 내 영향력 있는 인물, 해당 분야의 전문가 등과의 일대일 대화를 나누며 심층적 정보를 수집하는 방법이다.

- **초점집단면접(Focus Group Interview)**

  질적 연구에서 자주 활용되는 방법으로서, 약 6~10명 정도의 소규모 집단이 하나의 주제에 대해 함께 논의하는 형태이다. 이 면접은 짧은 시간 내에 다양한 정보와 관점을 수렴하기에 유용하고, 특정 이슈에 대해 집중적인 토론이 가능하도록 유도된다.

• **참여관찰(Participant Observation)**
사회복지사가 현장에 직접 참여함으로써 지역주민이 겪고 있는 문제를 직접 체험할 수 있다. 예를 들면, 장애인들과 일정 기간 함께 생활하면서 일상에서 부딪히는 불편함이나 현재 제공되고 있는 서비스의 실효성을 직접 경험하고 이해할 수 있다.

• **사회지표분석(Indicator Analysis)**
정부기관이나 복지 관련기관에서 기존에 발표한 자료를 활용하여 지역사회 문제나 주민들의 욕구를 간접적으로 파악하는 방법이다. 주로 통계청의 인구센서스 및 각종 통계자료, 한국노동연구원과 한국보건사회연구원의 전국실태조사, 보건복지부나 지방자치단체의 보건복지 관련자료 등이 주요 자료로 활용된다.

• **지역 지도 그리기(Asset Mapping)**
사회복지실천가들이 지리적·물리적 공간이 지역사회 문제에 어떻게 영향을 미치는지를 알기 위해서 다양한 기법을 사용하게 되는데, 대표적인 기법이 지역 지도 그리기이다(지은구·조성숙, 2010; Hardina, 2002: 143-144). 이 방법은 해당 지역의 공간활용을 알기 위해 지도를 이용한 것으로, 지도를 이용하여 자원의 위치와 현황을 조직적으로 정리할 수 있다.

지역사회복지사는 앞에서 언급한 기법을 한 가지 방법보다는 복합적 접근을 통해 보다 입체적이고 신뢰도 높은 자료를 확보하여 지역주민 역량을 강화시키는 데 사용하여야 하며, 주민들이 그들의 지역문제를 해결하기 위해 계획된 행동으로 나가도록 협조해야 한다.

☑ 욕구조사 사례

고양시 덕양행신종합사회복지관은 2024년 지역주민 복지수요를 확인하고, 이를 바탕으로 지역 내에 필요한 맞춤형 서비스 기획을 목표로 욕구조사를 진행하였다(출처: 장애가족 행복지킴이 승가원). 주민들의 욕구를 파악하기 위해 설문지, 면접, 포커스 그룹 인터뷰 등의 방법으로 진행되었고, 지역주민의 의견과 요구를 파악하여 분석하고 실천전략을 수립하는 데 반영하였다.

3. 지역사회복지실천모델에 대한 이해

지역사회복지실천은 사회복지실천의 핵심영역 중 하나로, 지역사회를 이루는 개인, 집단, 조직, 이웃 등의 사회적 복지와 삶의 질을 향상시키기 위해 지역사회 수준에서 수행되는 일련의 계획적이고 조직적인 활동을 말한다. 지역사회복지실천은 사회복지기관에 소속된 전문사회복지사에 의해 수행되며, 체계적인 전략과 전문 지식을 기반으로 지역사회의 변화를 이끌어내는 과정으로, 비공식적 지역 활동과는 그 성격과 접근 방식에서 차이를 보인다.

지금까지도 전형적인 지역사회복지 실천모델로 인식되고 있는 로스만(Rothman)의 지역사회 실천모델과 이 모델 이후 여러 학자들의 접근 중 웨일(Weil)과 갬블(Gamble)의 지역사회 실천모델에 대해 알아보고자 한다.

1) 로스만의 지역사회 실천모델

로스만(Rothman)은 '지역사회조직실천(Community Organization Practice)의 모델(1968년)'이라는 논문에서 지역복지활동을 단일한 유형으로 보지 않고 그 성격에 따라 지역사회개발, 사회계획, 사회행동의 세 가지 모델로 구분하였다. 아울러 그는 이들 모델의 특성을 구체화하기 위해 12가지 실천변수를 제시하였다. 로스만은 이 세 가지 모델 분류가 이념적 분류일 뿐이며, 실제 지역사회복지실천의 개입을 위해서는 상호 혼합된 형태, 즉 사회행동 + 사회계획, 지역사회개발 + 사회계획, 지역사회개발 + 사회행동 등과 같은 다양한 형태로 활용될 수 있다고 강조하였다(오정수 · 주진석, 2012).

(1) 지역사회개발모델

지역사회개발모델(Community Development Model)은 지역주민의 의식 향상과 역량 강화를 통해 지역사회의 통합적 기능을 증진시키는 것을 목표로 하는 접근방식이다. 이 모델은 지역사회의 변화를 유도하기 위해 지역사회를 구성하는 다양한 주민과 집단의 적극적 참여가 필수적이라는 전제에 기반하며, 지리적으로 정의된 지역사회 전체를 개입 대상으로 본다. 그리고 지역사회 내 문제해결을 위해 공동체 역량을 강화하고 사회통합을 증진시키는 데에 초점을 두며, 주로 개발도상국 또는 선진국 내의 저개발 지역에서 활발히 적용되고 있다.

이 모델은 주민 간 상호 협력을 촉진하고, 지역의 특성을 고려한 개입을 실행하며, 지도자 양성과 시민 참여 확대를 통해 변화의 기반을 조성한다. 이러한 과정에서 사회복지사는 조력자, 교육자, 조정자 등의 다양한 역할을 수행하며, 주민이 능동적으로 지역문제에 대응할 수 있도록 지원한다.

반면, 지역의 변화를 가져오기 위해서 다양한 이해관계를 가진 집단 간의 동의와 협조를 끌어내는 데는 한계가 있을 수 있다. 특히 권력집단도 지역사회의 일원으로 지역의 복지 향상을 위해 동참할 수 있기 때문에 정책결정권자나 권력 집단과의 협상 과정에서는 권력 구조상의 제약으로 인하여 개입지연, 방해, 거절까지도 당할 수 있다는 점을 고려해야 한다.

(2) 사회계획모델

사회계획모델(Social Planning Model)은 문제해결 과정의 합리성과 실증적 자료에 기초하여 지역주민이 스스로 문제를 해결하기보다는 지역사회실천전문가에 의해 보다 합리적이고 과학적인 적합한 방법을 찾는다. 이 과정에서 비용 대비 효과를 극대화할 수 있는 방안을 도출하는 데 중점을 두고, 과정보다는 과업 성취에 더 주안점을 둔다.

사회계획모델은 지역사회개발모델처럼 주민의 역량 강화에 무게를 두지도 않고, 사회행동모델처럼 급진적인 사회 구조 개혁을 목표로 하지도 않는다. 대신에 복지 문제의 합리적인 해결을 위한 계획 수립과 평가에 초점을 맞추며, 사회복지사는 자료 수집, 분석, 정책 기획 등의 역할을 수행하는 전문가 또는 계획가로 활동한다. 이 모델의 대표적인 실천 사례로는 사회복지공동모금회나 지역사회복지협의회에서 추진하는 정책 개발과 같은 활동을 들 수 있다.

이 접근 방식은 주로 관료조직과 같은 공식적 구조를 변화의 주체로 간주하지만, 실제로는 정치적 권력 관계나 이해관계 조정 등의 요소를 충분히 반영하지 못하는 한계가 있다. 또한 계획을 수립하는 전문가가 시간, 자원, 정보 등이 부족한 상황에서는 실행 가능한 대안을 마련하기 어렵고, 실효성 또한 떨어질 수 있다.

(3) 사회행동모델

사회행동모델(Social Action Model)은 지역사회에는 자원과 권력의 분배가 불균형하다는 점에 주목하며, 갈등이론에 기반한 관점을 갖는다. 그리고 사회구조의 근본적 변화를 목표로 하며, 기존 체계에서 배제되어 온 주변화된 집단이 자원 분배나 의사결정 과정에 참여할 수 있도록 개입하는 것을 핵심으로 삼는다.

사회복지사는 경제적 · 사회적으로 소외된 집단의 권익을 옹호하며, 기존의 제도나 정책을 비판적으로 분석하고 개선하기 위해 항의, 시위, 협상 등 다양한 행동 전략을 활용한다. 이 모델은 특히 여성운동, 빈민운동, 환경운동 등 시민 사회에서의 사회운동 조직들에서 널리 활용되고 있으며, 사회복지사의 역할은 행동을 조직하는 주도자(조직가) 또는 억압받는 사람들의 권리를 지지하고 대변하는 옹호자로 정의된다.

그러나 이 모델은 갈등과 대립을 전략적으로 활용하기 때문에 일부 집단이 참여를 꺼리거나, 강한 저항 전략이 참여자에게 심리적 · 신체적 위험을 초래할 수 있다는 한계가 있다. 즉, 극단적인 방식이 오히려 실천의 지속가능성을 떨어뜨릴 수 있음을 고려해야 한다.

2) 웨일과 갬블의 8가지 지역사회 실천모델

웨일(Weil)과 갬블(Gamble)은 로스만(Rothman)의 지역사회실천 모델과 테일러(Taylor)와 로버츠(Roberts) 모델을 기반으로 하여, 현대 사회의 환경 변화와 지역사회의 복잡성을 적극 반영하여 다음과 같이 8가지 실천모델을 제시하였다. 근린지역 사회조직, 기능적 지역사회조직, 지역사회의 사회경제개발, 사회계획, 프로그램 개발과 지역사회연계, 정치사회행동, 연합 그리고 사회운동이다.

(1) 근린지역사회조직모델

근린지역사회조직(Neighborhood and Community Organizing) 모델은 지역사회의 지리적 개념에 초점을 둔다. 주민 스스로가 중심이 되어 그들이 원하는 방향으로 지역사회를 이끌 수 있도록 지역사회주민의 역량을 강화시켜 지역사회의 조건들을 향상시키려는 데 있다. 사회복지사는 이 과정에서 조직가, 교육자, 코치, 촉진자로서 다양한 역할을 수행하며, 특히 지역 내 리더십을 발굴하고 육성하는 것은 조직가로서의 중요한 과업 중 하나이다.

(2) 기능적 지역사회조직모델

기능적 지역사회조직(Functional Community Organizing) 모델은 전통적인 지리적 구역보다는, 공통의 정체성이나 이해관계를 공유하는 사람들로 이루어진 기능적 공동체에 초점을 맞춘다. 예컨대 학교폭력 예방, 장애 아동의 사회통합 등과 같이 특정 이슈를 중심으로 구성원 간의 협력을 조직하는 특징이 있다.

사회복지사는 이 과정에서 조직가, 옹호자, 촉진자, 정보전달자로서의 역할을 수행하며, 정부기관이나 일반 시민의 인식 변화와 제도적 개선을 위해 노력한다.

(3) 지역사회의 사회경제개발모델

지역사회의 사회경제개발(Community Social and Economic Development) 모델은 로스만의 지역사회개발모델과 밀접한 관련이 있다. 어려운 여건에 있는 지역사회 주민 계층을 위하여 경제개발과 사회개발이 동시에 이루어져야 한다는 기본 전제를 바탕으로 이 모델은 교육을 통하여 어려운 여건에 있는 지역사회주민의 내적 능력을 향상시키는 데 목적이 있다.

사회복지사는 협상가, 교육자, 기획자, 관리자 등의 전문적 기술을 가지고 다양한 역할을 수행하며, 금융기관, 외부개발자, 지역사회주민을 변화시키고자 노력한다.

(4) 사회계획모델

사회계획(Social Planning) 모델은 지역사회의 문제를 합리적이고 체계적인 방식으로 해결하려는 접근으로, 객관성과 논리적 분석을 중시한다. 이 모델은 주로 전문가의 지식과 기술, 객관적 자료 수집 및 분석, 조사 결과에 기반한 계획 수립을 통해 문제 해결을 도모한다. 사회복지사는 이 과정에서 조사자, 기획서 작성자, 행정관리자 등의 역할을 수행하며, 전문성과 분석 능력이 중요한 역량으로 요구된다.

(5) 프로그램 개발과 지역사회연계모델

프로그램 개발과 지역사회연계(Program Development and Community Liaison) 모델은 로스만의 사회계획모델에서 분화된 형태로서, 지역사회 주민들의 욕구를 반영한 프로그램을 개발하고 확대하며, 이를 지역사회와 효과적으로 연계하는 데 중점을 둔다. 또한 지역사회와 프로그램 간의 상호작용을 통해 프로그램을 개발·확장시키고, 지역사회 내 클라이언트, 기관 종사자, 지역주민, 전문가 등 다양한 주체 간의 연계와 협력을 촉진한다.

사회복지사는 계획가, 대변인, 제안서 작성자, 중개자, 촉진자로서의 역할을 담당한다.

(6) 정치사회행동모델

정치사회행동(Political and Social Action) 모델은 로스만의 지역사회 행동모델과 테일러와 로버츠의 정치적 역량강화모델에서 발전된 형태이다. 이 모델은 기회가 제한되는 정치적 · 사회적 불평등한 구조에 도전하고 지역주민들의 욕구를 무시하는 정책 결정에 적극적으로 대응하며, 부당한 사회적 결정에 저항하는 것을 중심으로 한다. 더 나아가 지역주민이 자신의 권한과 역량을 믿고 사회를 변화시킬 수 있도록 지원하는 데 목적이 있다.

사회복지사는 이 과정에서 교육자, 옹호자, 조직가, 연구자로서의 역할을 수행한다.

(7) 연합모델

연합(Coalitions) 모델은 지역사회가 직면한 문제가 단일 집단의 노력만으로는 해결되기 어렵다는 인식을 바탕으로 한다. 이 모델은 분리되어 있는 집단과 조직을 공동의 목표 아래 협력하도록 조직화하여 사회변화를 함께 달성하는 데 중점을 둔다. 사회복지사는 중재자와 협상자로서의 역할을 수행하며, 공직자 및 정부기관에 영향을 미치고 정책 변화를 유도하기 위한 활동에 참여한다.

(8) 사회운동모델

사회운동(Social Movements) 모델은 지역사회 주민과 다양한 조직기관에 새로운 시각과 행동의 틀을 제시함으로써 사회적 변화를 이끌어내려는 접근이다. 이 모델은 생태환경 보호, 반핵 운동, 인권 및 여성운동과 같이 지역 차원에서 세계적 차원에 이르기까지 폭넓게 개입하는 특징이 있다. 사회복지사는 옹호자와 촉진자로서 활동하며, 일반대중과 정치제도를 변화시키는 데 기여하고자 한다.

4. 지역사회복지실천의 개입과정과 기술

1) 지역사회 대상 사회복지실천의 개입과정

지역사회를 대상으로 한 사회복지실천의 개입과정은 사회복지사가 지역사회에 나타난 문제를 파악하고, 해당 문제를 해결하기 위해 계획을 세운다. 장기 목표와 단기 목표를 설정하고 이 목표들의 우선순위를 결정한 다음 실천을 통해서 지역사회 문제 해결을 위한 일련의 과정을 거치게 된다. 다음은 지역사회복지실천의 개입과정이다.

(1) 지역사회 사정 단계

지역사회 사정은 현재의 지역사회에 관하여 포괄적이고 체계적으로 제반 요소들을 명확히 확인하는 과정이다. 이것은 지역사회의 중요한 문제와 어려움, 역사적 과정, 주요 자원과 인물, 협조적인 관계망 등의 복잡한 사회적 구조를 최대한 분명하게 해석할 수 있도록 정리·분석하는 과정을 말한다. 즉, 지역사회의 복잡 다양한 문제에 개입하기 위해서 지역사회의 상황을 확인하고, 이를 바탕으로 계획을 체계적으로 수립하여 지속적으로 실천한다는 측면에서 사정 단계는 아주 중요하다. 이 단계에서 살펴봐야 하는 주요 내용들은 김범수·신원우(2009)가 제시한 기준을 참고하여 설명할 수 있다.

① 지역사회의 발전과정

지역사회 특성을 깊이 있게 이해하기 위해서는 무엇보다 해당 지역이 가지고 있는 역사와 발전과정을 이해하는 것이다. 즉, 문헌자료를 조사하거나 해당 지역의 최고령자 및 지도자 등의 이야기를 듣는 방법을 통하여 해당 지역의 성장과정을 확인하는 것으로서, 공공 및 민간부문의 지도층, 주요 사건과 그 해결과정에서의 지역주민들의 참여와 대처방식, 영향력 있는 인물 등의 정보를 파악하는 것이 필요하다.

② 지역사회의 정치사회 구조

지역사회 구조를 파악하기 위해서는 행정, 교육, 사법, 경찰 등 공공부문의 지도자와 민간의 종교, 문화, 체육 등 민간 부문의 영향력 있는 주요 인물들에 대한 이해가 중요하다. 이는 지지하는 세력과 그렇지 않은 세력 간의 역학관계를 파악하는 것이 정치사회 구조를 확인하는 데 있어 중요하기 때문이다. 또한 시민사회단체의 활동도 중요하게 조사할 필요가 있다.

③ 지역사회의 경제적인 상황

지역사회의 재정적 자립도와 산업구조, 주요 산업분야와 특성화된 산업영역 등을 파악하고, 일자리에 따른 인구 이동구조, 사회 참여 등이 산업활동과 어떠한 관련이 있는지 등을 종합적으로 살펴볼 필요가 있다.

④ 지역사회의 사회문화

지역주민들이 살아가는 삶의 풍토를 알아보는 것으로 생태학적인 입장에서 살펴보는 것이다. 주민들 간 상호부조, 사회적 자본, 전통적인 문화와 현대문화 사이의 지배적인 문화형태 등을 살핌으로써 주민의 애향심에 대한 이해를 높일 수 있다.

(2) 지역사회의 욕구 파악 단계

지역사회의 욕구 파악 단계에서는 지역사회 욕구와 지역사회 자원 두 가지가 있다.

① 지역사회의 욕구 파악

지역사회 주민들이 실질적으로 필요한 서비스를 결정하기 위해서는 지역사회 욕구사정을 수행하며, 지역사회에 영향을 미치는 사회문제가 무엇인지 파악해야 한다. 주민들의 욕구 파악으로 지역사회복지실천의 결과를 예측할 수 있다. 지역사회 욕구를 파악하기 위해 조사방법을 활용하게 되는데, 이때 사회조사나 사회통계의 기술이 적용된다.

② 지역사회의 자원 파악

가장 일반적인 자원의 분류기준이 자원의 내용에 따른 분류로 다음과 같이 인적 · 물적 · 정보적 · 사회제도적 · 문화적 자원으로 유형화할 수 있다(엄미선 외, 2009).

- 인적 자원은 사람의 노동력을 다른 물자와 마찬가지로 생산자원의 하나로 정의한 것으로서, 후원자, 내부 직원, 서비스 제공자, 서비스 사용자 등을 모두 포함된다.
- 물적 자원은 물질적 자원으로서 서비스 대상자에게 제공하는 현금, 현물을 의미한다.
- 정보적 자원은 사물의 내용이나 소식, 자료 등 그에 관한 지식 또는 보고라 할 수 있는데, 의사결정이나 실천행동과 참여에 유의미한 영향을 제공할 수 있다는 점에서 대단히 중요하게 부각되고 있다.
- 문화적 자원은 그 사회의 구성원들이 학습에 의해 소속된 사회로부터 습득되고 전달받는 비제도화된 정서나 관습을 말하며, 기부문화, 나눔 문화 등이 이에 해당한다.
- 제도적 자원은 사회의 구성원들 사이에서 여러 가지 생활 영역을 중심으로 규범이나 가치체계에 바탕을 두고 형성되는 복합적인 사회규범의 체계로서, 형식화되고 지침화되어 법률적 체계로서 형성된다.

자원을 파악하는 주요한 방법은 지역사회에 흩어져 있는 자원을 목록화하는 것인데, 자원특성, 접근방법, 제공기준, 접촉대상자 등 자원개발에 필요한 기준들을 미리 정하여 표로 정리하여 자료를 구축하는 것을 말한다. 또한 자원지도 그리기 방식이 있는데, 이는 지역사회에 존재하는 자원을 지도 형식을 빌려 조사하여 그림으로 그리는 것을 말한다. 지역사회 자원지도 그리기는 자원 발굴과 탐색을 위해 문헌검토를 기초로 하고, 지역사회를 직접 탐방하여 경험적, 사실적 기록들을 정리한다는 점에서 매우 유용하다.

(3) 실천전략의 계획 단계

① 계획의 수립 및 홍보

지역사회에 대한 사정과 지역사회 욕구를 파악한 이후 이를 해결하기 위한 실천계획을 세워야 한다. 이 단계에서는 문제의 시급성과 해결순서에 따라 우선순위를 정하고, 주민들에게 공지하여 지역사회가 이를 인지할 수 있도록 한다. 지역사회의 문제해결과정에 지역사회 주민의 적극적이고 능동적인 참여는 매우 중요하다. 따라서 주민 리더와 주민 추진체를 조직화하고 참여 가능한 시간과 참여방법, 참여형태 등을 종합적으로 검토해야 한다.

② 지역사회의 자원 동원과 조직화

지역사회 문제해결을 위한 실천계획이 수립된 이후에는, 문제해결 과정에 참여하는 주체들과 활용가능한 자원들을 종합적으로 검토하여 적절히 배치해야 한다. 이 과정은 사회자원을 동원하고 지역주민을 조직화하는 것이다. 사회자원을 활용하기 위해서는 홍보활동을 통해 재정을 확보하고, 주민들을 조직화하고, 추진 및 협력기관 간의 연대체계를 마련하고, 지속적인 참여를 유지하기 위한 인식 공유와 의지를 확인하는 시간을 갖는 것이 중요한데, 이는 조직화과정을 통해 의욕을 촉진하고 이해와 협력을 확대할 수 있기 때문이다.

(4) 실천전략의 추진 단계

① 재원의 확보

실천전략을 효과적으로 실행하기 위해서는 충분한 재정적 기반이 마련되어야 한다. 이를 위해 정부의 보조금, 공동모금, 기업 후원금이나 모금활동 등 다양한 경로를 통해 재원을 확보해야 하며, 주민의 참여를 조성하기 위해 홍보활동도 필요하다.

② 추진 인력의 확보

추진 전략을 성실하고 체계적으로 실행하기 위해서는 전문성을 갖춘 우수한 인력 확보가 필수적이다. 이들에게 지역사회 문제해결에 직접적이고 적극적으로 참여할 수 있도록 경로를 마련하고, 자원봉사자, 관련 기관, 지역주민 등과 다방면의 연계를 구축하는 것도 매우 중요하다.

③ 추진기관의 리더십

지역사회복지실천에서 중추 역할을 담당하는 기관으로는 사회복지협의회, 종합사회복지관, 사회복지공동모금회, 자원봉사센터, 복지 관련 시민사회단체 등이 있다. 이러한 기관들은 실천전략과 계획들을 안정적이고 유기적으로 수행할 수 있도록 여러 기관 간의 협력체계를 조성하고 리더십을 발휘할 필요가 있다.

(5) 평가 및 재사정 단계

평가란 변화의 노력이 가치가 있는 것이었는지를 결정하는 과정으로서 어떤 대상이나 노력의 장점, 가치 또는 중요성 따위를 체계적으로 조사하는 작업이다. 프로그램 평가 단계는 일정 수준 이상의 통계적 지식과 조사기법을 요구하는 것으로 관계당사자의 참여와 프로그램에 대한 기술(description), 평가계획에 대한 순서와 방향을 정하고 목적에 따라 평가의 절차를 진행하며, 믿을 만한 증거를 수집하여 면밀히 검토하고 분석해야 한다(이태희 · 전태숙, 2010). 또한 지역사회복지의 실천과정은 이러한 평가를 토대로 수정 · 보완 및 재사정(Reassessment)의 단계를 거치게 되며, 경우에 따라 처음부터 다시 시작하는 순환의 과정을 거쳐 완성도를 높이게 된다.

2) 지역사회 대상 사회복지실천의 기술

지역사회를 대상으로 한 사회복지실천의 개입기술은 매우 다양하다. 본 장에서는 다양한 개입기술 중에서 공통적으로 활용할 수 있는 개입기술로 조직화, 옹호, 임파워먼트, 자원개발과 동원, 연계(Network Linkages), 서비스 조정기술에 대해 살펴보고자 한다.

(1) 조직화(Organizing) 기술

조직화는 지역사회가 처한 상황, 문제의 해결을 위한 목표를 설정한 뒤, 주민들이 함께 모여 지역사회의 욕구나 문제를 해결해 나가도록 돕는 실천기술이다. 최옥채(2000)는 조직화 기술을 "클라이언트의 문제를 해결하기 위해 필요한 인력이나 서비스를 규합하고 나아가 조직의 목표를 달성하도록 합리적으로 운영해 나가는 과정"이라고 하였다.

효과적인 조직화의 기술은 다음과 같다(Beckwith & Lopez, 1997; 김종일, 2004).

- 사적 이익에 대한 관심을 조직화에 활용한다.
- 조직화는 지속적인 관심과 노력이 요구되는 역동적인 과정이다.
- 갈등과 대립상황에 익숙해지는 역량을 기르는 것이 필요하다.
- 협력의 발판을 만들어야 한다.
- 쟁점은 시급한 문제로 표현되고, 구체적 문제의식이 담겨 있으며 명확해야 한다.

조직화의 핵심은 필요한 사람과 자원을 효과적으로 모으고, 구성원들이 조직의 목표와 추진방안을 논의하여, 조직을 이끌 리더를 찾아내고 조직을 형성하는 과정을 포함한다.

(2) 옹호(대변, Advocacy) 기술

옹호는 지역사회 내의 클라이언트나 주민이 부당한 대우나 불합리한 서비스를 받을 때, 그들의 권익을 보호하고 대변하는 모든 활동을 의미한다. 유형으로는 자기 옹호, 정치적 옹호, 시스템(체계) 옹호, 미디어 옹호 등이 포함된다.

이러한 옹호 기술은 사회복지사가 갖추어야 할 기초적 실천기술로서, 다양한 수준의 클라이언트가 자신의 문제해결에 능동적으로 참여할 수 있도록 조력하고, 동시에 그들의 이익을 효과적으로 전달하는 데 핵심적인 기술이라고 할 수 있다. 옹호 기술은 옹호 활동의 계획, 문제의 정의, 목표의 설정, 표적 정하기, 옹호를 위한 재가의 획득, 개입 수준의 결정, 개입전략의 실행, 결과의 평가 등의 과정으로 이루어진다(Rothman& Sager, 1998).

(3) 임파워먼트(역량강화, Empowerment) 기술

임파워먼트(Empowerment)는 지역사회복지실천으로서 무력감을 느끼는 주민들에게 자신들의 잠재력을 개발하고 이를 바탕으로 필요한 자원을 획득하도록 도와주는 과정이다. 임파워먼트 기술은 다음과 같다(Rubin & Rubin, 2001).

- 지역사회 또는 주민이 겪는 어려움을 해결하고자 할 때는 그들이 원하는 것을 성취할 수 있는 능력, 다른 사람의 사고 · 감정 · 행동에 영향을 줄 수 있는 능력, 자원의 배분에 영향을 줄 수 있는 권한 등 소위 '힘'을 갖추는 것이 필요하다.
- 사회복지사는 클라이언트가 힘을 가질 수 있는 충분한 잠재능력과 강점을 지니고 있다고 보고, 지역주민이 자신과 자신의 지역사회를 긍정적이고 능동적 관점에서 바라보는 시각을 가지도록 지원해야 한다.

한편, 김종일(2012)은 지역사회 또는 지역주민의 임파워먼트를 효과적으로 높이기 위한 구체적인 방법을 의식의 제고(Consciousness), 자기주장(Self-assertion),

공동의제의 틀을 갖추기(Framing the Agenda), 권력 키우기(Building Power), 역량 키우기(Capacity Building), 사회적 자본의 창출(Creating Social Capital)로 제시하였다.

(4) 자원개발과 동원(Resource Mobilization) 기술

자원(resources)이란 지역사회복지실천의 목적과 목표를 달성하는 데 도움이 되는 모든 것을 의미한다. 자원개발·동원기술은 지역사회 문제의 유형이나 개입방식에 관계없이 사회복지실천에 반드시 요구되는 기본 기술이다. 이 기술은 특히 지역사회 내부 자원이 부족하거나 외부 자원의 유입이 필요한 상황에서 문제해결을 위해 적극적으로 활용된다.

지역사회에서 동원할 수 있는 자원은 인적자원, 물적자원, 제도자원, 정보자원 등 다양하나 그중에서도 인적자원과 물적자원이 매우 중요하며, 다음과 같다(Rubin & Rubin, 2001).

- **인적 자원을 동원하는 기술**: 기존 조직의 구성원을 활용하거나, 주민을 직접 접촉하고 기존에 형성된 네트워크를 통해 참여를 유도하는 방법
- **물적 자원을 동원하는 기술**: 회비 징수, 조직의 홍보와 마케팅, 외부 재정지원 신청, 그리고 모금을 위한 특별한 이벤트 등 자금을 조달하는 전략

자원동원이란 지역사회 주민의 욕구를 충족하고 문제를 해결하기 위해 필요한 자원을 발굴하고 확보하는 실천기술이다.

(5) 연계(Network Linkages) 기술

연계는 지역사회 내 사람들 간의 관계를 강화함으로써, 사회적 자산(Social Capital)을 형성하고 공동체 역량을 향상시키는 데 공헌하는 실천 기술이다.

지역사회 내에서 사회복지사의 연계 기술은 다음과 같다(Rubin & Rubin, 2001).

- 지역사회나 지역 주민들이 필요로 하는 자원이나 서비스를 적절하게 연결할 수 있도록 지원한다.

- 지역사회에 존재하는 유용한 자원에 대한 정보나 그것을 활용할 수 있는 주민의 능력이 미흡한 경우, 더욱 효과적이다.
- 서비스의 중복 사용을 예방하고 효율적 관리 체계를 구축하기 위하여 담당자들은 정기적인 모임 및 회의 등을 가져 협력체계를 운영하는 것이 필요하다.
- 주민들의 다양한 욕구를 충족시키기 위하여, 여러 서비스를 묶어 제공하는 패키지 서비스나 '원스톱 서비스(One-stop Service)' 체계가 이루어질 수 있도록 한다.

(6) 서비스 조정기술

존슨(Johnson)은 조정의 형태를 다음과 같이 제시하고 있다(Johnson, 1989: 335-356; 양옥경 외, 2005: 267-268).

- **서비스 연결**: 하나의 기관 내에 소속되어 있는 다양한 분야의 전문가들이 특정 클라이언트에게 관심을 가지고 서로 연결하여 그에 맞는 서비스를 제공하는 것이다. 예를 들면 종합사회복지관을 이용하고 있는 한부모여성에게 사회복지사, 상담심리사, 직업상담사, 지역 자원 담당자를 연결하여 심리상담, 자녀돌봄 서비스, 직업훈련 연계, 생계지원 등 서비스가 효과적으로 제공될 수 있도록 하는 것이다.
- **의뢰**: 서로 다른 기관에 소속된 전문가들이 협력하여 클라이언트에게 필요한 서비스나 정보를 제공하거나 받을 수 있도록 지원해주는 과정을 의미한다.
- **사례관리**: 사회복지사는 클라이언트의 문제와 욕구를 종합적으로 사정한 다음, 그에 알맞은 서비스를 찾아 해당 서비스를 효과적으로 연계 · 조정하는 역할을 담당한다.

5. 지역사회 자원개발과 연계 사례

1) 지역사회 자원개발

효과적인 지역사회복지실천을 위해 가장 핵심적인 요소 중 하나는 자원개발(Resource Development)이다. 지역사회 자원개발이란 지역사회 주민의 욕구를 충족하고 문제를 해결하기 위해 필요한 자원을 새롭게 발굴하고 조직화하는 기술을 의미한다. 지역사회 문제를 해결하고 주민의 삶의 질을 향상시키기 위해 활용되는 자원은 크게 인적자원과 물적자원이다.

(1) 인적자원 개발

인적자원은 지역사회 복지 실천에서 중요한 추진 동력이며, 지역 참여와 실천의 기반이 된다. 인적자원 개발 방법으로는 다음과 같다.

① 지역사회 시민교육

지역사회의 인적 자원 개발을 위한 시민교육은 학교 · 지역사회 · 평생교육기관 등 다양한 기관과 공간에서 진행된다.

- **학교 교육**: 학생들이 지역사회 문제 해결활동에 직접 참여하면서 민주시민으로서의 자질과 책임의식을 학습하게 된다. 예를 들면, 지역 내 환경 정화 활동, 공공 캠페인 참여 등을 통해 지역문제를 체험한다.
- **지역사회 교육**: 주민들을 대상으로 환경, 인권, 다문화, 사회통합 등과 관련된 주제로 교육 프로그램을 운영하며, 주민의식 변화와 공동체활동 참여를 촉진시킨다.
- **평생교육기관의 교육**: 평생교육기관은 시민참여교육, 세계시민교육, 리더십교육 등의 교육 프로그램을 실시하여 시민들의 역량을 강화시켜 나간다.

② 사회복지기관의 인적자원 관리

사회복지기관은 직원을 채용하고, 자원봉사자를 모집하며 실무자들을 교육하여 인적자원을 효율적으로 개발하고 관리한다.

- 기관 예산의 상당 부분은 인건비와 인력 개발을 위한 비용에 지출되며, 이는 서비스의 질 향상으로 직결된다.
- 자원봉사자는 보조역할을 넘어서 기관운영의 중요한 역할을 하는 구성원이므로, 효과적으로 활용하기 위해서는 조직적인 모집과 교육과정이 이루어져야 한다.

(2) 물적자원 개발

좋은 사업계획이 있어도 자금이나 시설·장비 등 물적 자원이 부족하다면 실제 실행으로 이어지기가 어렵다. 따라서 지역사회복지 실천이 효과적으로 이루어지기 위해서는 이를 수행할 충분한 물적자원 확보가 전제되어야 한다. 이를 위해 사회복지기관은 다양한 전략을 통해 지역주민, 지역사회, 정부, 기업 및 재단이나 단체 등으로부터 지속적으로 자원을 개발하고 확보하여야 한다.

사회복지기관이 필요로 하는 자원을 개발할 수 있는 시장은 크게 개인기부자, 재단, 기업, 정부 및 공공기관으로 구분할 수 있으며, 자원을 개발하는 방법은 개인을 대상으로 하는 접근과 공공·민간기관 중심의 접근으로 설명할 수 있다.

① 개인대상 자원개발 방법

- **직접 대면 요청**: 사회복지사가 잠재적 기부자를 직접 만나 후원을 요청하는 방법
- **집단 또는 조직 요청**: 개인이 아닌, 소규모 조직이나 커뮤니티 단위로 접근하여 기부 유도

- **회원모집 및 회비요청**: 사회복지조직에 관심 있는 개인을 조직의 회원으로 유치하여 회비를 통해 재원을 확보
  예 회원증 발급, 뉴스레터 제공
- **전화 모금**: 기부가능성이 높은 사람들에게 직원이나 자원봉사자들이 전화하여 후원 유도
  예 전화모금 캠페인
- **우편 캠페인을 위한 전화 지원**: 잠재적 기부자 집단에게 우편으로 편지를 먼저 발송한 후 전화로 다시 요청하는 텔레마케팅 기법
- **직접 우편**: 기부 요청 편지를 우편으로 발송하여 후원 유도
- **특별행사(Event)**: 지역사회에 행사 후원 기관 이름과 활동에 대하여 알리고 자선음악회, 걷기대회, 바자회 등 관심과 참여를 유도하며 모금을 함께 진행
- **캔버싱(Canvassing)**: 주민을 직접 방문을 하거나 거리 캠페인을 통해 사업 소개 및 기부 요청
- **인터넷을 통한 모금**: 이메일, SNS, 홈페이지, 기관 블로그, 전자소식지 등 다양한 방식으로 빠르게 많은 기부자와 소통하고 후원 유도

② 공공 및 민간기관 대상 자원 개발 방법

사회복지기관은 공공 · 민간기관을 대상으로 자원을 확보하려면 보다 전략적인 접근과 행정적 절차가 요구된다. 호만(Homan, 2004)은 이를 위한 기본적인 다섯 단계 과정을 다음과 같이 제시하였다.

첫째, 유망한 자금원을 확인하고 가장 가능성이 있는 기관을 목표로 설정한다.

둘째, 유망한 자금원을 접촉하고 그 기관들과 관계를 형성한다.

셋째, 자금원에게 서면 제안서 혹은 보조금 신청서를 제출한다.

넷째, 자금원에게 구두로 설명하고 그것에 대한 후속조치를 한다.

다섯째, 감사의 뜻을 전달하고 향후 협력관계를 유지할 수 있도록 노력한다.

③ 주요 물적자원 개발 방법

우리나라 사회복지 현장에서 활용되는 물적자원의 개발 경로는 다음과 같이 정리할 수 있다.

첫째, 물적자원 개발에는 사회복지공동모금회를 통한 사회복지시설, 기관, 저소득층 지원 등 일반적인 사회복지 분야의 지원을 위한 공동모금이 있다.

둘째, 물적자원 개발에는 대한적십자사, 전국재해대책협의회 등 전국적 규모의 법정단체를 통하여 이루어지는 적십자 활동과 이재민 구호 등 특정한 목적을 위한 모금이 있다.

셋째, 물적자원 개발에는 한국복지재단, 월드비전, 굿네이버스 등 전국적 규모의 사회복지기관으로서 소년소녀가장 돕기, 시설아동, 장애인 등을 지원하는 사업수행을 위한 모금이 있다.

넷째, 물적자원 개발에는 개별 사회복지시설 또는 기관에서 결연사업이나 기타 사업수행을 위한 모금이 있다.

다섯째, 물적자원 개발에는 구세군, 기독교단체 등 종교기관이나 사회단체에 의한 모금이 있다.

여섯째, 물적자원 개발에는 방송·신문사 등이 주최하거나 협력하는 기획 모금 캠페인이 있다(예 사랑의 열매, 이웃돕기 캠페인 등).

④ 이외의 기타 자원 유형

지역사회 자원으로 인적자원 및 물적자원 이외에도 다음과 같은 자원들이 포함된다.

- **제도자원**: 사회복지와 관련된 정책과 법률 그리고 행정체계 등 제도적 기반
- **정보자원**: 국내·외에서 제공되고 있는 정보자원(국내외 연구자료, 정책동향 기관 간 데이터베이스 등)

이러한 자원들은 실천 과정에서 문제 해결의 틀을 제공하고 복지서비스의 연계와 통합을 가능하게 해주는 기반 자원으로 작용한다.

2) 지역사회 자원연계

지역사회 자원연계(Local Resource Networking)란 지역 내의 다양한 자원(사람, 기관, 시설, 정보, 서비스 등)을 발굴하고 조정 · 협력 · 통합을 통해 주민의 욕구 해결이나 문제 해결에 직접적으로 활용되도록 연결하는 사회복지 실천의 과정이다.

오늘날 지역사회는 사회문제의 복잡성과 지역주민의 욕구의 다양성 및 증대 등으로 단일 기관이나 조직만으로 모든 문제를 해결하는 데는 한계가 있다. 따라서 하나의 기관이 독립적으로 주민들에게 서비스를 제공하기보다는 지역 내 다양한 조직과의 연계와 협력이 필요하다. 지역사회 내 존재하는 인적 · 물적 자원을 발굴하여 서비스가 중복되지 않도록 효율적으로 연결해줌으로써 서비스의 지속성과 지역공동체의 복지 역량 향상을 기대할 수 있다.

결국 자원연계는 지역주민의 삶의 질을 높이고 문제해결 중심적인 지역발전을 이끄는 핵심실천기술로 볼 수 있다.

3) 지역사회 자원개발과 연계 사례

☑ **사례 1. 화순도서관–학교 연계 독서 · 인문 프로그램 운영**(출처: 미래교육신문, 2025. 4. 11.)

■ 자원개발 및 연계 내용
- 자원발굴: 사전 수요조사로 지역 학교의 욕구 파악
- 프로그램 개발, 맞춤 지원(한 학기 한 권 읽기, 나도 작가, 그림책이랑 놀자 등 6개)
- 상하반기 시기별 프로그램 지원 체계 구축

■ 지역사회복지 실천기술
- 자원조사 및 분석: 사전 수요조사를 실시하여 학교별 욕구 파악
- 자원개발: 도서관에서 인적 · 물적 자원 구성(콘텐츠 및 강사 등)
- 자원연계: 공공기관과 교육기관의 긴밀한 협력 체계 구축
- 프로그램 기획 · 실행: 다양한 교육 · 문화 프로그램 기획 및 실행

이 사례는 공공기관(도서관)이 지역사회(학교)의 다양한 욕구를 반영하여 맞춤형 자원을 기획 · 제공함으로써, 지역 내 핵심 조직과 협력체계를 형성하여 아동 · 청소년의 발달과 복지 향상에 기여한 모범 실천 사례로 평가할 수 있다.

☑ **사례 2. KB국민은행–저소득가정 학생 학용품 키트 지원**(출처: 국방신문, 2025. 3. 21.)

■ 자원개발 및 연계 내용
- 자원 발굴: 구청을 통하여 저소득 가정 학생 대상의 수요 파악과 명단 확보
- 자원 제공 및 협력: KB국민은행이 신학기 학용품 키트 기부
- 공식 연계 및 전달: 'KB 신학기 응원 학용품 지원' 전달식

■ 지역사회복지 실천기술
- 자원조사: 지방자치단체를 통하여 대상자 파악 및 수요 확인
- 자원개발: 민간기업의 후원 자원 확보 및 맞춤형 구성
- 자원연계: 민간기관과 공공지자체의 협력 체계 구축
- 서비스 전달: 오프라인 전달식을 통해 기관 간 협력 공식화와 사회적 관심 유도

이 사례는 지역사회문제 해결을 위하여 물적 자원을 발굴하고 이것을 효과적으로 연계한 것이다. 즉, 민관협력(기업, 지방정부)에 기초한 실천기술을 적용한 사례로서, 자원개발 및 연계 능력의 현장에서 어떻게 적용될 수 있는지를 보여준다.

☑ **사례 3. 노인일자리 프로그램–경로당 급식 지원사업**(출처: 공감언론뉴시스, 2025. 6. 24.)

■ 자원개발 및 연계 내용
- 자원 발굴: 지역 내 유휴 노인의 노동역량 및 경로당 이용현황을 기반으로 참여자 및 수요처 발굴
- 기관 간 연계: 울산 남구청과 대한노인회 울산남구지회가 협력하여 운영
- 실천 내용: 노인 참여자들이 경로당 주방시설 관리, 식사 준비 및 위생 정비 등의 역할 수행
- 수혜 대상: 경로당을 이용하는 65세 이상 등록 노인들에게 매일 따뜻한 식사 제공

■ 지역사회복지 실천기술
- 자원조사: 경로당 수요 파악 및 어르신 참여 의향 확인
- 인적 자원 개발: 유휴노인의 노동역량을 사회적 자원으로 전환
- 조직화 및 연계: 지자체 – 노인회 – 경로당 간 협력적 네트워크 구축
- 프로그램 운영: 참여자 교육, 업무분장, 급식 운영 관리 체계화

이 사례는 노인의 잠재적 역량을 인적 자원으로 개발하여, 지역 내 복지 수요(급식)와 직접 연계한 실천 모델이다. 복지서비스 제공자이자 수혜자로서 노인이 동시에 참여함으로써, 지역사회복지의 순환적 구조를 잘 보여주는 대표적 사례로 이해할 수 있다.

☑ **사례 4. 대구시-달구벌건강주치의 사업: 의료복지통합지원모델**(출처: 경북신문, 2025. 6. 29)

■ 자원개발 및 연계 내용

- 자원 발굴: 건강 문제와 복합적 생활문제를 가진 의료취약계층을 지자체 및 현장 중심으로 선별
- 의료자원 연계: 지역 내 5개 상급종합병원과 진료비 지원 협약 체결
- 복지자원 연계: 대상자에 따라 긴급복지, 사례관리, 주거, 식생활, 돌봄 등 다양한 복지서비스를 함께 연계 제공
- 통합지원 시스템: 의료진 · 사회복지사 · 자원연계기관 간 정보 공유와 역할 분담을 통한 통합 사례관리 체계 운영

■ 지역사회복지 실천기술

- 사정 및 대상자 발굴: 의료기관, 주민센터 등을 통한 취약계층 조기 발견
- 자원연계: 의료기관, 복지기관, 민간재단(모금회) 간 다자간 협력
- 통합 사례관리: 의료 · 복지 통합지원팀 구성 및 개별 맞춤형 서비스 설계
- 재정협력 모델 개발: 민 · 관 · 의료기관 간 진료비 분담 체계 수립

이 사례는 의료와 복지의 통합지원이 필요한 복합문제 대상자에 대한 실천기술을 잘 보여준다. 단순 서비스 연결을 넘어서 사례관리, 민관협력, 재정분담 모델 등 지역사회복지의 고도화된 자원연계 기술이 적용된 모범적 사례로 평가된다.

이상으로 다양한 지역사회 연계 사례를 통해 알 수 있듯이 사회복지사는 어떤 사업을 수행하고자 할 때 지역사회 내 존재하는 인적 · 물적 자원을 사전에 면밀히 파악하고, 주민 · 기관 · 전문가 등과의 협력 가능성을 고려한 계획을 수립해야 한다. 또한, 단순한 자원 연결을 넘어 지속 가능한 관계 형성과 사후관리 및 피드백 체계 구축을 통해 지역사회 문제해결의 실효성을 높여야 한다.

학습문제

[서술형]

01 지역사회의 연계 기술을 설명하시오.

02 지역사회 내 클라이언트를 위한 옹호활동기술을 설명하시오.

[선택형]

01 지역사회 사정에 해당하지 않은 것은?

① 지역사회의 욕구를 파악한다.
② 협력 · 조정을 위한 네트워크를 구축한다.
③ 지역 공청회를 통해 주민 의견을 수렴한다.
④ 명목집단 등을 활용한 욕구의 우선순위를 결정할 수 있다.
⑤ 서베이, 델파이기법 등을 활용하여 자료를 수집한다.

02 지역사회복지실천 과정의 순서로 옳은 것은?

a. 지역사회 사정	b. 실행
c. 성과평가	d. 실행계획수립

① a→b→c→d ② a→d→b→c ③ d→a→b→c
④ d→a→c→b ⑤ d→b→c→a

03 **로스만(J. Rothman)의 사회행동 모델에 해당하지 않는 것은?**

① 클라이언트 집단을 소비자로 본다.
② 변화를 위한 기본 전략은 '억압자에 대항하기 위한 규합'을 추구한다.
③ 지역사회 내 불평등한 권력구조의 변화를 지향한다.
④ 변화 매개체로 대중조직을 활용한다.
⑤ 여성운동, 빈민운동, 환경운동 등 시민운동에도 활용될 수 있다.

서술형 모범답안

01 연계는 지역사회 내 사람들의 관계를 강화함으로써 사회적 자산을 형성하는 것이다. 지역사회 내에서 사회복지사의 연계 기술로는, 지역사회 또는 지역주민들이 필요한 자원이나 서비스와 연결하는 것을 조력하기, 서비스 중복을 방지하고 자원을 효과적으로 관리하기 위하여 정기적인 모임 및 회의 등을 가지기, 다양한 욕구를 충족시키기 위하여 패키지 서비스 또는 one-stop service가 이루어질 수 있도록 하기 등이다.

02 옹호는 지역사회의 클라이언트나 지역주민이 부당한 처우나 서비스를 받을 경우에 그들의 이익을 대변하는 모든 활동을 말하며, 옹호의 기술은 모든 사회복지사가 갖추어야 할 기본기술로서 다양한 수준의 클라이언트로 하여금 문제해결에 적극적으로 참여할 수 있도록 돕고 그들의 이익을 대변하는 핵심기술이라고 할 수 있다. 옹호 기술은 옹호 활동의 계획, 문제의 정의, 목표의 설정, 표적 정하기, 옹호를 위한 재가의 획득, 개입 수준의 결정, 개입전략의 실행, 결과의 평가 등의 과정으로 이루어진다.

선택형 정답

01 ② **02** ② **03** ①

PART 04

사회복지실천가의 전문성

10 CHAPTER 사회복지실천기술의 자기관리기술

학습목표

1. 자기이해의 중요성을 파악하고 체계적 자기성찰 방법을 실천할 수 있다.
2. 감정노동과 소진을 이해하고 효과적인 관리 및 예방 전략을 수립할 수 있다.
3. 윤리적 딜레마를 파악하고 체계적인 의사결정 과정을 적용할 수 있다.
4. 슈퍼비전의 개념과 기능을 이해하고 효과적으로 활용할 수 있다.

1. 사회복지실천가의 자기이해와 자기인식

1) 사회복지실천가의 자기이해

사회복지실천에서 '자기이해(Self-awareness)'는 실천가가 자신의 가치관, 신념, 편견, 감정, 행동 패턴 등을 객관적으로 인식하고 성찰하는 능력을 의미한다. 이는 단순한 자기 성찰을 넘어서 클라이언트와의 전문적 관계에서 자신이 미치는 영향을 이해하고, 이를 효과적으로 활용할 수 있는 전문적 역량의 핵심이다.

사회복지실천현장에서 사회복지사가 실천을 함에 있어서 무엇보다도 가장 중요한 것 중에 하나가 자기 자신을 이해하는 것이다. 자기이해는 '내가 누구이며, 왜 내가 독특한 사람인지'를 알 수 있게 해주며, 자신의 신념, 태도, 개인적 행동 습관, 대인관계의 상호작용 유형 등을 인식하는 것이다.

(1) 자기이해의 중요성

사회복지실천현장에서 만나는 클라이언트는 다양하고 복합적인 문제를 가지고 있고, 이러한 문제해결을 위해 사회복지사의 개입이 이루어질 때 사회복지사 자신에 대한 이해가 부족하면 실천과정에서 어려움을 경험할 수 있다. 이러한 어려움을 해소하기 위해 사회복지사는 끊임없이 교육훈련을 통해 자신에 대한 역량을 강화해 나가고 있으며, 실천과정에서도 슈퍼비전을 통해 클라이언트의 삶의 질 향상을 위해 노력하고 있다.

자기이해가 사회복지실천에서 중요한 이유는 다음과 같다.

첫째, 사회복지사의 개인적 가치관이나 편견이 클라이언트에 대한 판단과 개입에 영향을 미칠 수 있기 때문이다. 예를 들어, 사회복지사가 특정 문화나 종교에 대한 편견을 갖고 있다면, 해당 배경의 클라이언트를 도울 때 객관적이고 효과적인 개입이 어려워질 수 있다.

둘째, 클라이언트와의 관계에서 발생하는 전이(Transference)와 역전이(Counter-transference) 현상을 적절히 다루기 위해서이다. 전이는 클라이언트가 과거의 중요한 인물에 대한 감정을 사회복지사에게 투사하는 것이고, 역전이는 사회복지사가 클라이언트에 대해 갖게 되는 개인적 감정 반응을 의미한다.

셋째, 자기이해를 통해 사회복지사는 자신의 강점과 한계를 명확히 인식하고, 이를 바탕으로 전문적 성장을 도모할 수 있다. 또한 자신의 감정적 반응을 조절하고, 어려운 상황에서도 전문적 거리감을 유지할 수 있는 능력을 기를 수 있다.

(2) 자기이해가 실천에 미치는 긍정적 영향

효과적인 자기이해를 하는 사회복지사는 사회복지실천에 여러 가지 긍정적 영향을 미친다. 첫째, 클라이언트와의 신뢰 형성에 도움이 된다. 자기이해가 충분한 사회복지사는 감정적으로 휘둘리지 않고 전문적으로 대응할 수 있어 클라이언트가 안정감을 느끼고 신뢰할 수 있는 관계를 형성할 수 있다. 둘째, 윤리적 실천을 강화한다. 자신의 개인적 신념과 클라이언트의 선택을 명확히 구분할 수 있어 클라이언트의 자기결정권을 존중하면서도 전문적 가치에 따른 실천이 가능하다. 셋째, 지속 가능한 복지 실천을 가능하게 한다. 자기이해를 통해 번아웃을 방지하고 자신의 한계를 인식함으로써 오래 일할 수 있는 힘을 기를 수 있다.

2) 효과적 실천을 하는 사회복지사의 특징

사회복지사가 전문가로서 클라이언트의 문제를 해결하고 전문적인 원조관계를 유지해 나가기 위해서 자기 자신과 실천에 대한 자기 성찰이 필요하다고 볼 수 있다. 자기 점검을 통해 자신에 대한 이해뿐만 아니라 보완이 필요한 부분에 대한 자신의 통찰을 할 수 있다.

효과적인 실천을 하기 위해 사회복지사에게 필요한 여러 자질들이 있다. 이는 성공적인 원조관계를 구축하는 데 유용한 자질이라고 경험적·이론적으로 밝혀진 것들로 감정이입하기, 개방하기, 진실하기, 높은 수준의 내면성 갖기, 삶의 경험자 되기, 정서적으로 건강하기, 협력관계를 잘 맺는 사람 되기, 유능해지기 등이다(Neukrug, 2002).

(1) 감정이입하기

감정에 이입하는 사람은 타인의 관점을 잘 이해한다. 로저스(Rogers, 1957)는 감정이입하는 사람은 '마치 ~인 것처럼(as if)'이라는 느낌(feeling) 없이 자기 자신의 일처럼 클라이언트의 개인적 세계를 공감할 수 있다고 말했다. 원조관계에서 감정이입은 라포(Rapport)를 형성하고 정보를 알아내며, 클라이언트가 용인됨을 느끼도록 도와주는 기술이다.

(2) 개방하기

타인에게 개방적인 사람은 타인을 수용하고 타인이 자신의 관점을 표현할 수 있도록 해준다. 이런 사람은 타인의 관점을 자신의 관점으로 바꾸려 하지 않는다. 타인에게 개방적인 사람은 비교적 편견으로부터 자유롭고 다른 문화적 유산, 가치, 신념체계에 관계없이 사람의 차이점을 수용할 수 있다.

(3) 진실하기

사람은 일반적으로 상대방이 진실할 때 무엇인가를 말할 수 있다. 진실한 사람은 자신의 감정을 잘 알고 적당한 때, 자신의 생각과 행동을 통해 감정을 표출한다. 로저스(Rogers)는 진실성이 원조관계와 모든 삶의 관계에서 매우 중요한 요소라고 강조했다.

(4) 높은 수준의 내면성 갖기

높은 수준의 내면성을 소유한 사람은 자신 내면의 생각과 신념에 중점을 두고 타인에 의해 잘 설득당하지 않는다. 하지만 그들이 의사결정을 하는데 있어서 타인의 견해를 고려할 수 있다. 건강한 사람은 3:1의 비율로 자기 내적 규제와 외적 규제를 가진다(Shostrom, 1974).

(5) 정서적으로 건강하기

사회복지사의 건강한 정서는 클라이언트의 긍정적 결과와 연관성이 있다(Lambert & Bergin, 1983). 사회복지사가 개인상담을 받았을 경우 클라이언트의 결과에 긍정적인 영향을 미치는 것으로 나타났다. 사회복지사의 정서적 건강을 도모하기 위해서 개인상담을 받는 것 외에도 명상, 운동, 일기 쓰기 등이 도움이 된다.

이상의 특징들은 효과적인 사회복지실천을 위한 상호보완적 요소들로, 사회복지사가 클라이언트와 진정한 치료적 관계를 형성하고 의미 있는 변화를 이끌어내는 데 필수적인 자질들이다.

3) 사회복지사의 자기이해를 위한 체계적 접근

자기이해를 체계적으로 접근하기 위해 브릴(Brill, 1997)이 제시한 자기 점검 질문을 활용할 수 있다.

표 10-1 사회복지사의 자기인식 향상을 위한 질문

번호	자기인식 영역	핵심질문
1	자존감 점검	나는 나 자신에 대해 어떻게 생각하고 느끼는가?
2	기본적 욕구 관리	나는 나 자신의 기본적 욕구를 어떻게 다루고 있는가(신체적, 정신적, 사회적, 영적, 지적 욕구)
3	가치적 욕구 관리	나의 가치관은 어떠하며, 나의 가치관은 나의 행동이나 타인과의 관계를 어떻게 규정하고 있는가?
4	사회적 관계성	나는 내가 살고 있는 사회와 직장과 어떻게 관계하고 있는가?
5	생활 양식	나의 생활 양식은 어떠한가?
6	기본적 철학관	나의 기본적 철학관은 무엇인가?
7	대인관계에서의 자기표현	나는 내가 상대하는 사람들에게 나 자신을 어떻게 보여주고 있는가?

출처: Brill(1997).

이러한 질문들은 정기적으로 자신에게 던져보며 지속적인 자기성찰의 도구로 활용해야 한다. 질문에 대한 답을 찾아가는 과정에서 사회복지사는 자신의 강점과 한계를 보다 명확히 인식할 수 있으며, 이를 통해 클라이언트와의 관계에서 더욱 전문적이고 객관적인 접근이 가능해진다.

4) 자기인식이 높은 사회복지사의 특징

자기인식을 통해 전문성을 갖춘 사회복지사들은 다음과 같은 특징을 보인다.

- 자신의 개인적 감정을 확인하고 구분할 수 있다.
- 자신의 감정이 어떻게 시작되고 증폭되는지, 그리고 클라이언트의 감정이 어디서 시작되고 증폭되는지를 안다.
- 자신의 취약한 영역과 미해결된 이슈를 인식하고 받아들인다.
- 개인적인 가치와 상담관계에 대한 가치의 영향력을 이해한다.
- 내적인 대화를 인식하고 관리한다.
- 개인적인 방어기제를 이해하고 통제한다.
- 클라이언트가 언제, 어떻게 사회복지사의 스타일에 반응하고 있는지를 안다.
- 자신이 어떻게 결과에 영향을 미치는지 이해한다.
- 클라이언트의 반응에 기반하여 자신의 행동을 수정할 수 있다.
- 개인적인 강점과 약점에 기반하여 직업적인 목표를 설정할 수 있다.

출처: Brill(1997), 제석봉 외 공역(2006).

5) 존슨과 얀카의 자기인식 증진을 위한 5가지 영역

존슨과 얀카(Johnson & Yanka, 2004)는 사회복지사의 자기인식 증진을 목적으로 다음 다섯 가지 사항을 스스로 점검해 보도록 권하고 있다.

(1) 나의 생활스타일과 인생철학에 대한 이해

생활스타일은 자신의 욕구를 충족하기 위한 방식, 다른 사람과 상호작용하는 방식, 일하고 즐기며 휴식을 취하는 방식 등을 말한다. 생활스타일은 개인의 가치관과 신념에 의해 형성되기 때문에 이를 점검하는 것이 중요하다.

> **☑ 점검 질문**
> - 나는 어떤 상황에서 가장 큰 만족감을 느끼는가?
> - 나의 의사결정 방식은 어떠한가?
> - 갈등 상황에서 나는 어떻게 대처하는가?
> - 일과 개인 생활의 균형을 어떻게 유지하고 있는가?
> - 나에게 가장 중요한 가치는 무엇인가?

(2) 나의 도덕관념과 개인적 가치관 이해

사회복지실천에서 가치갈등이 발생할 수 있는 상황에 대비하여 자신의 가치관을 명확히 인식해야 한다.

> **☑ 점검 질문**
> - 나의 핵심 가치관은 무엇인가?
> - 어떤 상황에서 윤리적 딜레마를 느끼는가?
> - 나와 다른 가치관을 가진 사람을 어떻게 대하는가?
> - 개인적 신념과 전문적 가치가 충돌할 때 어떻게 대처하는가?

(3) 나의 가족배경 및 문화배경 이해

가족배경과 문화배경은 개인의 가치관, 행동양식, 대인관계 패턴 형성에 가장 큰 영향을 미치는 요소이다.

☑ 점검 방법

- 가계도 작성: 3세대에 걸친 가족관계 패턴과 영향 분석
- 가족사 탐색: 가족의 역사, 전통, 위기 경험에 대한 이해
- 문화적 특성 파악: 출신 지역, 종교, 사회경제적 배경의 영향 분석

(4) 나의 인생경험에 대한 이해

개인의 성장과정에서 겪은 중요한 경험들이 현재의 관점과 행동에 미치는 영향을 파악한다.

☑ 점검 영역

- 성장 과정의 주요 사건들
- 위기상황 극복 경험
- 의미 있는 인간관계 경험
- 성공과 실패의 경험에서 얻은 교훈

(5) 개인적 욕구에 대한 이해

자신의 욕구를 정확히 파악하고 적절히 충족시키는 것은 건강한 전문적 실천의 기초가 된다.

☑ 점검 내용

- 현재 충족되지 않은 욕구는 무엇인가?
- 스트레스 관리 방법은 적절한가?
- 개인적 성장을 위해 필요한 것은 무엇인가?
- 전문적 발전을 위한 욕구는 어떻게 충족시키고 있는가?

이러한 다차원적 자기이해 과정을 통해 사회복지사는 자신의 강점과 한계를 명확히 파악하고, 클라이언트와의 전문적 관계에서 더욱 객관적이고 효과적인 개입을 수행할 수 있다. 자기이해는 평생에 걸친 지속적인 과정이며, 정기적인 자기점검을 통해 전문성을 지속적으로 발전시켜 나가야 한다.

2. 감정관리와 소진 예방 전략

1) 감정노동의 개념과 특성

감정노동(Emotional Labor)은 자신의 감정을 억누르고 업무상 요구되는 감정 상태를 연출 또는 유지하기 위한 활동을 의미한다. 이 개념은 사회학자 호크쉴드(Hochschild)가 1983년 항공승무원을 대상으로 한 연구에서 처음 제시한 것으로, 서비스업 종사자들이 고객을 대할 때 자신의 실제 감정과 다른 감정을 표현해야 하는 상황을 설명하기 위해 사용되었다.

사회복지 분야에서 감정노동은 사회복지사가 클라이언트와의 관계에서 자신의 개인적 감정보다는 전문적으로 요구되는 감정을 표현해야 하는 상황에서 나타난다. 예를 들어, 사회복지사가 공격적이거나 비협조적인 클라이언트를 대할 때 내심으로는 짜증이나 분노를 느낄 수 있지만, 전문가로서 인내심을 갖고 이해하려는 태도를 보여야 하는 경우가 이에 해당한다.

사회복지사의 감정노동은 다른 서비스업 종사자의 감정노동과 구별되는 독특한 특성을 갖는다. 감정노동 관련 연구들(Morris & Feldman, 1996; Brotheridge & Lee, 2003; Guy et al., 2008)을 바탕으로 사회복지사의 감정노동 특성을 살펴보면 네 가지 주요 구성요소로 이루어진다.

첫째, 부정적 감정경험이다. 이는 클라이언트와의 관계에서 경험하는 스트레스와 부정적 감정을 의미한다. 클라이언트의 문제 상황이 심각하거나 복잡할 때, 또는 클라이언트가 비협조적이거나 공격적일 때 사회복지사는 좌절감, 무력감, 분노 등의 부정적 감정을 경험할 수 있다.

둘째, 감정조절 노력이다. 이는 전문적 역할 수행을 위한 의식적인 감정 조절을 의미한다. 사회복지사는 자신의 부정적 감정을 억제하고, 클라이언트에게 도움이 되는 긍정적이고 지지적인 감정을 표현하기 위해 의식적으로 노력한다.

셋째, 이용자와의 관계 유지 노력이다. 이는 지속적인 원조관계 형성을 위한 노력으로, 일시적인 감정적 어려움에도 불구하고 장기적인 관점에서 클라이언트와의 신뢰관계를 유지하려는 노력을 포함한다.

넷째, 감정노동에 대한 수용태도이다. 이는 전문가적 감정작업에 대한 인식과 수용을 의미하며, 감정노동을 전문적 역할의 일부로 받아들이는 태도를 나타낸다.

사회복지사의 감정노동은 내재적이며 자율적인 동기에 의해 수행되는 전문가적 감정작업으로 특징지어진다. 이는 단순히 조직의 요구나 외부의 압력에 의한 것이 아니라, 클라이언트의 복지 향상이라는 전문적 목적을 위해 자발적으로 수행되는 활동이다.

2) 사회복지실천에서의 감정관리 기법

(1) 인지적 전략

인지적 전략은 사고방식의 변화를 통해 감정을 관리하는 방법이다. 상황 재평가는 어려운 상황을 학습기회로 인식하거나, 클라이언트의 행동을 개인적 공격이 아닌 상황적 요인의 결과로 이해하는 것을 포함한다. 예를 들어, 공격적인 클라이언트를 만났을 때 이를 개인적인 모독으로 받아들이지 않고, 클라이언트가 처한 어려운 상황에서 나오는 반응으로 이해하려는 노력이 이에 해당한다.

전문적 관점 유지는 개인적 감정과 전문적 역할을 구분하고, 사회복지 가치와 윤리에 기반한 판단을 내리는 것을 의미한다. 이는 감정적 반응보다는 전문적 지식과 기술에 바탕을 둔 대응을 가능하게 한다.

(2) 행동적 전략

행동적 전략은 구체적인 행동 변화를 통한 감정관리 방법이다. 감정표현

기법은 적절한 감정 표현과 억제, 비언어적 의사소통 조절을 통해 상황을 관리하는 기술이다. 때로는 감정을 솔직하게 표현하는 것이 도움이 될 수 있고, 때로는 감정을 조절하여 표현하는 것이 필요할 수 있다.

휴식과 재충전은 업무 중 적절한 휴식과 감정적 에너지 회복을 위한 활동을 포함한다. 짧은 휴식 시간을 활용한 심호흡이나 스트레칭, 점심시간을 활용한 산책 등이 도움이 될 수 있다.

(3) 사회적 전략

사회적 전략은 타인과의 관계를 통한 감정관리 방법이다. 동료지지 활용은 동료와의 경험 공유와 팀워크 강화를 통한 상호지지를 의미한다. 어려운 사례나 감정적으로 힘든 상황을 동료들과 나누고 함께 해결방안을 모색하는 것은 중요한 감정관리 전략이다.

슈퍼비전 활용은 정기적인 슈퍼비전 참여와 감정적 어려움에 대한 상담을 통해 전문적 지원을 받는 것을 포함한다. 숙련된 슈퍼바이저의 지도를 통해 감정노동으로 인한 스트레스를 관리하고 전문적 성장을 도모할 수 있다.

3) 소진의 개념과 특성

(1) 소진의 정의

소진(Burnout)은 대인서비스 업무에 종사하는 전문가가 업무상 스트레스로 인해 신체적, 정서적, 정신적으로 탈진되어 업무효율성이 떨어지고 냉소적 태도를 보이는 상태를 의미한다. 이 개념은 심리학자 프로이덴버거(Freudenberger)가 1974년 처음 제시한 이후, 마슬라치(Maslach)에 의해 체계적으로 연구되면서 대인서비스직의 중요한 문제로 인식되게 되었다.

사회복지 분야에서 소진은 특히 심각한 문제로 여겨진다. 사회복지사들은 복잡하고 어려운 문제를 가진 클라이언트들과 지속적으로 상호작용해야 하며, 종종 제한된 자원으로 과도한 업무를 수행해야 하는 상황에 놓여 있다.

(2) 소진의 구성요소

마슬라치의 연구에 따르면, 소진은 세 가지 주요 구성요소로 이루어진다.

구성요소	내용	주요 증상
정서적 고갈 (Emotional Exhaustion)	과도한 업무로 인한 감정적 에너지의 소진	• 지속적인 피로감과 무력감 • 아침에 일어나기 어려움 • 출근하기 싫은 마음 • 업무에 대한 의욕 상실
비인간화 (Depersonalization)	클라이언트에 대한 냉소적이고 부정적인 태도	• 클라이언트를 개별적 인간이 아닌 문제의 집합체로 취급 • 기계적이고 무감정한 서비스 제공 • "또 그런 사람이 왔네" 식의 반응
개인적 성취감 저하 (Reduced Personal Accomplishment)	업무에 대한 자신감과 성취감의 상실	• 자신의 일이 의미 있다고 느끼지 못함 • 전문적 역량에 대한 의구심 • "내가 정말 도움이 되고 있는가?" 등의 자기 의심

4) 소진의 단계적 진행과정

소진은 갑작스럽게 발생하는 현상이 아니라 단계적으로 진행되는 과정이다. 에델비히와 브로드스키(Edelwich & Brodsky)는 소진의 진행과정을 4단계로 구분하여 제시하였다.

(1) 소진의 단계적 진행 과정

① 1단계(열성 단계): 높은 동기와 이상주의적 기대를 특징으로 한다. 이 단계에서 사회복지사는 업무에 대한 강한 열정과 의욕을 보이며, 클라이언트를 도울 수 있다는 확신과 기대감을 갖고 있다.

② 2단계(침체 단계): 현실 인식과 열정 감소가 나타나는 시기이다. 초기의 이상주의적 기대와 현실 사이의 차이를 인식하기 시작하면서 업무에 대한 열정이 점차 감소하게 된다.

③ 3단계(좌절 단계): 이상과 현실의 괴리로 인한 좌절감이 증가하는 단계이다. 업무의 한계와 제약을 명확히 인식하게 되면서 강한 좌절감과 실망감을 경험하게 된다.

④ 4단계(무관심 단계): 완전한 소진 상태로 업무에 대한 관심을 상실하는 단계이다. 이 단계에 이르면 클라이언트와 업무에 대한 관심과 의욕이 완전히 사라지게 된다.

(2) 조기 발견을 위한 주요 징후

소진의 조기 발견을 위해서는 각 단계별 주요 징후를 파악하는 것이 중요하다. 소진의 조기 발견을 위한 주요 징후는 다음과 같다.

초기단계에서는 과도한 업무 몰입과 개인적 욕구 무시가 주요 징후로 나타난다. 사회복지사가 지나치게 업무에만 집중하며 자신의 개인적 필요나 휴식을 간과하는 모습을 보인다.

중기단계에서는 갈등 회피, 사회적 철수, 냉소적 태도 증가가 특징적으로 나타난다. 동료나 상사와의 갈등을 피하려 하고, 사회적 관계에서 점차 거리를 두며, 업무와 클라이언트에 대해 냉소적인 태도를 보이기 시작한다.

후기단계에서는 감정적 거리 두기, 우울감, 무력감이 주요 징후로 나타난다. 클라이언트와 감정적으로 거리를 두고, 지속적인 우울감과 무력감을 경험하며, 업무 효율성이 현저히 떨어지게 된다.

이러한 단계별 진행과정과 주요 징후를 이해함으로써 소진을 조기에 발견하고 적절한 개입을 통해 예방할 수 있다.

5) 소진 징후의 조기 발견과 자기돌봄 전략

(1) 소진 징후별 분류

소진을 효과적으로 예방하기 위해서는 초기 징후를 민감하게 감지하는 것이 중요하다. 소진의 징후는 다음과 같이 분류할 수 있다.

영역	주요 징후	
신체적 징후	• 만성적 피로감과 에너지 부족 • 두통, 목과 어깨 결림 • 잦은 감기나 감염	• 수면 장애(불면증, 과다수면) • 소화불량, 식욕 변화 • 면역력 저하
정서적 징후	• 업무에 대한 흥미와 동기 저하 • 불안, 우울감 • 절망감, 무력감	• 짜증, 분노, 좌절감 증가 • 감정적 둔감함 • 자신감과 자아존중감 저하
행동적 징후	• 지각, 조퇴, 결근 증가 • 사회적 고립, 대인관계 회피 • 과도한 TV 시청이나 인터넷 사용	• 업무 회피나 미루기 • 알코올이나 약물 의존 증가 • 취미활동 중단
인지적 징후	• 집중력과 기억력 저하 • 창의성과 문제해결 능력 감소 • 자기비판과 완벽주의 강화	• 의사결정 어려움 • 부정적 사고 증가 • 미래에 대한 비관적 전망

(2) 자가진단 도구 활용

사회복지사들이 자신의 소진 수준을 객관적으로 평가할 수 있는 다양한 도구들이 개발되어 있다. 대표적으로 마슬라치 소진 척도(Maslach Burnout Inventory, MBI)가 사회복지, 의료, 교육 등 전 분야에서 널리 사용되고 있으며, 정서적 고갈, 비인간화, 개인적 성취감 저하의 세 영역을 측정한다.

또한 코펜하겐 번아웃 검사(Copenhagen Burnout Inventory, CBI)와 같은 개인 소진, 업무 소진, 대상자 관련 소진의 세 영역을 측정하는 도구로서 간편한 구조를 가진 도구들도 많이 활용되고 있다. 각 도구는 측정 영역과 목적에 따라 선택하여 사용해야 하며, 도구의 특성과 신뢰도, 사용 목적 등을 고려하는 것이 중요하다.

(3) 자기돌봄 전략

소진 예방을 위한 자기돌봄 전략은 개인적 차원과 전문적 차원으로 구분하여 접근할 수 있다.

① 개인적 차원의 자기돌봄
- **신체적 건강 관리**: 규칙적인 운동, 충분한 수면, 균형 잡힌 식단
- **정서적 안정**: 명상, 요가, 취미활동, 가족·친구와의 시간
- **사회적 지지**: 개인적 인간관계 유지, 전문가 집단 참여
- **영적 성장**: 개인적 신념과 가치 탐구, 의미 있는 활동 참여

② 전문적 차원의 자기돌봄
- **지속적 학습**: 전문지식과 기술 향상을 위한 교육 참여
- **슈퍼비전 활용**: 정기적인 슈퍼비전 참여와 전문적 지도 받기
- **동료 지지**: 사례 검토, 경험 공유, 상호 지원체계 구축
- **업무 환경 개선**: 적절한 업무량 조절, 역할 명확화, 조직적 지원 요청

소진의 단계적 진행과정을 이해하고 조기에 발견하는 것은 사회복지사의 전문적 지속가능성을 위해 필수적이다. 특히 초기 단계에서의 적절한 개입은 심각한 소진으로의 진행을 예방할 수 있어 개인과 조직 차원에서 체계적인 관심과 노력이 요구된다.

3. 사회복지실천기술에서의 윤리적 딜레마와 의사결정

1) 윤리적 딜레마의 이해

사회복지실천 현장에서 사회복지사는 복잡하고 다양한 윤리적 딜레마에 직면하게 된다. 윤리적 딜레마란 두 가지 이상의 상충하는 가치나 원칙 사

이에서 선택해야 하는 상황으로, 사회복지사가 실천 과정에서 가치의 중복성과 모순성으로 인해 결정하기 어려운 가치적 판단을 요구받을 때 경험하게 되는 갈등 상황이다(권구영 외, 2008). 윤리적 딜레마는 일반적으로 가치의 상충(competing values)과 상충되는 충성심(competing loyalties)에 의해 발생한다. 예를 들어, 비밀보장과 사생활 보호라는 두 가지 상충되는 가치로 인해 사회복지사는 두 가치 모두에 동등한 책임을 느끼며 결정에 어려움을 겪는다. 또한 각기 상이한 요구를 하는 기관이나 클라이언트를 모두 대표해야 하는 경우, 상충되는 충성심으로 인해 윤리적 딜레마를 경험하게 된다.

현대 사회복지실천에서 윤리적 문제는 과거 사회복지사와 클라이언트의 단순한 양자관계를 넘어서 다층적이고 복합적인 관계 구조에서 발생한다. 사회복지실천의 토대가 되는 지식 기반, 가치 기반, 개입기술 기반 중에서도 가치 기반은 사회복지실천의 사상과 윤리, 인간의 철학적 기반을 포함한다. 따라서 사회복지사는 과학적이고 전문적인 지식과 적절한 개입기술뿐만 아니라 사회복지실천의 가치와 윤리에 대한 깊이 있는 이해가 필요하다.

사회복지실천상의 윤리적 갈등은 다양한 상황에서 주로 발생한다(김영미 외, 2022). 첫째, 목표 설정에서의 갈등이다. 기관의 우선순위 결정 과정에서 갈등이 발생하거나, 문제 해결 수단, 개입 전략, 바람직한 결과에 대한 판단에서 서로 다른 입장이 충돌할 때 윤리적 딜레마가 나타난다. 둘째, 대상에 따른 갈등이다. 클라이언트, 기관, 가족, 지역사회, 실천가, 전문직 등 다양한 주체들이 서로 다른 이해관계와 관점을 가지고 있어, 이들 간의 요구와 기대가 상충할 때 사회복지사는 윤리적 딜레마에 직면한다. 셋째, 가정의 차이에 따른 갈등이다. 사회복지실천 참여 주체들이 인간본성, 가치, 이슈, 체계수준에 대해 서로 다른 가정을 가지고 있기 때문에 윤리적 갈등이 발생한다. 이러한 근본적 관점의 차이는 실천 과정에서 다양한 형태의 윤리적 딜레마를 야기하는 주요 원인이 된다.

2) 사회복지실천기술의 주요 윤리적 딜레마

사회복지실천 현장에서는 복잡하고 다면적인 윤리적 딜레마가 빈번하게 발생한다. 이러한 딜레마들은 사회복지사가 두 가지 이상의 상충하는 전문적 가치와 원칙들 사이에서 어려운 선택을 해야 하는 상황을 만들어낸다.

현대 사회복지실천에서 윤리적 문제는 과거 사회복지사와 클라이언트의 단순한 양자관계를 넘어서 다층적이고 복합적인 관계 구조에서 발생한다. 사회복지사는 클라이언트, 기관, 가족, 지역사회, 전문직 등 다양한 주체들의 서로 다른 이해관계와 관점, 요구와 기대가 상충하는 상황에서 전문적 판단을 내려야 하는 어려움에 직면한다(유진희 외, 2025).

이러한 다면적 관계 구조에서 나타나는 대표적인 윤리적 딜레마는 다음과 같다.

(1) 비밀보장과 정보 공개의 딜레마

비밀보장은 사회복지실천의 핵심 원칙이지만, 클라이언트나 타인의 안전이 위협받는 상황에서는 정보 공개의 필요성과 충돌한다. 주요 상황으로는 클라이언트의 자해나 타해 위험, 아동학대 의심, 전염성 질병 등이 있다. 이러한 상황에서 사회복지사는 클라이언트의 사생활 보호와 공공의 안전 사이에서 균형점을 찾아야 한다.

- **대응 원칙**: 생명보호가 비밀보장보다 우선하되, 가능한 한 클라이언트의 동의를 구하고 공개 범위를 최소화해야 한다. 또한 초기 면접에서 비밀보장의 한계를 명확히 설명하여 예방적 접근을 취해야 한다.

(2) 자기결정권과 개입의 필요성

클라이언트의 자기결정권은 사회복지실천의 기본 가치이지만, 클라이언트가 자신이나 타인에게 해로운 결정을 내릴 때는 전문가적 개입의 필요성과 충돌한다. 치료를 거부하는 정신질환자, 위험한 생활을 지속하는 노숙인, 학업을 포기하려는 청소년 등의 상황에서 사회복지사는 클라이언트의 자율성과 전문가로서의 보호 의무 사이에서 갈등을 경험한다.

- **대응 원칙**: 클라이언트의 판단능력을 정확히 사정하고, 충분한 정보 제공을 통해 합리적 선택을 돕는 것이다. 판단능력이 제한된 경우에만 제한적 개입을 실시하되, 최소한의 개입 원칙을 준수해야 한다.

(3) 진실 고지와 보호의 균형

클라이언트의 알 권리와 심리적 보호 사이에서 발생하는 딜레마로, 특히 의료사회복지나 가족상담 영역에서 자주 나타난다. 예후가 좋지 않은 환자나 가족에게 진실을 알려야 할 때, 입양 아동의 출생 배경을 알려야 할 때 등 진실을 알 권리와 심리적 충격으로부터 보호받을 권리가 상충한다.

- **대응 원칙**: 클라이언트의 준비 상태와 대처 능력을 사정하고, 점진적이고 지지적인 방식으로 정보를 제공해야 한다. 또한 진실 고지 후 충분한 지원 체계를 마련해야 한다.

(4) 제한된 자원 배분의 공정성

제한된 자원을 누구에게 우선적으로 배분할 것인가의 문제로, 개별 클라이언트의 욕구와 전체적 형평성 사이에서 발생하는 딜레마이다. 대기자 명단 관리, 긴급 지원 대상 선정, 프로그램 참여자 선별 등의 상황에서 모든 클라이언트에게 동등한 기회를 제공해야 하지만 현실적 제약으로 인해 선택이 불가피하다.

- **대응 원칙**: 명확하고 공정한 기준을 사전에 수립하고, 투명한 절차를 통해 결정해야 한다. 또한 배제된 클라이언트를 위한 대안적 자원을 적극적으로 모색해야 한다.

(5) 상충되는 의무와 기대

사회복지사는 클라이언트, 기관, 사회에 대해 각각 다른 의무와 책임을 지고 있어 이들 간의 기대가 상충할 때 딜레마에 직면한다. 기관의 정책과 클라이언트의 욕구가 충돌하거나, 법적 의무와 전문적 판단이 상충할 때 사회복지사는 여러 체계의 요구 사이에서 우선순위를 결정해야 하는 어려움을 겪는다.

- **대응 원칙**: 각 의무의 윤리적 근거를 명확히 하고, 클라이언트의 최선의 이익을 중심으로 우선순위를 설정해야 한다. 갈등 상황에서는 투명한 의사소통을 통해 해결책을 모색해야 한다.

3) 윤리적 의사결정을 위한 실천기법

이러한 다양한 윤리적 딜레마 상황에서 사회복지사가 전문적이고 윤리적인 결정을 내리기 위해서는 체계적이고 논리적인 의사결정 과정이 필요하다.

아래에서 살펴볼 메티슨(Mattison)의 윤리적 딜레마 점검 준거틀, 리머(Reamer)의 윤리적 딜레마 해결과정, 로웬버그와 돌고프(Lowenberg & Dolgoff)의 윤리 원칙 위계는 각각 고유한 특성과 목적을 가진 실천기법들이다. 이들 간의 차이점을 명확히 이해하고 상황에 따라 적절히 활용하는 것이 효과적인 윤리적 의사결정의 핵심이라 할 수 있다.

(1) 메티슨의 윤리적 딜레마 점검 준거틀

메티슨(Mattison, 1997)은 단계별 과정을 구체적으로 설명하는 준거틀을 <표 10-1>과 같이 제시하였다. 메티슨의 준거틀은 “무엇을 어떤 순서로 점검할 것인가?”라는 질문에 초점을 맞춘 윤리적 딜레마 분석을 위한 체크리스트이다. 이 모델의 주된 목적은 딜레마 상황을 체계적으로 해부하고 이해하는 것으로, 사실 파악에서 시작하여 윤리적 요소를 구분하고 가치 갈등을 확인하는 분석적 접근법을 특징으로 한다. 즉, 문제 상황에 대한 정확한 진단과 분석에 중점을 둔 모델이라 할 수 있다.

표 10-2 윤리적 딜레마 점검의 준거틀

1단계	사례 이면의 사실과 사례의 세부 사항에 대한 수집 및 평가 단계
2단계	질문에 대한 고려와 윤리적 요소를 구분하는 단계
3단계	가치 갈등에 대하여 확인하는 단계
4단계	사례에 영향을 미치는 윤리강령 원칙들을 확인하는 단계
5단계	가능한 행동 양식을 결정하는 단계
6단계	어떤 의무가 우선적인지 평가하고 행동의 선택을 정당화하는 단계
7단계	해결과 반영의 단계

이 모델은 특히 복잡한 윤리적 상황에서 사회복지사가 감정적 판단이나 주관적 선호에 치우치지 않고, 객관적이고 전문적인 기준에 따라 의사결정을 내릴 수 있도록 돕는다.

(2) 리머의 윤리적 딜레마 해결과정

리머(Reamer, 1999)는 사회복지사가 윤리적 딜레마를 해결하기 위한 체계적 접근법을 7단계로 제시하였다. 리머의 해결과정은 "문제를 어떻게 해결할 것인가?"라는 실행 지향적 질문에 답하기 위한 딜레마 해결을 위한 실행 프로세스이다. 이 모델은 구체적인 행동방안을 결정하고 실행하는 것을 목적으로 하며, 이해관계자 파악부터 대안 분석, 전문가 상담, 그리고 실행에 이르는 행동 중심 접근법을 특징으로 한다. 따라서 실제적 문제해결과 행동실행에 초점을 맞춘 모델이다.

표 10-3 윤리적 딜레마 단계별 해결 과정

단계	내용
1단계	윤리적 이슈를 확인한다.
2단계	윤리적 결정에 의해 영향을 받을 가능성이 있는 개인이나 집단, 조직을 확인한다.
3단계	실행 가능한 모든 행동방침과 각각의 경우에 포함되는 참여자들, 각 경우에서 그들의 잠재적 이익과 위험을 살펴본다.
4단계	다음의 관련 사항을 고려하여 각각의 행동 방침을 찬성 또는 반대하는 이유와 근거를 철저하게 검토한다. • 윤리강령, 법과 규정 • 사회복지실천 이론과 원칙 • 개인적 가치와 갈등이 생기는 가치들
5단계	동료와 전문가와 상담한다.
6단계	결정을 내린 후 의사결정 증거서류를 첨부한다.
7단계	결정을 점검, 평가하고 문서화

리머의 모델은 특히 의사결정 과정에서 전문적 협의와 문서화를 강조함으로써, 사회복지사의 전문적 책임성과 투명성을 보장하는 데 기여한다.

(3) 로웬버그와 돌고프의 윤리 원칙 위계

사회복지사가 윤리적 딜레마를 해결하는 데 있어서 의무의 우선순위를 결정할 때 참고할 수 있는 로웬버그와 돌고프(Lowenberg & Dolgoff, 1996)의 윤리적 원칙 심사기준에 양옥경(1995)이 보완한 9가지 윤리적 결정 지침이 있다. 이 원칙 위계는 "어떤 기준으로 우선순위를 정할 것인가?"라는 가치 판단의 딜레마를 해결하기 위한 의사결정을 위한 가치 판단 기준이다. 이 모델의 목적은 상충하는 원칙들 간의 우선순위를 결정하는 것으로, 생명보호를 최우선으로 하고 그다음 자기결정 등을 배치하는 위계적 가치 체계를 특징으로 한다. 즉, 가치 충돌 상황에서의 우선순위 결정을 위한 지침이라 할 수 있다.

구체적인 9가지 윤리적 결정 지침은 다음과 같다.

- **윤리원칙** 1: 생명보호의 원칙 – 어떤 다른 원칙보다 최우선되는 의무로, 인간의 기본 생존권을 보장하는 것을 의미한다.
- **윤리원칙** 2: 자기결정의 원칙 – 클라이언트의 자유, 자율, 독립성을 최대한 보장하는 환경을 제공해야 한다.
- **윤리원칙** 3: 비밀보장의 원칙 – 클라이언트가 제공하는 모든 정보의 비밀을 보장하고 사생활을 보호해야 한다.
- **윤리원칙** 4: 진실성의 원칙 – 클라이언트의 알 권리를 보호해 주어야 한다.
- **윤리원칙** 5: 균등의 원칙 – 모든 인간이 균등한 기회를 제공받을 수 있도록 해야 한다.
- **윤리원칙** 6: 객관성의 원칙 – 자신의 가치관 및 윤리관을 탐색하여 객관성을 유지해야 한다.
- **윤리원칙** 7: 최소 손실의 원칙 – 가장 최소로 유해하고 빠르게 원상 복귀될 수 있는 대안을 선택해야 한다.
- **윤리원칙** 8: 효과성의 원칙 – 더 나은 결과를 초래하는 방법을 선택해야 한다.
- **윤리원칙** 9: 규칙 준수의 원칙 – 자발적으로 수용하는 규칙과 규정에 따라야 하되, 인간 존엄성 등 다른 원칙이 우선된 후 마지막으로 고려되어야 한다(길귀숙 외, 2021).

4. 슈퍼비전의 이해와 실천기술

1) 슈퍼비전의 정의

슈퍼비전(Supervision)은 어원적으로 라틴어의 'super(over, 위에서)'와 'videre(watch, 지켜보다)'의 합성어에서 유래한 것으로, 해당 사업 및 작업 현장에서 그 업무에 대한 사전 경험이 풍부한 선임자가 경험이 부족한 신입 직원에게 지도와 감독을 하는 일을 지칭한다. 따라서 슈퍼비전은 해당 사업과 업무를 가장 잘 아는 직속상관의 위치에 있는 사람이 제공하는 것이 가장 바람직하다. 그리고 일에 대한 감시나 감독이 아니라 교육하고 훈련하고 지도하고 지원하는 교육·지도의 형태여야 한다.

사회복지실천에서 슈퍼비전은 통상적인 업무 지시나 정기회의, 관리적 통제와는 구별되는 개념이다. 슈퍼비전은 관리자의 일방적인 업무 명령이나 지시의 형태가 아니라, 사회복지사의 전문적 역량 개발이 요구되는 상황에서 제한적으로 실시되어야 하는 전문적 활동이다. 다시 말해, 사회복지 슈퍼비전은 슈퍼바이지인 사회복지사를 대상으로 조직 차원에서 직무와 관련된 내용을 체계적이고 구체적으로 교육하고 지도하는 활동으로서, 궁극적으로 슈퍼바이지의 자율적인 전문가적 성장을 지원하는 과정이라 할 수 있다.

이에 사회복지 슈퍼비전을 다음과 같이 정의할 수 있다(양옥경 외, 2010, 재인용). 사회복지 슈퍼비전은 "사회복지업무의 질적 함양을 목적으로, 제대로 훈련된 사전 경험과 지식이 풍부한 중간관리자 위치에 있는 사회복지사가 일선 사회복지사와 슈퍼바이저-슈퍼바이지 간의 관계를 맺고, 행정적·교육적·지지적 기능 안에서 업무수행을 지시, 조정, 향상, 평가하는, 위계적이면서도 민주적이고, 참여적이며, 협력적이고, 개방적이며, 긍정적이고 의무적인 상호작용과정으로서, 라포(Rapport), 신뢰, 배려의 3대 요소를 기본으로 하여 개별화, 구조화, 정규화, 사례중심화 등의 원칙으로 체계를 갖춘 전문적 학습 과정"이다.

슈퍼비전 체계는 기관의 위계적 구조에 따라 제도 수준의 기관장, 관리 수준의 슈퍼바이저, 기술 수준의 슈퍼바이지로 구성된다. 특히 슈퍼바이저는 하위 행정가이면서 동시에 상위 실천가로서 조직의 내적 운영 책임을 담당하는 핵심적 역할을 수행한다.

2) 슈퍼비전의 필요성

카두신(Kadushin, 1992)이 일반적인 사회복지 현장에서 강조한 슈퍼비전의 중요성과 먼슨(Munson, 1983)이 임상 영역에서 제시한 슈퍼비전의 필요성을 바탕으로 우리나라 사회복지 환경에서의 슈퍼비전이 갖는 의미와 중요성을 체계적으로 분석한 바 있다. 따라서 본 절에서는 이러한 선행 연구의 관점을 토대로 슈퍼비전의 필요성을 살펴보고자 한다(양옥경 외, 2024). 슈퍼비전의 필요성은 사회복지 환경적 측면과 업무적 측면으로 구분하여 이해할 수 있다.

사회복지 환경적 측면에서는 첫째, 사회적 책무성과 낮은 자율성의 문제가 있다. 사회복지서비스는 공공성을 지니고 있어 높은 수준의 사회적 책무성이 요구되지만, 개별 사회복지사의 자율성은 상대적으로 제한적이다. 둘째, 전문가단체 통제력 부족의 문제가 있다. 의료나 법률 분야와 달리 사회복지 영역은 전문가단체의 통제력이 상대적으로 약하여 서비스 질 관리에 한계가 있다. 셋째, 국가자격제도의 한계가 존재한다. 사회복지사 자격제도만으로는 현장에서 요구되는 실무능력을 충분히 보장하기 어렵다.

사회복지 업무적 측면에서는 첫째, 비자발적 클라이언트와의 업무 특성이 있다. 많은 사회복지 클라이언트들이 비자발적 상황에서 서비스를 이용하게 되어 관계형성과 개입에 특별한 기술이 요구된다. 둘째, 사회복지사의 소진 문제가 심각하다. 정서적으로 부담이 큰 업무특성으로 인해 사회복지사들이 쉽게 소진을 경험하게 된다. 셋째, 업무의 비공개성 문제가 있다. 사회복지실천의 상당 부분이 개별적이고 비공개적으로 이루어져 업무의 질을 직접적으로 관찰하고 평가하기 어렵다. 넷째, 관계중심적 업무의 특성으로 인해 표준화된 절차만으로는 효과적인 서비스 제공이 어렵다. 다섯째, 전문적 교육과 훈련의 부족 문제가 존재한다.

3) 슈퍼비전의 구성요소

슈퍼비전은 다섯 가지 핵심 구성요소로 이루어져 있으며, 이들 간의 상호작용을 통해 효과적인 슈퍼비전이 실현된다.

(1) 슈퍼바이저(Supervisor)

슈퍼바이저는 슈퍼바이지에게 슈퍼비전을 제공하는 사람으로서 슈퍼비전의 핵심이라 할 수 있다. 슈퍼바이지가 자신의 업무를 수행함에 있어 가장 빈번하게, 가장 가까운 곳에서 가장 직접적인 지도를 제공하기 때문에 기관 내에서 슈퍼바이지를 가장 잘 아는 사람이 된다.

효과적인 슈퍼비전을 제공하기 위해 슈퍼바이저는 먼저 다섯 가지 기본행동인 읽기(read), 보기(watch), 말하기(speak), 듣기(listen), 쓰기(write)를 전문적으로 수행할 수 있어야 한다(Munson, 1993). 슈퍼바이저의 역할과 과업수행이 이러한 기본행동을 통해 가능하기 때문이며, 이를 바탕으로 슈퍼바이지에게 적절한 코멘트와 피드백을 제공하고 슈퍼바이지가 요구하기 전에 능동적으로 지도해 나갈 책임이 있다.

특히 슈퍼바이저는 슈퍼바이지의 보고서를 정확하게 읽고 그 위에 코멘트를 작성해주어야 하는데, 이는 슈퍼바이지가 지속적으로 피드백을 참고할 수 있게 하는 동시에 슈퍼비전 과정을 문서화하는 기능도 한다. 또한 슈퍼바이저는 사회복지사업 전달에 있어 관리자(manager), 연결자(mediator), 멘토(mentor)로서의 다중 역할을 수행하며(Lewis et al., 2001), 리더로서 슈퍼바이지의 성장에 관심을 갖고 서비스와 행정, 정책을 조화롭게 통합하는 역할을 담당한다.

(2) 슈퍼바이지(Supervisee)

슈퍼바이지는 슈퍼비전 체계에서 핵심적인 위치를 차지한다. 슈퍼비전은 본질적으로 슈퍼바이지의 전문성 향상을 위한 과정이므로, 슈퍼바이지 없이는 슈퍼비전 자체가 성립될 수 없기 때문이다. 슈퍼바이지는 사회복지업무 수행 과정에서 필요한 지도와 지원을 받기 위해 자신의 실천 경험과 어려움을 슈퍼바이저에게 제시하는 역할을 담당한다.

슈퍼바이지는 현장에서 프로그램 기획과 서비스 개발, 클라이언트와의 직접적 개입을 통한 서비스 제공 등 실천 업무의 전면에서 활동한다. 이에 따라 클라이언트에게 양질의 서비스를 제공해야 할 전문적 책임을 지니며,

이러한 책임을 효과적으로 수행하기 위해 체계적인 슈퍼비전에 적극 참여해야 할 의무를 갖는다.

슈퍼바이지가 효과적인 슈퍼비전을 받기 위해서는 세 가지 기본 의무를 충실히 이행해야 한다. 첫째, 정확하고 솔직한 업무 보고를 통해 슈퍼바이저가 적절한 지도를 할 수 있는 기초 자료를 제공해야 한다. 둘째, 해당 기관의 슈퍼비전 체계와 절차를 준수해야 한다. 셋째, 슈퍼바이저로부터 받은 지도 내용을 진지하게 받아들이고 실천에 반영하려는 적극적 태도를 보여야 한다.

(3) 슈퍼바이저-슈퍼바이지 관계

슈퍼비전에서 슈퍼바이저와 슈퍼바이지의 관계는 서로 믿고 의존하는 관계이다. 슈퍼바이저는 슈퍼바이지가 자신의 업무를 최대한 효율적이고 효과적으로 수행해 낼 수 있도록 도우며, 슈퍼바이지는 슈퍼바이저의 지도내용을 반영하여 수행함으로써 자신의 성장을 도모한다. 따라서 슈퍼비전에서 슈퍼바이저와 슈퍼바이지의 관계는 학습에 기반을 둔 관계이며, 그 관계 자체가 학습을 위한 롤모델이 되기도 한다.

슈퍼비전 관계의 3대 기본요소는 라포, 신뢰, 배려이다(양옥경 외, 2024).

라포(Rapport)는 슈퍼바이저와 슈퍼바이지가 개방적이면서도 사이좋게 지낼 수 있는 두 사람 모두의 능력을 의미한다. 사회복지사와 클라이언트의 관계의 기본요소인 라포와 크게 다를 바 없는, 업무수행을 위한 공식적인 친밀한 관계이다. 라포가 바탕이 되어야 슈퍼바이저와 슈퍼바이지는 슈퍼비전 관계를 설정할 수 있게 된다. 이 같은 슈퍼비전 관계는 사회복지사와 클라이언트 간의 관계와 유사하기는 하지만 동일한 것은 절대 아니다(Shulman, 1993). 특히 라포를 형성하면서 치료 및 상담 관계로 이전될 수 있는데, 이는 절대로 발생해서는 안 되는 관계이다.

신뢰(trust)는 슈퍼바이저에 대한 생각을 전달하는 슈퍼바이지의 능력을 의미한다. 슈퍼바이저에 대해 개방적이며 성공은 물론 실수와 실패를 함께 나눌 수 있는 능력을 의미한다. 슈퍼바이지가 슈퍼바이저를 신뢰할 때만 자신의 한계, 부족함 등을 시인하며 발전할 준비 자세를 갖게 된다.

배려(caring)는 슈퍼바이지에 대한 관심을 전달하는 슈퍼바이저의 능력이다. 이때의 배려와 관심은 진실된 것이어야 한다. 그래야 진실된 마음이 슈퍼바이지에게 전달되고 슈퍼바이지가 슈퍼바이저의 배려를 느끼게 된다.

슈퍼비전 관계의 중요성은 아무리 강조해도 지나치지 않다. 온화함, 상호신뢰, 상호존중, 업무실행과정지원을 바탕으로 하는 긍정적인 슈퍼바이저-슈퍼바이지 관계는 슈퍼바이지의 업무수행 및 업무완성도에 영향을 미치는 것으로 나타났다(Granvold, 1977, 1978; York, 1996, 재인용: 625). 또한 슈퍼바이저의 공감능력은 슈퍼바이지의 클라이언트에 대한 업무성과에 긍정적인 영향력을 갖고 있다는 연구결과도 있다(Harkness, 1995, 1997; Burke, 1997, 재인용: 626).

사회복지사와 클라이언트의 관계와 슈퍼바이저와 슈퍼바이지의 관계가 상호 영향을 미친다는 병행(parallel)과정 또는 반영(reflection)과정은 슈퍼비전 관계에서 다루어지는 매우 중요한 쟁점 중 하나이다(Kadushin, 1992; Shulman, 1993). 그러나 한 가지 유의할 점은 슈퍼비전 관계가 치료관계는 아니라는 것이다. 따라서 슈퍼바이지가 제시하는 문제에 대해 클라이언트에게 상담하는 수준으로 개입해서는 안 된다.

(4) 클라이언트(Client)

슈퍼비전의 맥락에서 클라이언트는 슈퍼바이지가 슈퍼비전을 받게 하는 이유의 중심에 있는 사람이다. 사회복지사인 슈퍼바이지는 클라이언트에게 직접적인 서비스를 제공하며, 슈퍼바이저는 슈퍼비전을 통해 클라이언트에게 간접적 서비스를 제공하게 된다. 직접서비스기관에서 클라이언트는 서비스 욕구를 가진 개인이나 집단이며, 간접서비스기관에서의 클라이언트는 다른 기관, 단체, 정부 등의 조직이 될 수 있다.

(5) 조직(Organization)

사회복지사업이 조직을 기반으로 하여 이루어지듯이 슈퍼비전 역시 조직 내에서 이루어지기 때문에 조직은 매우 중요한 요소가 된다. 조직 밖에서 주어지는 조언이나 지도는 자문이라 지칭하고 슈퍼비전이라 부르지 않는데, 그 이유는 조직 안에서의 행정적 처리가 슈퍼비전의 핵심요소가 되기 때문이다.

조직이 슈퍼비전의 중요 구성요소인 이유는 두 가지 차원에서 설명될 수 있다. 첫째, 슈퍼비전은 조직의 정책적 차원에서 만들어져야 하며 조직적 뒷받침이 있어야 한다. 둘째, 슈퍼비전은 조직의 운영체계와 함께 진행되어야 한다. 조직의 특성 및 목적, 비전, 미션과 함께 진행되어야 슈퍼비전을 성공적으로 제공할 수 있기 때문이다.

4) 슈퍼비전의 기능과 유형

(1) 슈퍼비전의 기능

슈퍼비전은 조직 내에서 조직의 목표 달성을 위한 다양한 기능들로 구성된 전문적 활동이다. 슈퍼비전의 기능은 슈퍼비전의 목적을 실현하기 위한 핵심 수단으로서, 구체적인 역할과 과업, 활동으로 세분화된다. 전통적으로 슈퍼비전의 기능은 카두신(Kadushin, 1992)이 체계화한 행정적, 교육적, 지지적 기능의 삼분법이 널리 활용되어 왔다. 각 기능은 독립적으로 작동하는 것이 아니라 상호 연계되고 통합적으로 작용하여 효과적인 슈퍼비전을 구현한다.

표 10-4 사회복지 슈퍼비전의 기능

기능	목표	활동	과업	슈퍼바이저 역할	사회복지사 모습
행정	효율성 증대	작업환경 제공	관리 및 조정	관리자	효율적 과제 수행
			의사소통	연결자	
			변화	조직전문가	
			옹호	인사전문가	
			행정적 완충	평가자	
교육	효과성 증대	업무능력 개선	학습	교사	자질과 능력 발휘
			나눔	훈련전문가	
			전문직 개발	인사전문가	
			윤리적 실천	멘토	
			평가	평가자	
지지	통합성 고양	심리자원 제공	긴장관리	상담가	공감과 이해심 발휘
			피드백	실천전문가	
			상호존중	인사전문가	
			사기진작	멘토	
			상호의존	평가자	

출처: 양옥경 외(2024).

(2) 슈퍼비전의 유형

슈퍼비전은 실시 방식에 따라 개별 슈퍼비전과 집단 슈퍼비전으로 구분할 수 있으며, 각각의 유형은 고유한 특성과 장점을 가지고 있다.

① **개별 슈퍼비전**(Individual Supervision)

개별 슈퍼비전은 슈퍼바이저와 슈퍼바이지가 일대일로 만나서 진행하는 전통적인 슈퍼비전 형태이다. 가장 집중적이고 개인화된 학습경험을 제공할 수 있는 장점이 있으며, 슈퍼바이지의 개별적 욕구와 학습 스타일에 맞춘 맞춤형 지도가 가능하다.

개별 슈퍼비전에서는 슈퍼바이지의 구체적인 사례에 대한 심층적 검토와 분석이 가능하며, 개인적이고 민감한 문제들에 대해서도 안전한 환경에서 다룰 수 있다. 또한 슈퍼바이지의 발달단계와 역량 수준에 따라 슈퍼비전의 내용과 방식을 조정할 수 있어 효과적인 학습이 이루어질 수 있다.

그러나 개별 슈퍼비전은 시간과 인력이 많이 소요되는 단점이 있으며, 동료들과의 상호작용을 통한 학습 기회가 제한될 수 있다. 또한 슈퍼바이저의 개인적 편견이나 한계가 슈퍼바이지에게 직접적으로 영향을 미칠 가능성도 있다.

② 집단 슈퍼비전(Group Supervision)

집단 슈퍼비전은 한 명의 슈퍼바이저가 여러 명의 슈퍼바이지와 함께 진행하는 슈퍼비전 형태이다. 일반적으로 5-6명의 슈퍼바이지가 참여하며, 집단역학을 활용한 학습경험을 제공한다.

집단 슈퍼비전의 주요 장점은 동료들과의 상호작용을 통한 학습이 가능하다는 점이다. 슈퍼바이지들은 서로의 경험을 공유하고, 다양한 관점에서 사례를 검토할 수 있으며, 상호지지와 격려를 받을 수 있다. 또한 집단 내에서 모델링과 동일시가 일어나며, 동료들로부터 피드백을 받을 수 있어 학습효과가 증대된다.

집단 슈퍼비전은 시간과 비용 측면에서도 효율적이며, 슈퍼바이지들이 서로 가르치고 배우는 상호학습의 기회를 제공한다. 집단 구성원들 간의 상호의존과 협력을 통해 팀워크를 강화할 수 있으며, 조직 문화의 형성과 전문직 정체성 발달에도 기여한다.

그러나 집단 슈퍼비전에서는 개별적 관심과 지도가 제한될 수 있으며, 집단 내 갈등이나 경쟁이 학습을 방해할 수도 있다. 또한 개인적이고 민감한 문제들을 다루기 어려울 수 있으며, 집단 구성원들의 발달수준이나 학습욕구가 다를 경우 효과적인 슈퍼비전이 어려울 수 있다.

5) 효과적인 슈퍼비전 실천 관계와 과정

효과적인 슈퍼비전을 위해서는 체계적이고 단계적인 과정을 통해 슈퍼바이저와 슈퍼바이지 간의 신뢰관계를 구축하고 전문적 성장을 도모해야 한다. 슈퍼비전의 기능을 바탕으로 하여 준비단계, 시작단계, 실행단계, 종결단계의 순차적 과정을 거쳐 이루어진다.

준비단계에서는 슈퍼바이저가 슈퍼바이지의 현재 위치를 정확히 파악하고 적절한 학습목표를 설정하는 것이 핵심이다. 이 단계에서 가장 중요한 기술은 '조율'로서, 슈퍼바이저는 슈퍼바이지가 있는 곳에서 시작하되 있어야 할 곳으로 가도록 조율해야 한다.

효과적인 슈퍼비전을 위해서는 슈퍼바이지의 배경, 가치관, 전문지식 수준을 충분히 이해하고, 비현실적인 기대를 갖지 않으며, 개방적인 의사소통 환경을 조성해야 한다.

카두신(Kadushin, 1992)이 제시한 효과적 학습을 위한 6대 지침인 교육진단과 개별화, 동기화, 에너지 투자 독려, 만족감 고양, 학습과정에 적극적 참여, 교육내용에 의미 제시를 적용하여 슈퍼바이지의 개별적 특성에 맞는 맞춤형 슈퍼비전을 준비해야 한다. 이러한 준비 과정은 전체 슈퍼비전의 성공을 좌우하는 중요한 단계라 할 수 있다.

시작단계는 슈퍼바이저와 슈퍼바이지 간에 상호 합의와 신뢰를 이룩하는 단계로서, 서면 계약이나 구두 동의를 통해 목적의식을 공유하고 각자의 역할과 상호 의무 및 기대를 명확히 해야 한다. 이 단계에서는 슈퍼비전의 목표, 방법, 일정, 평가방식 등에 대한 구체적인 합의가 이루어져야 한다.

실행단계는 슈퍼비전 과정의 핵심단계로서 다양한 실천 기술들이 체계적으로 활용된다. 이 단계에서는 앞서 합의된 목표와 계획에 따라 실제적인 학습과 성장이 이루어지며, 지속적인 모니터링과 조정이 필요하다.

실행단계에서는 회기조율기술, 회기계약기술, 정교화기술, 감정이입기술, 감정공유기술, 자기주장기술, 장애물 지적 기술, 자료공유기술, 회기 마치기 기술 등의 다양한 실천 기술들이 활용된다. 이러한 기술들을 통해 슈퍼바이저는 슈퍼바이지와 효과적인 의사소통을 하고, 구체적인 사례에 대한 분석과 피드백을 제공하며, 전문적 성장을 위한 학습 환경을 조성한다.

슈퍼바이지는 자신의 실천 경험을 솔직하게 공유하고, 슈퍼바이저의 조언을 적극적으로 수용하며, 새로운 기술과 지식을 실제 업무에 적용해보는 시도를 지속한다. 이러한 상호작용을 통해 슈퍼바이지의 전문적 역량이 점진적으로 향상되며, 효과적인 사회복지실천이 가능해진다.

종결단계에서는 전체 슈퍼비전 과정을 요약하고 슈퍼바이지의 학습성과와 성장에 대한 평가를 제공하며, 슈퍼비전 목표 달성 시 상호 동의하에 종결한다. 이 단계에서는 향후 지속적인 전문성 개발을 위한 방향과 계획도 함께 논의되어야 한다.

슈퍼비전 종결은 당초 설정한 목표가 달성되고 슈퍼바이지가 자율적인 실천 역량을 갖추었다고 판단될 때 이루어진다. 조직의 규정이나 기준이 있는 경우 이를 고려하여 종결 시점을 결정해야 하며, 슈퍼바이저와 슈퍼바이지 모두가 종결에 동의하는 것이 중요하다.

승진, 전보, 퇴직 등으로 인한 종결의 경우에는 슈퍼비전 관계에서 이룬 성과를 정리하고 상호 감사를 표현하는 마무리 과정을 거쳐야 한다. 이러한 종결 과정은 양 당사자에게 새로운 출발을 위한 준비 기회가 된다.

학습문제

[서술형]

01 사회복지실천에서 자기이해의 중요성을 세 가지 측면에서 설명하시오.

02 마슬라치가 제시한 소진의 세 가지 구성요소를 설명하고, 각각의 주요 증상을 서술하시오.

[선택형]

01 효과적 실천을 하는 사회복지사의 특징으로 올바른 것은?

① 권위적 태도, 일방적 소통, 규칙 중심 사고, 결과 지향적 접근
② 객관성 유지하기, 비판적 사고하기, 완벽주의 추구하기, 감정 억제하기
③ 감정이입하기, 개방하기, 진실하기, 높은 수준의 내면성 갖기, 정서적으로 건강하기
④ 개인적 가치 우선하기, 주관적 판단하기, 감정적 개입하기
⑤ 클라이언트와의 거리 두기, 전문가적 권위 유지하기, 냉정한 분석

02 로웬버그와 돌고프의 윤리 원칙 위계에서 최우선되는 원칙은?

① 자기결정의 원칙 ② 생명보호의 원칙 ③ 비밀보장의 원칙
④ 진실성의 원칙 ⑤ 균등의 원칙

03 카두신(Kadushin, 1992)이 체계화한 슈퍼비전의 기능으로 맞는 것은?

① 치료적 기능 ② 상담적 기능 ③ 지지적 기능
④ 관리적 기능 ⑤ 평가적 기능

서술형 모범답안

01 첫째, 사회복지사의 개인적 가치관이나 편견이 클라이언트에 대한 판단과 개입에 영향을 미칠 수 있기 때문이다.
둘째, 클라이언트와의 관계에서 발생하는 전이(transference)와 역전이(countertransference) 현상을 적절히 다루기 위해서이다.
셋째, 자기이해를 통해 사회복지사는 자신의 강점과 한계를 명확히 인식하고, 이를 바탕으로 전문적 성장을 도모할 수 있기 때문이다.

02
- 정서적 고갈: 과도한 업무로 인한 감정적 에너지의 소진으로, 지속적인 피로감과 무력감, 아침에 일어나기 어려움, 출근하기 싫은 마음, 업무에 대한 의욕 상실 등의 증상
- 비인간화: 클라이언트에 대한 냉소적이고 부정적인 태도로, 클라이언트를 개별적 인간이 아닌 문제의 집합체로 취급, 기계적이고 무감정한 서비스 제공 등의 증상
- 개인적 성취감 저하: 업무에 대한 자신감과 성취감의 상실로, 자신의 일이 의미 있다고 느끼지 못함, 전문적 역량에 대한 의구심 등의 증상

선택형 정답

01 ③ **02** ② **03** ③

11 CHAPTER

사회복지실천기술의 사례관리

1. 사례관리의 개념과 필요성
2. 사례관리 실천(개입)과정
3. 대상 중심의 서비스 연계
4. 사례회의와 다기관 협력
5. 사회복지실천기술의 실제 적용 사례

학습목표

1. 사회복지실천기술의 개념과 사회복지 영역에서의 필요성에 대해 이해하고 설명할 수 있다.
2. 사회복지실천기술에서의 사례관리의 개입과정은 일반적으로 접수, 사정, 계획, 개입, 점검, 평가를 거쳐 종결되는 서비스 과정임을 설명할 수 있다.
3. 사회복지실천기술의 특성 및 종류에 대해 설명할 수 있다.
4. 사회복지사의 다양한 역할을 이해하고 실천 현장에 적용할 수 있다.

1. 사례관리의 개념과 필요성

1) 사례관리의 개념

사례관리의 등장배경은 주로 사회문화와 사회복지 발전과 밀접한 관련이 있으며, 20세기 중반 이후 도시화, 경제적인 불평등, 가정해체, 정신건강 문제를 해결하기 위해 보다 체계적이고 포괄적인 접근의 필요성이 대두되었다. 이에 따라 기존의 복지서비스가 순간적이고 단편적인 도움에 그치는 경향에서 벗어나서 클라이언트의 전체적인 삶의 질을 향상시키기 위한 관리 방안이 요구되기 시작하였다.

사례관리는 클라이언트에게 필요한 다양한 서비스를 체계적으로 제공하는 실천방법이며, 사회복지, 의료, 간호 등의 전문영역에서 사회복지사, 방문간호사 및 가정의가 다양한 도움이 필요한 사람들을 위해 제공하는 최상의 방법으로 100여 년 전부터 수행되어 온 전문적인 실천방법이다. 사례관리는 특히 재가 보호 영역, 정신보건 영역, 직업재활 영역, 노인복지서비스 영역, 발달장애 영역 등에서 활발히 활용되고 있다. 사례관리는 사회복지실천의 전통적 방법인 케이스워크와 지역사회복지실천을 통합적으로 적용한 사회복지실천의 핵심적 기술 중 하나이다. 케이스워크(Case Work)는 클라이언트에게 서비스를 직접적으로 제공하는 기술이며, 따라서 사례관리는 기관이 클라이언트에 대해 일차적 책임을 지며, 서비스를 조정하는 역할을 하는 사례관리사를 배치하여 클라이언트를 대변하고 보호하며, 때로는 자원을 통제하고 클라이언트에게 필요한 서비스를 조정하고 관리하는 실천기술이다.

(1) 사례관리의 여러 정의

① 로스만(Rothman, 1992)은 사례관리가 두 가지 중심적인 기능으로 통합된다고 하였다. 첫째, 지역사회 안에서 클라이언트에게 개별화된 조언과 상담, 치료를 제공하는 것이고, 둘째, 서비스가 필요한 클라이언트를 지역사회의 기관과 비공식적 지지망에 연결하는 것이다.

② 목슬레이(Moxley, 1989)는 사례관리란 복합적인 욕구를 가진 사람들의 기능화와 복지를 위한 공식적, 비공식적 자원과 활동의 망을 조직, 조정, 유지하는 것이다.

③ 바아커(Barker, 1987)는 사례관리란 장애와 복잡한 여러 문제를 가지고 있는 클라이언트가 적합한 형태로 적절한 시기에 그들이 필요로 하는 모든 서비스를 공급하는 접근법의 하나이다.

④ 우리나라 사회복지협의회는 사례관리가 복합적인 원인으로 요보호상태에 있는 클라이언트에게 유효하고, 다양한 지역사회자원을 연결해 관리하는 원조대책으로 복지, 보건, 의료 간의 독립된 체계를 없애며, 될 수 있으면 재가복지봉사를 계속하는 것이라고 규정하고 있다.

(2) 사례관리의 형태

사례관리의 형태는 다음과 같다.

첫째, 사회복지사와 클라이언트 간 신뢰와 치료적 관계에 기반을 두는 사회복지실천 과정이다.

둘째, 서비스 전달을 연계하는 중개, 옹호와 동일한 사회사업 기술을 활용한다.

셋째, 클라이언트에 대한 개념은 환경 속의 인간을 이해하는 이원적인 사회복지 초점을 활용한다.

넷째, 인간의 존엄성, 자기결정의 원리, 의사결정에 대한 상호책임의 개념 등 확고한 사회복지 가치를 갖는다.

다섯째, 의료적, 사회적, 경제적, 개인적 보호 욕구를 포함해 장기적 보호서비스를 필요로 하는 지역사회 클라이언트를 대상으로 한다.

여섯째, 다양하고 복합적인 문제 및 장애를 가진 클라이언트에게 서비스의 연속성을 보장하는 것이 목적이다.

일곱째, 최소한의 개인적인 환경에서 서비스 제공이 목적이다.

여덟째, 개입 범위를 결정하는 데 있어서 클라이언트의 기능적인 역량 및 지지망에 대한 활용을 요구한다.

아홉째, 기능 상실과 질병을 동반하는 정서적 문제를 개선하기 위한 임상적 개입을 시도한다.

2) 사례관리의 필요성

사례관리(Case Management)는 최근 우리나라 사회복지계에서 가장 많이 회자되는 사회복지 용어이다. 행정과 정책 및 실천 등 거의 모든 사회복지 분야에서 사례관리는 강조되고 있으며, 아동 및 청소년, 노인, 정신장애인, 장애인 등 대부분의 사회복지 대상별 서비스 분야에서도 '사례관리'의 필요성을 중요시하고 있다.

더욱이 점차 확대되는 새로운 사회복지 영역 중 하나인 '사회서비스' 분야에서도 사례관리의 필요성과 중요성은 날로 더해가고 있다. 그럼에도 불구하고 심각한 상황은 사례관리에 대한 어떤 것도 합의된 개념조차 분명하게 사회복지체계에 정립되지 않고 있다는 것이 우리의 현실이다.

이러하다 보니 현장에서는 "사례관리를 해야 한다."는 말과 사례관리 실천에 따른 재정 투입만 있고 정작 사례관리의 실제는 없는 것이 아니냐는 평가도 나오고 있다. 사례관리는 결과적으로 단순히 사례관리는 단순하게 자원연계를 해주는 일만으로 끝나는 경우가 허다하다. 이러한 상황 속에서 사회복지사는 자원을 중개해 주는 사람 정도로만 서비스 이용자로부터 인식되어 오히려 사회복지사의 전문성이 사례관리를 함으로써 과거보다 더 약화되는 것이 아니냐는 우려가 사회복지계의 일각에서 나오고 있다.

- 기관에서 일하는 사회복지사가 전문적인 팀을 조성하여 다양한 서비스를 제공하도록 조정해야 서비스 범위도 넓혀준다(이준우, 2009).
- 상이한 전문가 및 기관, 대인 서비스 프로그램이 필요한 서비스 이용자에게 유용하며 따라서 사례관리의 서비스를 제공하는 전문가 교체, 서비스 분절화, 서비스가 부적절하게 조정되면서 경험하는 문제를 최소화하는 것이 중요한 방법임이 인식되고 있다(이준우 · 임원선 · 이희옥, 2006).
- 실천현장에서는 자연스러운 사례관리의 핵심은 '소통'으로 받아들여지고 있다.

- 다시 말해서 분야 간, 부처 간, 부서 간 등 다양한 사회복지 조직들이 상호 소통하여 효과적인 연계를 형성해 가면서 '최대한 시너지 효과'를 발휘하는 실천 접근이다.
- 우리나라는 사례관리에 대한 인식과 기대가 있었기에 자원의 연결과 서비스의 지속성이 강조되고 있다.

이러한 측면에서 사례관리는 서비스 이용자를 위한 모든 원조활동을 조정하는 절차를 말하며 다음과 같은 필요성과 중요성을 강조하고 있다.

(1) 복잡한 사회문제의 대두

현대사회는 정신건강, 장애, 빈곤, 고령화 등 문제점을 해결방안을 제시하여 안정과 삶의 질을 보장하는 제도를 마련한다.

(2) 서비스 중복 및 누락 방지

여러 조직이 클라이언트를 중복지원하거나 반대로 중요한 서비스를 놓치는 것을 방지할 수 있고, 체계적인 사례관리 계획을 통해 서비스의 효율성과 자원 낭비를 줄인다.

(3) 분산 클라이언트 중심의 통합 서비스 제공

사례관리는 고객의 복잡한 문제를 전반적으로 평가하고 다양한 서비스 및 조직을 연결하여 통합지원을 가능하게 하며, 건강, 심리학, 교육, 주거 등 다양한 분야의 문제에 효과적이다.

(4) 고객 자립 촉진

단순하게 서비스 제공을 능가하여 고객 스스로 문제를 해결하고 자립할 수 있도록 돕는 데 중점을 둔다.

(5) 지속적인 모니터링 및 평가

계획대로 서비스를 지속적으로 모니터링하고 조정하면 고객의 변화나 필요에 유연하게 대응할 수 있다.

2. 사례관리의 실천(개입)과정

일반적인 사회복지실천 과정의 구체적 설명은 다음과 같다.

1) 초기단계(접수 및 자료수집)

(1) 접수

접수는 시작단계 및 적격판단 과정이며, 기관에서 서비스를 제공 받을 수 있는지 결정한다.

☑ **주요 과업**

- 클라이언트의 문제와 욕구 및 기대 확인을 하고, 원조 과정에 대한 안내를 한다. 또한 문제와 기관의 서비스 간의 부합 여부 판단을 위해서 자료를 수집하고, 서비스 제공 여부를 결정한다.
- 초기 면접지와 정보 제공 동의서 등 서비스 제공 과정에 대해 안내 및 관련 서식을 작성하고, 저항감 해소와 동기화 및 긍정적인 원조관계 수립과 상호 간 신뢰를 확보한 후 의뢰한다.

(2) 자료수집

사실적인 자료를 수집하는 단계이며, 사정과 더불어 실천의 전 과정에서 이루어지는 지속적인 과정이다. 또한 수집된 자료를 바탕으로 사정이 이루어지지만 실제 사정과 자료수집은 거의 동시에 반복적으로 진행된다.

① 자료의 내용과 원천

- 자료의 내용
  - 수직적 정보: 시간적 차원에서의 개인 및 가족력 등의 정보를 수집한다.
  - 수평적 정보: 구조적 차원에서 정보를 수집한다.
- 자료의 원천

  클라이언트에게 직접적으로 얻은 자료 및 행정기관, 서비스 제공자로부터 받은 자료를 수집하고, 클라이언트의 개인적인 관계에서 얻은 자료를 수집한다.

② 자료수집 시 주의사항

자료수집 전 과정에서 클라이언트의 참여는 필수적이며, 비언어적 행동에 주의한다. 진술의 주관성과 이로 인한 사실 왜곡에도 주의해야 하며, 사정에 적합한 자료수집 범위에서 강점과 자원을 수집한다.

2) 사정

사실적 자료를 분석하여 전문적인 개입의 목적과 목표를 결정하는 과정이며, 전체적인 상황을 이해하는 사고의 전개과정이다. 사례관리 서비스를 제공하기로 결정된 클라이언트 대상으로 복합적인 욕구와 문제, 장점과 잠재력, 현재의 기능, 공식·비공식 지원체계에서 그들의 보호능력 등에 대해 전반적 자료를 수집하고, 종합적으로 분석하는 과정이다.

표 11-1 사정 분석

클라이언트의 욕구 사정	클라이언트의 능력 사정	지원체계의 능력 사정
• 클라이언트의 중요한 타인 및 가족, 이전의 서비스 제공자의 진술, 기존의 자료를 활용함 • 클라이언트 자신의 진술을 토대로 한 사례관리자의 관찰이 함께 이루어짐 • 클라이언트의 생활 변천과 관련하여 스트레스 요인을 포함한 문제 및 위기상황을 평가함	• 클라이언트의 정서적 · 인지적 · 신체적 · 행동적 · 사회적 · 경제적 기능을 사정함 • 과거의 병력과 한계 등 • 클라이언트의 긍정적이고 발전적인 요소에 초점을 두어야 하며, 잠재능력, 강점, 건전한 기능, 문제해결 능력 등 사정함	• 사례관리자는 클라이언트의 욕구를 충족시키기 위한 비공식 지원체계와 공식 지원체계 능력을 사정한다. - 공식 지원체계: 지역사회의 공식적인 단체와 기관 및 정부기관, 사회복지기관과 시설 등 - 비공식 지원체계: 자조집단, 가족, 친구, 직장동료 등

3) 계획(서비스 기획)

사례관리의 목적을 달성하기 위해 클라이언트에 대한 장 · 단기의 목표를 설정하는 것이며, 목표달성을 위한 가장 적절한 해결방안을 모색하기 위해 클라이언트에 대한 개별적 보호계획을 수립하는 과정이다. 또한 서비스 제공을 위한 세부목표와 우선순위를 설정하고 서비스를 개발하여 계획하는 과정이다. 목표설정 시 사례관리자(사회복지사)로서 고려해야 할 내용은 다음과 같다.

첫째, 클라이언트에 대한 목표는 그들의 생활상 변화와 관련되어 있고, 사정과정에서 확인된 욕구를 바탕으로 설정된다.

둘째, 사례관리자는 목표를 설정할 때 가능한 한 클라이언트 스스로가 성취하고자 하는 목표를 설정하도록 지도해야 한다.

셋째, 기본적 목표설정을 바탕으로 구체적 목표 달성을 위한 세부적 하위목표를 설정하여 클라이언트 변화를 촉진하는 데 도움이 되도록 설정되어야 한다.

넷째, 기획과정에는 클라이언트가 최대한 참여를 하고, 클라이언트에게 주어진 서비스를 거절할 수 있도록 기회를 준다.

4) 개입

클라이언트와 필요한 서비스를 계획에 따라 연결하고 문제해결을 위한 개입을 수행하는 단계이며, 개입의 내용은 다음과 같다.

- 클라이언트에게 필요한 자원(의료비, 주거지원, 정신건강 서비스 등)을 연계하고, 서비스 제공이 원활하도록 조정한다.
- 대상자의 상황을 지속적으로 모니터링하고, 계획대로 진행되는지 확인한다.
- 예견치 못한 문제 및 서비스 이용에 어려움이 발생할 때 신속히 개입하여 조정한다.
- 대상자의 참여를 독려하고, 자립 능력을 향상시킬 수 있도록 동기를 부여하며, 필요한 경우 가족 상담, 집단 프로그램, 위기 개입 등의 방법도 함께 활용한다.

5) 점검

사례관리 개입과정의 중요한 과업이 점검이며, 사례관리자는 점검과정 동안 서비스 제공자들의 지속적인 의사소통을 해야 한다.

점검은 클라이언트가 지원체계의 활용을 적절히 하는지 확인하는 과정이며, 클라이언트의 중복서비스 받아 지원체계를 남용하지 않도록 하며, 클라이언트와 정기 면담을 통해 남은 욕구와 만족도, 어려움 등을 파악하고 변화가 미미하거나 서비스가 적절하지 않을 경우 계획을 수정하거나 새로운 서비스를 연계한다.

6) 평가

사례관리의 필수적인 구성요소로서 사례관리자가 제공하는 서비스가 클라이언트에게 유익한 것인가를 판단하는 과정이며, 서비스 실행 결과를 평가하는 과정이다.

평가는 클라이언트에 대한 서비스와 개입계획 평가 및 만족도 평가, 목적달성 여부의 평가, 전반적인 사례관리 서비스의 효과에 대해 진행한다.

7) 종결

종결은 목표를 달성하였거나, 더 이상의 사례관리에 있어 개입이 불필요할 때 사례관계를 종료하는 마지막 단계이다. 개입 내용은 다음과 같다.

- 사례관리의 목표가 어느 정도 달성되었는지를 평가한 후 종결의 타당성을 검토한다.
- 클라이언트와 종결에 대해 충분한 논의 후 동의를 얻는다.
- 종결 후에도 자립적으로 문제해결 능력을 강화하기 위해 정보나 교육 등을 제공을 한다.
- 필요시 사후관리를 계획하여서 정서적 지지 및 재발 방지를 제공한다.
  예 1~3개월 후 추적 면담 실시
- 클라이언트의 성과와 노력을 인정하고, 공식적으로 종결을 거친 후 원조과정에서 획득하게 된 진전상태를 지속적으로 유지할 수 있도록 지원하는 것이 좋다.

(1) 종결의 유형

일반적인 사례관리 종결의 유형은 다음과 같이 나눌 수 있다.

① 목표 달성에 의한 종결

사례관리자가 설정한 목표가 모두 달성되었을 때 사례 관리가 종료되며, 서비스 제공이 클라이언트의 필요를 충분히 충족시켰을 때 발생한다.

예 목표로 한 치료가 완료되었거나, 클라이언트가 자립적으로 생활을 할 수 있게 됨

② 클라이언트 자립에 의한 종결

클라이언트가 독립적으로 문제를 해결할 수 있을 때, 더 이상의 지원이 필요하지 않다고 판단되어 종결된다.

예 클라이언트가 재정적으로 독립적인 상태가 되어 더 이상 외부의 지원 없이도 자립할 수 있게 됨

③ 서비스 제공자의 자원 부족으로 인한 종결

서비스 제공자가 더 이상의 자원을 제공할 수 없게 되거나, 다른 사유로 서비스를 종료해야 할 때 발생한다.

예 재정적으로 어렵거나, 프로그램의 종료 등으로 더 이상 지원을 유지할 수 없게 됨

④ 클라이언트의 거부로 인한 종결

클라이언트가 추가적인 지원이나 서비스를 원하지 않거나 거부할 경우에는 서비스 제공자는 더 이상 개입을 중단하게 된다.

예 클라이언트가 더 이상 서비스를 이용하지 않겠다고 결정을 내림

⑤ 기타 이유에 의한 종결

사례관리가 종료되는 특별한 이유가 발생할 수 있다.

예 클라이언트가 다른 지역으로 이주하거나, 사망하게 됨

이와 같은 유형은 상황에 따라 다를 수 있으며, 사례관리자는 클라이언트의 상태를 평가하고 종결단계를 결정한다. 이때 종결 이후라도 클라이언트가 필요할 경우에는 지속적으로 모니터링을 하며, 후속 지원을 제공할 수 있다.

(2) 종결단계: 사회복지사(사례관리자)의 역할

종결단계는 클라이언트와의 관계에서 중요한 전환점을 의미하며, 사회복지사의 역할은 구체적으로 다음과 같다.

① 성과 평가 및 목표 달성 여부 확인

클라이언트가 설정한 목표가 얼마나 달성되었는지 평가한다. 목표가 모두 달성되었는지, 일부만 달성되었는지, 목표 달성이 어려운지에 대해 평가가 이루어진다.

② 서비스 종료 계획 수립

서비스 종료 전에 클라이언트와 종료 계획을 수립한다. 종료 계획은 클라이언트가 서비스를 종료한 후 스스로가 지원을 활용할 수 있는 방법도 포함시킨다. 필요시 후속으로 지원한다.

예 전화상담, 재연결 서비스 등으로 안내함

③ 클라이언트의 자립성 증진

클라이언트가 더 이상 사회복지 서비스에 의존하지 않고 자립할 수 있도록 지원하며, 자원 접근방법과 사회적인 지원 네트워크(가족, 친구, 이웃 등), 커뮤니티 자원 활용법 등을 교육한다.

④ 문서화 및 기록 정리

클라이언트의 사례를 문서화하고, 서비스 종료에 대해 기록을 정리하여 보관한다. 기록은 후속 지원되는 서비스나 다른 전문가와 협력 시 중요한 참고자료가 된다.

⑤ 클라이언트와의 감정적 종결 지원

사회복지사는 클라이언트의 감정적 반응에 민감하게 반응하고, 필요한 경우 심리적 지원을 제공한다. 클라이언트가 느낄 수 있는 상실감이나 불안감 등을 다루는 데도 중요한 역할을 한다.

⑥ 사례 종결에 대한 평가와 피드백 제공

클라이언트에게 서비스 제공 과정에 대한 피드백을 요청하고, 경험을 바탕으로 향후 서비스 제공 방식을 개선할 수 있다. 또한, 사회복지사는 자신이 제공한 서비스와 과정에 대해 스스로 평가하고, 자신의 직무 수행을 성찰하는 기회를 가질 수 있다.

⑦ 후속 연락을 위한 준비

사회복지사는 일정 기간 후 클라이언트에게 후속 연락을 시도할 수 있으며, 클라이언트의 상황이 변할 때 추가적 지원이 필요할 수 있기 때문이다.

사례관리 종결은 단순히 서비스를 종료하는 것이 아니라, 클라이언트가 지속적으로 자립할 수 있도록 돕는 중요한 과정이며, 사회복지사는 종결을 준비하면서 클라이언트가 새로운 환경에서 계속해서 긍정적인 변화와 성장을 할 수 있도록 지원하는 역할을 한다.

3. 대상 중심의 서비스 연계

클라이언트의 욕구와 개별적인 특성을 최우선으로 고려하여 클라이언트가 필요로 하는 다양한 서비스와 자원을 효과적으로 연결하는 과정을 의미한다.

대상 중심의 서비스 연계는 단순히 서비스 제공을 넘어 클라이언트의 자율성과 참여를 존중하고 클라이언트가 스스로 문제를 해결하고, 목표달성을 할 수 있도록 지지하는 데 초점을 둔다.

1) 대상 파악과 평가

클라이언트의 욕구, 현재 상황, 문제점, 강점 등을 세밀하게 분석하는 과정이다. 이를 위해 설문지, 면담, 관찰 등 다양한 평가 도구를 활용하여 클라이언트와의 신뢰관계를 형성하는 것이 중요하다. 대상의 경제적 상태, 가족관계, 건강 상태, 사회적 지원망 등을 종합적으로 고려해서 클라이언트가 어떤 도움을 필요로 하는지 구체적으로 파악한다.

2) 목표설정

클라이언트와 함께 현실적이고 구체적인 목표를 설정하는 단계이다. 이때 클라이언트의 기대와 희망을 존중하며 클라이언트가 주도적으로 목표를 정하도록 유도하는 것이 중요하다. 목표는 단기적, 중장기적일 수 있고, 실현 가능성을 고려하여 설정된다.

예 일자리 확보, 주거 안정, 건강 회복, 사회적 관계 개선 등이 될 수 있다.

3) 서비스 연계 계획 수립

서비스 연계 계획 수립 단계에는 클라이언트의 목표달성을 위해 필요한 서비스와 자원을 선정하고 이를 어떻게 연계할지 구체적으로 계획을 세운다. 대상의 자율성과 강점을 고려하여 적합한 기관이나 프로그램을 추천하고 서비스 간의 연계 방안을 마련한다.

예 의료 서비스와 정신건강 상담, 직업 상담과 취업 지원, 주거 지원과 법률 상담 등을 통합적으로 연결하는 것이 포함된다.

4) 서비스 제공 및 조정

서비스 제공 및 조정은 계획에 따라 실제 서비스를 연계하고 제공하는 단계이다. 이 과정에서는 클라이언트가 적극적으로 참여할 수 있도록 지원하며 서비스 제공 기관 간의 조정과 협력을 통해 원활한 지원이 이루어지도록 한다. 또한, 서비스 진행 중에 발생되는 문제나 변화에 따라 계획을 유연하게 조정하는 것도 중요하다.

예 클라이언트의 건강 상태가 악화되면 의료 서비스와 연계하는 방안을 재검토한다.

5) 모니터링과 평가

서비스 연계의 효과를 지속적으로 점검하고, 클라이언트의 변화와 성취도를 평가하는 단계이다. 정기적인 상담과 피드백을 통해 목표 달성 정도를 확인하며, 필요시 서비스 내용을 수정하거나 추가 지원을 제공할 수 있다. 이 과정에서 클라이언트의 의견을 적극적으로 반영하는 것이 매우 중요하며, 그들이 자신의 변화 과정을 인식하고 자긍심을 가질 수 있도록 돕는다.

표 11-2 대상 중심 서비스 연계의 전체 과정

구분	내용	설명
1. 대상 파악 및 평가	클라이언트의 상황 분석	면담, 관찰, 평가도구 활용하여 욕구, 강점, 문제점 파악
2. 목표 설정	클라이언트와 함께 목표 수립	실현 가능하고 구체적인 목표를 클라이언트와 협의하여 정함
3. 서비스 연계 계획 수립	맞춤형 서비스 연결 계획	클라이언트의 목표달성을 위한 적합한 서비스와 자원 선정, 연계 방안 마련
4. 서비스 제공 및 조정	설계 서비스 연계 및 제공	기관 간 협력, 클라이언트 참여 유도, 필요시 계획 조정
5. 모니터링 및 평가	서비스 효과점검 및 피드백	정기적 평가, 클라이언트의 의견 반영, 계획 수정
– 핵심 원칙	대상중심, 참여와 자율성 존중, 통합적 접근, 지속적 지원	클라이언트 중심의 맞춤형 지원, 자율성 보장, 다양한 서비스 연계, 장기적 지원

☑ **대상 중심 서비스 연계의 핵심 원칙**

- 개별화: 모든 서비스는 클라이언트의 개별적 필요와 강점에 맞춰 맞춤형으로 제공된다.
- 참여와 자율성 존중: 클라이언트가 자신의 목표와 계획에 적극적으로 참여하며, 선택권을 가질 수 있도록 지원한다.
- 통합적 접근: 다양한 서비스와 자원을 연계하여 복합적인 문제를 종합적으로 해결하려고 노력한다.
- 지속적 지원: 일회성 지원이 아니라, 장기적이고 지속적인 관리를 통해 클라이언트의 자립을 돕는다.

이와 같이 대상 중심의 서비스 연계는 클라이언트의 자율성과 존엄성을 최우선으로 하면서 클라이언트 스스로가 문제를 해결하고, 성장할 수 있도록 돕는 매우 중요한 사회복지 실천기술이다.

4. 사례회의와 다기관 협력

1) 사례회의

복합적이고 다양한 문제를 가진 클라이언트의 사례를 해결하기 위해 여러 기관과 전문가들이 모여 정보를 공유하고, 협력 방안을 논의하는 공식적인 회의이다. 이는 클라이언트의 문제를 다각도로 분석하고, 효과적인 지원을 위해 다양한 자원과 전문성을 결합하는 중요한 과정이다.

2) 다기관 협력의 필요성

(1) 복합적 문제 해결

한 기관만으로 해결하기 어려운 복합적 문제는 여러 기관이 협력해야 효과적이다.

예 아동학대, 장애인 지원, 가정폭력 등

(2) 자원과 정보의 통합

각 기관이 보유한 자원과 정보를 공유함으로써, 클라이언트에게 더 적합하고 포괄적인 서비스를 제공할 수 있다.

(3) 전문성의 결합

의료, 법률, 심리, 교육 등 다양한 분야의 전문가들이 모여 문제를 다각도로 분석하고 해결책을 모색할 수 있다.

(4) 서비스의 연속성과 일관성 확보

여러 기관이 협력하여 지원 계획을 수립하고, 지속적인 모니터링과 평가를 통해 클라이언트의 상태 변화에 맞춰 서비스를 조정할 수 있다.

3) 사례회의 진행 과정

(1) 사례 선정 및 사전 준비

① 사례에 대한 충분한 자료 수집과 사전 조사를 한다.
② 클라이언트의 동의를 확보한다.

(2) 회의 개시와 역할 분담

① 사례 개요 설명 및 각 기관과 전문가의 역할과 책임을 명확히 한다.
② 회의 목표와 진행 방식을 공유한다.

(3) 정보 공유와 문제 분석

① 클라이언트의 상황, 문제 원인, 현재 지원 내용 등을 공유한다.
② 문제를 다각도로 분석하며 객관적이고 비판단적인 태도로 유지한다.

(4) 개선 방안 및 서비스 계획 수립

① 참여 기관들이 협력하여 지원 방안을 논의한다.
② 구체적인 실행 계획, 역할, 책임, 일정 등을 정리한다.

(5) 후속 조치와 평가

① 정기적 모니터링과 평가를 통해 계획 이행 여부를 점검한다.
② 클라이언트의 변화와 반응에 따라 계획 조정한다.

4) 다기관 협력의 도전 과제와 해결방안

(1) 의사소통 문제

기관 간 업무 문화 차이, 용어 차이, 정보 공유 제한 등으로 의사소통이 어려울 수 있다.

→ 정기적 회의와 명확한 의사소통 규칙을 마련해야 한다.

(2) 역할과 책임의 불명확성

역할과 책임이 명확하지 않으면 업무 중복 또는 누락이 발생한다.

→ 역할 분담표 또는 협약서를 작성한다.

(3) 자원 부족과 시간 제약

시간과 인력, 자원이 부족할 수 있다.

→ 우선순위 설정, 핵심 문제에 집중한다.

(4) 신뢰 구축

기관 간 신뢰가 부족할 수 있다.

→ 투명한 정보 공유와 지속적으로 소통해야 한다.

5) 다기관 협력의 핵심

(1) 신뢰와 투명성

기관 간 신뢰를 쌓기 위해 투명한 정보 공유와 정기적 소통이 필요하다.

(2) 명확한 역할 분담

역할과 책임을 명확히 하고, 역할 분담표 또는 협약서로 공식화시킨다.

(3) 효과적인 의사소통

정기회의, 명확한 규칙, 기록 유지 등을 통해 원활한 의사소통을 유지한다.

(4) 지속적 평가와 조정

협력 과정에서 발생하는 문제해결과 지원 계획의 지속적 평가를 개선해야 한다.

6) 결론

사례회의와 다기관 협력은 복합적이고 다양한 문제를 해결하는 데 필수적이다. 성공적인 협력을 위해서는 신뢰 구축, 역할 명확화, 효과적인 의사소통, 그리고 지속적인 평가와 조정이 매우 중요하며, 이를 통해 클라이언트에게 더 포괄적이고 효과적인 지원을 제공할 수 있다.

5. 사회복지실천기술의 실제 적용 사례

사회복지실천기술은 다양한 상황에서 실질적인 도움을 제공하기 위해 사용되며, 여러 가지 실제 적용 사례를 구체적으로 설명하면 다음과 같다.

1) 가족 상담 및 위기 개입 사례

한 가족의 갈등이 지속되며 의사소통 문제로 어려움을 겪고 있다. 사회복지사는 가족 상담 기법을 활용하여 가족 구성원 간의 감정을 표출하고 이해하는 과정을 도왔다. 또한, 적극적 경청과 공감기술을 사용하여 가족들이 서로의 입장을 이해하고 문제해결 방안을 모색할 수 있도록 지원했으며, 위기 개입 기법을 통해 가족이 긴급한 심리적 지원이 필요할 때 즉각적인 상담과 지역사회 자원연계를 제공하여 안정감을 회복할 수 있도록 도움을 주게 된다.

2) 아동 및 청소년 대상의 사례관리

한 청소년이 학교 적응 문제와 가정 내 문제로 어려움을 겪고 있다. 사회복지사는 사례관리 기술을 활용해 학생의 개별적 욕구를 파악하고 학교 상담사, 정신건강 전문가 및 가정과 협력하여 종합적인 지원 계획을 수립하였다. 정기적인 상담과 면담을 통해서 학생의 정서적 안정과 학교 적응을 돕고, 필요한 경우 학습 지원이나 심리치료 연계도 진행하였다. 이러한 과정에서 클라이언트 중심의 접근법과 협력적 문제해결기술이 중요한 역할을 하게 된다.

3) 노인 복지 서비스 제공 사례

지역사회 내 독거노인이 사회적 고립과 건강 문제로 어려움을 겪고 있다. 사회복지사는 방문 상담과 사례관리 기법을 통해 노인의 생활 상태를 파악하며, 맞춤형 복지서비스를 연계하였다.

예 건강 관리와 일상생활 지원을 위한 방문간호사와의 연계, 지역사회 활동 참여를 위한 프로그램 안내와 가족 또는 이웃과의 연결을 통해서 사회적 지지를 강화하였다. 이 과정에서 공감과 신뢰 형성, 그리고 자원연계 기술이 핵심이 된다.

4) 장애인 지원 사례

장애인 고객이 일상생활에서의 독립성을 높이기 위해 지원이 필요하다고 판단되는 경우, 사회복지사는 환경 조정과 자원연계를 통해 도움을 제공한다.

예 장애인 편의시설 설치, 직업 재활 프로그램 참여, 그리고 지역사회 내 자조모임 참여를 지원하였으며, 이를 위해 상담기술과 협력적 문제해결 기법을 활용하였다. 또한, 고객의 강점과 잠재력을 발견하고 이를 기반으로 자립을 돕는 강점 기반 접근법도 적용한다.

5) 지역사회 개발 및 자원연계 사례

지역 내 저소득 가구와 소외 계층을 위한 커뮤니티 개발 프로젝트를 진행하면서, 사회복지사는 지역사회 자원 조사와 네트워킹 기술을 한다. 지역 주민들과의 면담 및 워크숍, 협력 기관과의 연계를 통해 필요한 서비스를 파악하고, 공동의 목표를 설정하는 과정에서 참여자 중심의 의사소통과 협력적 계획 수립 기술이 중요한 역할을 하며 지역사회 역량 강화를 통해 지속 가능한 지원체계를 구축한다.

이처럼 사회복지실천기술은 사례관리, 상담, 자원연계, 지역사회 개발 등 다양한 분야에서 실질적인 도움을 제공하는 데 활용되며, 각 사례는 클라이언트의 상황과 특성에 맞게 적절한 기술을 적용하는 것이 핵심이며 사례의 예는 다음과 같다.

☑ **사례 1**

지역사회 내에서 노인 인구가 증가하면서 고독과 건강 문제로 어려움을 겪는 노인들이 증가하고 있다고 가정해 보았을 때 이 상황에서 사회복지사는 다양한 실천기술을 활용하여 노인들의 삶의 질을 향상시키기 위한 노력을 할 수 있다.

- **개별 상담 및 위기 개입 기술 적용**

노인들이 겪는 정서적 어려움이나 우울증, 고독감 등을 파악하고, 적절한 지원을 제공할 수 있다.

예 정기적인 상담을 통해 노인들이 자신의 감정을 표현하고 문제해결 능력을 키울 수 있도록 돕는 것이다.

- **집단 상담 및 사회적 지원 기술 적용**

비슷한 경험을 하는 노인들이 서로 교류하고 지지할 수 있는 모임을 조직할 수 있고, 이를 통해 사회적 연결망을 강화하고, 고립감을 줄이는 데 도움을 줄 수 있다.

- **자원연계 및 옹호 기술 적용**

노인들이 필요한 복지 혜택, 의료 서비스, 지역사회 프로그램 등에 쉽게 접근할 수 있도록 돕는다.

예 의료기관이나 복지관과 협력하여 맞춤형 서비스를 제공하거나, 정책적 지원이 필요한 경우 관련 기관에 옹호 활동을 펼칠 수 있다.

- **가족 및 지역사회와의 협력 기술 적용**

가족 구성원과 지역사회 자원과의 연계를 강화한다. 가족 상담을 통해 노인 돌봄에 대한 이해를 높이고, 지역사회 자원을 연계하여 지속적인 지원 체계를 마련한다.

예 방문 간호, 식사 배달 서비스 등을 들 수 있다.

이와 같이 사회복지실천기술은 대상자의 개별적 필요와 상황에 맞춰 다양한 방법으로 적용되며, 실천과정에서는 대상자와의 적극적 경청, 신뢰형성, 공감 및 적절한 자원연계가 핵심이다. 이를 통해 대상자의 삶의 질을 높이고 사회적 포용을 실현케 하는 것이 목표이다.

☑ **사례 2**

이 사례는 대상 중심의 서비스 연계와 사례관리 기술이 어떻게 현장에서 활용되는지 보여준다.

- **사례 개요:** 48세 여성 클라이언트는 저소득층이며 무직이다. 정신건강에 약간의 문제(우울증)가 있고, 가족과의 관계에도 어려움을 겪고 있다. 이 클라이언트는 안정적인 주거 확보와 정신건강을 회복하고 일자리 찾기가 목표이다.
- **대상 중심 접근 적용**
  클라이언트의 강점(참여 의사, 적극적 의지)을 활용하여 자율성을 존중한다.
- **통합적 서비스 연계 적용**
  주거, 정신건강, 취업 등 다양한 분야의 서비스를 연계하여 종합적으로 지원한다.
- **지속적 모니터링 적용**
  정기적 평가와 피드백으로 계획 조정 및 지원을 강화한다.

위와 같은 사례는 대상의 개별적 필요와 강점을 바탕으로 맞춤형 서비스를 연계하여, 클라이언트의 자립과 회복을 돕는 과정을 보여주는 것이다. 실제 현장에서는 클라이언트와의 신뢰를 형성하고, 다양한 기관과의 협력과 지속적인 모니터링이 매우 중요하다.

☑ **사례 3**

A씨는 오랫동안 불안 장애와 우울증으로 어려움을 겪고 있는 50대 남성이다. 그는 경제적인 어려움과 가족 문제로 인해 정서적 안정감을 잃고 사회적 고립감도 더욱 심화되고 있다. 이 같은 상황에서 사회복지사는 다양한 실천기술을 활용해 A씨의 문제를 해결하고자 한다.

• **개별 상담기술 적용**
이 기술을 통해 A씨와의 신뢰 관계를 형성한다. 적극적 경청과 공감적 태도를 유지하고, 그의 감정을 이해하면서 표현할 수 있도록 지지하고 돕는다. 이를 통해 A씨는 자신의 감정을 안전하게 표현할 수 있는 공간을 갖게 된다.

• **문제해결기술 적용**
A씨가 직면한 구체적인 문제들을 함께 분석한다.
예 경제적 어려움에 대해서는 지역의 복지 지원 프로그램이나 일자리 알선 서비스를 안내하고, 가족 문제에 대해서는 가족 상담이나 지원 그룹 참여를 권유한다.

• **자원연계기술 적용**
A씨가 필요한 사회적 자원에 접근할 수 있도록 돕고, 지역의 정신건강센터 및 무료 지역사회 복지관, 무료 법률 상담 등 다양한 자원을 소개하고, 이용 방법을 안내한다.

• **자기효능감 증진기술 적용**
A씨가 자신의 문제를 해결할 수 있다는 자신감을 갖도록 격려하고 지지한다. 작은 목표를 설정해서 성취하는 경험을 갖게 함으로써 그의 자기효능감을 높이고 자립심을 키우도록 지원한다.

이 과정에서 사회복지사는 지속적인 모니터링과 평가를 통해 A씨의 상태 변화를 체크하고 필요시 개입 방식을 조정한다. 또한, 그가 사회적 네트워크를 확장할 수 있도록 지역사회 활동이나 지원 그룹 참여를 권장하여 사회적 고립감을 해소하는 데도 도움을 준다.

☑ **사례 4**

학교 폭력 피해 청소년의 위기 개입과 사례관리 적용

중학생 A군은 학교 내에서 친구들로부터 괴롭힘과 따돌림을 지속적으로 경험하고 있었다. 이로 인해 불안과 우울감이 심화되었으며, 학교 출석률도 점점 낮아지고 자살 충동까지 느끼는 상태다. 부모님도 A군의 상황을 모르고 있었고, 문제해결에 어려움을 겪고 있었다.

- **사회복지사의 역할과 적용 기술활용**
  - **개별 상담 및 위기 평가:** 사회복지사는 A군과의 신뢰 형성을 위해 먼저 개별 상담을 진행하였다. 공감적 태도와 적극적 참여를 통해 A군이 자신의 감정을 표현할 수 있도록 도왔으며, 자살 위험 수준과 우울증을 평가하는 위기 개입 평가도 병행하였다. 이 과정에서 A군은 자신이 겪는 문제를 털어놓고 도움을 요청하면서 마음의 문을 열게 되었다.
  - **즉각적 위기 개입:** A군이 자살 충동을 표출하자, 사회복지사는 즉시 위기 개입 절차를 시작했다. 위험 수준에 따라 안전 확보, 긴급 상담, 가족과의 긴밀한 협력을 통해 위기상황을 안정시켰다. 필요시 정신건강 전문가와 연계하여 치료를 받도록 조치하였고 자살 방지 계획을 수립하였다.
  - **사례관리 및 자원 연계:** A군의 문제는 학교 내 문제뿐 아니라 가정 내 문제도 복합적이었기 때문에 사회복지사는 사례관리 기법을 적용하여 여러 자원을 연계하였다.

- **학교와의 협력**

학교 상담교사와 협력해서 학교 내 폭력 예방 프로그램과 상담 지원을 강화하고 A군이 안전하게 학교생활을 할 수 있도록 조치하였다.

- **가족 상담**

부모님과의 상담을 통해 A군의 상황을 설명하고, 가정 내 격려와 지지, 이해를 높이기 위해 지원과 교육을 제공하였다.

- **지역사회 자원**

지역 내 정신건강센터, 또래 지원 그룹, 청소년 상담센터 등을 소개하여 지속적인 정서적 지지와 사회적 연결망을 마련하였다.

  - **개인 맞춤형 지원 계획 수립:** A군의 강점과 관심사를 반영하여 긍정적 활동 참여와 자존감 회복을 목표로 하는 지원 계획을 세웠다.

    예 스포츠 활동, 미술치료, 취미활동에 참여하도록 권장하였고, 또래 친구들과의 긍정적인 관계 형성을 위해서 또래 멘토링 프로그램도 연계를 하였다.
  - **모니터링과 지속적 평가:** 사회복지사는 정기적으로 A군과의 상담을 통해 진행 상황을 점검하고, 필요시 지원 방식을 조정하였다. 또한, 학교와 가정에서도 지속적인 피드백을 받아서 A군이 더욱 안전하고 건강하게 성장할 수 있도록 지원체계를 유지하였다.

• **결론**

이 같은 사례는 위기 개입과 사례관리, 자원연계, 가족 협력, 맞춤형 지원 계획 수립이 복합적으로 이루어진 좋은 예이다. 사회복지사는 대상자의 긴급한 위기상황을 안정시키는 것뿐만 아니라, 장기적인 회복과 자립을 위해 다양한 기술과 자원을 통합적으로 활용하는 역할을 한다.

이처럼 사회복지실천기술은 개별 클라이언트의 상황에 맞춰 다양한 방법을 통합적으로 활용하며, 클라이언트의 삶의 질 향상과 자립을 돕는 데 중요한 역할을 한다.

학습문제

[서술형]

01 사회복지실천기술의 종류에 대해 서술하시오.

02 사회복지실천기술에서 사례관리의 필요성에 대해 서술하시오.

[선택형]

01 사례관리과정 7단계의 순서가 올바른 것은?

① 접수 - 계획 - 사정 - 개입 - 점검 - 평가 - 종결
② 접수 - 사정 - 계획 - 개입 - 점검 - 평가 - 종결
③ 접수 - 개입 - 사정 - 계획 - 평가 - 점검 - 종결
④ 계획 - 접수 - 사정 - 개입 - 평가 - 점검 - 종결
⑤ 계획 - 사정 - 접수 - 개입 - 평가 - 점검 - 종결

02 집단 초기단계에서 나타나는 특성으로 옳은 것을 모두 고른 것은?

ㄱ. 집단성원의 불안감과 저항이 높다.
ㄴ. 사례관리자보다는 다른 집단 성원과 대화하려고 시도한다.
ㄷ. 집단에 대한 오리엔테이션이 필요하다.
ㄹ. 문제해결과정에서 나타나는 갈등과 차이점을 표현한다.

① ㄱ ② ㄱ, ㄷ, ㄹ ③ ㄱ, ㄷ
④ ㄹ ⑤ ㄱ, ㄴ, ㄷ, ㄹ

03 사례관리 과정 점검(monitoring) 단계에 있는 사례관리자의 과업이 아닌 것은?

① 개입의 진행 정도를 파악한다.
② 개입계획의 수정여부를 검토한다.
③ 필요시 문제해결 전략을 수정한다.
④ 클라이언트의 의뢰 이유를 알아본다.
⑤ 클라이언트의 욕구변화를 사정한다.

서술형 모범답안

01 상담기술, 사례기술, 집단기술, 지역사회개발기술, 개입기술, 평가기술, 자원연계기술, 교육기술, 옹호기술

02 복합적 문제를 가진 클라이언트에게 맞춤형 지원을 제공하고, 자원과 서비스를 효율적으로 연계하며, 지속적인 지원을 가능하게 하기 위해서이다. 이를 통해 클라이언트의 삶의 질을 향상시키는 데 중요한 역할을 한다.

선택형 정답

01 ② **02** ③ **03** ④

12
CHAPTER

사회복지실천 기록

1. 기록의 중요성과 목적
2. 사회복지 기록의 원칙과 윤리
3. 기록의 유형과 방법
4. 현장에서의 기록 작성 요령
5. 노인복지 현장의 기록 사례
6. 기록의 관리와 정보화

학습목표

1. 사회복지실천에서 기록의 개념과 역할을 이해하고, 기록의 목적과 기능을 설명할 수 있다.
2. 사회복지 기록의 유형, 작성 원칙, 윤리 기준을 이해하고, 실제 현장에서 활용되는 기록 방법을 설명할 수 있다.
3. 노인복지 현장에서 사용되는 실제 기록 사례를 분석하고, 기록 관리와 정보화의 중요성을 설명할 수 있다.

1. 기록의 중요성과 목적

1) 기록의 의미

사회복지실천 현장에서 '기록'은 단순히 상담 내용을 메모하거나 업무 이력을 남기는 수준을 넘어, 전문적인 실천의 핵심 과정으로 자리하고 있다. 기록은 사회복지사가 클라이언트와의 접촉 과정에서 관찰한 내용, 판단한 사항, 개입한 내용과 결과를 체계적으로 정리하는 문서로서, 실천의 흐름을 '가시화'하는 핵심 매체이다. 따라서 기록은 단순한 보조도구가 아니라, 실천의 질을 좌우하고 서비스 연속성과 전문성을 확보하는 데 있어 필수적인 기술이다.

기록은 사회복지사가 클라이언트에게 제공한 서비스의 전 과정을 시간 순서대로 정리함으로써, 정확한 의사결정과 서비스의 합리성을 보장하게 해준다. 특히 다기관 협업이 이루어지는 환경이나 사회복지사가 교체되는 경우, 이 기록이 없다면 실천은 기억에 의존하거나 오류를 범할 위험이 커진다. 그렇기 때문에 기록은 '보이지 않는 실천'을 '보이게 만드는 기술'이며, 조직적 실천의 기초이자 신뢰받는 복지서비스의 전제조건이라 할 수 있다.

2) 기록의 주요 목적

사회복지 실천에서 기록은 다양한 기능과 목적을 가지고 수행되며, 이는 단순한 정보 축적이 아닌 의사소통, 책무성, 클라이언트 권리 보호 등의 역할로 확장된다. 다음 표는 사회복지 실천현장에서 기록이 왜 중요한지를 목적별로 정리한 것이다.

표 12-1 사회복지 기록의 주요 목적과 설명

기록의 목적	설명
① 정보 전달 및 의사소통 도구	기록은 동료 사회복지사나 관련 기관과 정보를 공유할 때 핵심적인 수단으로 기능한다. 일관된 정보 전달이 가능해 클라이언트 중심 사례관리를 실현할 수 있다.
② 사례관리의 근거 자료	욕구 사정, 개입 계획 수립, 서비스 실행, 평가 및 종결에 이르는 전 과정이 기록되어야 사례관리가 효과적으로 수행될 수 있다.
③ 법적 · 행정적 증거	기록은 사회복지사가 적절하게 서비스를 제공했음을 입증하는 공식 문서로 기능하며, 민원 대응이나 법적 분쟁 시 중요한 증거가 된다.
④ 전문성 향상과 슈퍼비전 도구	기록은 슈퍼바이저와의 상담 또는 평가 시 사회복지사의 실천 내용에 대한 피드백 도구로 활용되며, 개인 역량 향상에도 기여한다.
⑤ 클라이언트 권리 보호	투명한 기록은 클라이언트의 권익을 보호하고, 서비스 제공 과정에서 신뢰를 쌓는 데 결정적 역할을 한다.

3) 기록은 실천의 안전망

기록은 실천의 흐름을 연결하는 '실천의 안전망'이다. 사회복지사는 이동, 휴직, 교체 등의 이유로 교체될 수 있지만, 기록은 서비스를 단절 없이 지속할 수 있게 하는 연결고리 역할을 한다. 특히 장기 사례관리에서는 초기 사정과 개입 내용이 다음 담당자에게 정확하게 전달되어야 하며, 기록이 없으면 서비스의 일관성은 무너질 수밖에 없다.

또한 기록은 클라이언트와의 관계에서 발생할 수 있는 오해, 분쟁, 민원 등을 사전에 예방하거나 사후 대응할 수 있는 법적 보호 장치로도 기능한다. 이처럼 기록은 개인 실천의 도구를 넘어, 조직 차원에서 서비스의 질을 관리하고 기관의 책무성을 강화하는 핵심 수단이 된다.

2. 사회복지 기록의 원칙과 윤리

1) 기록의 기본 원칙

사회복지현장에서 작성되는 기록은 단순한 보고서 작성이 아니라, 서비스의 질을 좌우하는 실천 도구이자 법적·행정적 근거가 된다. 따라서 기록은 일정한 원칙을 바탕으로 수행되어야 한다. 대표적인 원칙은 사실성, 객관성, 명확성, 시의성, 일관성이다.

먼저, 기록은 관찰한 내용을 사실 그대로 서술해야 하며, 사회복지사의 감정이나 추정, 예단을 섞는 것은 피해야 한다. 예를 들어 '어르신이 무기력해 보임'보다는 '응답 없이 고개를 숙이고 침묵하는 모습이 10분간 지속됨'처럼 구체적이고 측정 가능한 사실을 중심으로 기술해야 한다. 또한 사용하는 용어는 누구나 이해할 수 있도록 명료해야 하며, 기록은 가능하면 사건 발생 직후에 작성하여 내용의 정확성을 높여야 한다. 동일 클라이언트에 대한 반복 기록일 경우, 앞선 기록과의 연결성이 유지되도록 흐름과 맥락을 고려하는 것도 중요하다. 이러한 원칙을 지키는 것은 사회복지사의 전문성과 기관의 책무성을 동시에 담보하는 중요한 윤리적 실천이다.

2) 기록윤리와 비밀보장의 중요성

사회복지 기록에는 클라이언트의 건강상태, 가족관계, 경제 사정, 심리 문제 등 매우 민감한 개인 정보가 포함되어 있다. 따라서 기록은 단순한 내부 문서가 아니라, 클라이언트의 권리를 보호하고 인격을 존중하는 윤리적 문서로 간주되어야 한다. 특히 정보의 보관, 열람, 제공, 폐기 전 과정에서 '비밀보장' 원칙이 철저히 지켜져야 하며, 이를 위반할 경우 사회복지사는 법적 책임은 물론 윤리적 신뢰까지 잃을 수 있다.

예를 들어, 부산 A 노인복지관은 개인정보 보호를 위해 정보보호책임자 지정, 열람권 제한, 기록 보관 연한 및 폐기 절차 명시 등을 기관 운영지침에 포함하고 있다. 또한, 이용자와 관련된 상담기록이나 영상정보는 관리자 승인 없이는 접근이 불가능하며, 일정 기간이 지나면 자동 폐기되도록 설정되어 있다. 이처럼 지역사회 복지기관들이 주도적으로 기록윤리를 강화해 나가는 것은, 클라이언트의 신뢰를 확보하는 동시에 지역복지의 질을 높이는 중요한 기반이 된다.

3) 기록 내용의 객관성과 표현의 절제

사회복지 기록은 주관적 판단이 섞이지 않아야 하며, 관찰된 사실과 그에 따른 개입 내용만을 중심으로 기술해야 한다. 기록 속 표현이 모호하거나 감정적으로 흐르면, 사례회의나 슈퍼비전, 평가 시 왜곡된 정보로 작용할 수 있다. 따라서 기록은 '행동 기반 기술'의 원칙에 따라, 관찰 가능한 행동이나 구체적 상황을 중심으로 작성되어야 한다.

예컨대 "어르신이 슬퍼 보임"이라는 문장보다 "면담 내내 울먹이는 표정을 보이며 '요즘 사람 만나는 게 무섭다'는 표현을 반복함"처럼 감정 상태를 구체적인 행동으로 묘사하는 것이 바람직하다. 이러한 기록은 이후의 개입 계획 수립과 서비스 평가에 신뢰할 수 있는 자료로 활용된다.

4) 디지털 환경에서의 기록윤리

최근 대부분의 기관에서는 전산시스템을 통해 사회복지 기록을 관리하고 있다. 이는 업무의 효율성을 높이는 장점이 있지만, 동시에 정보보호에 대한 위험도 증가시킨다. 특히 노인복지시설의 경우, 일부 생활지원사가 공용컴퓨터로 타인의 사례관리기록에 접근한 사실이 언론을 통해 보도되며, 전자기록의 보안 관리 중요성이 다시금 강조되었다.

전산기록은 암호화 저장, 접근 권한 부여, 자동 로그아웃 설정 등 기술적 보호조치를 의무적으로 적용해야 한다. 또한 기록을 열람하는 행위 자체도 '접근기록'으로 남기도록 하는 시스템이 권장되고 있다.

5) 윤리적 기록 실천을 위한 조직의 역할

사회복지사가 기록윤리를 실천할 수 있도록 돕기 위해서는, 기관 차원의 제도적 지원이 반드시 뒷받침되어야 한다. 대표적인 지원 방식은 다음과 같다.

첫째, 기관은 사례기록 작성 양식을 표준화하여 혼란을 줄이고, 기록의 일관성을 유지할 수 있도록 해야 한다.

둘째, 모든 실무자에게 정기적인 기록윤리 교육과 개인정보 보호교육을 실시하여 민감정보 처리의 중요성과 책임감을 고취시켜야 한다.

셋째, 법적 기준에 부합하는 전산 시스템을 도입하고, 접근 권한 설정, 열람 제한, 폐기 절차 등이 자동화되도록 기술적 기반을 갖춰야 한다.

3. 기록의 유형과 방법

1) 사회복지 기록의 다양한 유형

사회복지현장에서는 클라이언트와의 만남을 중심으로 매우 다양한 형태의 기록이 작성된다. 기록은 단지 일지를 남기는 수준이 아니라, 서비스의 목표 설정과 평가, 실천의 근거와 방향 제시에 필요한 중요한 도구이다. 사용 목적과 방식에 따라 기록 유형을 분류하면, 과정기록, 이야기체 기록, 문제중심기록, 구조화된 기록(SOAP 등) 등으로 나뉠 수 있다. 각 유형은 기관의 업무 체계, 담당자의 기록역량, 클라이언트의 특성 등에 따라 적절하게 선택되고 활용된다.

(1) 과정기록(Process Recording)

과정기록은 사회복지사가 클라이언트와의 면담이나 활동에서 오간 대화와 행동을 시간의 흐름에 따라 구체적으로 기록하는 방식이다. 특히 실습 현장이나 교육 상황에서 사용되며, 클라이언트 반응, 사회복지사의 질문 방식, 상황에 대한 판단 등을 포괄적으로 기술할 수 있어 슈퍼비전에 유용하다.

☑ **예시**

상황: 14시 30분 A어르신과의 가정방문
클라이언트 발언: "아들이 연락이 없어. 나 혼자 밥 먹는 것도 힘들어."
사회복지사 응답: "요즘 식사가 불규칙하신 것 같아 걱정되시겠어요. 혹시 도움받고 계신 건 있으세요?"

(2) 이야기체 기록(Narrative Recording)

이야기체 기록은 사회복지사가 전체 면담이나 활동 상황을 자연스러운 문장 흐름으로 기술하는 방식이다. 일기처럼 자유롭게 서술할 수 있으나, 작성자 개인의 감정이나 주관적 해석은 배제하고 객관적인 사실 중심으로 작성해야 한다. 또한 면담 중 중요한 대화 내용, 클라이언트의 감정 변화, 비언어적 반응, 환경적 맥락 등을 빠짐없이 포함해야 한다.

이 방식은 특히 업무량이 많고 긴급상황이 빈번한 현장에서 간편하게 기록할 수 있는 장점이 있어, 단기개입이나 모니터링 중심의 방문 서비스에서 자주 활용된다. 하지만 기록자에 따라 중요한 정보가 누락되거나 기술 방식이 일관되지 않는 경우, 정보의 객관성과 실용성이 저하될 수 있으므로 일정한 작성 훈련과 기준이 요구된다.

☑ 예시

기관: 부산 ㅇㅇ노인복지관

서비스: 독거노인 대상 방문형 안부확인 서비스

기록 내용(이야기체 기록)

- 오후 2시경, B 어르신 댁에 방문하였다. 초인종을 누르자 평소보다 늦게 문을 열어주셨고, "어지러워서 조금 누워 있었다"고 말씀하심. 거실 소파에 앉아 대화를 이어가며 건강상태를 여쭈었고, 어르신은 최근 며칠간 입맛이 없고 잠도 잘 오지 않는다고 하심. 냉장고 안에는 반찬이 거의 없었으며, 식사 준비는 잘 하지 못하는 모습이었음. 어르신이 "누가 전화라도 한 번 해주면 좋겠다"고 말하며 눈시울을 붉히는 장면이 있었음. 이에 지역 자원 연계를 통한 말벗 서비스와 주 2회 반찬 배달 서비스 연계를 논의하였고, 어르신은 고개를 끄덕이며 "고맙다"고 하셨음. 퇴실 전 온도 확인과 손잡이 고정상태 점검 후 귀가.

(3) 문제중심기록(Problem-Oriented Recording)

문제중심기록은 클라이언트가 겪고 있는 특정한 문제를 중심으로 기록 구조를 구성하는 방식이다. 일반적으로 사정(Assessment), 개입 계획(Plan), 실행(Implementation), 평가(Evaluation)라는 순서로 진행되며, 각 단계에서 클라이언트의 상태와 서비스 제공 내용을 체계적으로 기록할 수 있도록 한다.

이 방식은 통합사례관리, 장기적 개입, 복합적 욕구가 있는 대상자에게 특히 유용하다. 특히 치매, 자기방임, 만성질환, 정서적 고립, 우울 등 복합 문제가 동반된 노인 고위험군의 사례관리에 매우 적합하다. 문제중심기록은 개입 흐름을 구조화함으로써, 다기관 협업 시에도 실천 내용이 명확하게 전달되고, 평가 기준이 분명해지는 장점이 있다.

☑ 예시

기관: 경남 ○○시 노인맞춤돌봄서비스 수행기관
대상자: 독거노인 C어르신 (만 82세, 기초생활수급자, 자녀와 연락 단절)

〈문제 중심 기록 구성 예시〉

Assessment (사정)
최근 2개월간 가사활동 불가, 심한 우울감 호소 냉장고에 유통기한 지난 음식 다수, 외부인 접촉 거의 없음 자녀와 연락 끊긴 지 6개월 이상 경과 방문 당시 "죽고 싶은 생각이 자주 든다"고 언급함
Plan (개입 계획)
정신건강복지센터에 우울선별검사 의뢰 지역 반찬지원서비스 주 2회 연계 주 1회 정서지원 상담 및 사회복지사 방문 계획
Implementation (개입 실행)
5월 3일 정신건강복지센터 우울척도검사 실시(중등도 우울 진단) 5월 5일부터 반찬지원 연계 시작 5월 7일 사회복지사 첫 방문 후 전화상담 진행
Evaluation (개입 평가)
2주 경과 후 "이제는 조금 마음이 편해졌다"는 언급 반찬 수령 만족도 높음, 음식 남기지 않음 지속적인 상담의 필요성 있음 → 중장기 개입 유지 결정

(4) 구조화된 기록(SOAP 방식)

최근에는 의료·복지 통합 분야나 사례관리 현장에서 SOAP 기록 방식이 자주 활용된다. 이는 네 가지 구성요소를 따라 기술하는 구조화된 기록법이다.

- S(Subjective): 클라이언트의 주관적 표현
- O(Objective): 관찰된 사실
- A(Assessment): 사회복지사의 판단 및 분석
- P(Plan): 향후 계획 및 개입 방향

☑ 예시

S: “요즘 잠이 잘 안 와요.”
O: 피곤한 얼굴, 눈 밑에 다크서클 확인됨
A: 수면장애 호소 지속 → 정서불안 가능성 판단
P: 다음 주 상담에서 수면위생 관련 정보 제공 및 정신건강복지센터 연계 논의 예정

(5) 기록 유형별 비교

기록 방식은 상황에 따라 적절히 선택되어야 하며, 각각의 장단점을 숙지하고 있어야 한다.

표 12-2 사회복지 기록 유형 비교

기록 유형	특징	장점	유의점
과정기록	시간 흐름 따라 대화와 상황 기술	교육과 슈퍼비전에 유용	시간 소요 많고 작성 부담 있음
이야기체 기록	전체 흐름을 자유롭게 서술	작성 간편, 일상적인 기록에 적합	기록자 주관에 따라 내용 누락 우려
문제중심 기록	문제를 중심으로 체계적으로 정리	사례관리 및 평가에 효과적	특정 문제에 국한될 수 있음
SOAP 기록	S-O-A-P 구조 따라 작성	구조화 용이, 서비스 연계에 효과적	항목별 작성 숙련도 필요

4. 현장에서의 기록 작성 요령

사회복지현장에서의 기록은 실천과 동시에 이루어지는 핵심 업무 중 하나다. 단순한 서술이 아니라, 클라이언트의 욕구와 개입의 흐름, 결과를 구조화하고, 향후 개입의 방향을 제시하는 도구이기도 하다. 특히 노인복지

현장에서는 빠른 판단과 개입이 요구되기 때문에, 정확하고 효율적인 기록 기술이 필요하다.

1) 기록 시점과 흐름의 원칙

현장 기록은 '가능한 빠르게, 가능하면 즉시' 작성하는 것이 원칙이다. 사건 발생 후 시간이 지나면 기억이 흐려지거나 주관이 개입될 수 있으므로, 기록 시점이 늦어질수록 사실성은 떨어진다. 따라서 현장에서는 면담 직후, 방문 종료 직후, 전화상담 직후 등 가능한 한 빠른 시점에 기록을 완료해야 한다.

기록은 시간 흐름에 따라 진행되되, 개입의 논리적 순서를 반영해야 한다. '상황 발생 → 클라이언트 반응 → 사회복지사 개입 → 클라이언트 변화'라는 구조에 따라 작성하면, 이후 사례회의나 평가 시에도 일관된 흐름을 유지할 수 있다.

☑ **예시**

부산 A 노인복지관에서는 생활지원사가 오전 10시 방문을 마친 뒤 30분 이내에 방문일지를 전산시스템에 입력하도록 내부 지침을 두고 있으며, 이를 통해 '사건 발생 → 기록 → 사례회의'의 시간 간격을 최소화하고 있다. 이처럼 즉시기록 원칙은 사례의 정확성을 높이는 핵심이다.

2) 면담 중 메모와 사후 작성 요령

현장에서는 클라이언트의 말과 행동을 모두 기억하기 어려우므로, 면담 중 핵심 키워드를 간단히 메모해 두는 것이 효과적이다. 단, 메모는 클라이언트가 위협을 느끼지 않도록 자연스럽게 이루어져야 하며, 반드시 사후에 전체 기록으로 정리되어야 한다.

사후 정리 시에는 메모를 참고하되, 관찰된 사실과 사회복지사의 개입 내용, 클라이언트의 정서 상태 등을 명확히 구분하여 작성해야 한다. 또한 말 그대로 옮기기보다는, 문장 구조와 표현을 교정하여 공식 기록물로서의 형식을 갖추도록 한다.

☑ **예시**

한 상담자는 클라이언트의 "잠을 못 자요"라는 반복적 표현과 손으로 무릎을 계속 문지르던 동작을 현장 메모지에 키워드 중심으로 적어두었다. 이후 정식 기록에서는 "어르신은 '잠이 안 온다'는 말을 반복하였으며, 대화 중 내내 양손으로 무릎을 비비는 모습을 보임"이라고 객관적 사실 중심으로 정리하였다.

3) 관찰과 해석의 분리

사회복지 기록에서 중요한 원칙 중 하나는 '관찰된 사실'과 '사회복지사의 해석' 또는 판단을 명확히 구분하는 것이다. 면담이나 방문 과정에서 클라이언트의 말과 행동을 정확히 기록하는 것은 실천의 출발점이며, 개입의 객관성을 확보하는 기반이 된다.

기록자는 클라이언트의 표정, 언어, 행동 등 관찰 가능한 요소를 중심으로 기록하고, 그러한 관찰에 근거한 자신의 판단이나 개입 의도는 따로 구분하여 기술해야 한다. 예를 들어 "어르신이 무기력했다"는 주관적 해석으로 볼 수 있으며, 대신 "질문에 응답하지 않고 고개를 숙인 채 침묵 상태를 유지함"이라고 기술하는 것이 바람직하다.

이러한 구분은 구조화된 기록 방식(SOAP, 문제중심기록 등)을 사용할 때 더욱 효과적으로 적용되며, 특히 O(Objective: 객관적 사실)과 A(Assessment: 판단) 항목을 통해 사실과 해석을 분리할 수 있다.

기록자가 자신의 해석을 지나치게 앞세울 경우, 사례의 객관성과 평가의 타당성이 훼손될 수 있기 때문에, 현장에서의 지속적인 사례 점검과 피드백 체계가 함께 운영될 필요가 있다.

4) 불필요한 정보의 배제

기록은 간결하면서도 필요한 핵심 정보를 포함해야 한다. 장황하게 작성하거나, 클라이언트와 무관한 주변 정보까지 포함시키면 실제 개입 내용이 희석될 수 있다.

예를 들어, "방문 당시 날씨가 맑고 근처 공원에서 행사가 진행 중이었음"은 개입과 직접적인 관련이 없다면 생략해야 하며, 오히려 "방문 당시 어르신은 외부 소음에 민감한 반응을 보이며 대화 중단함"과 같은 내용이 포함되어야 한다. 기록은 '누가 읽더라도 이해할 수 있는 실무 문서'여야 하며, 작성자의 감정 표현이나 잡담성 내용은 포함되지 않아야 한다.

☑ **예시**

- 잘못된 기록: "방문 당시 날씨가 맑고, 아파트 앞마당에는 아이들이 놀고 있었음."
- 바람직한 기록: "어르신은 외부 소음이 들릴 때마다 눈살을 찌푸리며 대화를 멈추는 반응을 보임."

→ 기록은 맥락 없이 주변 묘사를 늘어놓기보다는, 클라이언트 반응과 개입 관련성이 높은 정보만 선별해야 한다.

5) 사례기록 작성의 표준화

현장에서는 다양한 양식이 존재하지만, 기록 방식이 표준화되지 않으면 실무자가 바뀔 때 사례의 연속성이 무너지기 쉽다. 이를 방지하기 위해 기관 차원에서 작성 양식을 통일하고, 작성 방법에 대한 사례기록 가이드북 또는 작성 지침을 제공하는 것이 필요하다.

일부 복지관에서는 월 1회 사례기록 점검 회의를 통해 누락된 정보, 작성 오류, 비윤리적 표현 등을 확인하고, 수정 및 피드백을 제공하고 있다. 이러한 내부 점검은 기록의 질을 향상시키고, 기관의 책임성과 전문성을 높이는 데 기여한다.

☑ 예시

경남 B 노인복지관에서는 월 1회 '사례기록 검토 회의'를 통해 작성된 기록의 누락 항목, 용어 일관성, 윤리성 등을 체크하고 있으며, 오류가 있는 기록은 수정 요청과 함께 피드백을 제공한다.

5. 노인복지 현장의 기록 사례

노인복지 실천 현장에서의 기록은 단순한 문서화를 넘어, 서비스의 흐름을 점검하고 개입의 타당성을 확보하는 핵심 수단이다. 특히 장기요양서비스, 노인맞춤돌봄서비스, 지역사회 사례관리 등에서 작성되는 기록은, 사례 발굴부터 종결까지 전 과정의 연속성과 전문성을 담보한다.

1) 기록 양식의 흐름과 구조

노인복지기관에서는 보통 다음과 같은 기록 흐름을 기준으로 문서를 작성한다.

표 12-3 기록 흐름의 구조

기록 단계	주요 문서 양식	활용 목적
초기접수 및 사정	기본정보지, 초기상담지, 욕구사정표	대상자 파악 및 문제 도출
계획 수립	개입계획서, 서비스 연계표	목표 설정 및 구체적 개입 전략 수립
개입 실행	방문일지, 사례기록지, 상담기록지	실제 서비스 내용 및 클라이언트 반응 기록
평가 및 종결	중간평가서, 종결보고서	서비스 효과 검토 및 사후 관리 계획

2) 실제 기록 사례 예시

다음은 2024년 부산시의 한 노인맞춤돌봄서비스 수행기관에서 활용한 실제 사례 기록 형식과 내용이다. 대상자는 사회적 고립 위험군으로 분류된 독거노인으로, 초기 욕구사정부터 종결에 이르는 과정이 포함되어 있다.

표 12-4 노인맞춤돌봄 사례 기록 요약표

구분	내용
기본 정보	김ㅇㅇ(83세), 남성, 기초생활수급자, 자녀와 연락 단절
초기사정	• 욕구: 정서적 지지, 일상생활 지원 • 문제: 낮 시간 대부분 누워 있음, 외부 활동 없음, 식사 불규칙
개입 계획	• 단기 목표: 정서적 안정 및 생활리듬 회복 • 개입 내용: 주 1회 전화상담, 주 2회 반찬지원, 월 1회 프로그램 연계 • 협력기관: 지역 반찬지원센터, 노인복지관 프로그램팀
사례기록지	4월 10일 가정방문 실시. 어르신은 거실에서 누워 있었으며, 문을 열 때도 무표정한 얼굴로 짧게 인사함. 대화 중 "요즘은 누가 오는 것도 싫다"고 말하며 대화 거부. 이전보다 안색이 어두워졌고, 식사 여부 질문에 "요즘은 밥맛이 없다"고 응답. 상담 중 두 차례 눈시울 붉히는 장면 관찰됨. 방문 종료 후 정서 안정 프로그램 연계 결정.
종결 보고서	• 주요 성과: 반찬지원 만족도 높음, 프로그램 2회 참여 완료 • 변화 내용: 대화 중 긍정 표현 증가, "이제 누가 오는 게 나쁘진 않다"는 표현 확인 • 종결 사유: 프로그램 참여 유지 및 안정적 생활 확인됨 → 일반서비스 전환

6. 기록의 관리와 정보화

사회복지 실천에서 기록은 단순한 문서보관을 넘어, 개입의 과정과 결과를 축적·전달하는 핵심 도구이다. 특히 노인복지 영역에서는 장기적 개입이 빈번하여 보존성, 연속성, 활용성이 중요하며, 최근에는 전산화 시스템 중심으로 기록 관리 방식이 진화하고 있다.

1) 기록의 보관과 접근

사회복지현장에서의 기록은 단순한 행정 절차를 넘어, 서비스 개입의 정당성과 연속성, 대상자 권리 보호를 위한 핵심 도구로 기능한다. 특히 노인복지 영역에서는 장기적인 사례관리와 지속적인 욕구 변화 대응이 요구되기 때문에, 기록의 보관과 접근 체계가 매우 중요하다.

기본적으로 각 사회복지기관은 사례기록을 일정 기간 이상 보관하고, 이후에는 법적·행정적 기준에 따라 적절히 폐기하도록 규정되어 있다. 보건복지부의 지침과 각 지자체의 조례에 따르면, 다음과 같은 보관 연한과 기준이 통상 적용된다.

- **사례관리 기록**: 최소 5년 이상 보관을 원칙으로 하며, 일부 지자체에서는 대상자 동의에 따라 영구 보관을 허용하기도 한다.
- **회계 관련 문서**: 회계처리법과 사회복지시설 재무회계규칙에 따라 10년간 보존이 요구된다.
- **인사기록 및 행정문서**: 기관의 운영 기준에 따라 3~5년 보존 후 폐기하는 것이 일반적이다.
- **전자기록**: 시스템 백업 및 서버 보존 기간 기준에 따라 별도로 관리된다.

(1) 기록 보관 방식의 비교

보관 방식은 크게 종이 기록과 전자 기록의 병행 체계로 운영되며, 각 방식은 다음과 같은 특성과 유의점을 가진다.

표 12-5 기록 보관 방식의 비교

보관 방식	장점	주의사항
종이 기록	자필 서명, 원본 문서로서의 법적 효력 확보	물리적 훼손, 분실 위험/보관 공간의 제약
전자 기록	검색, 통계 분석, 다기관 공유 가능/보관·복제 용이	보안사고, 무단 접근 가능성 → 접근 권한 관리 필수

(2) 기록 접근의 법적 기준과 윤리적 책임

기록의 접근과 열람에는 엄격한 법적 기준과 윤리적 책임이 수반된다. 「개인정보 보호법」 제17조 및 제18조에 따르면, 서비스 이용자의 동의 없이 제3자에게 기록을 제공하거나, 무단 열람하는 행위는 엄중한 처벌 대상이 된다. 이에 따라 각 기관은 다음과 같은 기준을 마련하고 있다.

- **기록 열람 시 서면 동의 원칙**: 이용자 본인 외의 열람은 서면 동의가 있는 경우에만 가능함
- **기록 접근 권한 제한**: 사례관리자, 책임자, 관련 기관 담당자 외에는 열람 불가하며, 로그인 기록 등을 통해 접근 내역을 주기적으로 모니터링
- **기록 폐기 시 보안조치**: 종이기록은 분쇄 처리, 전자기록은 완전 삭제 및 백업 파기 절차 이행

한편, 클라이언트의 알 권리와 보호권 사이의 균형도 중요하다. 예를 들어, 고령 클라이언트가 치매 등 인지 기능 저하를 보이는 경우, 후견인 또는 법정 대리인의 동의를 받아 기록 열람을 허용하는 방식을 택하고 있으며, 이 역시 정해진 절차에 따라 문서로 기록된다.

2) 전산화 시스템과 정보 공유

최근 사회복지 현장에서는 다양한 전산화 시스템이 본격적으로 도입되면서, 사례기록의 축적과 활용 방식에 큰 전환이 이루어지고 있다. 이는 단순한 기록의 디지털화 수준을 넘어, 개입 내용의 표준화, 기관 간 협업 촉진, 자원의 효율적 배분을 가능하게 하는 복지 전달체계의 핵심 인프라로 자리잡고 있다.

특히 노인복지 영역에서는 고령자의 욕구가 복합적이고 지속적인 개입이 요구되기 때문에, 전산화 시스템을 통해 개입의 흐름을 시간축에 따라 일관성 있게 관리하고, 다부처 기관과의 연계·협력을 체계화하는 것이 매우

중요하다. 이러한 목적을 위해 사용되는 대표적인 전산 시스템은 다음과 같다.

(1) LSA(노인맞춤돌봄서비스관리시스템)

보건복지부와 사회보장정보원이 공동 개발한 LSA 시스템은 노인맞춤돌봄서비스 수행기관에서 사용되는 표준화된 사례관리 플랫폼이다. 서비스 대상자의 기초정보, 초기 및 정기 욕구사정, 서비스 제공계획, 개입 실적 및 평가 기록을 통합적으로 관리할 수 있다. 이 시스템은 생활지원사와 사례관리자 간의 실시간 기록 공유를 통해 중복 서비스 제공을 방지하고, 대상자의 서비스 이용 이력을 통합적으로 파악할 수 있게 한다.

(2) 행복e음(사회보장정보시스템)

행복e음은 전국 사회복지기관, 지자체, 읍면동 행정복지센터가 공동으로 사용하는 국가 단위의 통합정보망이다. 기초생활보장, 긴급복지, 기초연금, 돌봄서비스 등 다양한 복지급여와 서비스 대상자의 정보를 통합 조회하고 연계할 수 있다. 이를 통해 담당자는 클라이언트의 수급 자격, 기존 이용 서비스, 중복 수혜 여부 등을 실시간으로 확인하고, 서비스 누락이나 중복 지원을 최소화할 수 있다.

(3) 지자체 통합사례관리시스템

지방자치단체에서는 지역사회 내 복합적인 위기상황에 놓인 대상자를 중심으로 통합사례관리를 수행하고 있으며, 이를 위해 각 지자체에서는 자체 통합사례관리시스템을 구축·운영하고 있다. 이 시스템은 복지, 보건, 주거, 고용 등 다부처 기관과의 연계를 기록 및 추적할 수 있게 하며, 사례 회의록, 개입 계획, 기관별 역할분담 내용 등을 체계적으로 관리할 수 있다. 특히 사례관리 전담 공무원, 읍면동 맞춤형복지팀, 민간 자원 연계 기관 간 협업 이력을 투명하게 기록함으로써 공공-민간 연계 기반의 복지 네트워크를 강화하는 데 기여하고 있다.

이러한 전산화 시스템의 도입은 기록의 신속성과 정확성, 정보 공유의 효율성, 그리고 개입의 일관성과 연속성을 확보하는 데 있어 핵심적 역할을 하고 있다. 특히 고위험 독거노인, 치매노인, 정신건강 문제가 있는 노인 등 다양한 복합욕구를 가진 대상자에 대해 맞춤형 개입을 설계하고 조정하는 데 효과적이다.

또한, 전산 기록은 기관 내부에서의 슈퍼비전, 교육, 모니터링 도구로 활용되며, 관리자 입장에서는 서비스 실적 분석, 업무 배분, 기관 운영 전략 수립의 근거자료로도 매우 유용하게 사용된다. 전산 시스템은 단순히 기록을 입력하는 기능을 넘어서, 사례관리의 질을 높이고 지역복지 거버넌스를 강화하는 핵심 수단으로 자리 잡고 있다.

(4) 사회복지 전산화 시스템의 보완 과제

① 인터넷 및 시스템 접근성의 지역 불균형

- **문제점**: 농어촌, 도서지역, 산간지역 등에서는 인터넷 접속이 불안정하거나 LTE · 광랜이 설치되지 않은 곳이 많아 시스템 접속이 지연되거나 불가능한 경우가 발생함
- **사례**: 강원도 일부 산간지역에서는 LSA 시스템 접속이 원활하지 않아 종이로 사례일지를 작성한 후, 읍면 행정복지센터로 이동해 전산입력하는 이중 업무가 발생함
- **개선 방향**: 오프라인 입력 후 자동 동기화되는 로컬 캐시 저장 기능, 지자체별 모바일 전용 경량화 앱 개발, 또는 국가 차원의 공공망 통신 인프라 확충이 필요

② 현장 실무자의 디지털 역량 부족

- **문제점**: 특히 고령의 생활지원사, 자원봉사자, 경력단절 재진입자

중에는 스마트폰 · 태블릿 활용 능력이 부족하여 시스템 입력이 어려운 경우가 있음

- **사례:** 일부 수행기관에서는 생활지원사 5명 중 2명이 LSA 태블릿 사용을 익히지 못해 매번 사례관리자에게 도움 요청 → 업무 병목 발생
- **개선 방향:** 실무자 대상 디지털 문해력 교육 프로그램 정례화, 시스템 매뉴얼의 영상화 및 쉬운 말 버전 제공, 음성 인식 입력기능 도입 고려

③ 중복 입력과 비효율적 행정 절차

- **문제점:** 동일한 내용을 LSA, 행복e음, 지자체 자체 시스템 등 각각의 시스템에 반복 입력해야 하는 '3중 입력' 문제가 여전히 존재함
- **사례:** 한 노인복지시설에서는 같은 사례회의 내용을 LSA, 지자체 사례관리시스템, 시청 보고용 문서로 각각 작성 → 업무 비효율과 시간 낭비 초래
- **개선 방향:** 시스템 간 데이터 연동 및 API 통합, 표준화된 입력 양식 도입이 필요. '한 번의 입력으로 여러 시스템 자동 반영'되는 구조적 개선이 요구됨

④ 보안 문제와 개인정보 유출 우려

- **문제점:** 사례관리 기록에는 고령자의 질병, 가족관계, 소득정보 등 민감 정보가 포함되므로, 태블릿 분실 · 무단열람 · 암호 미설정 등으로 인한 개인정보 유출 가능성이 있음
- **사례:** 2023년 한 수행기관에서 분실된 태블릿에 클라이언트 이름 · 주소 · 치매 판정 기록 등이 남아 있어 개인정보 유출 신고 사례 발생
- **개선 방향:** 모바일 기기 보안 강화(지문인증 · 자동잠금), 접속기록 로그 추적 기능, 열람 권한 계층 설정, 오프라인 기기 분실 시 자동 삭제 기능 도입 필요

3) 정보보안과 윤리적 유의사항

사회복지기관에서 사용하는 사례기록은 클라이언트의 건강, 가족관계, 경제상황 등 고도의 민감한 개인정보를 포함하고 있으며, 특히 전산화 시스템의 도입에 따라 보안 위협에 대한 대응이 필수적 과제가 되었다. 따라서 기록 작성 및 열람 과정에서는 정보보호와 윤리적 기준에 따른 관리 원칙이 철저히 수립되어야 한다.

(1) 접속 및 기록 권한의 개인화 관리

① 모든 전자기록은 반드시 개인별 계정을 통한 로그인 후 작성되어야 하며, 공유 계정(ID, 비밀번호 공유 등)의 사용은 원칙적으로 금지된다.

② 접근권한은 직급, 담당 클라이언트 여부, 기록의 종류(초기, 진행, 종결)에 따라 차등 설정해야 하며, 불필요한 접근 차단과 로그 기록 기능 확보가 병행되어야 한다.

③ 클라이언트 기록에 접근한 내역은 시스템 로그에 남겨 정보 유출 발생 시 추적 가능해야 한다.

(2) 기록 내 개인정보의 최소화 및 익명화 처리

① 내부 회의자료, 교육자료 등 제3자 공유가 예정된 문서에는 실명, 주민번호, 정확한 주소 등 식별정보를 제거하거나 가명화하여 사용해야 한다.

② 사례회의 시에도 "A어르신(80세, 남, 치매 진단)" 정도로 표기하며, 기록서류 외 별도 클라이언트 식별표와 연결하지 않도록 한다.

③ 정신건강, 학대, 자살 시도 등 고위험 정보는 보다 제한적으로 접근해야 하며, 회의에서 직접 언급할 경우 별도 보안 절차를 둬야 한다.

(3) 기록의 저장 및 반출 관리 기준

① 전자기록은 기관 내부 전용 서버, 또는 공공기관이 인증한 보안 클라우드 저장소에만 보관되어야 하며, 일반 USB 저장, 개인 이메일 전송, 외부 클라우드(Google Drive, Naver Cloud 등) 업로드는 금지한다.

② 사례기록 원본(종이 기록 포함)은 반출이 불가하며, 기관 외 공유가 필요한 경우에는 관리자의 공식 문서 결재와 비식별 조치가 완료되어야 한다.

③ 모바일 기기를 통한 기록 열람 시에는 자동 로그아웃, 지문 인증, 접근 제한 앱 등의 보조 기술을 활용해 보안 수준을 강화할 필요가 있다.

(4) 기록 교육과 윤리교육의 통합 운영

① 신입 직원 및 실습생 대상 교육 시에는 반드시 윤리적 기록 작성 지침을 포함하며, 실제 사례는 익명화된 허가 사례만을 사용할 수 있다.

② 교육 자료로 사용하는 사례는 클라이언트의 동의를 받거나, 기관 내에서 비식별화 조치를 마친 내용으로 제한해야 하며, 수업 후 자료 회수 및 보안 폐기 절차가 동반되어야 한다.

③ 정기 윤리교육을 통해 무심코 발생할 수 있는 기록상 윤리 위반 사례(예 감정 섞인 평가, 불필요한 병력 기술 등)에 대한 사례별 토론 및 예방 교육을 강화할 필요가 있다.

4) 기록의 질 관리와 내부 점검

사회복지기관에서 기록은 단순한 업무 결과가 아니라, 서비스 과정 전체를 반영하는 전문적 행위이며, 법적 · 윤리적 책임이 수반되는 문서이다. 따라서 기록의 정확성, 일관성, 윤리성, 실용성을 담보하기 위해 기관 차원의 질 관리 체계와 내부 점검 시스템 구축이 필수적이다.

(1) 정기적 기록 모니터링과 슈퍼비전

기관은 월 1회 이상 사례기록에 대한 정기 모니터링을 실시하여 다음과 같은 항목을 중점적으로 점검한다.

① 사실과 의견의 혼재 여부
② 비윤리적 언어 사용(예 가치판단적 표현, 차별적 용어)
③ 누락된 정보나 불명확한 문장
④ 서식의 일관성 및 문법 오류

이 과정은 내부 슈퍼바이저나 팀장이 주도하며, 개별 피드백과 그룹별 피드백을 병행하여 기록 역량의 상향 평준화를 도모한다.

(2) 작성 가이드북 및 우수 기록 예시 제공

기관은 사회복지사들이 참고할 수 있는 기록 작성 매뉴얼을 제공하며, 특히 신규 입사자와 실습생에게는 교육자료로 활용된다.

① 가이드북에는 SOAP, 문제중심기록, 이야기체기록 등의 유형별 예시와 금지 표현, 사례별 서술 팁 등이 포함된다.
② 우수 사례기록은 동료 간 학습자료로 공유되어, 실무적 판단의 기준점을 제시하고 기록의 품질을 향상시키는 데 기여한다.

(3) 기록 작성 역량 강화를 위한 교육 및 피드백 체계

① 신규 입사자 교육과 연 1회 이상 재교육을 통해 기록 실천의 윤리성과 표준화된 기술을 지속적으로 강화한다.
② 기록 교육은 단순한 작성법 전달이 아니라, 사례관리 전반의 가치와 관점을 반영하는 과정으로 기획되어야 하며, 사례 토론, 기록 모의 작성, 피드백 활동 등이 포함된다.

③ 일부 기관은 외부 컨설팅 전문가나 지역사회복지협의체와 협업하여 기록 품질에 대한 객관적 점검을 받기도 한다.

(4) 기록 품질 점검 결과의 환류 및 제도 개선

① 모니터링 결과는 기관 운영회의나 실무자 회의에서 공유되어, 작성 관행의 개선과 서비스 흐름의 문제까지 점검하는 기회가 된다.

② 반복적인 기록 오류가 발견될 경우, 서식 개선, 교육내용 재구성, 전산 시스템 조정 등의 조치로 이어질 수 있으며, 이는 곧 조직 학습과 운영 개선의 선순환 구조를 형성한다.

학습문제

[서술형]

01 사회복지현장에서 SOAP 기록 방식이 가지는 장점과 실제 사례 적용 방식에 대해 설명하시오. 특히 노인복지 현장에서의 활용 가능성과 효과성을 중심으로 서술하시오.

02 사회복지 기록에서 '관찰과 해석의 분리'가 중요한 이유를 설명하고, 실제 기록 작성 시 흔히 발생하는 오류와 그에 대한 개선 방안을 제시하시오.

[객관식]

01 다음 중 사회복지 기록의 윤리적 원칙에 해당하지 않는 것은?

① 클라이언트의 동의 없이도 기관 내부 직원 간에는 기록 열람이 자유롭다.
② 클라이언트의 프라이버시와 인권을 존중해야 한다.
③ 기록은 사실에 근거하여 객관적으로 작성되어야 한다.
④ 기록 내용은 클라이언트가 원할 경우 열람할 수 있다.
⑤ 기록은 보안이 유지되는 저장 공간에 보관되어야 한다.

02 다음 중 문제중심기록의 기본 구조로 옳은 것은?

① 계획－실행－평가
② 욕구－자원－개입
③ 문제－사정－계획－기록
④ 사정－개입－평가
⑤ 주관적－객관적－사정－계획

03 다음 중 SOAP 기록 방식에서 'A'(Assessment)에 해당하는 내용은?

① "요즘 밥맛이 없어요."
② 식사가 불규칙하고, 최근 체중 감소 있음
③ 노인은 우울 증세를 보이며, 정서적 지지가 필요함
④ 매주 프로그램 참여 계획 수립
⑤ "사람 만나는 게 점점 싫어졌어요."

서술형 모범답안

01 1. SOAP 기록의 장점
- 정보 구분이 명확해 혼선 방지
- 실천의 흐름(사정-계획-실행-평가)을 쉽게 파악
- 다학제 협업에 효과적, 사례 회의와 서비스 연계에 용이

2. 노인복지 현장 적용 예시
- 정서 문제(우울, 불면 등)를 표현한 노인의 발언(S), 외적 관찰(O), 문제 사정(A), 상담·프로그램 연계 계획(P) 등으로 구체적 대응 가능
- 사례관리, 방문상담, 데이케어 등에서 활용

3. 노인복지 현장에서의 효과성
- 상태 변화의 추적, 서비스 연속성 확보, 다학제 협업에 유리
- 기록의 정확성과 누락 방지로 전문성과 기관의 책임성 향상

02 1. 중요한 이유
- 관찰: 객관적 사실(행동, 말, 상황 등)
- 해석: 실천가의 판단 · 평가

→ 두 요소를 분리하지 않으면 기록의 주관화 · 왜곡 위험 발생
→ 클라이언트 권리, 법적 책임, 기관 신뢰성에 영향

2. 실제 오류 사례
- 감정적 표현 사용: "불쾌하게 반응함"
- 일반화된 판단: "항상 늦는다", "문제가 많다"
- 모호한 서술: "그럭저럭 참여함"
- 사실과 의견 혼동: 추측에 의존한 기록

3. 개선 방안
- 사실과 해석을 명확히 구분해 기록하도록 훈련
- SOAP 등 표준화된 기록틀 활용
- 사례회의 · 슈퍼비전 통해 동료 검토
- 구체적인 행동 · 발언 중심 서술 우선 → 그 뒤에 사정 가능

선택형 정답

01 ① **02** ④ **03** ③

13
CHAPTER

사회복지실천 기술 평가

1. 평가의 중요성과 목적
2. 평가의 유형
3. 실천기술 평가 기법
4. 노인복지 서비스의 평가 사례
5. 클라이언트 참여와 만족도 평가
6. 동료평가와 슈퍼비전
7. 평가 결과의 활용과 환류

학습목표

1. 사회복지실천 평가의 목적과 중요성을 이해하고, 다양한 평가 유형과 그 활용 방식을 설명할 수 있다.
2. 사회복지 현장에서 활용되는 실천기술 평가기법과 노인복지 서비스 평가 사례를 통해 실제 적용 방법을 설명할 수 있다.
3. 클라이언트 참여, 동료평가, 슈퍼비전, 환류 체계를 포함한 실천평가의 참여적·순환적 구조를 이해하고, 실천 현장에서의 개선 전략을 제시할 수 있다.

1. 평가의 중요성과 목적

사회복지실천에서 평가는 단순한 사후 점검의 과정이 아니라, 실천의 전 과정에서 지속적으로 개입의 질을 확인하고 개선하기 위한 핵심 도구이다. 평가는 사회복지사가 수행한 서비스가 실제로 클라이언트의 삶에 긍정적인 영향을 미쳤는지를 체계적으로 확인할 수 있게 하며, 이 과정을 통해 실천의 효과성과 효율성을 확보할 수 있다. 나아가, 평가는 기관과 실천가가 자신들의 개입에 대해 사회적 책임을 다하고 있다는 '책무성'을 입증하는 수단이 되기도 한다.

사회복지평가는 다음과 같은 목적을 지닌다.

① 실천의 효과성 검증

사회복지사가 설정한 목표가 클라이언트의 삶에 어떤 변화를 가져왔는지를 객관적인 지표를 통해 확인하는 과정이다. 예를 들어, 우울증을 겪는 노인을 대상으로 한 정서지원 서비스 이후 우울 척도 점수가 낮아졌다면, 해당 서비스는 효과가 있었다고 볼 수 있다.

② 실천과정의 적절성 점검

목표 달성을 위한 실천과정이 전문적으로 수행되었는지를 확인하는 것으로, 단순히 결과만이 아니라 '과정의 질'을 평가하는 데 중점을 둔다. 이는 문제 상황에 적절한 개입을 선택하고 실행했는지, 클라이언트의 참여가 충분히 보장되었는지 등을 포함한다.

③ 전문성 향상과 기술 개발

사회복지사는 평가를 통해 자신의 개입 기술과 접근 방식에 대한 피드백을 받을 수 있으며, 이를 바탕으로 실천 역량을 강화할 수 있다. 평가는 슈퍼비전 및 동료 피드백 과정에서도 중요한 자료로 활용된다.

④ 기관의 운영성과 증명과 자원 확보

기관 차원에서는 평가 결과를 통해 제공된 서비스의 질을 외부에 설명하고, 향후 예산 확보 및 프로그램 확대의 근거로 활용할 수 있다. 특히 지방자치단체나 중앙정부의 위탁사업에서는 사업성과 보고의 일환으로 평가가 필수적이다.

⑤ 이용자 중심의 서비스 개선

클라이언트의 피드백을 반영하여 서비스 품질을 개선함으로써, 보다 효과적이고 수요에 부합하는 개입을 설계할 수 있다. 특히 고령자, 장애인 등 의사소통이 어려운 집단의 경우, 대리인을 통한 간접적 만족도 평가가 병행되기도 한다.

결국 평가는 단순히 '했는가, 하지 않았는가'를 기록하는 차원을 넘어, 실천의 가치와 목표에 부합하는지를 돌아보게 하며, 사회복지사의 전문성과 조직의 신뢰도를 높이는 데 중요한 기능을 수행한다.

2. 평가의 유형

사회복지 실천 현장에서 평가란 단순히 결과를 측정하는 행위를 넘어, 서비스의 질을 확보하고 지속 가능한 개선을 도모하는 중요한 도구로 인식된다. 이러한 평가는 평가의 주체, 대상, 목적 등에 따라 다양한 방식으로 분류될 수 있으며, 각 유형은 기관의 환경과 목적에 따라 적절히 선택되어야 한다.

1) 내부평가와 외부평가

내부평가는 사회복지기관의 실무자나 내부 운영진이 자체적으로 수행하는 평가로, 주로 운영 효율성과 서비스 개선을 목적으로 한다. 자체 점검 형식으로 수시로 이루어지며, 비교적 융통성이 높은 특징이 있다. 반면 외부평가는 지방자치단체나 보건복지부 등 외부 전문기관이 법정 절차에 따라 수행하는 평가로, 객관성과 책무성을 확보하기 위한 목적이 크다.

예를 들어, 경기도에서는 사회복지관, 노인복지관, 양로시설 등을 대상으로 3년 주기의 외부평가를 실시하고 있으며, 이 과정에서 자체 평가보고서 제출, 현장 실사, 종합보고의 절차가 수반된다.

2) 프로그램평가와 기관평가

프로그램평가는 특정한 사업이나 서비스 단위를 중심으로 그 설계, 실행, 성과를 분석하는 평가 방식이다. 예를 들어 노인맞춤돌봄서비스, 자살예방 프로그램, 청소년 진로상담 프로그램 등의 효과를 개별적으로 측정한다.

기관평가는 시설 전체의 운영관리, 인력 구성, 재정 상태, 조직문화 등 기관 전반의 관리체계를 포괄적으로 점검하는 평가로, 사회복지관이나 지역아동센터, 양로시설 등에 정기적으로 적용된다.

3) 형성평가와 총괄평가

형성평가(Formative Evaluation)는 서비스가 진행되는 과정 중에 수행되어, 서비스가 계획대로 실행되고 있는지를 확인하고 필요한 개선 조치를 가능하게 한다. 총괄평가(Summative Evaluation)는 서비스가 종료된 후, 전반적인 성과와 목표 달성 정도를 판단하기 위해 실시된다.

예를 들어 노인맞춤돌봄서비스에서는 4주차에 중간 만족도 조사를 시행하고, 종결 시점에서는 우울 척도, 자립도 척도 등을 통해 최종 효과를 평가한다.

4) 효과평가와 영향평가

효과평가(Outcome Evaluation)는 서비스가 목표한 결과를 실제로 달성했는지를 확인하는 평가로, 예컨대 돌봄서비스 후 우울 증상이 얼마나 완화되었는지를 측정하는 방식이다.

영향평가(Impact Evaluation)는 개입이 가져온 변화를 통계적으로 검증하며, 만약 해당 서비스가 없었을 경우와 비교해 실질적 차이를 입증하고자 한다. 기초생활수급자의 자활사업 참여 전후 소득 변화, 삶의 질 변화 등을 측정하는 경우가 이에 해당한다.

5) CIPP 평가모형

CIPP 모형(Context, Input, Process, Product)은 프로그램의 기획 단계부터 자원 투입, 실행과정, 결과까지 전체 흐름을 분석하여 의사결정에 도움을 주는 포괄적 평가 체계이다. 예를 들어, 정서지원 프로그램에서는 지역사회 욕구(Context), 인력 및 예산 투입(Input), 실제 서비스 운영(Process), 결과(Product)를 각각 점검함으로써 프로그램의 지속 가능성과 확장성을 평가한다.

한 노인복지관은 신규 '노인소비자 교육프로그램'에 대해 지역 욕구조사(Context), 강사·자료 투입(Input), 진행 상황(Process), 수료율(Product)을 단계별로 평가하여 계속 여부 결정한다.

6) 참여형 평가

참여형 평가는 클라이언트, 자원봉사자, 지역주민 등 다양한 이해관계자가 평가에 직접 참여하는 방식이다. 이러한 평가는 평가 결과의 수용성과 반영률을 높이고, 참여자의 주체적 경험을 정책 개선에 반영할 수 있다는 점에서 유의미하다.

예컨대 독거노인 대상 정서지원 프로그램에서는 참여자들이 직접 개선 의견을 제시하고 평가 회의에 참여하여 향후 프로그램 설계에 기여한다.

7) 내러티브 평가

내러티브 평가(Most Significant Change)는 통계 수치 중심의 평가를 넘어, 클라이언트가 체감한 '가장 의미 있는 변화'를 스스로 이야기하는 방식이다. 정량적 척도와 함께 클라이언트의 실제 서사적 경험을 수집함으로써 프로그램의 질적 효과를 입체적으로 이해할 수 있다.

예를 들어, 정서적으로 위기상황이었던 독거노인이 '생애에서 가장 외롭지 않았던 순간'으로 봉사자의 방문을 이야기한 경우, 이는 수치 이상의 변화를 나타내는 중요한 사례로 활용된다.

이처럼 사회복지 실천에서는 단일한 평가 방법보다 다양한 유형의 평가가 복합적으로 활용되며, 서비스의 정당성과 전문성, 수혜자의 삶의 질 향상에 기여하는 근거 자료로 기능한다. 따라서 평가의 유형을 이해하고 적절히 활용하는 것은 사회복지사로서 필수적인 실천역량 중 하나라 할 수 있다.

3. 실천기술 평가 기법

사회복지실천 기술의 효과성과 개입의 타당성을 입증하기 위해서는 정량적 · 정성적 평가 기법의 적절한 활용이 필수적이다. 특히 개인, 가족, 집단 등 다양한 수준에서 이루어지는 실천 현장에서는 사례의 특성과 개입 목표에 따라 다양한 평가 도구가 병행 사용된다. 이 절에서는 사회복지실천에서 널리 사용되는 대표적 평가기법을 정리하고, 실제 적용 사례를 통해 그 활용 방식을 설명하고자 한다.

1) 단일사례설계(Single-Subject Design)

단일사례설계란 한 사람 또는 한 집단(예 아동, 노인, 가족 등)을 대상으로, 특정 개입을 실시하기 전과 후의 변화를 시간의 흐름에 따라 반복적으로 측정하여 그 효과를 확인하는 평가방법이다. 이는 집단 간 비교를 통한 일반화보다는 개별적 변화에 초점을 두어 실천의 효과성을 정밀하게 분석하는 데 유용하며, 특히 개인화된 서비스 제공이 중요한 사회복지 현장에서 널리 활용된다.

이 설계는 일반적으로 세 단계로 구성되며, 첫 번째는 개입 이전의 상태를 측정하는 A단계(기초선), 두 번째는 개입이 실제로 이루어지는 B단계, 그리고 개입을 종료한 후의 상태를 다시 확인하는 A단계(추후선)로 이루어진다. 이를 통해 관찰된 변화가 단순한 우연이나 자연적 경과가 아니라, 개입에 의해 유발된 것인지를 보다 명확히 판단할 수 있다.

☑ **사례**

한 지역아동센터에서는 공격적 행동을 자주 보이는 아동을 대상으로 인지행동치료 프로그램을 적용하였다. 개입 전 2주간(A단계), 해당 아동의 욕설, 물건 던지기 등의 공격 행동 빈도를 매일 기록한 결과, 주 평균 3~4회의 공격행동이 관찰되었다. 이후 4주간(B단계) 인지행동기법을 활용한 프로그램을 시행하면서 같은 방식으로 행동을 기록한 결과, 공격 행동은 점차 줄어들어 마지막 주에는 0회까지 감소하였다. 프로그램 종료 후 2주간 다시 관찰한 A단계에서는 행동 빈도가 1~2회로 유지되었으며, 이는 개입 효과가 일정 부분 지속되고 있음을 시사하였다.

이처럼 단일사례설계는 현장의 실천 결과를 수치화하여 분석할 수 있게 해주며, 사례관리, 치료적 개입, 단기 프로그램 평가 등 다양한 분야에서 실용적인 방법으로 활용되고 있다. 특히 사회복지사의 개입이 실제로 어떤 변화를 가져왔는지를 당사자의 맥락 안에서 검증할 수 있다는 점에서 과학성과 실천성을 동시에 충족시킬 수 있는 평가기법이라 할 수 있다.

2) 과업 성취 척도(Task Achievement Scaling, TAS)

과업 성취 척도는 클라이언트와 함께 설정한 과업을 수행한 정도를 5점 척도로 평가하는 방식이다. 각 과업은 실천목표 달성을 위한 구체적 활동으로 구성되며, 실천과정 중간 점검 및 종료 평가에 유용하다.

점수	의미
5점	과업을 매우 성공적으로 수행함
3점	일정 부분 과업을 수행함
1점	과업 수행이 거의 또는 전혀 이루어지지 않음

☑ 사례

우울감을 호소하는 독거노인이 '주 2회 복지관 프로그램 참여'라는 과업을 설정하였고, 4주간 참여율을 기준으로 TAS 평가를 실시함. 중간 평가에서 3점(50% 이상 참여), 종결 시 5점으로 평가되어 과업 성취 및 기분 변화 간 연관성을 분석할 수 있었다.

3) 목표 달성 척도(Goal Attainment Scaling, GAS)

GAS는 사전에 설정한 목표를 기준으로 클라이언트가 어느 정도 성취했는지를 5점 척도로 평가하는 방법으로, −2(전혀 성취하지 못함)에서 +2(예상보다 더 뛰어나게 성취함)까지 단계별로 기술한다. 이 방법은 개인별 목표가 다를 때에도 비교 가능한 자료를 산출할 수 있다는 점에서 실용적이다.

☑ 사례

치매 초기 진단을 받은 노인 대상 '약물 복용 시간 지키기'를 목표로 설정하고, 6주 후 약 복용률을 기준으로 −1(절반 미만 복용), 0(대부분 복용), +1(정해진 시간에 정확히 복용) 등의 점수를 부여하여 개입 효과를 정량화하였다.

4) 클라이언트 만족도 조사

클라이언트 만족도 조사는 사회복지 실천에서 서비스의 질과 수용성, 그리고 이용자의 정서적 반응을 파악하기 위한 중요한 평가 기법이다. 만족도 조사는 단순한 서비스 이용 여부 확인을 넘어, 이용자의 체감 경험과 감정적 반응을 수치화하고, 향후 서비스 개선 방향을 설정하는 데 핵심적인 자료로 활용된다. 특히 사회복지서비스는 관계 중심적이고 정성적인 특성이 강하기 때문에, 이용자의 인식과 경험을 직접 반영하는 만족도 조사가 실천 현장의 질적 개선에 중요한 단서를 제공한다.

설문 방식은 폐쇄형(리커트 척도), 개방형(서술식 의견), 또는 시각 자료(이모티콘, 색상표 등)를 혼합하여 사용하며, 고령자나 인지적 취약 대상자의 경우에는 보조도구(스티커, 도우미 설명, 그림 자료 등)가 함께 제공되기도 한다.

☑ 사례

한 노인복지관에서는 '가족상담 지원 프로그램' 종결 후 참가자 42명을 대상으로 만족도 조사를 실시하였다. 조사 문항에는 상담사의 경청 태도, 상담 시간의 충분성, 해결책 제시의 명확성, 상담실 환경, 재참여 의사 등이 포함되었다. 그 결과, 응답자의 85%가 '상담사가 내 이야기를 진심으로 들어주었다'는 문항에 '매우 그렇다' 또는 '그렇다'로 응답하였으며, '다시 이용하고 싶다'는 항목에도 81%가 긍정 응답을 보였다. 해당 복지관은 이러한 결과를 바탕으로 다음 회기 상담 프로그램에서 상담사 1인당 클라이언트 수를 3명에서 2명으로 축소하고, 교육시간을 확대하는 방식으로 실무 조정을 실시하였다.

5) 사회적 기능 척도 및 삶의 질 척도

사회복지 실천에서는 클라이언트의 일상 기능 유지, 관계 유지, 감정 조절 능력 등을 수치화하는 평가 도구도 병행된다. 대표적으로 삶의 질(QOL) 척도, 사회기능척도(Social Functioning Scale), 우울척도(GDS) 등이 활용되며, 사전·사후 비교를 통해 개입의 효과를 간접적으로 평가한다.

☑ 사례

노인맞춤돌봄서비스 이용자에게 사전 · 사후 GDS(노인우울척도)를 적용하여 평균 점수가 10.2점에서 6.4점으로 개선됨을 확인함. 이를 통해 개입의 심리적 효과성을 입증하고, 다음 연도 사업계획에 반영하였다.

이처럼 다양한 실천기술 평가기법은 사회복지사의 직관이나 경험에 의존하던 실천을 과학화 · 객관화하고, 효과성과 윤리성을 동시에 확보하는 데 중요한 역할을 한다. 또한 이러한 평가는 클라이언트와의 신뢰 구축, 기관의 운영 개선, 자원 배분의 타당성 확보에도 기여한다. 따라서 사회복지사는 각 기법의 특성과 적절성을 고려하여 상황에 맞는 평가 방법을 선택해야 하며, 이를 통해 실천의 질을 지속적으로 향상시켜야 한다.

4. 노인복지 서비스의 평가 사례

노인복지 서비스 평가는 단순한 성과 확인을 넘어, 현장의 개선과 정책적 환류에 중요한 근거로 활용된다. 아래에 제시된 사례들은 실제 통계, 보고서, 지방정부 보도자료 등을 기반으로 구성되었다.

1) 노인맞춤돌봄서비스의 효과 분석(부산 · 경남 지역)

경남연구원(2024)의 「경남 노인맞춤돌봄서비스 사업 현황 및 개선과제」 보고서에 따르면, 서비스 수혜자의 만족도와 정책 체감도가 전반적으로 향상되었으며, 수급자 중 일부 지표는 지역 차원에서 추가 대응이 이루어지고 있다.

부산시의 '함께돌봄 사업'(2024) 성과보고회에서는 16개 구군의 수행기관이 참여하여 운영 사례와 다음 연도 사업방향을 공유하고, 현장 평가 결과에 따라 프로그램 조정이 이루어졌다.

이러한 통계와 발표에 근거하여 부산의 노인돌봄기관은 GDS 우울척도, 일상생활능력, 사회적 관계 변화 등을 지표로 활용하여, 개입 전·후 평가를 체계적으로 수행하고 있다.

2) 지역사회통합돌봄 시범사업(부산)

부산연구원(2024년 11월)의 자료에 따르면, 부산시는 '지역사회통합돌봄지원법' 시범사업을 통해 의료·요양 요소를 통합한 커뮤니티 기반 돌봄 체계를 구축하고, 그 효과성을 평가하였다. 이 과정에서는 정량적 지표(서비스 이용률, 참여율)와 질적 지표(주민 만족도, 관계형성)를 함께 활용한 종합 평가가 실시되었다.

지역복지 성과보고회에서는 돌봄 생태계 조성, 고독감 완화 등 정서적·사회적 효과에 대한 평가 결과도 함께 제시되었다.

3) 치매예방 프로그램 효과 측정(경남)

창원 치매안심센터(2023)는 '찾아가는 치매예방 프로그램'을 운영하며, MMSE(인지기능검사)를 통한 사전·사후 비교를 실시하였다. 참여자 중 약 78.8%가 인지점수 향상(평균 +2.1점)을 기록하였다.

이 평가에서는 과정 평가(참여도, 이탈률 분석)와 결과 평가(인지기능 변화 측정)를 병행함으로써, 서비스 효과를 명확히 확인하고 이후 프로그램 개선에 반영하였다.

4) 기관 평가 및 공적 성과 환류

보건복지부의 2024년 지역복지사업 평가에서 부산 사상구 등은 고독사 예방, 의료돌봄 통합지원 분야에서 우수 지자체로 선정되었고, 보건복지부

장관상을 수상하였다. 이러한 공적 평가는 기관의 행정 운영, 예산 확보, 프로그램 지속성 확보에 실질적인 영향을 미치고 있다.

노인복지 서비스 평가는 조직 차원의 기관평가와 프로그램 단위의 성과평가를 병행하며, 정량적 지표(척도, 이용률)와 질적 지표(만족도, 서사기반 변화 보고)를 함께 활용하여 실천의 효과성과·정책적 환류 기반을 마련하고 있다. 특히, 지역사회 기반의 돌봄 사업에서는 평가 결과가 기관의 신뢰성 확보와 복지 전달체계 개선에 핵심적으로 작용한다.

5. 클라이언트 참여와 만족도 평가

사회복지 실천에서 평가의 주체는 단순히 사회복지사나 기관만이 아니라, 클라이언트 자신이 될 수 있다.

클라이언트가 직접 평가 과정에 참여하고, 자신의 경험과 만족도를 표현하는 구조는 실천의 투명성과 수용성, 그리고 서비스의 질 향상에 중요한 기여를 한다.

1) 클라이언트 중심의 평가 필요성

전통적인 평가는 기관 중심의 관점에서 수행되었으나, 현대 사회복지에서는 이용자의 권리와 경험이 중시되면서 클라이언트 참여형 평가가 확대되고 있다.

클라이언트는 실천의 직접적 대상자이자 변화의 당사자로서, 그들의 목소리는 평가의 핵심 지표가 된다. 특히 노인, 장애인, 정신건강 클라이언트와 같은 서비스 취약 대상자일수록 만족도와 체감 효과를 정기적으로 확인하는 것이 필수적이다.

2) 만족도 조사 도구와 적용 사례

클라이언트 평가에서 가장 널리 사용되는 방식은 이용자 만족도 조사이다. 이는 객관식 설문, 인터뷰, 주관식 기술형 문항, 또는 표준화 척도 등을 활용하여 클라이언트의 서비스 경험을 정량화하고 분석하는 절차이다.

다음은 노인맞춤돌봄서비스 수행기관에서 사용하는 만족도 조사 예시이다.

표 13-1 클라이언트 만족도 설문지 예시(노인맞춤돌봄서비스 기준)

번호	문항 내용	응답방식
1	생활지원사의 방문 빈도는 적절했습니까?	① 전혀 아니다 ~ ⑤ 매우 그렇다
2	제공된 서비스 내용은 필요에 부합하였습니까?	① 전혀 아니다 ~ ⑤ 매우 그렇다
3	생활지원사의 태도와 말투는 친절했습니까?	① 전혀 아니다 ~ ⑤ 매우 그렇다
4	서비스를 통해 외로움이 줄어들었다고 느끼십니까?	① 전혀 아니다 ~ ⑤ 매우 그렇다
5	서비스에 대해 개선되었으면 하는 점이 있으십니까? (주관식)	자유서술식

사례별로 살펴보면 다음과 같다.

- 노인맞춤돌봄서비스에서는 서비스 이용 4주 후와 종료 시점에 중간 및 종결 만족도 조사를 통해 내용, 빈도, 태도에 대한 만족 수준을 확인한다.
- 정신건강복지센터에서는 '심리상담 서비스 만족도 척도'와 개방형 기술 문항을 함께 사용하여, 클라이언트의 체감 변화와 불만 요소를 구체적으로 파악한다.
- 장애인 주간보호시설에서는 그림카드, 표정 스티커, 동의 버튼 등 비언어적 방식으로 의사 표현이 어려운 클라이언트의 반응을 측정하고, 결과는 사례회의와 서비스 조정에 반영한다.

3) 클라이언트 피드백의 반영 절차

만족도 조사를 통해 수집된 피드백은 기관의 서비스 질 개선과 프로그램 조정에 직접 연결되어야 한다.

이를 위한 환류(Feedback Loop) 체계는 다음과 같다.

표 13-2 클라이언트 피드백 반영 절차(현장 적용 흐름도)

단계	주요 내용	담당 주체
1단계	만족도 조사 실시 및 의견 수렴	사례관리자, 실무자 팀
2단계	부정 응답 분석 및 주요 개선 요구사항 정리	실무자, 서비스 조정팀
3단계	서비스 조정회의에서 결과 공유 및 조치계획 수립	기관장, 사례회의 팀
4단계	피드백에 따른 서비스 내용·방법·빈도 조정	사례관리자, 생활지원사 등
5단계	다음 회기 서비스 제공 시 반영 여부 점검 및 사후 모니터링	슈퍼바이저, 기관 평가팀

이러한 구조는 클라이언트의 의견을 단순히 수집하는 데 그치지 않고, 실질적인 서비스 개선과 운영 의사결정에 반영하는 체계적 순환 과정으로 작동한다.

4) 참여적 평가의 실천

최근 사회복지 실천 현장에서는 클라이언트를 단순한 피평가자(Evaluation Subject)가 아닌, 평가 과정의 동등한 참여자(Co-evaluator)로 인식하는 '참여형 평가(Participatory Evaluation)' 방식이 점차 확대되고 있다.

이는 평가의 과정에 클라이언트뿐 아니라 자원봉사자, 현장 실무자 등 다양한 이해관계자가 함께 참여하여, 서비스의 강점과 개선점을 공동으로 논의하고 실행하는 방식을 말한다.

예를 들어, 독거노인을 대상으로 한 주거·돌봄 통합 서비스 프로그램에서는 정기적인 평가 회의를 통해 이용자 본인, 자원봉사자, 생활지원사가 함께 의견을 공유하고, 그 내용을 바탕으로 프로그램 내용과 운영 방식을 개선해 나가고 있다.

이러한 방식은 클라이언트가 단순한 수혜자가 아니라, 변화의 주체이자 실천의 동반자로서 인식되도록 돕는다는 점에서 중요한 의미를 갖는다.

참여형 평가는 특히 다음과 같은 실천적 효과를 가진다.

- 클라이언트의 자기효능감과 주인의식을 증진시키고,
- 서비스에 대한 수용성, 만족도, 실행력을 높이며,
- 실천가와 클라이언트 간의 협력적 관계 형성을 강화한다.

결과적으로, 참여형 평가는 단순한 자료 수집이나 사후 평가에 그치지 않고, 사회복지 실천 전 과정에서 상호작용과 환류를 촉진하는 역동적 도구로 기능하게 된다.

6. 동료평가와 슈퍼비전

사회복지 실천 현장에서는 외부 평가와 클라이언트 만족도 조사 외에도, 전문가 간의 상호 평가와 지도를 통해 실천의 질을 높이고자 하는 노력이 지속되고 있다. 이러한 과정은 '동료평가(Peer Evaluation)'와 '슈퍼비전(Supervision)'이라는 두 축을 통해 체계적으로 이루어진다.

1) 동료평가의 개념과 기능

동료평가(Peer Evaluation)는 같은 기관 내 또는 유사 영역의 사회복지사들 간에 상호 간의 실천과 태도를 평가하고 피드백을 제공하는 과정을 말한다. 이는 단순한 업무 검토를 넘어, 실천윤리 준수 여부, 사례관리의 타당성, 서비스의 효과성 등을 함께 검토하며 자율적 학습과 질 향상을 도모하는 비공식적 평가 방식이다.

예를 들어, 사례회의나 팀 슈퍼비전 회의에서 동료 실무자가 발표한 사례 계획에 대해, 다른 실무자들이 구체적인 피드백을 제공하고, 더 나은 개입방안이나 윤리적 고려사항을 함께 제안하는 방식이 대표적이다.

동료평가는 다음과 같은 장점을 가진다.

- 현장 경험을 공유하며 실천기술을 상호 학습할 수 있음
- 평가 부담이 적어 자율성과 개방성을 확보할 수 있음
- 조직 내 전문성 강화를 위한 자발적 질관리 체계로 기능함

다만, 평가의 공정성과 전문성을 확보하기 위해 평가지표의 사전 설정, 비판이 아닌 성장 중심의 피드백 문화가 중요하다.

2) 슈퍼비전의 개념과 목적

슈퍼비전(Supervision)은 경험 많은 전문가(슈퍼바이저)가 사회복지 실무자(수퍼바이지)에게 정기적으로 전문적 지도와 조언, 심리적 지지를 제공하는 공식적 교육·훈련 과정이다. 사회복지학에서 슈퍼비전은 단순한 행정 점검이 아닌, 전문성 개발과 윤리적 실천, 정서적 지지까지 포괄하는 전문적 관계로 정의된다.

슈퍼비전의 주요 목적은 다음과 같다.

- 실무자의 실천역량 향상 및 직무 스트레스 해소
- 복지 서비스의 질적 수준 유지 및 강화
- 윤리적 갈등이나 딜레마에 대한 조정과 지도
- 신규 사회복지사의 전문성 성장 촉진

3) 슈퍼비전의 유형과 실제 적용

슈퍼비전은 주로 다음 세 가지 방식으로 나뉜다.

구분	내용	예시
교육적 슈퍼비전	이론과 실천기술 교육 중심	신규 실무자 대상 사례작성, 기록법 지도
행정적 슈퍼비전	업무 절차, 정책 기준 점검	기관 내 사례관리 기준, 문서 점검
지지적 슈퍼비전	정서적 부담, 소진 예방 지원	고위험 사례 담당자의 스트레스 조절 상담

예를 들어, 노인복지관에서는 월 1회 사례관리 슈퍼비전 회의를 통해 각 실무자가 담당하는 사례를 발표하고, 슈퍼바이저는 개입 타당성, 윤리 고려, 후속 조치에 대해 구조화된 피드백을 제공한다. 이 과정에서 실무자는 자신이 놓쳤던 부분을 되짚어보고, 더 나은 실천 방향을 설정할 수 있게 된다.

4) 평가와 슈퍼비전의 연계

최근 사회복지 실천현장에서는 평가와 슈퍼비전이 상호보완적인 구조로 연계되어 운영되는 경향이 높아지고 있다. 단순한 사후 평가에 그치지 않고, 평가 결과를 토대로 실무자의 역량을 분석하고, 이를 개선하기 위한 지도 및 교육 과정으로 슈퍼비전을 연동시키는 방식이 확산되고 있다.

예를 들어, 동료평가 결과에서 나타난 개선사항이나 실천 기술의 부족한 부분은 슈퍼비전 시간에 공유되며, 구체적인 역량 개발 계획으로 이어진다. 슈퍼바이저는 이 과정을 통해 실무자의 강점과 약점을 파악하고, 사례 개입기법, 의사소통 기술, 윤리적 판단 능력 향상을 위한 지도와 피드백을 제공하게 된다.

또한, 클라이언트 만족도 평가에서 낮은 점수를 받은 프로그램이나 서비스 항목에 대해서도 슈퍼바이저가 적극 개입하여 원인을 분석하고, 프로그램 수정 또는 서비스 제공 방식의 변화를 권고하는 역할을 수행한다. 이처럼 평가와 슈퍼비전은 실천 품질 개선을 위한 선순환 구조를 형성하고 있다.

이러한 연계는 실무자의 성장을 촉진할 뿐 아니라, 조직 전반의 학습문화 정착과 실천 윤리 향상에도 기여한다. 특히 팀 단위 슈퍼비전에서는 평가 결과를 바탕으로 공통의 실천 기준을 재정비하거나 내부 역량 강화를 위한 교육 프로그램을 설계하기도 한다.

7. 평가 결과의 활용과 환류

사회복지 실천현장에서 평가의 진정한 가치는 단지 성과를 확인하는 데에 그치지 않고, 평가 결과를 실천에 환류(feedback)시켜 서비스의 질을 지속적으로 개선하는 데에 있다. 이러한 과정은 클라이언트의 삶의 질 향상뿐만 아니라, 기관의 책무성과 신뢰성 확보에도 핵심적인 역할을 수행한다.

1) 평가 결과의 조직 내 공유

사회복지기관에서 수행되는 각종 프로그램과 서비스에 대한 평가는, 단지 수치적 결과의 확인을 넘어 조직 내부 학습과 실천 역량 강화의 기회로 활용된다. 특히 평가 결과를 기관 구성원들과 체계적으로 공유하고, 그 결과에 기반하여 실천 전략을 조정하는 과정은 프로그램의 질적 향상에 핵심적인 요소로 작용한다.

일반적으로 평가 결과는 다음과 같은 방식으로 조직 내에 공유된다.

- 정기 회의 및 사례회의: 프로그램 종료 후 정기회의나 사례관리회의를 통해, 프로그램 효과, 참여자 반응, 목표 달성 정도 등에 대한 평가 결과를 실무자 전체와 공유한다.
- 실무자 교육 및 워크숍: 평가에서 도출된 개선 사항이나 성과 우수 사례를 교육 자료로 활용하여, 실무자의 직무역량 향상과 서비스 일관성 확보에 기여한다.
- 조직 리더십과의 연계: 팀장, 센터장 등 조직 책임자와의 연계를 통해, 전략적 의사결정에 반영되도록 하고, 필요한 경우 조직 구조나 인력 운영 방식의 조정으로 이어지기도 한다.

☑ 사례

2024년 부산시 A노인복지관에서는 '고독사 예방 상담 프로그램'에 대한 사후 만족도 조사 결과, 일부 고령 이용자들이 상담 빈도와 정서적 지지에 대해 낮은 만족도를 표출한 것으로 나타났다. 기관은 해당 결과를 기반으로 다음과 같은 조직 내 조치를 취하였다.

- **생활지원사 재배치**: 고위험군 독거노인에게는 심리·정서 지원이 가능한 직원이 우선 배정되도록 인력 운영을 조정하였다.
- **내용 보완 및 매뉴얼 수정**: 기존의 상담 중심 접근 외에 활동형 프로그램(예 회상치료, 음악치료 등)을 보완하여 적용하고, 이를 지침서에 반영하였다.
- **직원 재교육 실시**: '노인 우울 이해 및 공감적 상담기법'이라는 제목의 실무자 교육을 시행하여, 서비스 제공자의 역량 강화와 태도 개선을 유도하였다.

이처럼 평가 결과는 단순한 피드백에 그치지 않고, 조직 차원의 구조적 개선과 실천력 향상으로 이어지도록 활용되어야 한다. 이는 클라이언트 만족도 향상뿐 아니라, 기관의 책무성과 지속가능한 서비스 품질 제고에도 중요한 기반이 된다.

2) 서비스 조정과 프로그램 재설계

사회복지실천에서 평가는 단순한 결과 확인이 아니라, 서비스 개선과 재설계의 출발점이 되어야 한다. 특히 평가 결과가 기대 수준에 미치지 못할 경우, 서비스의 목표 설정부터 제공 방식 전반을 재검토하는 것이 필요하다. 이때 실무자는 평가 결과에 기초하여 다음과 같은 실천적 조치를 수행하게 된다.

- 프로그램 목표의 재정비: 지나치게 추상적이거나 과도한 목표는 현실적인 수준으로 조정된다.
- 내용 및 방법의 수정: 클라이언트의 욕구나 특성에 부합하지 않는 활동 내용은 개선되며, 제공 방식도 개별 또는 집단 접근 중 적절한 형태로

전환된다.

- **참여 대상의 세분화**: 성별, 연령, 인지수준 등의 기준에 따라 대상군을 재구성하고, 프로그램을 세분화하여 적용함으로써 효과성을 높인다.

예를 들어, 치매 예방 프로그램의 평가에서 인지기능 향상 효과가 낮게 나타난 경우, 활동의 난이도를 조정하거나 참여 빈도를 증가시키고, 대상자의 특성에 맞는 맞춤형 콘텐츠 개발이 추진된다.

3) 기관 운영 및 정책 제안에의 반영

사회복지 실천 현장에서 수집된 평가 결과는 단지 개별 프로그램의 성과 확인을 넘어, 기관의 전략적 운영과 공공정책 수립에까지 확장되어 활용된다. 특히 반복적이고 체계적인 평가는 실천 현장의 경험을 기반으로 한 실증적 자료를 제공하여, 기관의 주요 의사결정이나 대외적 정책 제안의 정당성을 강화하는 데 기여한다.

효과성이 입증된 사업은 다음과 같은 방식으로 활용될 수 있다.

- **지자체에 예산 증액 요청**: 정량적 · 정성적 평가 결과를 근거로 사업 확대의 필요성을 제안하며, 재정 지원 확보 가능성을 높인다.
- **시범사업의 본사업 전환 제안**: 초기 성과가 뚜렷한 프로그램은 타 지역 또는 타 대상에게로 확대 적용될 수 있도록 본사업 전환을 제안한다.
- **중단 또는 대체 프로그램 개발**: 반대로 성과가 낮은 경우에는 조정이 아닌 종료 또는 대체 프로그램 개발이 추진된다.

☑ 사례

부산광역시는 2023년부터 1년간 '고독사 예방을 위한 1인 가구 고위험군 모니터링 시범사업'을 추진하였다. 이 사업은 주 2회 안부 확인과 응급 알림 장비를 연계한 안전망 구축 프로그램으로, 부산복지개발원의 중간 평가에서 고독감 지수 감소와 자살위험군 응급개입 비율 향상 등의 긍정적 효과가 보고되었다.

이에 따라 부산시는 2024년 예산안을 통해 본사업으로 전환하였으며, 16개 구·군으로 확대 적용하였다. 또한 이 평가 결과는 보건복지부 '지역복지사업 우수사례 경진대회'에 제출되어 정책 제안 자료로도 활용되었다.

4) 이용자와의 피드백 공유

사회복지 실천 현장에서 이용자와의 신뢰 형성과 서비스의 투명성 제고는 매우 중요한 요소이다. 최근에는 프로그램이나 서비스에 대한 평가 결과를 내부에서만 공유하는 데 그치지 않고, 이를 이용자나 가족에게 요약 보고 형태로 전달하는 기관이 증가하고 있다. 이러한 피드백 공유는 클라이언트를 단순한 '수혜자'가 아닌 동등한 파트너로 인식하려는 실천 철학을 반영한다.

피드백 공유를 통해 이용자는 자신의 의견이 실제로 서비스에 반영되었음을 인식하게 되며, 이는 서비스에 대한 참여도, 수용성, 자기효능감의 향상으로 이어진다. 특히 반복적으로 제기된 요구사항이 프로그램 개선에 반영되었을 경우, 이용자의 서비스 지속 참여율이 유의미하게 증가하는 사례도 다수 보고되고 있다.

☑ 사례

부산시 고독사 예방 시범사업 → 전국화

- 2024년 7월부터, 보건복지부 주도 시범사업이 전국 17개 시도, 229개 시군구로 확산
- 부산 지역을 포함한 모든 시도에서 고독사 위험군 발굴, 안부확인, 생활·정서 지원 서비스를 제공함으로써, 실제 효과가 체계적으로 확인된 프로그램이 공식 사업으로 자리매김

학습문제

[서술형]

01 사회복지실천에서 평가의 중요성은 단순한 서비스 성과 확인을 넘어서 실천의 질적 향상과 기관의 책무성 확보에까지 확장된다. 평가의 주요 목적을 최소 세 가지 이상 제시하고, 각각의 목적이 사회복지 실천 현장에 어떠한 실질적 기여를 하는지 구체적인 예를 들어 서술하시오.

02 참여형 평가는 최근 사회복지 현장에서 강조되는 평가 방식 중 하나이다. 참여형 평가의 개념을 설명하고, 이 평가 방식이 클라이언트와 사회복지 실천가 모두에게 가지는 장점은 무엇인지 사례와 함께 기술하시오.

[선택형]

01 다음 중 단일사례설계(Single-Subject Design)에 대한 설명으로 옳지 않은 것은?

① 동일 대상자의 개입 전·후 상태를 반복 측정하여 변화 여부를 분석한다.
② A-B-A 형식의 단계로 구성되며, 실천 개입의 효과를 비교한다.
③ 집단 간 통계적 유의성을 검증하기 위한 설계로 사용된다.
④ 사례관리나 단기 개입 프로그램의 효과 측정에 적합하다.
⑤ 개입의 효과를 시계열적으로 관찰할 수 있다.

02 다음 중 CIPP 평가모형의 네 가지 요소에 모두 해당하는 항목만을 고른 것은?

① 목표 설정, 투입 자원, 실행 과정, 산출 결과
② 맥락, 실행계획, 자원 확보, 결과 보고
③ 정책 분석, 프로그램 설계, 클라이언트 피드백, 예산 평가
④ 맥락(Context), 투입(Input), 과정(Process), 산출(Product)
⑤ 지역 욕구, 운영 방법, 참여자 수, 만족도 조사

03 사회복지기관에서 클라이언트 만족도 조사 결과를 서비스에 환류(feedback)하는 과정으로 가장 적절한 순서를 고른 것은?

① 서비스 조정 → 피드백 공유 → 클라이언트 조사 실시 → 평가 회의
② 만족도 조사 → 결과 분석 및 정리 → 사례회의 공유 → 실천 조정
③ 평가 결과 보고 → 실무자 교육 → 이용자 만족도 재조사 → 예산 확보
④ 클라이언트 요구 분석 → 문서화 → 기관장 승인 → 외부 감사
⑤ 슈퍼비전 실행 → 클라이언트 참여 회의 → 자료보관 → 평가 종료

서술형 모범답안

01 1. 서비스 질 향상
→ 클라이언트의 욕구 충족 여부를 점검하고, 프로그램 운영을 개선함으로써 실효성 있는 서비스를 제공한다.
예 상담 시간이 짧다는 피드백을 반영하여 운영방식을 개선한 노인복지관
2. 기관의 책무성과 투명성 확보
→ 평가 결과를 통해 외부에 성과를 보고하고, 재정 지원의 정당성을 확보할 수 있다.
예 아동센터가 긍정적 평가 자료로 보조금 연장에 성공
3. 실천가의 전문성 강화
→ 사회복지사는 평가를 통해 자신의 개입 기술을 점검하고, 슈퍼비전 등을 통해 역량을 향상시킬 수 있다.
예 면접에서 경청 부족이 지적되어 실천기술을 재점검한 사례

02 1. 개념 정의
참여형 평가는 클라이언트와 사회복지 실천가가 함께 평가에 참여하는 방식으로, 전문가 중심 평가를 넘어선 민주적이고 협력적인 평가 방법이다.
2. 클라이언트의 장점
단순한 수혜자가 아니라 변화의 주체로 참여하게 되어 자기 효능감과 서비스 만족도가 높아진다.
예 독거노인들이 평가에 참여해 정서 교류 공간 확대를 제안, 서비스 방향 전환 및 만족도 향상
3. 실천가의 장점
클라이언트의 실제 욕구를 더 정확히 이해할 수 있으며, 실천 전략을 현장 중심으로 조정할 수 있다.
예 직업재활 프로그램에서 클라이언트 의견을 반영해 멘토링 프로그램 강화, 효과성 증대

선택형 정답

01 ③ **02** ④ **03** ②

참고문헌

강진령(2019). 집단상담의 실제. 학지사.

강철희 · 정무성(2021). 사회복지실천론. 나남출판.

권구영 · 고은숙 · 김용민 · 박봉정 · 진혜경(2008). 사회복지실천론. 창지사.

권진숙 · 김상곤 · 김성경 · 김성천 · 김혜성 외(2012). 사례관리론. 학지사

길귀숙 · 강희숙 · 김상곤 · 오영훈 · 유용식 · 임승희 · 천덕희 · 현영렬(2010, 2021). 사회복지실천기술론. 양서원.

김경우 · 구재관 · 강도명 · 원기연 · 이명원 · 이은경 · 이용환 · 하택근(2011). 지역사회복지론. 창지사.

김경호(2011). 사회복지실천론. 양서원.

김기환 · 김범수 · 정익중 · 이윤로(2019). 사회복지실천론. 학지사.

김기환 · 김혜란 · 김수정(2019). 사회복지실천론. 학지사.

김기환 · 김혜란 · 김수진 외(2019). 사회복지실천론. 공동체.

김기환 외(2019). 사회복지 이론과 실제. 공동체.

김만호(2022). 사례관리의 이론과 실제. 공동체.

김미옥(2003). 사회복지실천에서의 강점관점 적용과 유용성. 나남.

김범수 · 신원우(2006). 지역사회복지론. 공동체.

김범수 · 신원우(2009). 지역사회복지론. 공동체.

김성경(2024). 사회복지 사례관리론. 공동체.

김영경(2021). 결혼갈등 부부를 위한 부부 적응 및 의사소통 활성화 집단상담 프로그램 개발. 한국열린사이버대학교. 한국상담학회 상담학연구: 사례 및 실제.

김영미 · 양숙자 · 박선녀 · 김서연 · 황윤희(2022). 사회복지실천론. 동문사.

김용환 · 김송순 · 박선태 · 서용순 · 양화자 · 이택형(2023). 사회복지실천기술론. 동문사.

김용환 · 김승돈 · 김혜영 · 석말숙 · 홍나미 · 신인순(2023). 사회복지실천기술론(2판). 동문사.

김용환 · 김승돈 · 박선태 · 서윤주 · 안외자 · 이덕희(2023). 사회복지실천기술론. 동문사.

김유숙(2017). 가족상담 및 치료. 학지사.

김유숙(2022). 가족상담: 이론과 실제. 학지사.

김인수(1998). 사회복지사와 자기관리. 한국사회복지연구회.

김정진(2025). 사회복지실천기술론. 학지사.

김지혜 · 신성자(2018). 사회복지사의 실천기술 숙련도와 슈퍼비전 경험 간의 관계. 한국

사회복지연구, 55, 101-125.
김진원(2025). 사회복지1급 요약집. 오이코스북스.
김혜란 · 홍선미 · 공계순 · 박현선(2022). 사회복지실천기술론. 학지사.
김혜란 · 홍선미 · 공계순 · 박현선(2022). 사회복지실천기술론. 학지사.
김혜란 · 홍선미 · 공계순(2006). 사회복지실천론. 나남출판.
김혜련 · 김용태(2017). 인지행동치료. 시그마프레스.
김혜련(2023). 현대가족문제와 상담적 접근. 공동체.
김혜숙 · 나임순 · 김현경(2018). 사회복지실천기술론. 학지사.
김혜숙(2013). 사회복지실천기술론. 학지사.
김혜영 · 석말숙 · 홍나미 · 신인순(2025). 사회복지실천기술론(제2판). 공동체.
남세진 · 조흥식(1995). 한국사회복지론. 나남출판.
노충래(2006). 집단사회복지실천. 학지사.
도광조(2021). 사회복지실천론(제5판). 양서원.
류주현 · 김영미 · 김지선(2022). 사회적 재난 상황에서의 사회복지실천 개입: 국내 질적연구 체계적 문헌고찰. 사례관리연구, 13(3), 27-55.
모선미(2017). 집단미술치료 프로그램이 다문화가정 아동의 자기표현과 자아존중감에 미치는 효과. 광주여자대학교 대학원 석사학위논문.
문영숙 외(2021). 가족복지론. 양서원.
박병금 · 최은희 · 노필순(2014). 사회복지조사론. 정민사.
박태영(2003). 지역사회복지론. 현학사.
서울시사회복지협의회(2023). 2021 사회복지프로그램 간이 평가도구 모음집.
설진화 · 김소정(2022). 사회복지실천기술론. 수양재.
설진화 · 김소정(2022). 사회복지실천기술론. 학지사.
손광분(2008). 사회복지사의 자기돌봄에 관한 연구. 정민사.
손용근 · 최승희 · 강혜원 · 신경안 · 임화영(2024). 에듀윌 사회복지사 1급. 에듀윌.
손장훈(2008). 사회복지사의 자기관리 방안 연구. 한국사회복지사협회.
송한용 · 김영미 · 주옥인(2021). 사회복지실천기술론. 동문사.
신성자 · 고유나 · 김수정 · 박용권 · 성희자 · 이원준 · 전보경 · 정숙희 · 최은지(2023). 사회복지실천기술론. 양성원.
신성자 · 김혜란(2020). 사회복지실천론. 동문사.
신성자 외(2023). 사회복지실천기술론. 양서원.
양옥경 · 김미옥(1999). 사회복지실천에서의 권한부여모델에 대한 고찰. 《사회복지》 저음호, 160.
양옥경 · 김정진 · 서미경 · 김미옥 · 김소희(2004). 사회복지실천론. 나남출판.
양옥경 · 김정진 · 서미경 · 김미옥 · 김소희(2010). 사회복지실천론(4판). 나남출판.
양옥경 · 김정진 · 서미경 · 김미옥 · 김소희(2011). 사회복지실천기술론. 나남출판.

양옥경 · 이기연 · 최소연 · 현진희(2024). 사회복지 슈퍼비전. 양서원.
어대훈(2010). 어대훈의 휴먼사회복지학. 공동체.
엄명용 · 노충래 · 김용석(2008). 사회복지실천기술의 이해. 학지사.
오정수 · 류진석(2010). 지역사회복지론. 학지사.
유진희 · 박진영(2025). 사회복지실천기술론. 양서원.
윤경원 · 김윤배 · 간호옥 · 권태우 · 오선영(2025). 사회복지실천기술론. 동문사.
윤찬영(2017). 사회복지의 이해. 정민사
이경희 · 이경준 · 이규은 · 유비(2024). 사회복지실천기술론. 동문사.
이애경(2017). 사회복지실천기술론. 양서원.
이영분 · 임은희 · 박종운 외(2021). 사회복지실천론. 학지사.
이영호 · 김계숙 · 김용환 외(2023). 인지행동치료의 이해와 적용. 학지사.
이영호(2008). 사회복지실천기술론. 공동체.
이원주(2020). 최신지역사회복지론. 공동체.
이인정 · 최해경(2022). 인간행동과 사회환경. 나남출판.
이채석(2017). 사회복지 사례관리. 어가.
이화여자대학교 사회복지연구소(2022). 사회복지개론. 학지사.
임은희(2007). 사회복지실천론. 학지사.
전재일 · 이준상(1998). 사례관리의 기초. 사회복지개발연구원.
정문자 · 송성자 · 이영분 · 김유순 · 김은영(2008). 해결중심단기치료. 학지사.
정문자 · 정혜정 · 이선혜 · 전영주(2008). 가족치료의 이해. 학지사.
정순돌(2006). 사례관리실천의 이해-한국적 경험. 학지사.
정순둘(2008). 사례관리 실천의 이해: 한국적 경험. 학지사.
정원철(2022). 사회복지상담. 양서원.
제석봉 · 이윤주 · 박충선 · 이수용(공역)(2006). 사회복지상담심리학. 학지사.
조정은(2022). 원예치료에 기반한 REBT 집단상담 프로그램이 노인의 우울, 불안에 미치는 효과. 광운대학교 교육대학원 석사학위논문.
조학래(2019). 집단사회복지실천. 신정.
조흥식 외(2020). 사회복지실천론. 학지사.
지은구 · 조성숙(2019). 지역사회복지실천론. 학지사.
지은구 · 조흥식(1995). 한국사회복지론. 나남출판사.
최옥채(1999). 사회복지실천론. 인간과 복지.
최일섭 · 류진석(1997). 지역사회복지론. 서울대학교출판부.
최희철(2021). 사회복지실천기술론. 양서원.
최희철(2025). 사회복지실천기술론. 양서원.
함철호(2019). 한국지역사회복지론. 학지사.
홍봉수 · 강장미 · 곽준일 · 서윤주 · 정숙희(2025). 사회복지실천기술론. 공동체.

홍영렬(2021). 지역사회복지론. 공동체.

황성철(2020). 가족복지론. 공동체.

황희숙(2018). 상담이론과 실제. 정민사.

Aziri, B. (2011). Job satisfaction: a literature review. *Management Research & Practice, 3*(4).

Baker, L., Stephens, R., & Hitchcock, L. (2020). *Social work practitioners and practice evaluation: How are we doing?* ResearchGate.

Bandura, A. (1997). *Self-efficacy: The Exercise of Control*. New York: W. H. Freeman and Company.

Barber, S. (1986). Correlates of Job Satisfaction among Human Services Workers. *Administration in Social Work, 10*(1): 25-38.

Barker, R. (1987). *The social work dictionary*. Silver Springs, MD: National Association of Social Workers.

Beck, A. T., Rush, A. J., Shaw, B. F., & Emery, G. (1979). *Cognitive Therapy of Depression*. New York: Guilford Press.

Beck, J. S. (2011). C*ognitive Behavior Therapy: Basics and Beyond* (2nd ed.). New York: Guilford Press.

Beehr, T. A. (1976). Relationships of stress to individually and organizationally valued states: Higher order needs as a moderator. *Journal of Applied Psychology, 61*(1), 41-47.

Berg, I. K., & Miller, S. D. (1992). W*orking with the Problem Drinker: A Solution-Focused Approach*. W. W. Norton & Company.

Bowen, M. (1978). *Family therapy in clinical practice*. Jason Aronson.

Brill, N. I. (1997). *Working with People: The Helping Process* (6th ed.). Longman. 제석봉 외(공역)(2006). 인간관계와 사회복지실천. 학지사.

Bronfenbrenner, U. (1979). *The ecology of human development: Experiments by nature and design*. Harvard University Press.

Brotheridge, C. M., & Lee, R. T. (2003). Development and validation of the Emotional Labour Scale. *Journal of Occupational and Organizational Psychology, 76*(3), 365-379.

Carter, B., & McGoldrick, M. (1989). *The Changing Family Life Cycle: A Framework for Family Therapy*. Allyn & Bacon.

Carter, B., & McGoldrick, M. (2005). T*he expanded family life cycle: Individual, family, and social perspectives* (3rd ed.). Allyn & Bacon.

Compton, B. R, & Galaway, B. (1999). *Social Process* (6th ed.). Pacihc Grove, CA: Brooks/Cole Publishing Company.

Compton, B. R., & Galaway, B. (1989). *Social Work Processes* (4th ed.). Belmont, CA: Wadsworth Publishing Company.

Compton, B. R., & Galaway, B. (1999). *Social Process* (6th ed.). Pacihc Grove, CA: Brooks/Cole Publishing Company.

Compton, B. R., Galaway, B., & Cournoyer, B. (2005). *Social work processes* (7th ed.). Belmont, CA: Brooks/Cole.

Corey, G. (1991). *Theory and Practice of Counseling and Psychotherapy* (4th ed.). Pacific Grove, CA: Brooks/Cole.

Cournoyer, B. R. (2000). *The Social Work Skills Workbook*. Brooks/Cole.

D'Zurilla, T. J., & Goldfried, M. R. (1971). Problem solving and behavior modification. *Journal of Abnormal Psychology, 78*(1), 107-126.

Daley, M. R., & Doughty, M. (2006). Human Services Professional Practice: Ethical and Legal Issues in Human Services. Pearson Education.

DeJong, P., & Berg, I. K. (1998). Interviewing for Solutions (허남순 · 노혜련 역, 2000). 학문사. (원서: Brooks/Cole Publishing Company)

Dewey, J. (1933). *How We Think: A Restatement of the Relation of Reflective Thinking to the Educative Process*. Boston: D.C. Heath and Company.

Edelwich, J., & Brodsky, A. (1980). Burn-out: Stages of Disillusionment in the Helping Professions. Human Sciences Press.

Fellin, P. (1995). *The Community and The Social Worker*. Itasca, IL: Peacock.

Freedberg, S. R. (1989). Self-determination: Historical perspectives and effects on current practice. *Social Work, 34*(1), 33-38.

Freire, P. (1970). *Pedagogy of the Oppressed*. New York: Continuum International Publishing Group.

Freudenberger, H. J. (1974). Staff burn-out. *Journal of Social Issues, 30*(1), 159-165.

Germain, C. B. (1979). *Social Work Practice: People and Environments*. New York: Columbia University Press.

Germain, C. B., & Gitterman, A. (1987). *The Life Model of Social Work Practice: Advances in Theory and Practice*. New York: Columbia University Press.

Germain, C. B., & Gitterman, A. (1996). *The Life Model of Social Work Practice: Advances in Theory and Practice*. Columbia University Press.

Gil, D. G. (2015). *Confronting child abuse: Research for effective program design*. Harvard University Press.

Goleman, D. (1995). *Emotional Intelligence: Why It Can Matter More Than IQ*. Bantam Books.

Gummer, B. (1983). Clients as consumers in a service economy. *Administration in Social Work, 7*(2), 49-58.

Gutierrez, L. M. (1990). Working with women of color: An empowerment perspective. *Social Work, 35*(2), 149-153.

Gutierrez, L. M., & Lewis, E. A. (1999). *Empowering Women of Color*. New York: Columbia University Press.

Guy, M. E., Newman, M. A., & Mastracci, S. H. (2008). *Emotional Labor: Putting the Service in Public Service*. M.E. Sharpe.

Hardcastle, D. A., Wenocur, S., & Powers, P. R. (2004). *Community practice: Theories and skills for social workers*. New York: Oxford University Press.

Healy, K. (2014). *Social work theories in context: Creating frameworks for practice*. Palgrave Macmillan.

Hepworth, D. H., Rooney, R. H., & Larsen, J. A. (2002). *Direct Social Work Practice: Theory and Skills* (6th ed.). Brooks/Cole.

Hepworth, D. H., Rooney, R. H., & Larsen, J. A. (2002). *Direct Social Work Practice: Theory and Skills*(6th ed.). Brooks/Cole.

Hepworth, D. H., Rooney, R. H., Rooney, G. D., & Strom-Gottfried, K. (2017). *Direct Social Work Practice: Theory and Skills* (10th ed.). Boston: Cengage Learning.

Hepworth, D. H., Rooney, R. H., Rooney, G. D., Strom-Gottfried, K., & Larsen, J. (2017). *Direct Social Work Practice: Theory and Skills* (10th ed.). Boston: Cengage Learning.

Hochschild, A. R. (1983). *The Managed Heart: Commercialization of Human Feeling*. University of California Press.

Hollis, F. (1949). The techniques of casework. *Social Casework 30*, 235-244.

Hutchison, E. D. (2019). *Dimensions of human behavior: Person and environment* (6th ed.). Sage Publications.

Ife, J. (2012). *Human rights and social work: Towards rights-based practice*. Cambridge University Press.

Johnson, L. (1986). *Social work practice: A generalist approach*. Newton, MA: Allyn & Bacon.

Johnson, L. C., & Yanca, S. J. (2001). *Social work practice: A generalist approach*. Boston: Allyn & Bacon.

Johnson, L. C., & Yanca, S. J. (2004). *Social Work Practice: A Generalist Approach*

(8th ed.). Allyn & Bacon.

Johnson, L., Schwartz, C., & Tate, D. (1997). *Social welfare: A response to human Need*. Needham Heights, MA: Allyn & Bacon.

Kadushin, A., & Kadushin, G. (1997). *The Social Work Interview: A Guide for Human Service Professionals* (4th ed.). New York: Columbia University Press.

Konopka, Gisela (1983[1963]). *Social Group Work: A Helping Process*. 3d ed. Englewood.

Lambert, M. J., & Bergin, A. E. (1983). The effectiveness of psychotherapy. In Handbook of Psychotherapy and Behavior Change. Wiley.

Lee, J. A. B. (1994). *The Empowerment Approach to Social Work Practice*. New York: Columbia University Press.

Lee, J. A. B. (2001). *The Empowerment Approach to Social Work Practice: Building the Beloved Community* (2nd ed.). New York: Columbia University Press.

Lee, M. Y. (2014). *Culturally competent practice with immigrant and refugee children and families*. Oxford University Press.

Lewin, K., Lippit, R., & White, R. K. (1939). Patterns of Aggressive Behavior in Experimentally Created Social Climates. *Journal of Social Psychology, 10*, 271-301.

Lewin, K., Lippit, R., & White, R. K. (1939). Patterns of Aggressive Behavior in Experimentally Created Social Climates. *Journal of Social Psychology, 10*, 271-301.

Loewenberg, M & Dolgoff, R. (1996). *Ethical Decision for Social Work Practice* (5th ed.). Itasca, IL: F. E. Peacock.

Lowenberg, F. M., & Dolgoff, R. (1996). *Ethical Decisions for Social Work Practice* (5th ed.). Brooks/Cole.

Malekoff, A. (2004). *Group work with adolescents: Principles and practice*. New York: The Guilford Press.

Maluccio, A. N. (1981). *Promoting Competence in Clients: A New/Old Approach to Social Work Practice*. New York: Free Press.

Maslach, C., & Jackson, S. E. (1981). The measurement of experienced burnout. *Journal of Organizational Behavior, 2*(2), 99-113.

Mattison, D. (1997). *Social Work Values and Ethics: Identifying and Resolving Professional Dilemmas*. NASW Press.

Miley, K. K., O'Melia, M., & DuBois, B. (2001). *Generalist Social Work Practice: An Empowering Approach* (3rd ed.). Boston: Allyn & Bacon.

Miley, K. K., O'Melia, M., & DuBois, B. (2004). *Generalist Social Work Practice: An Empowering Approach* (4th ed.). Boston: Allyn & Bacon.

Miley, K. K., O'Melia, M., & DuBois, B. (2017). *From Social Work Practice: A Generalist Approach* (11th ed.). Boston: Pearson.

Miley, K. K., O'Melia, M., & DuBois, B. (2017). *Generalist social work practice: An empowering approach* (8th ed.). Pearson Education.

Minuchin, S. (1974). *Families and family therapy*. Harvard University Press.

Morris, J. A., & Feldman, D. C. (1996). The dimensions, antecedents, and consequences of emotional labor. *Academy of Management Review, 21*(4), 986-1010.

Moxley, D. P. (1989). *The Practice of Case Management*. Newbury Park: Sage Publications.

Mullahy, C. M. (1998). *The Case Manager's Handbook*. Huntington, NY: Aspen.

Munson, C. E. (1983). *An Introduction to Clinical Social Work Supervision*. New York: Haworth Press.

NASW. (1995). *The social work dictionary*. Washington: NASW Press.

Netting, F. E., Kettner, P. M., & McMurtry, S. (1998). *Social work macro practice*.

Neukrug, E. (2002). *Skills and Techniques for Human Service Professionals: Counseling Environment, Helping Skills, Treatment Issues*. Brooks/Cole.

Nichols, M. P. (2013). *Family therapy: Concepts and methods* (10th ed.). Pearson Education.

Nixon. H. L. (1979). *The Small Group Englewood Cliffs*. NJ: Prentice-Hall.

Olmstead, J. A., & Christensen, H. E. (1973). Study of Agency Work Contexts: Implications for Administration.

Osborn, R. N., Schermerhorn J. R., & Hunt, J. G. (1972). *Managing Organizational Behavior*. New york: John Willey and Sons Inc.

Peller, J. E., & Walter, J. L. (1998). *Becoming Solution-Focused in Brief Therapy*. Brunner/Mazel.

Perlman, H. (1957). *Social casework, a problem solving process*. Chicago & London: The University of Chicago Press.

Perlman, H. H. (1957). *Social Casework*. Chicago: University of Chicago Press.

Perlman, H. H. (1957). *Social Casework: A Problem-Solving Process*. Chicago: University of Chicago Press.

Reamer, F. G. (1999). *Social Work Values and Ethics* (2nd ed.). Columbia University Press.

Reid, W. J. (1978). *The Task-Centered System*. New York: Columbia University Press.

Reid, W. J. (1992). *Task Strategies: An Empirical Approach to Clinical Social Work*. New York: Columbia University Press.

Reid, W. J., & Epstein, L. (1972). *Task-Centered Casework*. New York: Columbia University Press.

Roberts, A. R. (2000). *Crisis intervention handbook: Assessment, treatment, and research*. Oxford University Press.

Rogers, C. R. (1957). The necessary and sufficient conditions of therapeutic personality change. *Journal of Consulting Psychology, 21*(2), 95-103.

Rothman, J., Erlich, J. L., & Tropman, E. (2001). *Strategies of Communicating Intervention* (6th ed.). Itasca, IL: E. Peacock Publishers.

Rubin, A. (1987). 'Case management' in A. Minahan et al. Encyclopedia of Social Work. Spring, MD: NASW.

Rubin, A., & Babbie, E. (1997). *Research Methods for Social Work* (3rd ed.). Pacific Grove, CA: Brooks/Cole Publishing Company.

Rubin, H. J., & Rubin, I. S. (2001). *Community Organizing and Development* (3rd ed). Boston: Allyn and Bacon.

Saleebey, D. (1992). *The Strengths Perspective in Social Work Practice*. New York: Longman.

Saleebey, D. (1997). *The Strengths Perspective in Social Work Practice* (2nd ed.). New York: Longman.

Saleebey, D. (2006). *The strengths perspective in social work practice* (4th ed.). Pearson Education.

Satir, V. (1988). *The new people making*. Science and Behavior Books.

Saunders, L. E. (1981). Exploration of the Usefulness of Important Work Related Needs as a Tool for Studies in Job Satisfaction, University of Minesota.

Schein, E. H. (2017). *Organization Development: A Jossey-Bass Reader*. Jossey-Bass.

Schoderbet, P., Plambeck, C., & Donald, L. (1984). A Comparative Analysis of Job Satisfaction. Administration in Social Work. *Summer, 3*(2), 193-206.

Sheafor, B. W., & Horejsi, C. R. (2008). *Techniques and guidelines for social work practice* (8th ed.). Boston: Pearson Education.

Sheafor, B., Horejsi, C., & Horejsi, G. (1999). 사회복지실천의 기법. 서울: 나눔의집.

Shostrom, E. L. (1974). Man, the Manipulator: The Inner Journey from Manipulation to Actualization. Abingdon Press.

Siporin, M. (1980). Ecological systems theory in social work. *Journal of Sociology and Social Welfare, 7*(4), 507-532.

Solomon, B. B. (1976). *Black Empowerment: Social Work in Oppressed Communities*. New York: Columbia University Press.

Thompson, N. (2016). *Anti-discriminatory practice*. Palgrave Macmillan.

Thrasher, S. P., & Mowbray, C. T. (1995). A strengths perspective: An ethnographic study of homeless women with children. *Health & Social Work, 20*(2), 93-101.

Toseland, R. W., & Rivas, R. F. (2009). *An introduction to group work practice* (6th ed.). Needham Heights, MA: Allyn & Bacon.

Toseland, R. W., & Rivas, R. F. (2017). *An introduction to group work practice* (8th ed.). Harlow, England: Pearson Education Limited.

Trecker, Harleigh B. (1973). *Social Group Work-Principles and Practices*. Rev.ed. New York:

Turner, F. J. (2011). *Social work treatment: Interlocking theoretical approaches* (5th ed.). Oxford University Press.

Walsh, F. (2006). *Strengthening family resilience* (2nd ed.). Guilford Press.

Walsh, F. (2020). *Strengthening family resilience* (3rd ed.). Guilford Press.

Walter, J. L., & Peller, J. E. (1998). Solution-focused brief therapy. In F. M. Dattilio (Ed.), *Case Studies in Couple and Family Therapy* (pp. 3-26). New York: Guilford Press.

Weick, A. (1992). Building a strengths perspective for social work. *Social Work, 37*(4), 351-359.

Weil, M., & Gamble, D. N. (1995). Community practice models. In R, L, Edwards (Ed.), *The encyclopedia of social work* (19th ed., pp. 577-593). Washington, DC: NASW Press.

Weil, M., & Karls, J. (1985). *Case Management in Human Practice*. San Francisco Jossey-Bass.

Woodside, M., & McClam, T. (2003). *Generalist Case Management* (2nd). CA: Brooks/Cole.

Yalom, I. D. (1985). *The Theory and Practice of Group Psychotherapy* (3rd ed.). New York: Basic Books.

Zastrow, C. (1993). *Social Work with Groups*. Chicago: Nelson-Hall Pub.

Zastrow, C. (2013). 사회복지실천론: 이론과 실제. (김동배 외 역). 서울: 학지사.

Zastrow, C., & Kirst-Ashman, K. K. (2022). *Understanding human behavior and the social environmen*t (12th ed.). Cengage Learning.

저자소개

■ **김영미**

신라대학교 사회복지학 박사
영산대학교 노인복지상담학과 교수

■ **조은유**

동아대학교 교육학 박사
영산대학교 노인복지상담학과 교수

■ **김한규**

국립부경대학교 사회복지학 석사
국립부경대학교 행정학 박사수료
영산대학교 노인복지상담학과 겸임교수

■ **김미진**

동의대학교 영유아교육학과 보육학 박사수료
영산대학교 노인복지상담학과 겸임교수

■ **이미희**

신라대학교 사회복지학 박사수료
영산대학교 노인복지상담학과 겸임교수

■ **전미경**

신라대학교 사회복지학 석사
신라대학교 사회복지학 박사과정
영산대학교 노인복지상담학과 겸임교수

■ **이수진**

국립부경대학교 사회복지학 석사
국립부경대학교 행정학 박사수료
영산대학교 노인복지상담학과 강사

사회복지실천기술론

초판 1쇄 인쇄 / 2025년 8월 1일
초판 1쇄 발행 / 2025년 8월 5일

•

공저자 / 김영미 · 조은유 · 김한규 · 김미진
이미희 · 전미경 · 이수진
발행인 / 이 중 수
발행처 / **동 문 사**

•

서울특별시 서대문구 홍제원 1길 12
(홍제동 137-8)
Tel : 02)736-3718(대), 736-3710, 3720
Fax : 02)736-3719
등록번호 : 1974.04.27. 제9-17호
가격 : 26,000원

•

ISBN : 979-11-6328-700-1(93330)
E-mail : dong736@naver.com
www.dongmunsa.com